Labview
실무의 기초

WORKING ON THE BASIS OF LABVIEW

박영석 · 가영성 지음

인터비전

머리말

LabVIEW는 컴퓨터 기반의 제어와 계측 어플리케이션을 구현하는 완벽한 솔루션으로 플랜트, 조선, 자동차 등의 모든 기계 산업분야에 필요로 하고 있으며 지능 로봇, 의료기기, 산업 자동차, 정밀 실험 및 계측, IT융합 등의 다양한 개발에 널리 사용되고 있습니다. 그리고 LabVIEW는 이해가 쉬운 그래픽 기반의 프로그래밍 언어로서 측정, 시험 및 제어 시스템 개발을 위한 하드웨어의 제어, 입출력 드라이버 및 분석 함수를 제공하고 있어 프로그래밍 경험이 부족한 개발자 뿐만아니라 전문 엔지니어들이 LabVIEW를 선호하고 있습니다.

본 교재는 LabVIEW 실무 기초 입문서로서 LabVIEW 기본 명령어와 함수를 이용하여 원하는 정보를 얻고 활용하는 방법으로 구성되었습니다. 또한 실무에서 자주 사용될 수 있는 함수들은 실습(따라하기)를 통하여 함수에 대한 이해도를 높이도록 하였습니다.

1장에서는 LabVIEW의 개요와 설치 및 활용분야에 대하여 다루고 있으며, 2장에는 LabVIEW 환경과 기본메뉴 및 명령어, 함수의 기본 지식에 대하여 이해하도록 하였습니다. 3장은 함수의 이해와 실습(예제)를 통하여 교육생들이 탄탄한 기초를 쌓을 수 있도록 하였습니다. 마지막으로 LabVIEW에서 알아두면 좋은 기능과 용어를 수록함으로써 고급 엔지니어로 성큼 다가갈수 있도록 하였습니다.

2013년 2월

저자 일동

목 차

제1장

LabVIEW

1.1 LabVIEW 개요

1.2 LabVIEW 설치

1.3 LabVIEW 활용분야

1.1 LabVIEW 개요

1.1.1 NI(National Instruments)

LabVIEW는 Laborartory Virtual Instrument Engineering Workbench의 약자로서 National Instruments(이하 NI)라는 회사에서 만든 그래픽 기반 프로그램 언어 입니다. NI는 GPIB의 외부 계측기와 PC를 인터페이싱 해 주는 장비로 유명한 곳 입니다. NI는 미국 텍사스주 오스틴에 본사를 두고 있고, 1976년에 창립되었습니다. 창립 멤버는 James Truchard, Jeff Kodosky, Bill Nowlin 이라는 세 명의 미국 젊은이 들었습니다. 이 중에 Jeff Kodosky라는 사람이 Macintosh Computer GPIB를 Interfacing를 시도하면서 Macintosh의 사용자 인터페이스(UI : User Interface)가 기초가 되어 1986년에 랩뷰(LabVIEW)라는 걸 만들게 되었으며, 한국 NI는 1994년에 설립이 되었습니다.

문자 방식 사용자 인터페이스(CUI : Character User Interface)는 환경이 텍스트 형식으로 예전의 DOS환경이 대표적이다. 그래픽 유저 인터페이스(GUI : Graphical User Interface)는 그래픽 환경으로 지금의 윈도우 OS가 대표적이다.

그림 1.1 텍사스주 오스틴의 NI본사

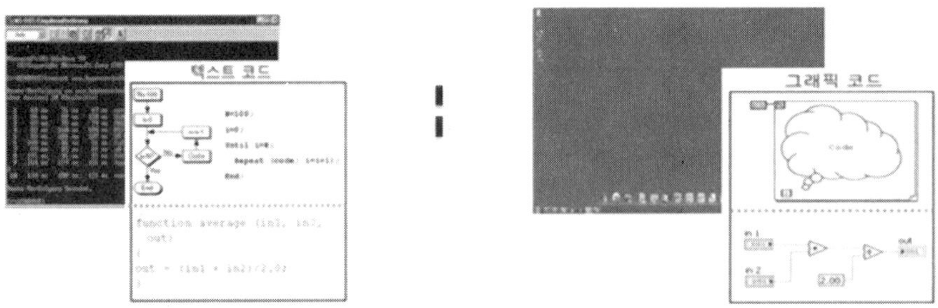

CUI : MS DOS　　　　GUI : Windows OS

그림 1.2 텍스트기반(CUI) vs 그래픽 기반(GUI)

LabVIEW는 테스트, 제어 및 설계 어플리케이션 문제 해결 능력을 가지면서 GUI 기반의 통합 플랫폼을 사용하여 엔지니어와 연구소 등에서 많이 사용하고 있습니다.

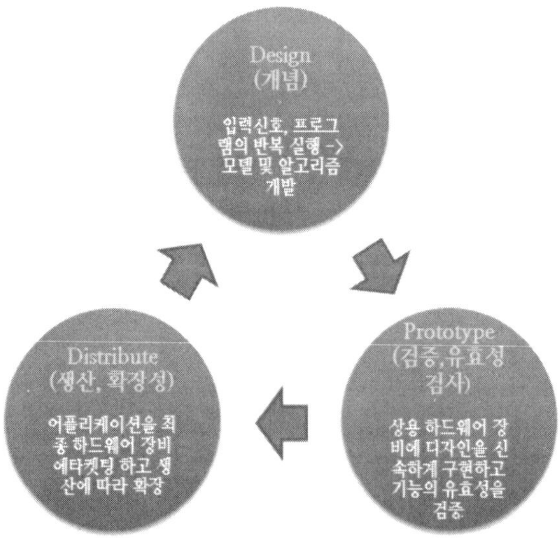

그림 1.3 통합 어플리케니션

1.1.2 LabVIEW란?

LabVIEW는 Laboratory Virtual Instrument Engineering Workbench 줄인 말입니다. 이것은 마이크로소프트 윈도우즈, 애플 매킨토시, 선 스파크스테이션을 이용하는 PC에서 운영되는 강력하고 유연성 있는 장치이며 해석소프트웨어 시스템의 일종입니다.

LabVIEW는 여러 범용의 C 또는 BASIC 개발 시스템처럼 개발 도구입니다. 다른 프로그래밍 시스템들이 코드를 생성하기 위하여 텍스트 기반(TEXT-BASED)의 언어를 사용하는 데 반하여 LabVIEW는 여러 가지 문법적인 사항들을 없애고 블록 다이어그램이라 불리는 흐름도를 사용하여 프로그램을 생성하는데, 우리는 이 언어를 그래피컬 프로그래밍(Graphical programing)이라고 부르며 간단히 G 언어라고 합니다.

그리고 LabVIEW는 자체 컴파일러를 보유하고 있으며 엔지니어에게 익숙한 순서도 개념을 프로그래밍을 도입하여 제품 출시 기간 단축, 빠른 설계 주기, 시스템 확장성 최적화, 저렴한 비용으로 성능을 발휘할 수 있게 개발 되었습니다.

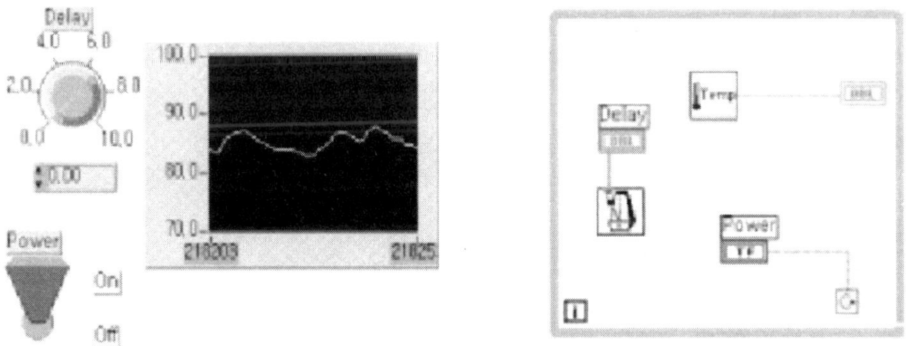

그림 1.4 사용자 인터페이스와 블록 다이어그램

또한 LabVIEW는 과학자와 공학자들에게 익숙한 개념 및 용어들을 사용합니다. LabVIEW는 프로그래밍을 하기 위해 문자화된 언어를 사용하기보다는 그림기호(Graphical symbol)에 의존합니다. 프로그래밍 경험이 전혀 없는 사람일지라고 LabVIEW를 쉽게 배울 수 있으나 프로그래밍에 대한 기본 지식이 있으면 더 좋을 것입니다.

LabVIEW는 프로그램을 통해서 라인 단위의 실행이나 디버깅을 할 수 있는 기존의 프로그램 도구들도 포함하고 있으며 실행 과정에서 데이터의 흐름을 다이나믹하게 관찰 할 수 있습니다.

LabVIEW의 그래피컬한 성질로 인하여 데이터 표현을 위한 패키지로 많이 사용됩니다. 따라서 데이터를 표현하기 위한 다양한 도구를 가지고 있으며, 엔지니어들이 원하는 어떠한 형태로도 나타낼 수 있습니다. 차트, 그래프, 사용자 정의 그래픽은 단지 출력 선택 사양의 일부분을 구성합니다. 데이터 수집, 해석, 표현 고두들을 가진 LABVIEW는 기능적으로 완벽하다고 볼 수 있으며, 기존의 프로그래밍 언어로 가능한 어떠한 계산도 LabVIEW Virtual Instrument를 이용하여 계산 할 수 있습니다.

1.2 LabVIEW 설치

1.2.1 LabVIEW 설치 순서

LabVIEW는 Window OS 체제에서 Autoplay 기능과 이전에 비해 설치 과정이 간소화되어 누구나 손쉽게 설치할 수 있습니다.

① LabVIEW 정품 CD를 CD-ROM에 삽입하면 자동으로 설치 초기 화면이 나타납니다. 만일, 자동으로 나타나지 않을 경우에는 드라이브 경로에서 AutoPlay.exe를 더블클릭하여 설치합니다. 하드디스크에 LabVIEW를 설치하기 위한 첫단계 화면입니다. Install NI Software를 클릭합니다.

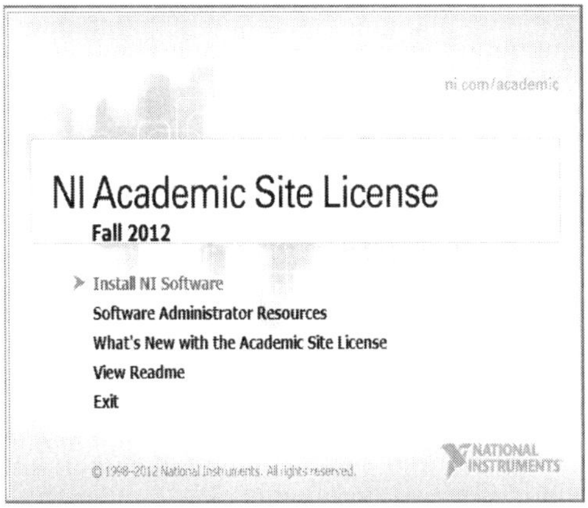

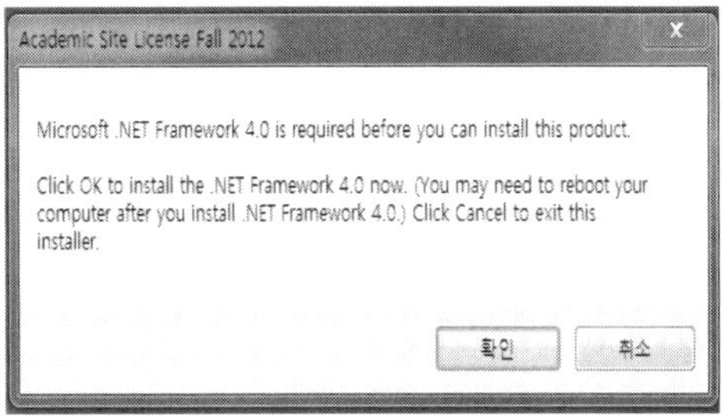

② 위 확인 클릭 후 .NET Framework 4 Setup에서 라이센스 번호를 입력하지 않고 I have read and accept the license terms.에 체크 한 후 Install 버튼을 클릭

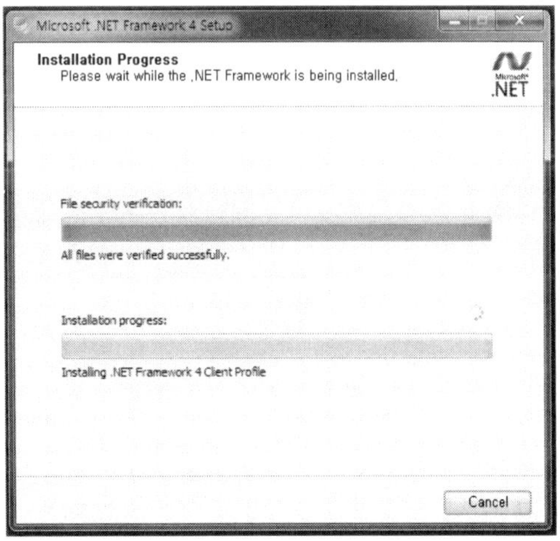

③ License 입력을 위한 창입니다.

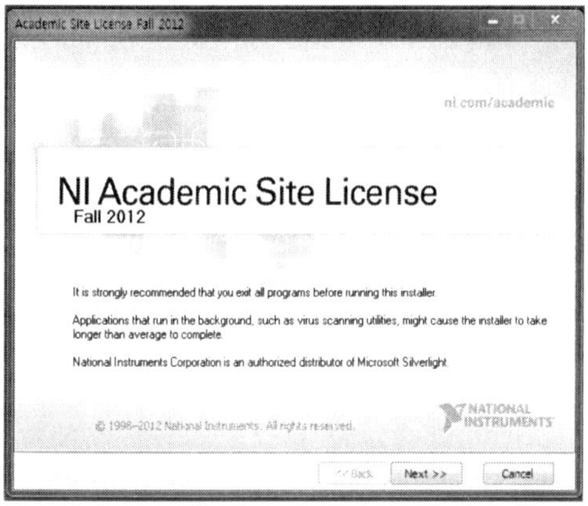

④ Serial Number를 입력하고 Add Number 클릭합니다.

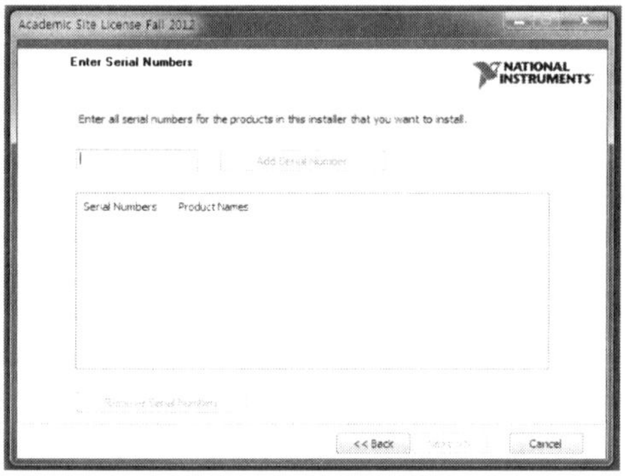

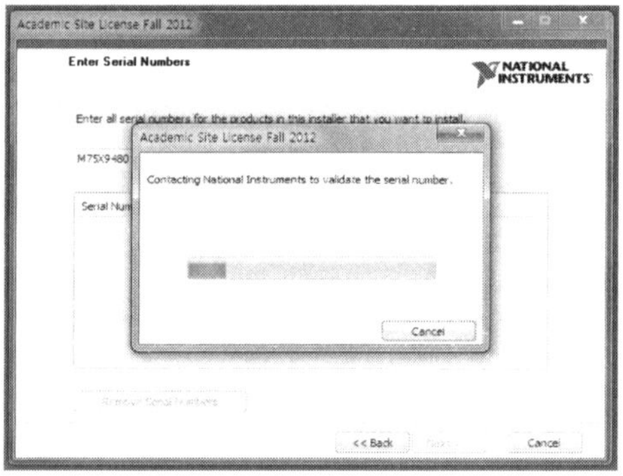

⑤ 국가별 언어 선택에서 한국어 사용을 위해 LabVIEW 2012 Korean 선택 후 Next 버튼을 클릭합니다.

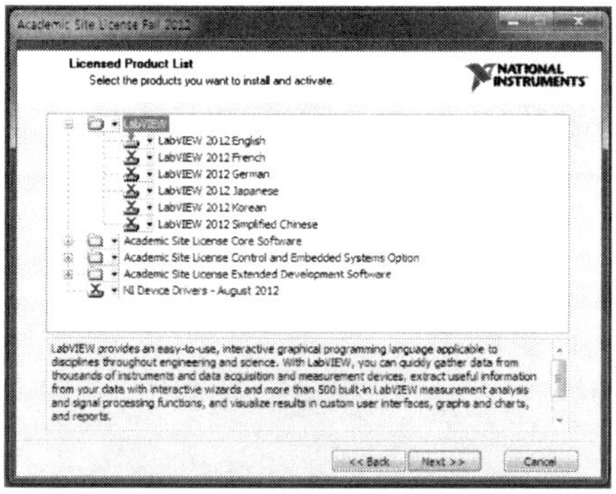

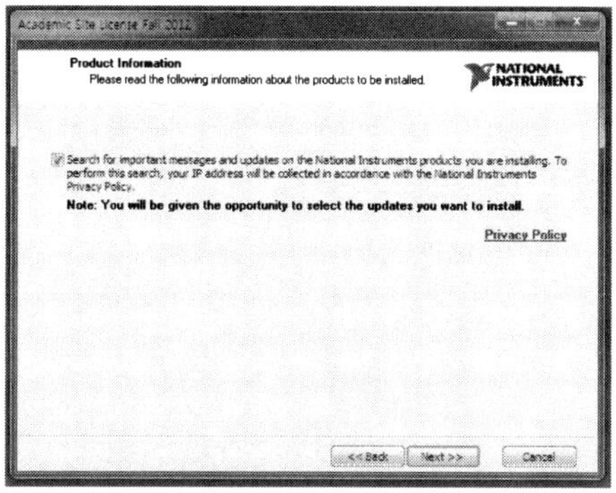

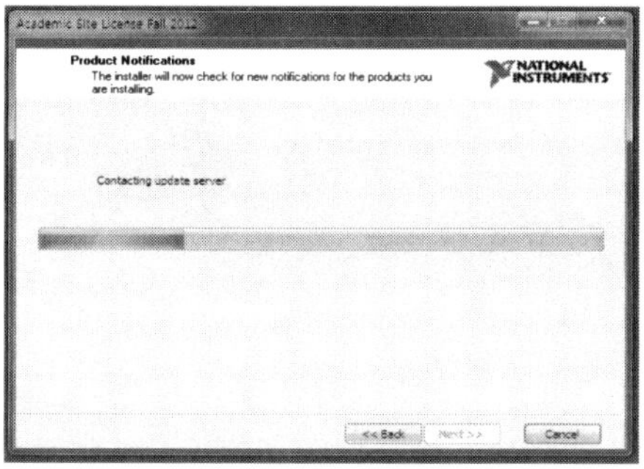

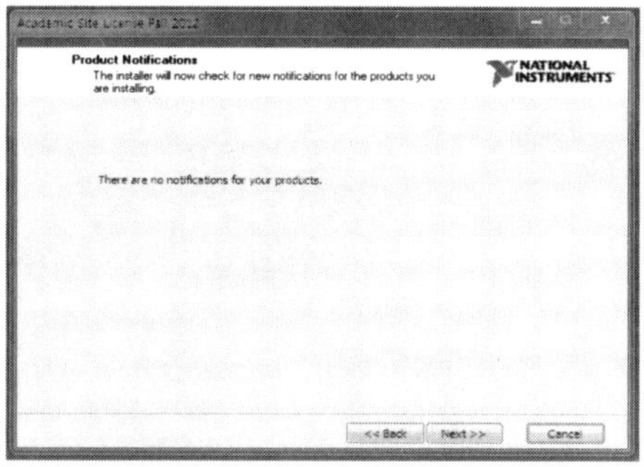

⑥ Directory 설정 부분입니다.

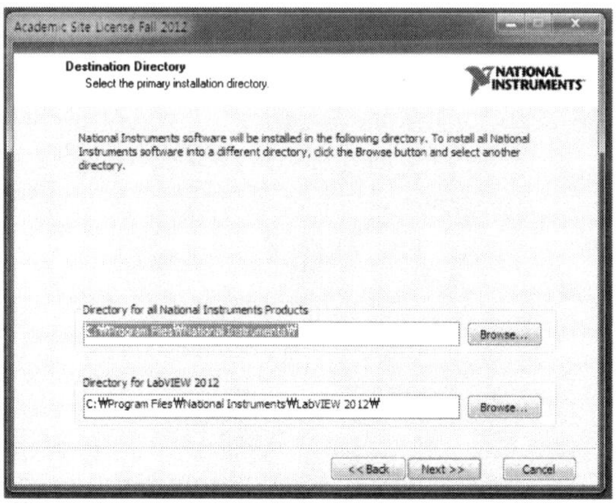

⑦ Serial Number 입력 후 승인에 따른 Software License 계약 부분입니다.

- 상단 NI 탭에서 I accept the above 2 License Agreement(s).를 선택한 후 Next 합니다.

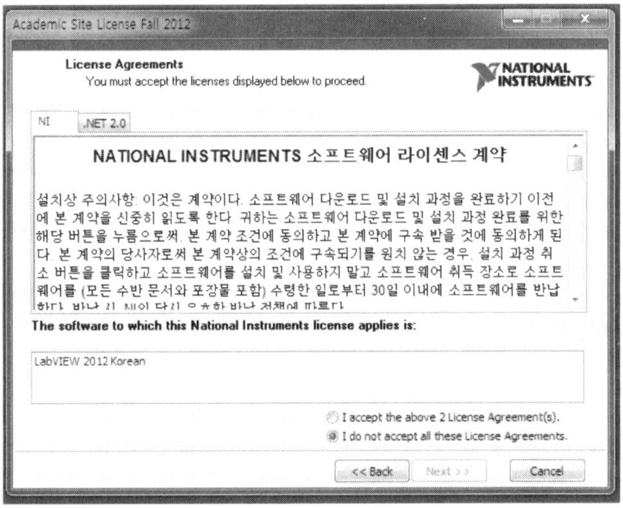

- 상단 Microsoft Silverlight 5 Privacy Statement 탭에서 I accept the above 2 License Agreement(s).를 선택한 후 Next 합니다.

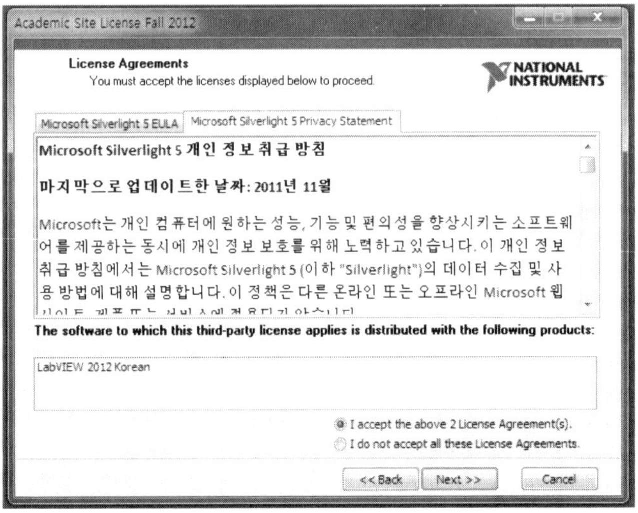

⑧ 정품 라이센스 사용자 Email과 Password를 입력 후 Next 합니다.

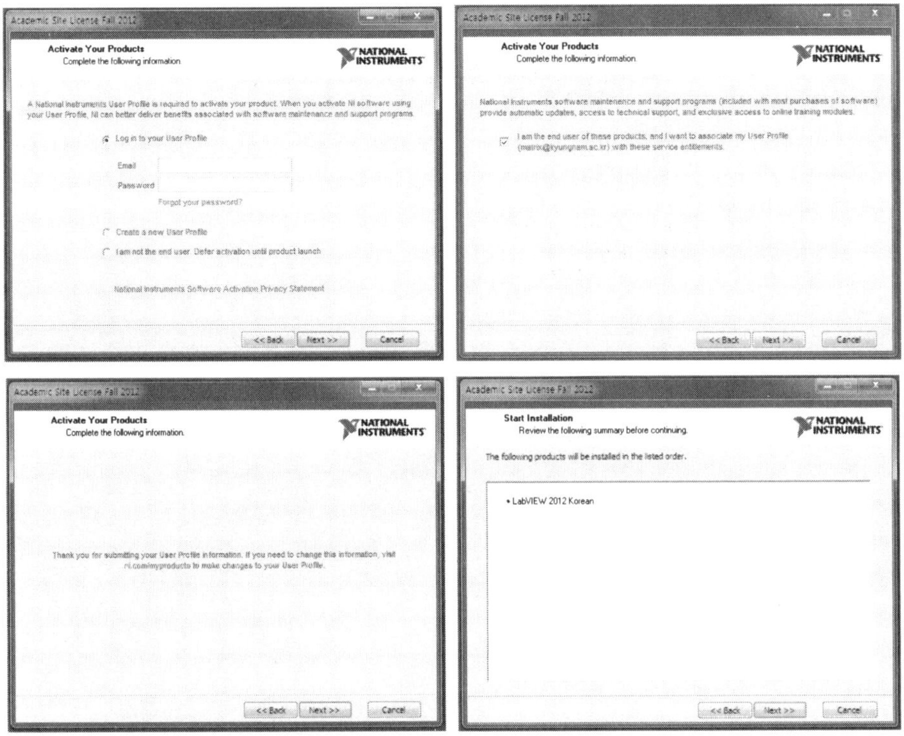

⑨ 설치가 되면서 방회벽(V3, 알약 등)을 차단 해제를 요구합니나.

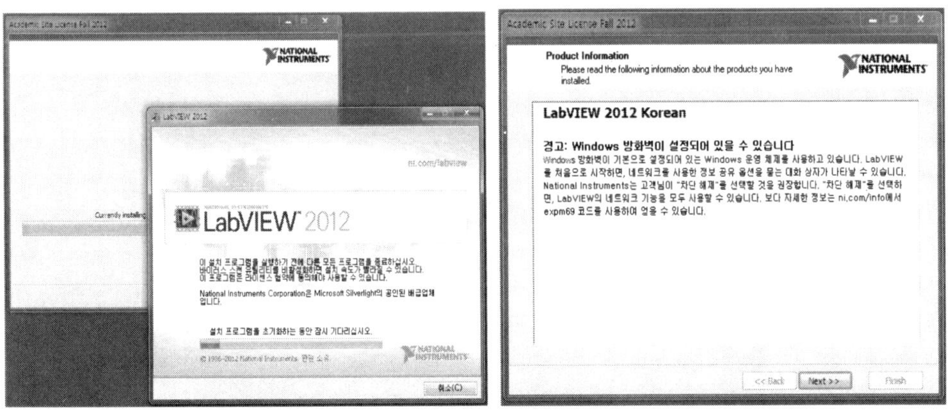

⑩ 설치가 진행되면서 사용자 환경개선 프로그램 참여와 업데이트 서비스를 확인하여 업데이트를 합니다.

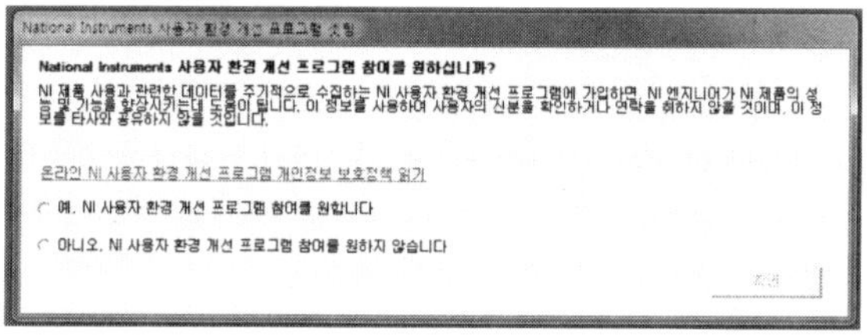

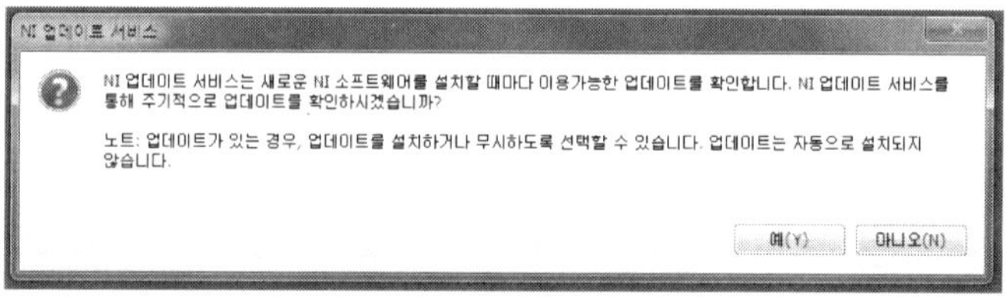

⑪ 설치가 완료 후 재시동(restart) 합니다.

⑫ 재시동 후 LabVIEW를 실행합니다. 왼쪽 메뉴 소프트웨어을 클릭하면 업데이터 화면으로 전환되며 업데이터 내용을 확인할 수 있습니다.

⑬ 업데이터 서비스 완료 화면입니다.

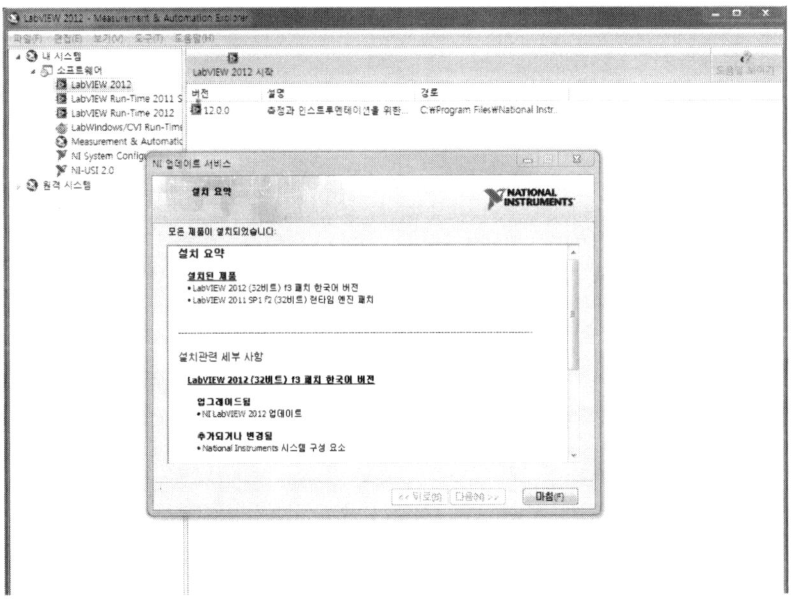

⑭ 왼쪽 메뉴 소프트웨어 / LabVIEW 2012 f3을 클릭하여 LabVIEW 2012를 실행합니다.

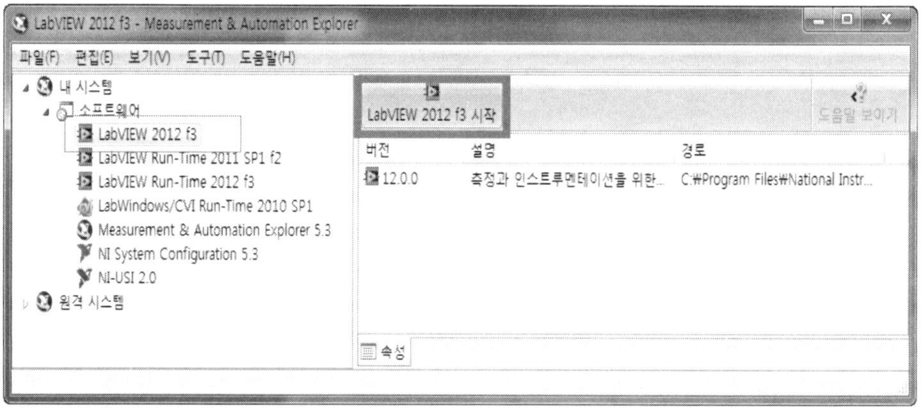

1.3 LabVIEW 활용분야

LabVIEW의 산업분야에서는 항공 우주, 자동차, 전자, 오일 및 가스, 반도체 등 테스트 측정 및 제어 시스템에 사용되고 있습니다.

어플리케이션 분야에는 오디오 테스트, 통신, 데이터 로깅, 그린 엔지니어링, 의학, 메카트로닉스, NVH(소음(Noise), 진동(Vibration), 강도(Harshness)), 태양광(PV)테스트, RF테스트, 로봇, 태양 에너지 발전소 컨트롤, 태양열 모듈 검증 및 확인, 구조 상태 모니터링 등이 있습니다.

소음(Noise)에는 주파수(Frequency), 음압(Sound Pressure), 파형의 시간적 변화 등이 있습니다.

사운드의 단위는 dB = 10Log(P/Pref)^2 이며 Lp : Sound Pressure Level (SPL, dB), Pref = 20x10-6 Pa입니다.

표 1.1 소음도

소음도	종 류
120	비행기 엔진 부근
110	자동차의 경적(전방 2m)
100	전철이 통과할 때 밑에서 느끼는 소리
90	큰소리로 독창, 시끄러운 공장 내
80	지하철 차내, 국철 차내
70	전화 벨, 시끄러운 사무실 내
60	조용한 승용차, 일반 대화
50	조용한 사무실
40	시내 심야, 도서관, 조용한 주택가의 낮
30	교외의 심야, 속삭임 소리
20	나뭇잎 소리, 시계 초침 돌아가는 소리

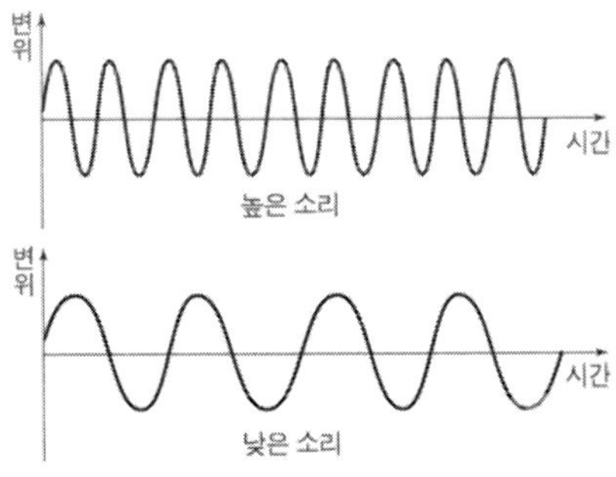

그림 1.5 소리의 높낮이

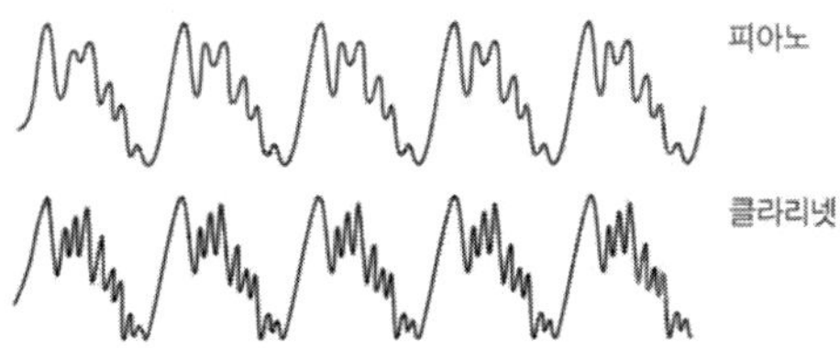

그림 1.6 소리의 맵시

표 1.2 LabVIEW에서의 주파수(Frequency) 범위(Range)

Product	NI 443x	NI 4461	NI 4462	NI 4495	NI 4496	NI 4498
Maximum Frequency Range	47KHz	95KHz	95KHz	95KHz	95KHz	95KHz
Product	NI 4472	NI 4474	NI 923x	SCXI-153x	SCC-ACC01	
Maximum Frequency Range	47KHz	47KHz	21KHz	20KHz	5KHz	

사운드 측정에서는 Sound Level, 파워스펙트럼, Total harmonic distortion(THD)의 음질 테스트로 주로 사용하며 STFT는 순간적인 사운드를 측정하며, FRF(Frequency Response Function)는 아날로그 출력을 시그널을 대상체(DUT)에 추가하여 출력되는 값을 아날로그 입력으로 측정합니다.

진동(Vibration)은 물체가 진동하고 있는 상태는 자유진동, 강제진동, 자려진동의 3종류로 대별할 수 있습니다. 자유진동은 진동초기에 변위 또는 운동이 외부로부터 주어지고, 그것에 의해 진동이 시작된다. 강제진동은 항상 외력의 작용에 따라 진동이 계속되며, 자려진동은 공기 흐름의 진동을 말합니다.

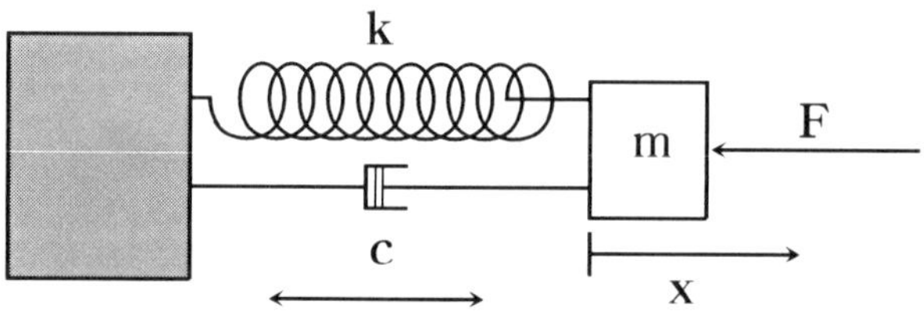

위 그림은 물체가 평형 위치에서 운동을 반복하는 현상(Oscillation)이며 질량은 운동에너지 저장, 스피링은 위치에너지 저장, 댐퍼는 에너지를 감쇄합니다.

측정분야에는 분석, 압력, 스트레인, 온도 등에 사용되고 있으며, 산업분야의 조선산업의 변화에 따른 선박과 해양플랜트 산업의 보일러 부분에 온도 측정으로 사용 가능한 LabVIEW은 연료 가열 및 LNG선의 증기터빈가동, 원유 운반 시 적정한 온도를 유지하기 위한 기술을 연구·개발하고 있습니다.

그리고 음파에 의해 수중 목표의 방위 및 거리를 알아내는 Sonar(Sound navigation and ranging)에 사용되고 있으며, 소나(Sonar)는 레이더(RADER)가 RAdio DEtecting And Ranging(무선탐지와 거리측정)에서 유래되었습니다.

그림 1.7 소나(Sonar)의 초음파 발사

소나탐지(Sonar Detection) 방법에는 머리 떨어진 수중 목표물에 관한 정보를 획득하기 위해 송신기에서 음파를 멀리 발사 후 목표물에 반사된 음파신호를 수신하여 얻고 처리하는 방법인 능동탐지(Active)방법과 멀리 떨어진 수중 목표물에서 발생시킨 음파를 수신하여 표적에 대한 정보사항을 입수하는 탐지 방법인 수동탐지(Passive)가 있습니다.

DPS(Dynamic Position System)은 위치고정제어의 약자이며 해상에서 발생하는 해풍, 조류, 파도 등의 영향을 감안하여 선박을 정 위치에 고정시키기 위하여 로프을 사용하는 방법이 있지만 수심이 깊은 곳은 불가능함으로 이 시스템을 설치하면

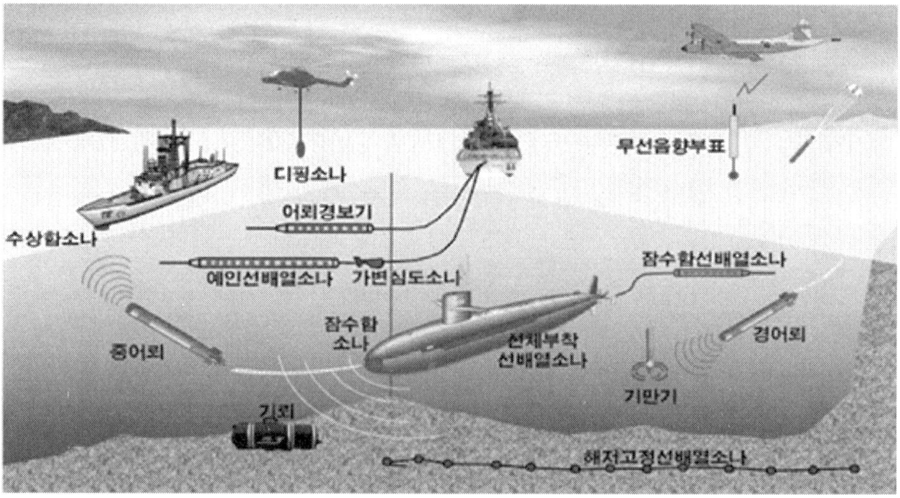

그림 1.8 소나(Sonar)의 활용

해풍, 조류, 파도를 자체 계산하여 한 곳에 머물러 있도록 하는 최첨단 시스템입니다. 그리고 DP(Dynamic Positioning)는 선박의 Propeller와 Thruster들을 이용하여 선박의 Position과 Heading을 Computer Controlled System으로 자동화하여 유지시키는 방식입니다. Wind Sensor, Motion Sensor, Gyro Compassess와 결합된 Position Reference Sensors는 선박의 Position과 Position에 영향을 미치는 외부 힘의 크기와 방향에 관한 정보를 Computer에 전달합니다.

Computer Program은 Thruster의 위치나 Vessel의 현재 출력정도(Grag), 바람에 관련한 정보를 포함한 선박의 Mathematical Model를 구축해 놓고 있으며, Sensor Information과 결합하여 Computer에게 조타방향(Steering Angle)과 각 Thruster의 출력 값을 계산하여 준다. DP는 보통 Mooring나 Anchoring이 불가능한 경우 즉, 심해나 바다 바닥에 Pipeline이나 Template가 많은 경우에 사용된다.

DP는 Bottom을 기준을 고정된 위치로 Locking하는 절대적인 방식과 다른 선박에 상대적인 거리를 유지하는 방식도 있으며, 바람이나 파도에 비례하여 일정한 각도를 유지하는 방식도 존재합니다.

DP는 Horizontal Plane에서의 선박의 움직임을 제어하는 목적이 있기 때문에 Surge, Sway 그리고 Yaw가지 운동만 다룹니다.

- 병진운동
  - Surge(Forward/Astern)
  - Sway(Starboard/Port)
  - Heave(Up/Down)

- 회전운동
  - Roll(Rotation about surge axis)
  - Pitch(Rotation about sway axis)
  - Yaw(Rotation about heave axis)

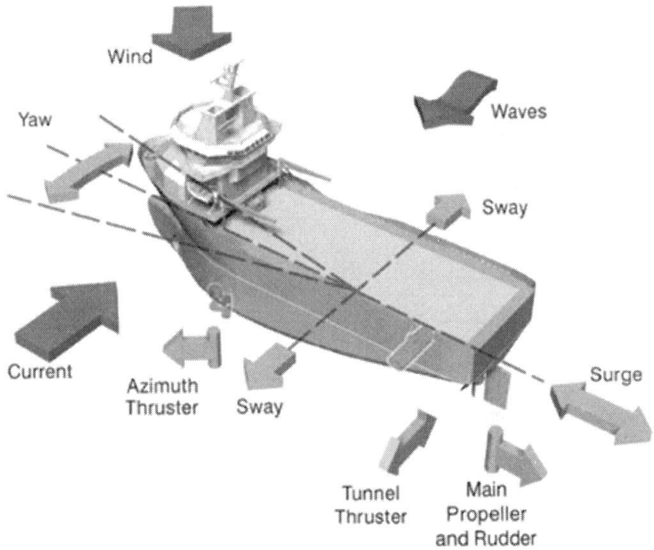

그림 1.9 선박의 전후, 좌우, 상하의 흔들림

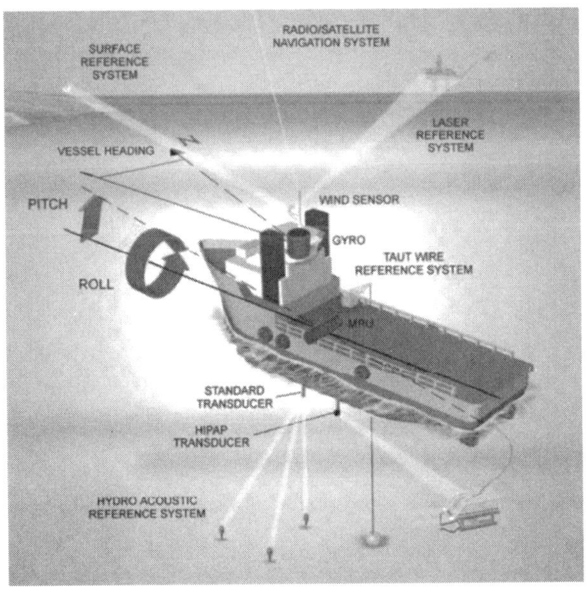

그림 1.10 선박의 DPS 구조

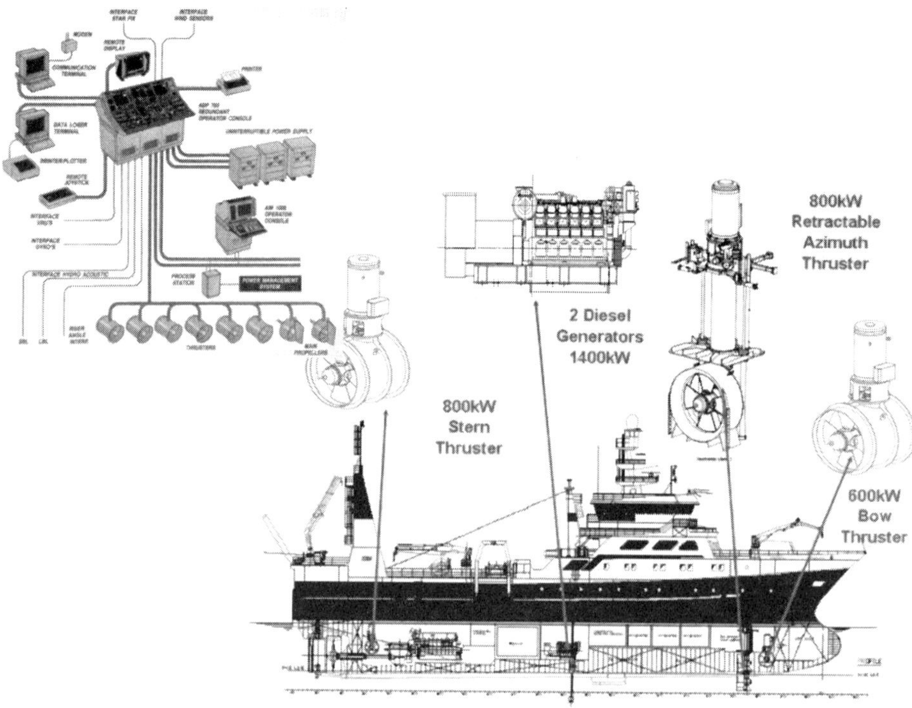

그림 1.11 다양한 DPS의 예 - Propeller와 Thruster 이용

제2장

LabVIEW메뉴 및 기본타입 소개

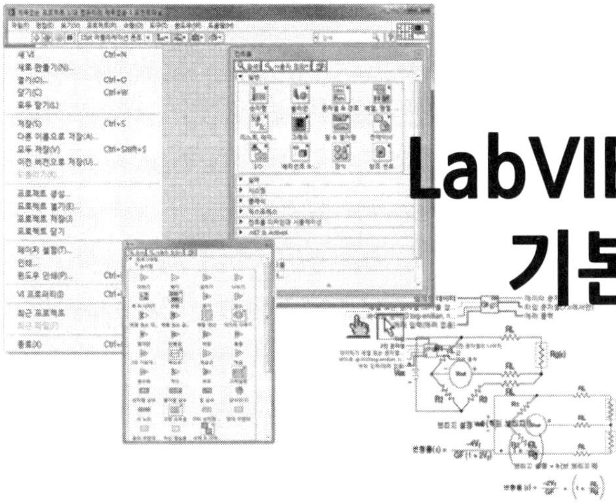

2.1 LabVIEW 환경

2.2 LabVIEW 메뉴

2.1 LabVIEW 환경

LabVIEW는 그 모양이나 작동이 실제의 계측 장치와 매우 유사하기 때문에 가상 계측기(Virtual Instrument : VI)라 불립니다. 그러나 화면 뒤에서는 C나 BASIC과 같은 일반적인 프로그래밍 언어가 사용하는 메인 프로그램, 함수, 부 프로그램 등을 사용합니다. VI는 대화식의 사용자 인터페이스와 소스 코드를 가지고 있으며 그들 사이에 데이터를 주고받을 수 있습니다.

VI는 다음와 같은 세 개의 주요 부분을 가지고 있습니다.

가) 프론트패널(Front Panel)

프론트패널은 VI의 대화식 사용자 인터페이스이며 이것은 실제의 계측장치 패널을 묘사하고 있습니다. 프론트 패널은 스위치, 누름단추, 노브(Knob), 그리고 여러 가지 다른 컨트롤(control, 사용자 입력)과 인디케이터(indicator, 프로그램 출력)를 포함하고 있습니다. 여러분은 키보드나 마우스를 통하여 데이터를 입력하고 프로그램이 생성한 결과를 스크린을 통하여 볼 수 있습니다.

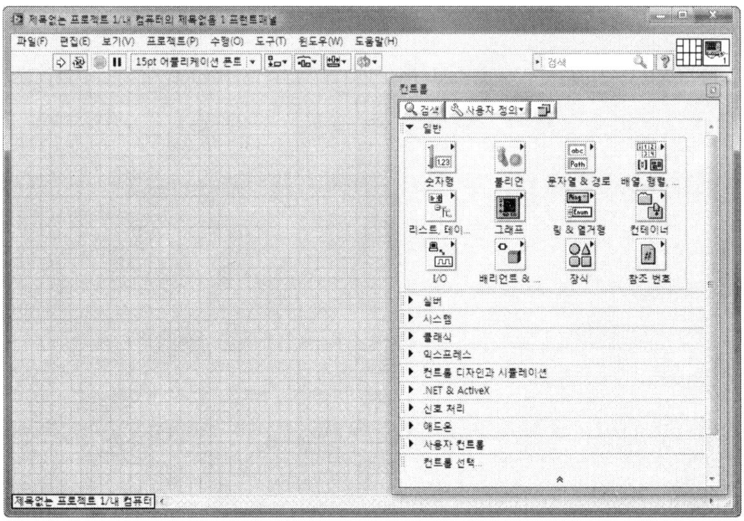

나) 블록 다이어그램(Block Diagram)

블록 다이어그램은 순서도와 유사한 형태의 코드, 직관적으로 디버깅이 가능하며 Express VI, 템플릿, 디자인 패턴, 그리고 프레임 워크 등 수백 종류의 측정 관련 SubVI가 내장되어 있습니다. 또한 입출력 노드 명칭, 그래프 명칭 등 자동 명령어 함수 기능이 추가되었습니다.

블록 다이어그램은 VI 소스 코드이며, LabVIEW는 그래피컬 프로그래밍 언어로 구성됩니다. 블록 다이어그램은 단순한 기호처럼 보이지만 실제로 실행 가능한 프로그램입니다. 블록 다이어그램의 아이콘들은 저수준(low-level)VI, 즉 LabVIEW에서 미리 만들어져 있는 함수들과 프로그램 제어를 위한 스트럭쳐(structure)들을 나타냅니다.

예를 들어 다음의 블록 다이어그램에서는 Sine Pattern.VI, Uniform White Noise.VI 등의 저수준 VI를 사용하였고, 이 함수들을 나타내기 위해서 그래프와 그 밖의 상수들을 와이어로 연결하였습니다. 여러분은 블록 다이어그램에서 데이터의 흐름을 나타내기 위하여 아이콘들을 와이어로 연결하여 사용하면 됩니다.

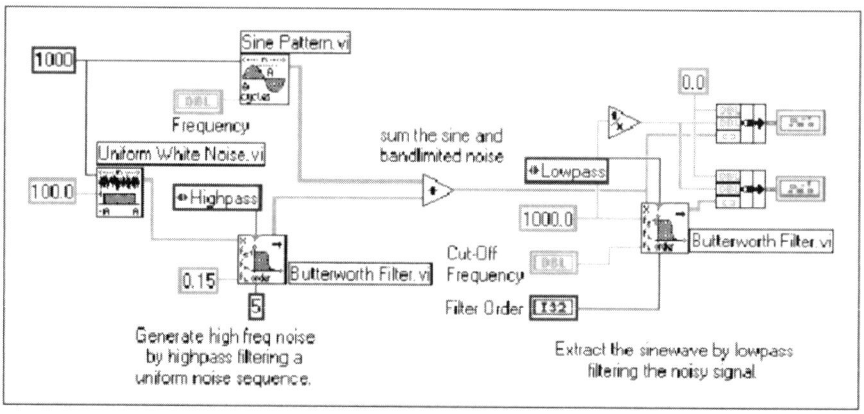

그림 2.1 블록 다이어그램

다) 아이콘와 커넥터(Icone and Connector)

일반적으로 하나의 함수 또는 단일 프로그램은 입력을 받아서 결과를 출력하는 형식으로 이루어집니다. LabVIEW의 함수와 VI들도 입력과 출력을 수행 할 수 있습니다. LabVIEW상에서 아이콘은 하나의 함수 또는 단일 VI를 나타내며, 아이콘은 커넥터라는 것을 사용하여 입력과 출력 단자를 표시해 줍니다.

아래 그림처럼 아이콘과 커넥터의 그림에서 함수를 사용하기 위해서는 함수의 입력과 출력을 커넥터의 각 입출력 단자에 연결해 주어야 합니다. 따라서 각 VI와 함수들은 이 커넥터를 통하여 데이터를 전달하며, 자신의 데이터형(data type)을 이 커넥터를 통하여 표시하기도 합니다.

적정하게 함수를 사용하는 것은 프로그램의 모듈화에 도움이 되며, 사용자는 모듈화를 통해서 프로그램을 쉽고 간결하게 작성할 수 있습니다.

이러한 특징으로 LabVIEW는 모듈화된 프로그램의 개념을 프로그램에서 사용할 수 있습니다. 프로그램을 모듈화하기 위해서는 하나의 응용문제를 여러 개의 부 프로그램으로 나누어야 합니다. 그리고 각 부 프로그램을 수행하는 VI를 구성한 다음 전체의 애플리케이션을 완성하도록 메인 프로그램의 블록 다이어그램에서 그 VI들을 서로 연결합니다. 여기서 만들어지는 부 프로그램들은 하나의 역할을 수행할 수 있도록 잘 구성해야 하며, 일반적으로 전체 블록 다이어그램에서 반복되는 부분을 하나의 부 프로그램으로 만들면 됩니다.

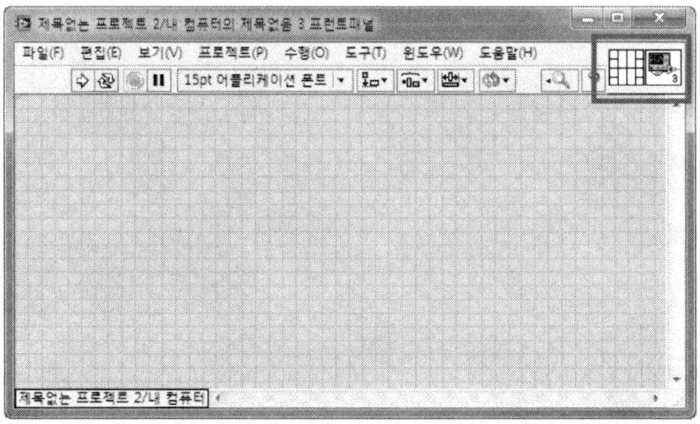

그림 2.2 함수의 입력과 출력 커넥터

2.1.1 Front Panel

사용자들이 프로그램과 대화하는 창(window)이라고 말할 수 있습니다. VI를 실행하고 입력 값을 주기 위해서는 Front Panel을 열어야 합니다. 또한 여러분이 프로그램의 결과를 보기 위해서도 Front Panel이 필요합니다.

Front Panel은 컨트롤과 인디케이터(Indicator)의 결합(combination)입니다. 컨트롤은 여러분들이 종래의 계측기에서 발견할 수 있는 노브(knob)이라든가 스위치 등과 같은 전형적인 입력 장치들을 모사하고 있습니다. 컨트롤은 VI의 블록 다이어그램에 데이터를 공급해줍니다. 인디케이터(Indicator)는 프로그램이 수집하거나 발생시키는 데이터를 보여 주는 출력 표시기를 모사하고 있습니다. 컨트롤과 인디케이터(Indicator)에 대해서는 다음과 같은 방식으로 기억해 두면 좋습니다.

- 컨트롤(Control) = 입력(Input)
- 인디케이터(Indicator) = 출력(Output)

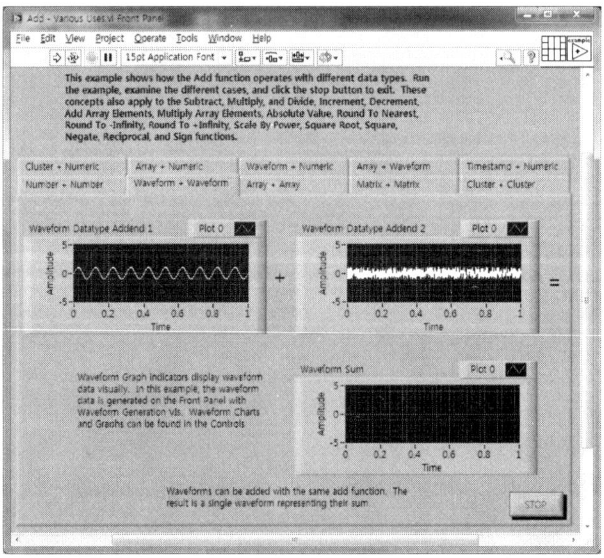

그림 2.3 LabVIEW Front Panel

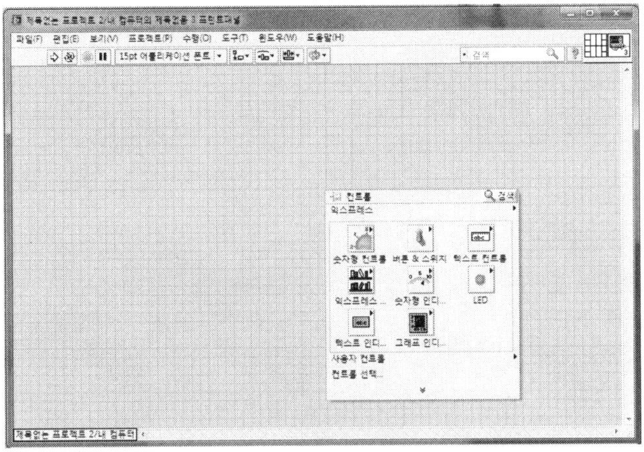

그림 2.4 컨트롤 메뉴 패널

그림 2.4와 같이 마우스의 오른쪽 버튼을 누르면 컨트롤 메뉴가 패널에 나타나게 되며 그들 중 하나를 선택하면 컨트롤(Control) 또는 인디케이터(Indicator)가 패널에 나타납니다. 오브젝트(object)가 한 번 패널에 놓이면 그것의 크기, 모양, 위치를 쉽게 조절할 수 있습니다.

2.1.2 Block Diagram

블록 다이어그램(Block Diagram) 창은 LabVIEW의 VI소스 코드를 나타내는데 사용됩니다. LabVIEW의 블록 다이어그램(Block Diagram)은 실제 실행 가능한 코드인 C나 BASIC에서의 문자들로 구성된 프로그램에 대응됩니다. 특수한 기능을 수행하는 오브젝트들을 서로 연결하여 줌으로써 블록 다이어그램(Block Diagram)을 구성할 수 있습니다.

종래의 프로그램에서 사용되는 흐름도와 비슷하게 보이는 그림 표현으로 LabVIEW의 프로그램을 구성합니다. 블록 다이어그램의 구성요소인 터미널, 노드, 와이어에 대하여 설명하겠습니다.

아래의 간단한 VI는 두 수의 차를 계산하는 VI입니다. 이것의 블록 다이어그램(Block Diagram)에서 터미널, 노드, 와이어들을 보여줍니다.

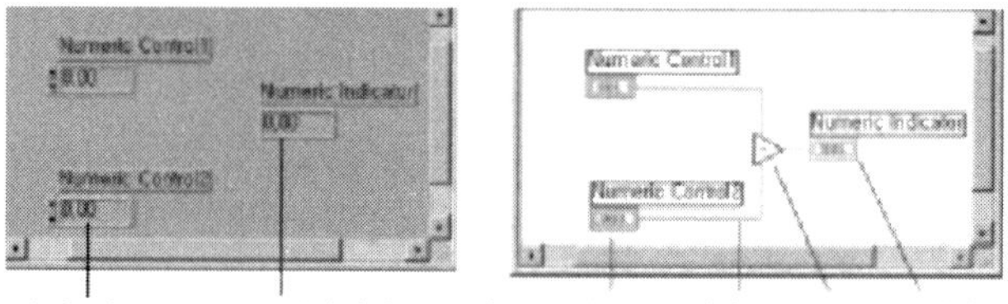

그림 2.5 두 수의 차를 계산하는 VI

1) 터미널(Terminal)

프론트 패널 상에서 컨트롤(Control)과 인디케이터(Indicator)를 위치시키면 LabVIEW는 블록 다이어그램에 이것들에 대응되는 터미널을 생성합니다. 블록 다이어그램에서 컨트롤(Control) 또는 인디케이터(Indicator)에 속하는 터미널을 지워 버릴 수는 없습니다. 터미널은 프론트 패널에 있는 컨트롤(Control) 또는 인디케이터(Indicator)를 지울 때 사라집니다.

터미널을 입력과 출력으로 기억해 두면 좋을 것입니다. 수치 컨트롤을 통하여 입력되는 데이터는 프론트 패널에도 존재함과 동시에 다이어그램 상에 있는 수치 컨트롤 터미널을 통하여 블록 다이어그램에도 나타납니다.

덧셈 기능 아이콘은 터미널을 가지고 있어 와이어를 따라 흘러 덧셈 기능 아이콘으로 들어옵니다. 덧셈 기능이 내부에서 계산을 완료하고 나서, 출력 터미널에 새로운 데이터 값을 발생시킵니다. 데이터를 수치 인디케이터(Indicator) 터미널로 흘러 들어오고 또한 데이터가 표시되는 프론트 패널로 다시 들어가게 됩니다.

2) 노드(Node)

노드는 프로그램 실행요소입니다. 노드는 표준화된 프로그래밍 언어에서 문(statement), 연산자(operator), 함수(function), 서브루틴(subroutine)과 유사합니다. 덧셈과 뺄셈 기능 등이 노드의 한 형태를 보여 주며, 스트럭쳐(structure)는 노드의 다른 형태를 보여줍니다. 전통적인 프로그래밍 언어에서의 루프나 케이스와 유사하게 스트럭쳐는 코드를 조건부 또는 반복적으로 실행합니다. LabVIEW는 수식노드(formula node)라고 불리는 특수한 노드를 가지고 있으며 이것은 문자로 된 식들을 평가하는데 매우 유용합니다.

2.1.3 아이콘(Icon)과 커넥터(Connector)

VI가 다른 VI안에서 서브 VI로 작동할 때 그것의 컨트롤(Control)과 인디케이터(Indicator)는 VI로부터 데이터를 받거나 VI로 데이터를 보내줍니다. VI아이콘은 다른 VI의 블록 다이어그램 안에서 데이터의 입출력을 표현한다. 아이콘은 그림 또는 문자, 또는 이들을 혼합하여 표현 할 수 있습니다.

VI의 커넥터는 컨트롤(Control)과 인디케이터(Indicator)에 대응되는 터미널의 집합니다. 커넥터는 함수 호출의 파라미터 리스트와 같은 것입니다. 커넥터 터미널은 데이터를 서브 VI로 또는 서브 VI로부터 전달하는 그래피컬 파라미터와 같이 작용합니다. 각 터미널은 프론트 패널에 있는 자신의 컨트롤(Control)과 인디케이터(Indicator)에 대응됩니다. 서브 VI의 커넥터는 입력 터미널에서 데이터를 받아서 이것을 서브 VI 컨트롤을 통하여 서브 VI 코드로 보냅니다. 이것은 또한 그 출력 터미널을 통하여 서브 VI로부터의 결과를 받아들입니다.

모든 VI는 프론트 패널과 다이어그램 상단 오른쪽 구석에 있는 아이콘 Pane에 표시되어 있는 디폴트 아이콘을 가지고 있습니다.

2.1.4 기본환경 설정

프론트 패널에서 컨트롤 박스에는 UI(User Interface) 모양들이 그 데이터의 타입(숫자, 문자, 그래프, 불리언 등)에 따라 함수가 나타납니다. 전체 UI(User Interface)를 볼 수 있게 하는 방법이 있습니다. 컨트롤 박스 / 사용자 정의를 클릭하여 이용 가능한 팔레트 항목을 모두 체크하면 전체 UI(User Interface)를 볼 수 있습니다.

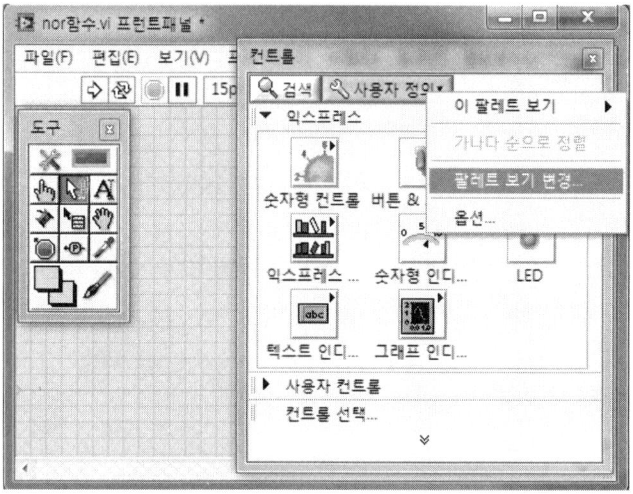

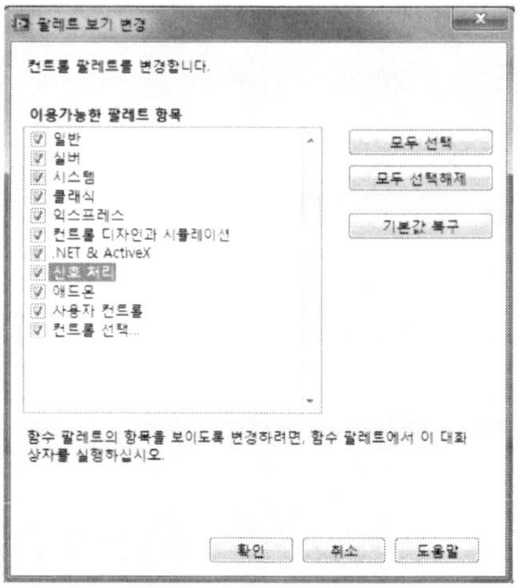

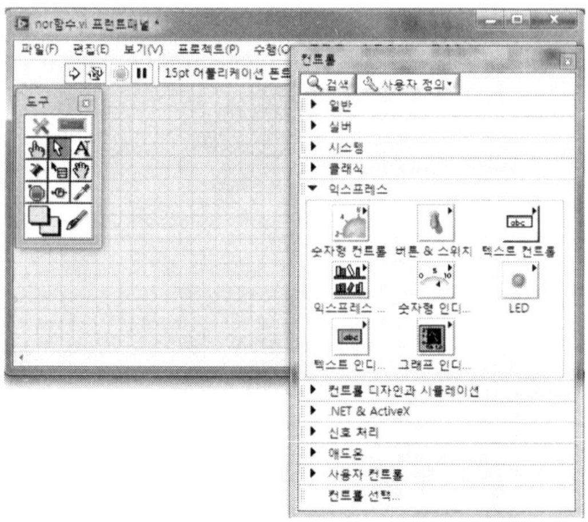

그리고 컨트롤 창을 팝업 창처럼 고정을 시켜 사용할 경우 컨트롤 앞 핀을 클릭하여 사용합니다.

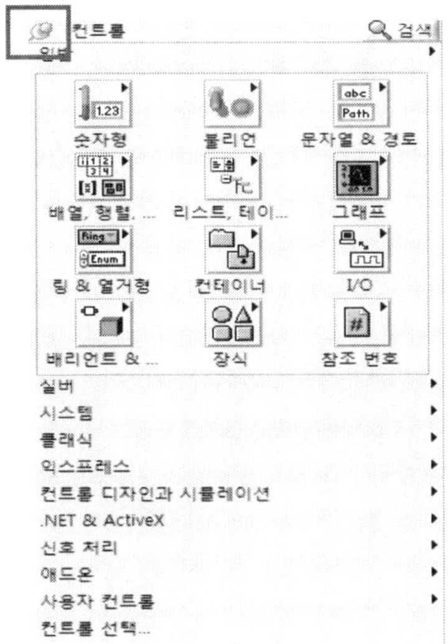

아이콘형에서 축소형으로 변경하는 방법은 기본 아이콘형에서 오른쪽 마우스를 클릭한 후 아이콘으로 보기 체크를 풀어주면 축소형으로 나타납니다.

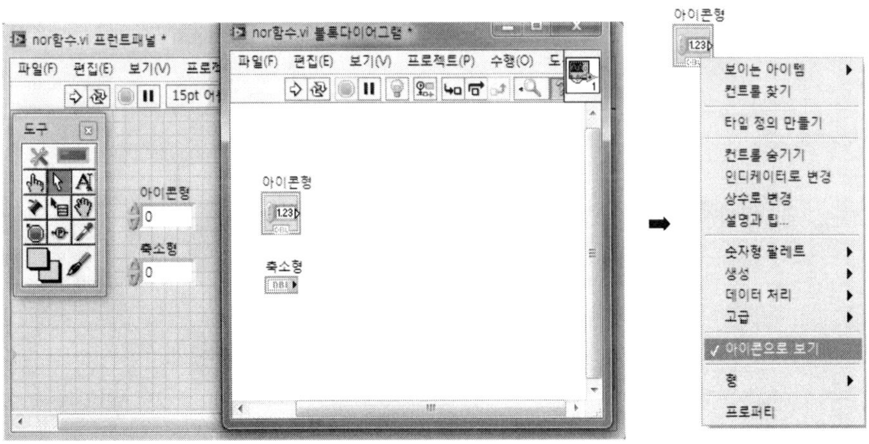

2.2 LabVIEW 메뉴

2.2.1 풀다운 메뉴

VI 윈도우의 맨 위에 있는 메뉴바에는 여러 개의 풀다운 메뉴가 있으며, 메뉴바 중의 하나를 누르면 서브 메뉴가 나타납니다. 풀다운 메뉴는 다른 응용 프로그램에 포함되어있는 Open, Save, Copy, Paste와 같은 것을 가지며 다른 기능들은 LabVIEW의 특별한 기능들입니다. 메뉴들은 여러분이 쓰기 편리하도록 단축키로도 사용됩니다.

1) 파일 메뉴

파일 메뉴는 다른 응용프로그램 같이 저장 또는 프린터와 같은 명령어를 포함합니다. 여러분은 새로운 VI를 생성할 때나 기존의 것을 열 때 이 파일 메뉴를 사용합니다.

2) 편집 메뉴

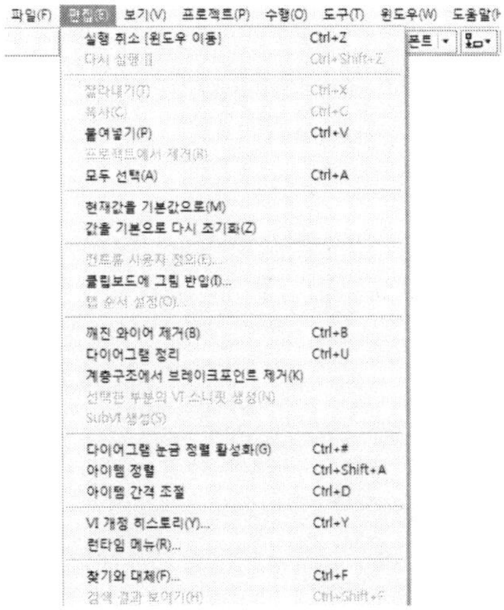

이것은 잘라내기(Cut), 복사(Copy), 붙여넣기(Paste)와 같은 보편적인 명령을 가지고 있으며 이것을 사용하여 윈도우를 편집할 수 있습니다. 편집메뉴에서 잘못 연결된 와이어들을 제거할 수 있으며 또한 팔레트들을 사용자가 편집하여 사용할 수 있습니다.

3) 보기 메뉴

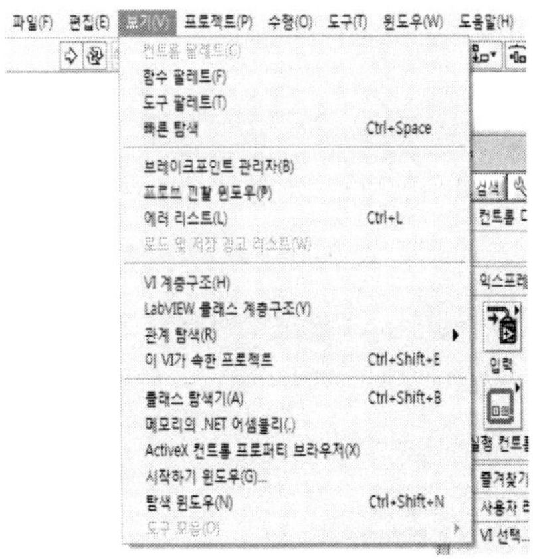

컨트롤 팔레트나 블록 다이어그램에서의 팔레트를 보거나 디버깅할 때 사용되는 툴을 볼 수 있는 메뉴입니다.

4) 프로젝트 메뉴

프로젝트메뉴는 큰 VI들의 집합 사이에서 네비게이션(Navigarion)을 단순화시키기 위한 특징을 포함하고 있습니다. VI 계층 구조를 볼 수 있으며 모든 VI들의 서브 VI들을 결정 할 수 있습니다.

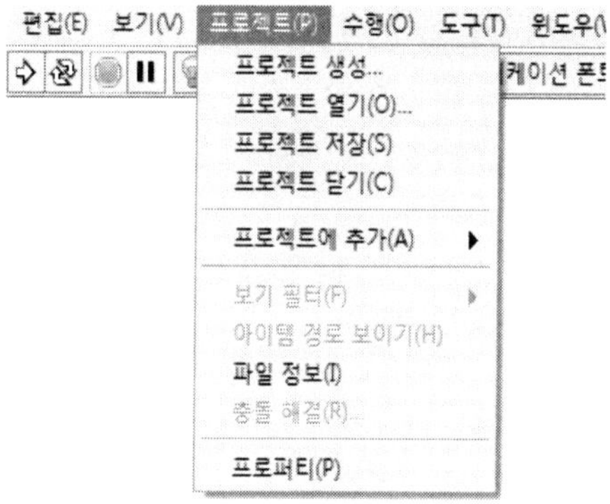

5) 수행 메뉴

수행 메뉴에서 프로그램을 실행시키거나 정지할 수 있습니다.

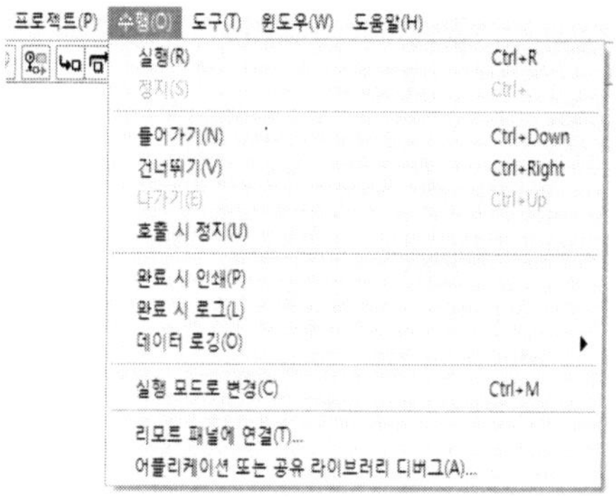

6) 도구 메뉴

LabVIEW에서 사용되는 장비와 관련된 드라이버나 옵션을 설정할 수 있습니다.

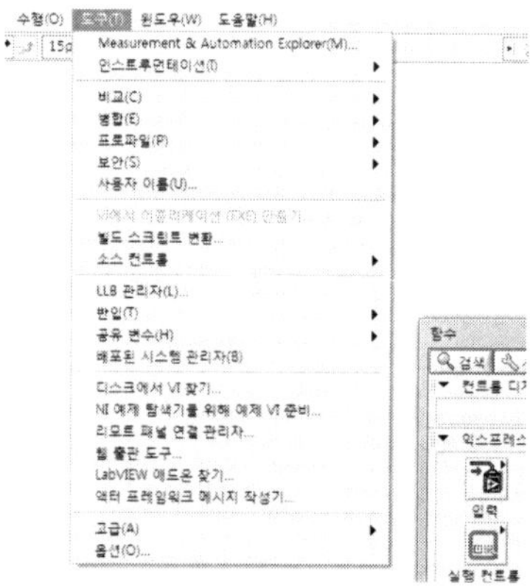

7) 윈도우 메뉴

프론트 패널과 블록 다이어그램 사이에서 토글(toggle)할 수 있으며, 에러 리스트와 클립보드를 볼 수 있고, 프론트 패널과 블록 다이어그램을 동시에 사용하기 위하여 화면을 둘로 나눌 수 있습니다. 또한 플로팅 팔레트를 불러오거나 닫을 수 있습니다.

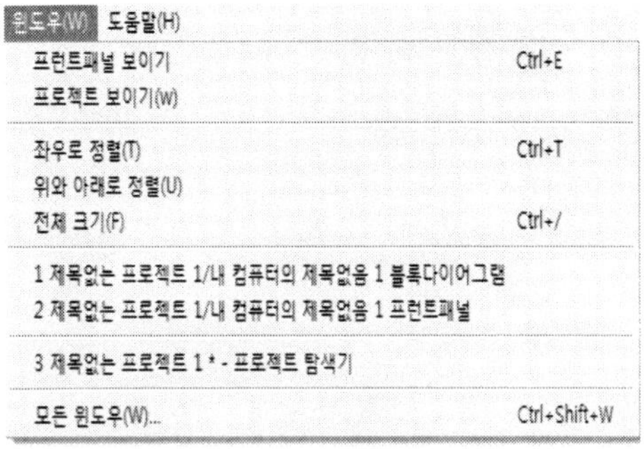

8) 도움말 메뉴

도움말 메뉴를 사용하여 도움말 윈도우의 내용을 보이게 하거나 감출 수 있습니다. 또한 LabVIEW의 온라인 레퍼런스(online reference)를 사용할 수 있습니다.

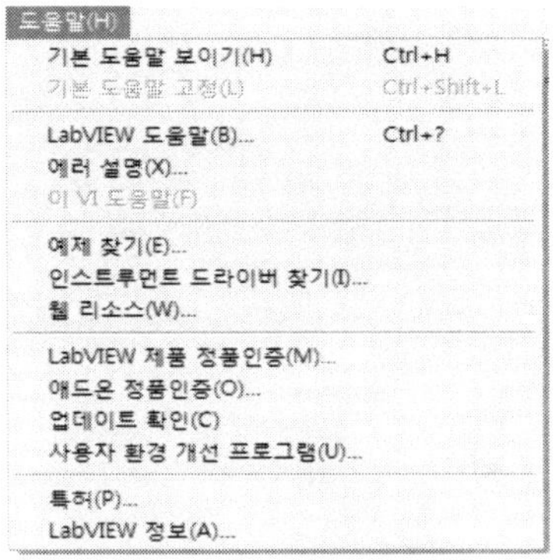

9) 팔레트

LabVIEW의 팔레트는 블록 다이어그램 또는 프런트 패널에서 사용 가능합니다. 사용되는 팔레트는 다음과 같습니다.

- 툴 팔레트(Tool Palette)
- 컨트롤 팔레트(Control Palette)
- 함수 팔레트(Functions Palette)

(1) 블록다이어그램과 프런트 패널

두 개의 창에서 흰색바탕에 진한회색으로 그리드가 그려져 있는 것이 프런트 패널(Front Diagram), 흰 바탕의 창을 블록 다이어그램(Block Diagram)이라고 한다.

그리고 프런트 패널은 프로그램이 실행되었을 때 사용자가 보게 되는 부분, 즉 User Interface를 구성하는 창이며, 블록 다이어그램은 프로그램의 구조를 표현하는 소스코드를 작성하는 창입니다.

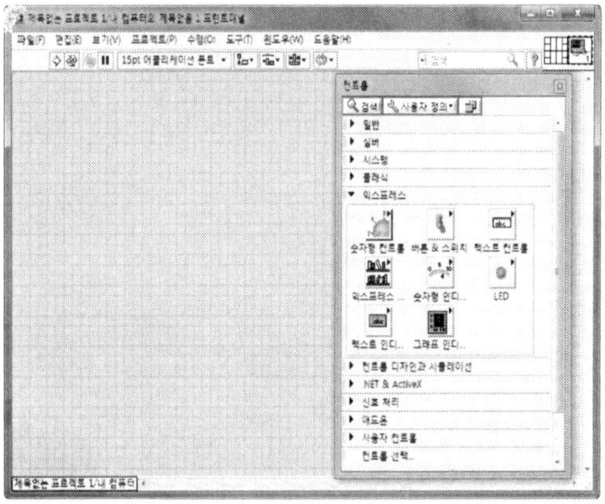

그림 2.6 블록다이어그램

그림 2.7 프런트 패널

➡ Tip : Ctrl+E의 단축명령어로 프런트 패널과 블록 다이어그램 창을 서로 전환하여 사용할 수 있습니다.

(2) 툴(Tool) 팔레트

툴(Tool)은 마우스 커서의 특별한 동작 모드입니다. 표준 페인트 프로그램에서 사용하는 것처럼 특수한 편집 또는 동작 기능들을 수행하기 위하여 사용합니다. 컨트롤 팔레트와 함수 팔레트, 툴 팔레트 위치를 변경시키거나 닫을 수 있습니다. 툴을 선택하기 위하여 툴 팔레트 위에 있는 적당한 버튼을 누르면 마우스 커서가 변하게 됩니다.

만일 어떤 툴이 어떤 기능을 갖는지 모를 때에는 커서를 버튼 위로 가져가서 툴을 설명해주는 툴 팁(tool tip)이 나타날 때까지 커서를 고정 시킵니다.

툴(Tool) 팔레트는 보기 메뉴의 도구 팔레트를 클릭하면 나타납니다.

그림 2.8 도구 팔레트

- 오퍼레이팅 툴(operating tool)

프론트 패널에 있는 컨트롤(Control)과 인디케이터(indicator)의 값을 변경시킬 수 있도록 해줍니다. 오퍼레이팅 툴로 노브나 스위치 및 다른 오브젝트들을 핸드링 하며 VI가 실행모드이거나 동작중일 때 프론트 패널에서만 사용가능합니다.

- 포지셔닝 툴(Positioning tool)

오브젝트를 선택, 이동, 크기를 조정 할 때 사용합니다.

- 라벨링 툴(labelling tool)

문자로 된 라벨을 만들어 내거나 문자열을 편집할 때 사용합니다.

- 와이어링 툴(wiring tool)

블록 다이어그램 오브젝트들을 서로 연결할 때 사용합니다.

- 팝업 툴(pop-up tool)

오브젝트를 클릭할 때 오브젝트의 팝업 메뉴를 열어줍니다.

▸ 스크롤 툴(scroll tool)

활성화된 윈도우에서 스크롤 할 때 사용하게 되는데, 활성화된 윈도우에서 이 툴을 선택하고 오른쪽 마우스 버튼을 누르고 이동하면 윈도우 내의 오브젝트들은 움직이는 방향으로 스크롤 됩니다.

▸ 브레이크 포인트 툴(breakpoing tool)

코드를 수정할 수 있도록 VI의 블록 다이어그램에서 브레이크 포인트를 설정하며, 입력 값과의 변경과 결과 값을 확인 후 일시정지 할 수 있습니다.

▸ 프로브 툴(Probe tool)

VI가 실행 중일 때 데이터가 와이어를 통해서 통과하는 것을 볼 수 있도록 와이어 위에 프로브를 생성합니다.

▸ 색상복사툴(Color copy tool)

기존의 오브젝트로부터 색을 복사하여 다른 오브젝트에 복사한 색을 사용합니다.

▸ 색상 툴(coloring tool)

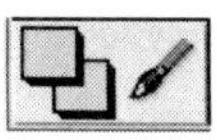

여러 색깔로부터 색상을 선택하여 오브젝트나 배경의 색상을 바꿀 수 있습니다. 툴 팔레트에서 적당한 색상 영역을 클릭함으로써 전경(foreground)나 배경(background)색을 정할 수 있습니다.

(3) 툴바(ToolBar)

LabVIEW 윈도우의 상단에 위치한 툴바는 VI의 실행을 제어하는데 사용되는 아이콘으로 오브젝트의 분포와 정렬을 제어하기 위한 명령어들과 사용할 폰트를 선택할 수 있는 옵션을 포함하고 있습니다. 툴바가 프런트 패널에서보다 블록 다이어그램에서 더 많은 옵션을 가지고 있으며 VI를 실행시킬 때 관련된 옵션들은 사라진다는 것을 알 수 있습니다.

프로그램 실행 중 강제종료

프로그램 실행 중 일시 정지

하이라이트(Highlight)라는 기능으로 실제 프로그램의 실행속도보다 느린 속도로 데이터의 흐름을 직관적으로 관찰할 수 있게 하는 기능

와이어 값을 유지하게 되면 데이터가 흐르고 있지 않는 동안에도 프로브를 통해 최근 데이터의 값을 확인할 수 있습니다. 반면 와이어 값을 유지하지 않음을 선택하면 메모리 사용을 절약하여 메모리가 충분하지 않은 시스템에서의 효율적인 메모리를 관리할 수 있는 기능

스텝 인두(Step Into)라 불리며 SubVI가 있는 경우 그 내부로 들어가 데이터의 흐름을 관찰할 때 사용함

스텝 오버(Step Over)라고 하며 SubVI 내부의 흐름을 보지 않고 전체적인 결과의 흐름을 관찰 함

스텝 아웃(Step Out)이라 하며 Step Into로 들어간 다음 정상적인 흐름에 의해 SubVI를 빠져 나오지 않고 SubVI에서 바로 빠져나올 때 사용

➡ Tip : 프론트 패널이 활성화 되어 있을 때에는 스페이스 바(Space bar)를 누름으로써 오퍼레이팅 툴(Wiring Tool)과 포지션 툴(Positioning Tool) 사이의 전환이 가능하며, 블록 다이어그램이 활성화되어 있을 때에는 스페이스바(Space bar)를 누름으로써 와이어링 툴(Wiring Tool)과 포지셔닝 툴(Positioning Tool) 사이에 전환이 가능합니다.

툴바(ToolBar)를 실행시키는 다른 방법으로 Shift + 마우스 오른쪽버튼 클릭을 통해 실행 시킬 수 있습니다.

2.2.2 디버깅(Debugging)

디버깅(Debugging)이란 프로그램에서 오류를 발견하고 이를 해결하는 과정을 말합니다. 오류는 크게 문법 에러(Syntax error)와 논리 에러(Logical error)로 나눌 수 있으며, 문법 에러는 프로그램 언어의 문법에 맞지 않아 프로그램을 실행할 수 없는 상태를 말합니다. 이 에러는 에러열거  아이콘으로 알 수 있습니다. 또한 자세한 오류 메시지를 확인하기 위해서 에러열거 아이콘을 클릭하거나 Ctrl+R(실행 단축버튼)을 눌러 에러에 대한 세부사항을 볼 수 있습니다.

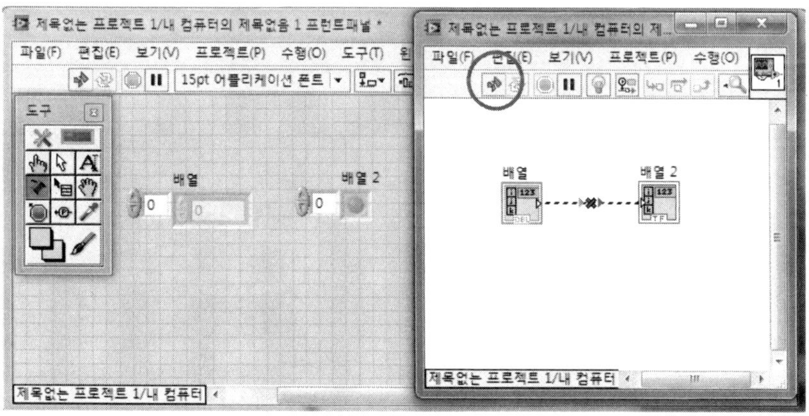

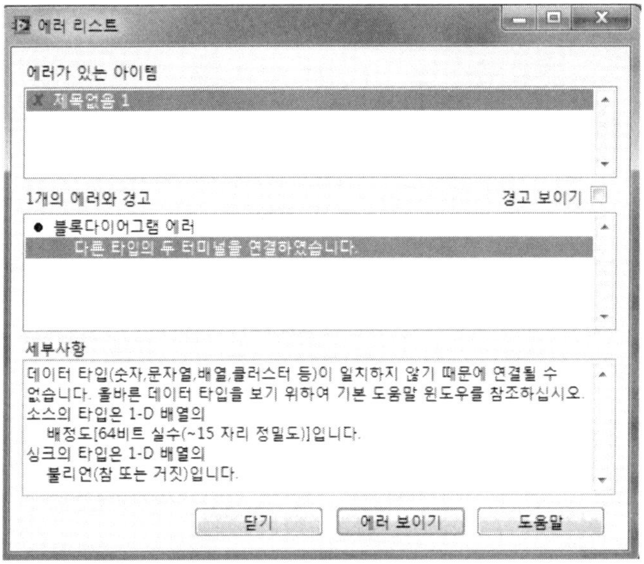

2.2.3 기본 데이터 타입 소개

기본 데이터에서는 연산을 위한 숫자 데이터 타입인 숫자형(Numeric) 타입과 참, 거짓으로 표현되는 논리 연산을 위한 데이터 타입인 불리언(Boolean) 타입, ASCII코드로 나타낸 문자를 표시하기 위한 데이터 타입인 문자형(String) 타입이 있습니다.

1) 숫자형(Numeric) 타입

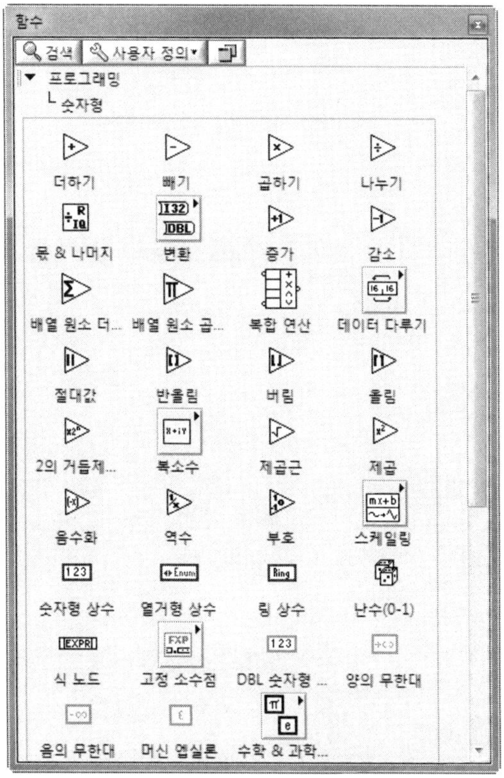

(1) 더하기 함수

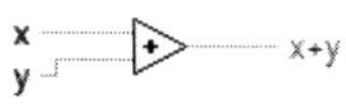

더하기 함수는 두 값 또는 데이터 타입 값을 이 함수에 연결하면 에러 입력과 에러 출력 터미널이 함수에 나타납니다. 그리고 더하려고 하는 두 행렬의 차원은 반드시 같아야 합니다.

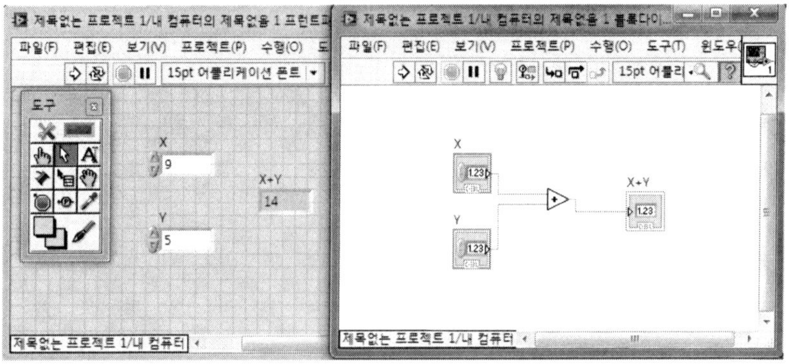

(2) 빼기 함수

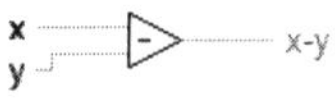

빼기 함수는 두 타임스탬프 값을 빼면 숫자 값(시간차)을 얻고, 한 타임스탬프 값에서 숫자 값을 빼면 타임스탬프를 얻습니다.

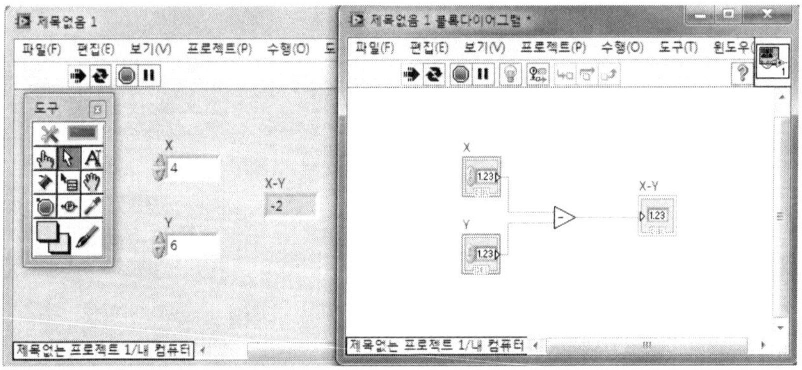

(3) 곱하기 함수

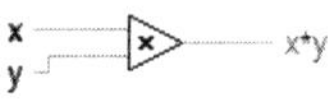

(4) 나누기 함수

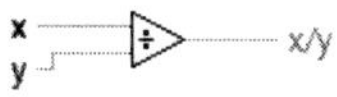

실습 : 숫자형 데이터 타입

① LabVIEW 실행 후 프런트 패널에서 숫자형 컨트롤러와 숫자형 인디케이터를 생성합니다.

프런터 패널에서 숫자형 컨트롤 아이콘을 드래그하여 “A”와 “B”, 숫자형 인디케이터 아이콘을 드래그하여 “A+B”, “A-B”, “A*B”, “A/B”를 생성한다.

여기서 숫자형 컨트롤과 숫자형 인디케이터는 LabVIEW의 변수표현 방식입니다. 숫자형은 숫자타입을 말하며 컨트롤은 사용자가 입력할 수 있는 변수이며, 인디케이터는 출력 값을 볼 수 있는 변수입니다.

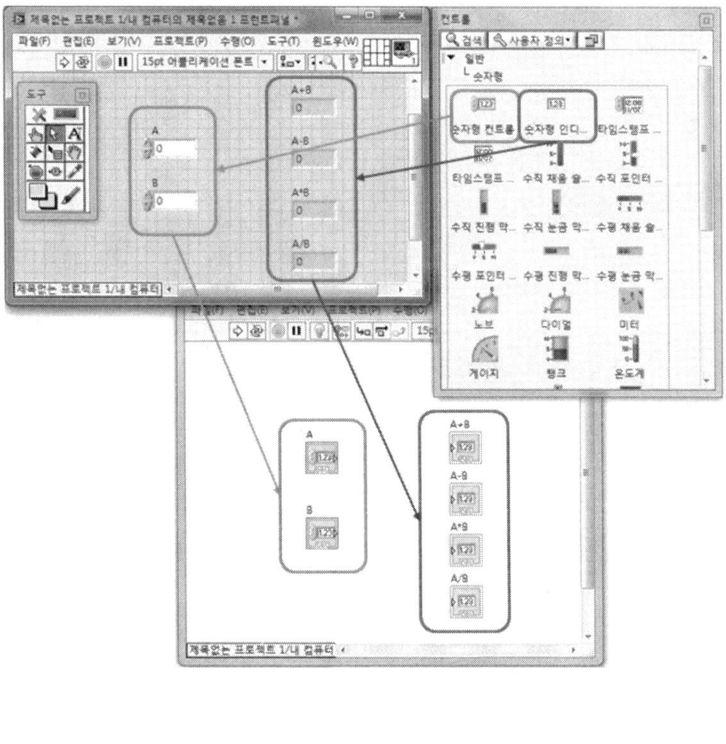

② 각 객채 이름 수정하기

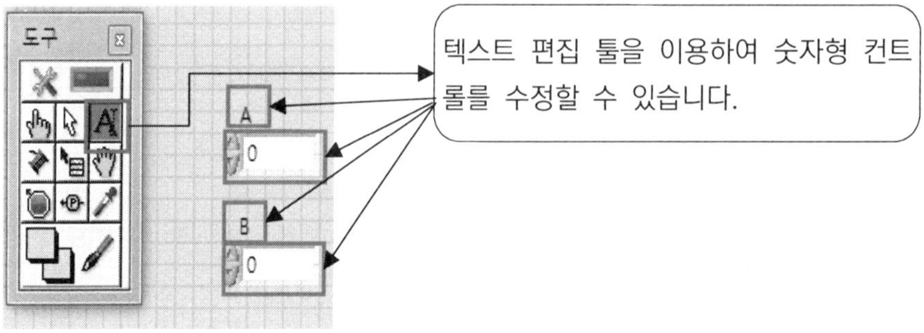

③ 숫자형 컨트롤 입력 수정 후 블록다이어그램에서 연산자를 가져다 놓은 후 도구상자에서 와이어 연결 아이콘을 선택한 후 연결할 객체의 터미널에 연결합니다. 와이어 연결 아이콘을 선택 후 객체에 접근하면 오른쪽 부분에 붉은 색 연결포인터가 나타나며 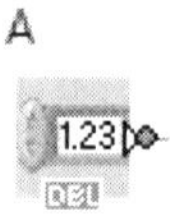 그 포인터를 클릭한 후 숫자형 인디케이터와 연결합니다.

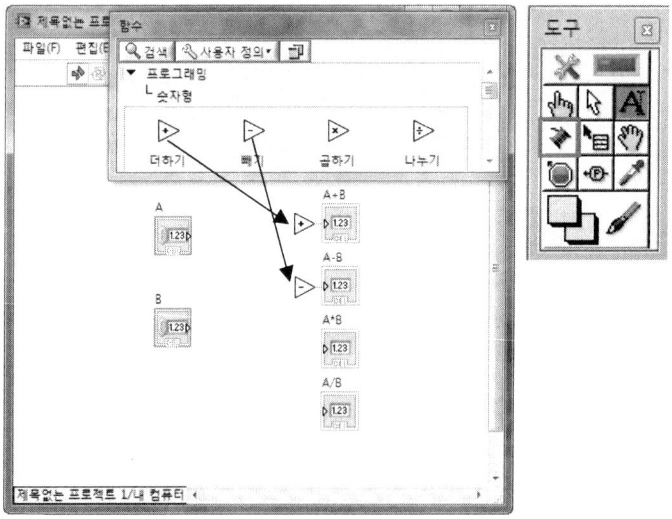

④ 숫자형 컨트롤과 숫자형 인디케이터를 연결된 결과물입니다.

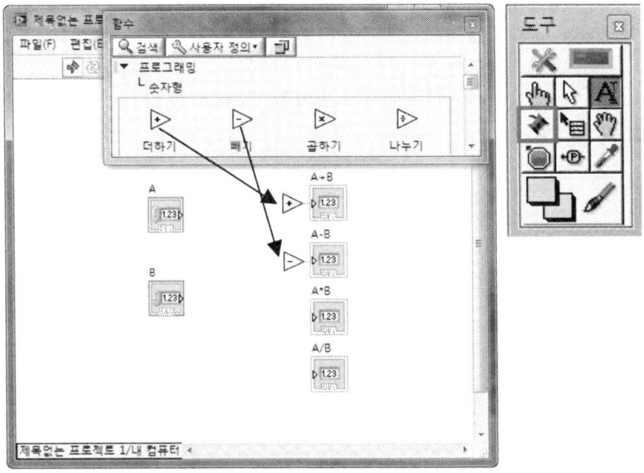

⑤ 숫자형 컨트롤과 숫자형 인디케이터를 연결 후 블록다이어그램의 상단메뉴 실행 아이콘을 클릭하여 실행을 시킵니다. 그리고 프런트 패널에서 “A”,“B”숫자를 입력하거나 값 수행 아이콘 을 이용하여 입력숫자 증가 및 감소시켜 결과 값을 확인합니다.

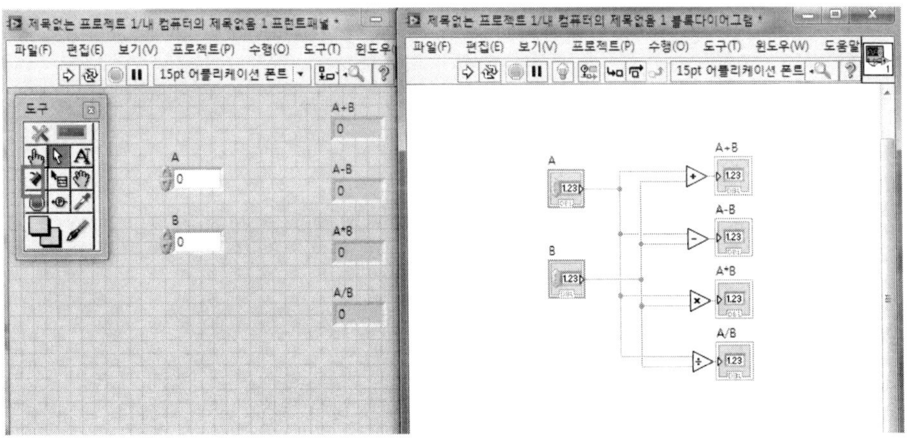

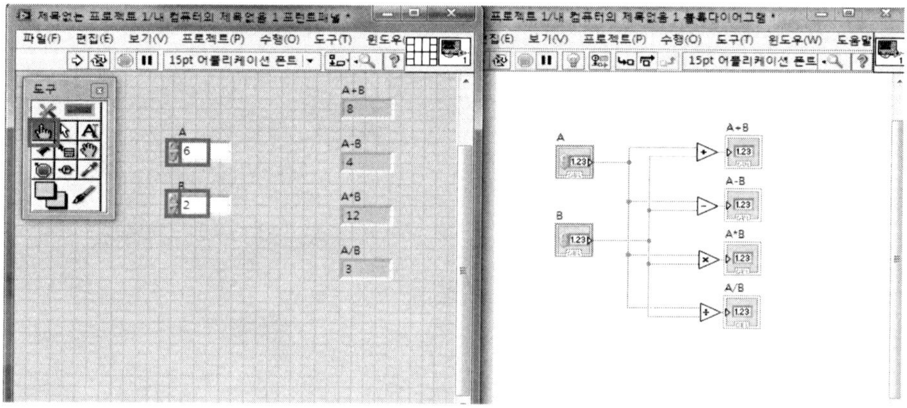

➡ Tip : 도구 팔레트가 나타나지 않을 경우 상단 보기 메뉴에서 도구 팔레트를 선택 후 확인합니다. 도구 팔레트에서 LED가 녹색으로 되어 있지 않다면 클릭하여 녹색LED를 켭니다.

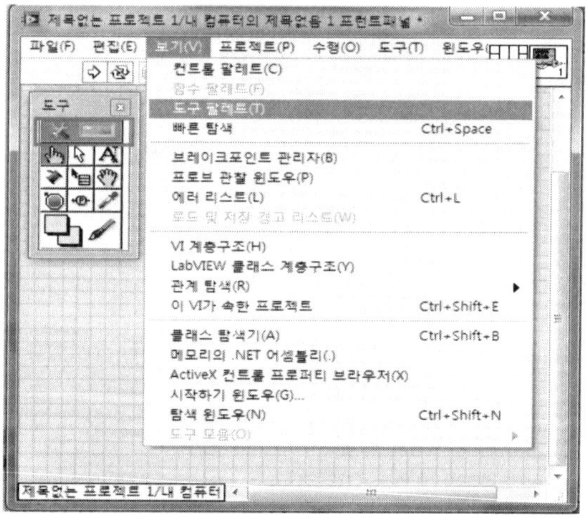

➡ Tip : 객체 속성을 바꾸기 위해서는 프런트패널에 생성한 숫자형 컨트롤과 숫자형 인디케이터 아이콘에서 오른쪽 마우스 클릭으로 단축메뉴를 열기를 합니다. 단축메뉴에서 프로퍼티를 선택하여 속성을 바꿀 수 있습니다.

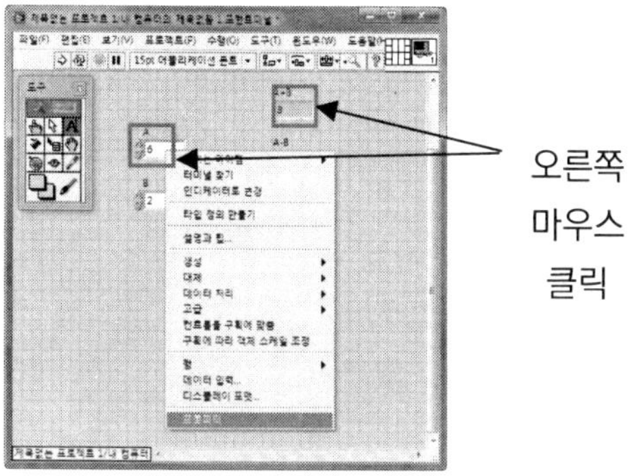

(5) 몫 & 나머지 함수

몫 & 나머지 함수는 입력의 정수 몫과 나머지를 계산합니다. 그리고 사직연산을 제외하고 가장 많이 사용되는 함수이며 루프(Loop) 형태와 많이 응용되고 있습니다. 루프에는 루프 카운트(Loop count) 또는 반복(iteration)이 존재 합니다. 이는 만든 루프(Loop)가 몇 번째 실행되고 있는지를 나타내 주는 숫자입니다. 이 루프 카운트(Loop count)와 함께 루프(Loop)가 실행되는 횟수를 조절하거나 일정한 정수의 배열 개수를 만들어 사용 합니다.

x-y*floo(x/y)는 나머지 값이며 텍스트 기반 프로그래밍 언어의 modulo 함수에 대응합니다. 그리고 y가 1인 경우, 나머지는 x의 소수 부분입니다.

floor(x/y)는 정수 몫입니다. 입력이 하나라도 부동 소수인 경우, 몫은 정수 값을 가지는 부동소수입니다, 그리고 y가 1인 경우, 몫은 x의 정수 부분입니다.

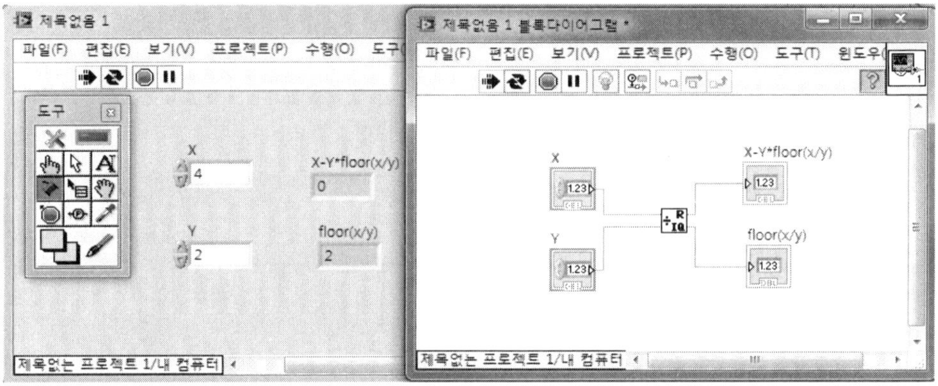

(6) 변환 함수

숫자형의 변환 함수는 마우스 우측 버튼을 클릭하여 Shortcut menu로 세부적인 형(Representation)을 선택할 수 있습니다. 프로그램 / 숫자형 / 변환은 숫자를 표현하는데 몇 비트(Bit)를 어떻게 사용할 것인가를 다양한 형으로 변화될 수 있습니다. 숫자형 데이터는 연산을 하기 위해 사용되는 타입으로 같은 데이터 타입이면 숫자형 팔레트 안의 모든 컨트롤 및 인디케이터에 표현, 그리고 실수형, 정수형, 자연수형으로 변환이 가능합니다.

확장형 부동소수를 나타내며 상위 한 비트(Bit)를 부호, 15비트를 지수부, 64비트(Bit)를 가수 부분으로 분리하여 하나의 수를 표현 합니다.

79		64		0	
s	14 지수	0	63 가수	0	EXT

배정도라고 하며 총 64비트를 아래와 같이 부호, 지수, 가수로 나누어 하나의 수를 표현합니다.

63		52		0	
s	10 지수	0	51 가수	0	DBL

단정도를 나타내며 아래는 비트 표현입니다.

31		23		0	
s	7 지수	0	22 가수	0	SGL

확장형 정밀도 복소수를 나타내며 아래는 비트 표현입니다.

	79		64		0	
실수	s	15 지수	0	63 가수	0	CXT
	79		64		0	
허수	s	15 지수	0	63 가수	0	

배정도 복소수를 나타내며 아래는 비트 표현입니다.

	63		52		0	
실수	s	10 허수	0	51 가수	0	CDB
	63		52		0	
허수	s	15 허수	0	63 가수	0	

단정도복소수를 나타내며 아래는 비트 표현입니다.

	31			23		0	
실수	s	7	지수	0	22	가수	0
	31			23		0	CSG
허수	s	7	지수	0	22	가수	0

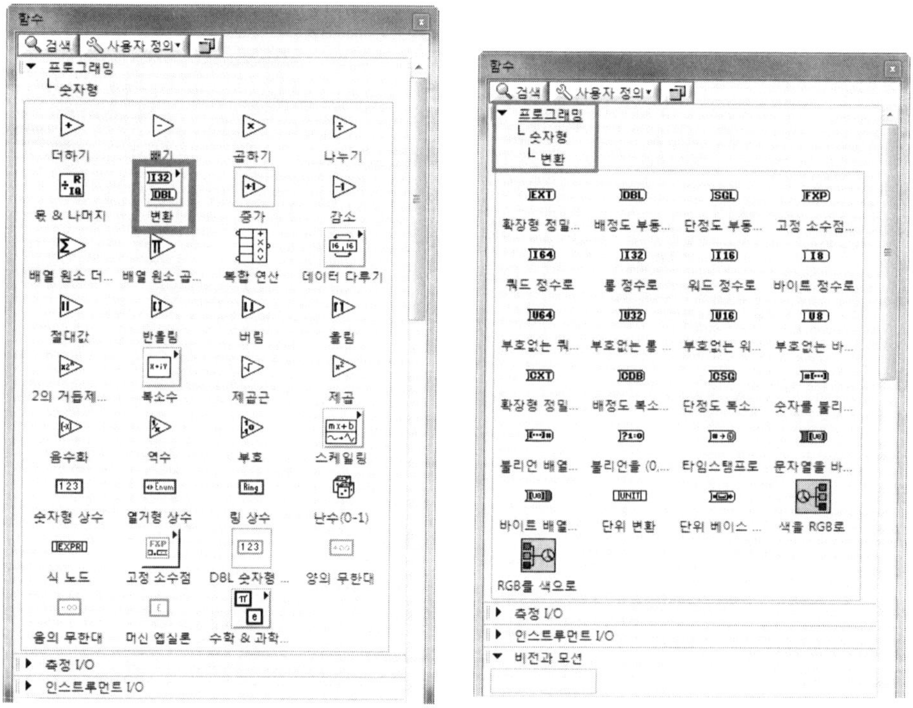

그림 2.9 숫자형 변환 타입 아이콘

위의 비트(Bit)표현에서 DBL과 U8~U64, I8~164 등이 자주 사용되고 있습니다. U와 I는 부호가 있는지 없는지를 표현하는 부호이며, U(부호가 없는)(비트 수), I (부호가 있는)(비트 수)라고 이해하면 좋겠습니다.

예를 들어 U8(부호가 없는 8bit)로는 2의 8승, 즉 0~255까지의범위 내에서 연산이 가능하며 I8(부호가 있는 8bit)로는 -128~127까지의 범위 내에서 연산이 가능합니다.

숫자형 데이터 타입 정수는 부호 있는 정수와 부호 없는 정수로 나눌 수 있으며 아래의 예를 참조하여 구분할 수 있도록 합니다.

▸ 부호 있는 정수

· 32-bit (I32) : -2147483648 ~ 2147483647

· 16-bit (I16) : -32768 ~ 32767

· 8-bit (I8) : -128 ~ 127

▸ 부호 없는 정수

· 32-bit (U32) : 0 ~ 4,294,967,295

· 16-bit (U16) : 0 ~ 65536

· 8-bit (U8) : 0 ~ 256

숫자형 데이터 타입 실수형 숫자에는 실수형과 복소수 실수형이 있습니다.

▸ 실수형

· 확장형 정밀도 [EXT]: -1.19e+4932 ~ 1.19e+4932

· 배정도 [DBL]: -1.79e+308 ~ 1.79e+308

· 단정도 [SGL]: -3.40e+38 ~ 3.40e+38

▸ 복소수 실수형

· 복소수 실수형 데이터 타입은 실수형 데이터 타입과 같은 정밀도를 가집니다. 유일한 차이점은 복소수 실수형 데이터 타입은 실수와 허수부를 가진다는 것입니다.

◆ 고정 소수점으로

복소수가 아닌 모든 숫자를 고정 소수점 형으로 변환합니다.

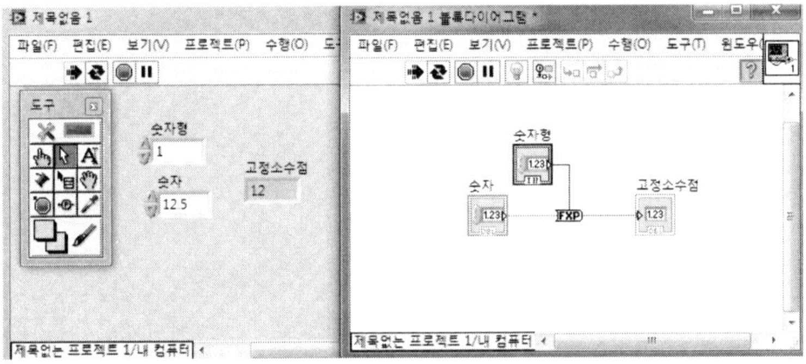

◆ 단위 베이스 캐스트

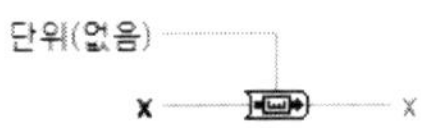

입력과 관련된 기본 단위를 단위와 관련된 기본 단위로 바꾸고 출력 터미널에 결과를 반환합니다.

주위 : 단위 베이스 캐스트 함수는 매우 주의하여 사용하여야 합니다. 이 함수는 기본 단위에 작용하기 때문에, 이 함수를 효과적으로 사용하기 위해서는 임의의 단위에서 기본 단위로의 변환을 이해해야 합니다. 이 함수는 미터를 킬로그램으로 바꾸는 등, 기본 단위를 바꿀 수 있습니다.

◆ 단위 변환

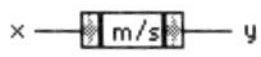

물리적 수(단위를 갖는 수)를 순수한 수(단위가 없는 수)로 혹은 순수한 수를 물리적 수로 변환합니다. 함수에서 마우스 오른쪽 버튼으로 클릭한 후 바로 가기 메뉴에서 단위 문자열 만들기를 선택하여 단위 문자열을 생성하고 편집합니다.

LabVIEW는 [단위변환] 함수에 지정한 단위를 입력된 수에 지정하고, 다음 테이블에서 나타난 해당 측정 클래스의 기본단위(혹은 기본 단위의 조합)로 나타낸 물리적 수를 반환합니다.

클래스	기본 단위	약자
물질의 양	몰	mol
각도 (평면)	라디안	rad
각도 (입체)	입체 호도법	sr
전류	암페어	A
길이	미터	m
광도	칸델라	cd
질량	킬로그램	kg
온도 (열역학)	켈빈	K
시간	초	s

◆ 단정도 복소수

수를 단정도 복소수로 변환합니다. 그리고 단정도 복소수는 숫자와 동일한 데이터 타입 구조를 가집니다.

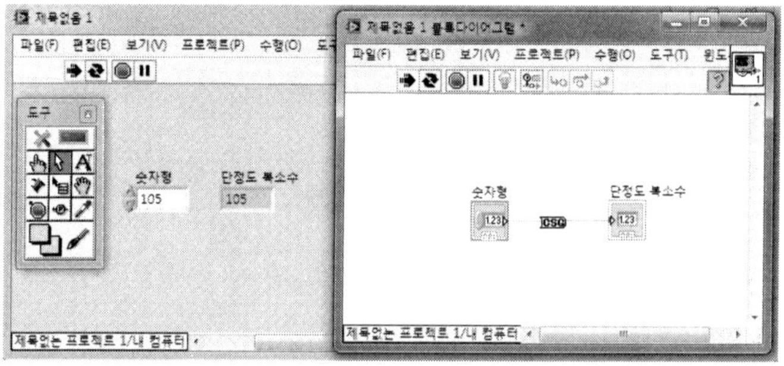

◆ 단정도 부동소수

숫자 —— SGL —— 단정도 부동소수

수를 단정도 부동소수로 변환합니다. 그리고 단정도 복소수처럼 숫자와 동일한 데이터 타입구조를 가집니다.

◆ 롱 정수

숫자 —— I32 —— 32비트 정수

숫자를 -(2^ 31)에서 (2^ 31)-1의 범위를 가지는 32비트 정수로 변환합니다. 이 함수는 모든 부동소수 및 고정 소수점 수의 값을 가장 가까운 정수 값으로 반올림합니다.

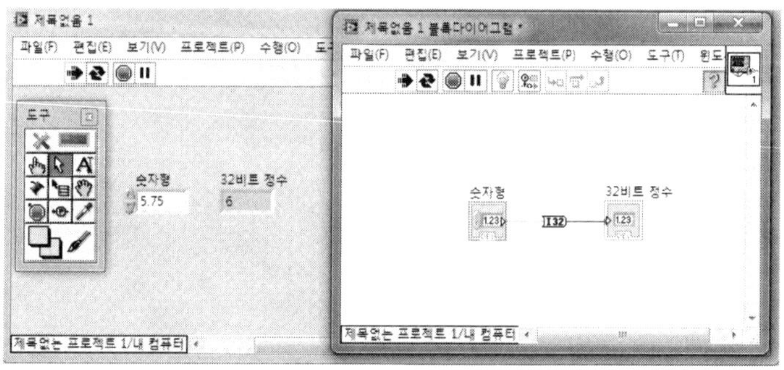

◆ 문자열을 바이트 배열로

문자열을 부호 없는 바이트의 배열로 변환합니다.

◆ 바이트 배열을 문자열로

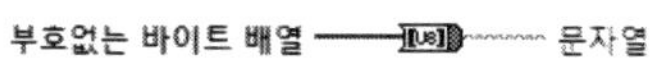

ASCII 문자를 나타내는 부호 없는 바이트의 배열을 문자열로 변환합니다.

◆ 바이트 정수로

수를 -128에서 127 범위 내의 8비트 정수로 변환합니다.

◆ 배정도 복소수로

수를 배정도 복소수로 변환합니다.

◆ 배정도 부동소수

수를 배정도 부동소수로 변환합니다.

부호없는 32비트 정수

수를 0에서 (2^32)-1 범위 내의 32비트 부호 없는 정수로 변환합니다.

부호없는 바이트 정수로

수를 0에서 255 범위 내의 8비트 부호없는 정수로 변환합니다.

부호없는 워드 정수로

수를 0에서 65,535 범위 내의 16비트 부호없는 정수로 변환합니다.

부호없는 쿼드 정수로

수를 0 ~ (2^64)-1 범위 내의 64비트 부호없는 정수로 변환합니다.

불리언 배열을 숫자로

배열을 숫자의 2진 형으로 해석하여 불리언 배열을 정수 또는 고정 소수점 수로 변환합니다. 숫자에 부호가 있는 경우, LabVIEW는 배열을 해당 숫자의 2의 보수형으로 해석합니다. 배열의 첫 번째 원소는 숫자의 최하위 비트에 대응합니다.

예를 들어 이 함수에 두 개의 불리언 값의 배열을 연결하고 양쪽 모두 참이 아니면 함수는 0을 반환합니다. 첫 번째 불리언이 참일 경우 함수는 1을 반환하고, 두 번째 불리언이 참일 경우 함수는 2를 반환하며, 두 개의 불리언 값이 모두 참일 경우 함수는 3을 반환합니다.

◆ 불리언을 (0,1)로 함수

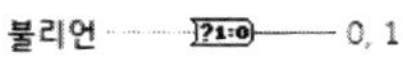

불리언 거짓 또는 참값을 각각 0 또는 1의 값을 가진 16비트 정수로 변환합니다.

◆ 색을 RGB로 VI

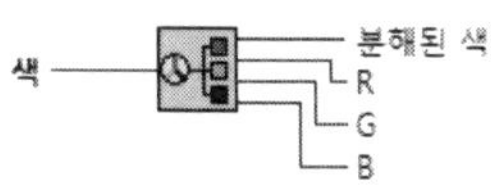

시스템 색을 포함한 모든 색 입력을 빨강, 녹색, 파랑 구성요소로 분해합니다. RGB는 0부터 255까지 색을 단계를 가집니다.

◆ 숫자를 불리언 배열로

정수 또는 고정 소수점 수를 불리언 배열로 변환합니다. 정수를 숫자에 연결하는 경우, 불리언 배열은 정수의 비트 수에 따라 8, 16, 32, 또는 64 원소를 가진 배열을 반환합니다. 고정 소수점 수를 숫자에 연결하는 경우, 불리언 배열이 반환하는 배열의 크기는 고정 소수점 수의 워드 길이와 같습니다. 배열의 0번째 원소는 정수의 2의 보수형에서 최하위 비트에 대응합니다.

◆ 워드 정수로

수를 -32,768에서 32,767 범위 내의 16비트 부호없는 정수로 변환합니다.

◆ 쿼드 정수로

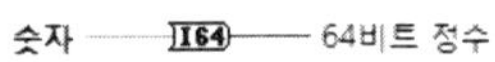

수를 -(2^63) ~ (2^63)-1 범위 내의 64비트 정수로 변환합니다.

◆ 타임스탬프로

숫자를 타임스탬프로 변환합니다. 숫자는 스칼라 숫자, 숫자의 배열 또는 클러스터, 숫자 클러스터의 배열 등이 될 수 있습니다. 이는 1904년 1월 1일 오전 12시부터 경과된 시간을 초로 나타냅니다[01-01-1904 00:00:00]. 타임스탬프는 세계시를 기준으로 1904년 1월 1일, 금요일, 오전 12시 이후부터 경과된 표준 시간대에 독립적인 초의 수입니다[01-01-1904 00:00:00].

◆ 확장된 정밀도 부동소수로

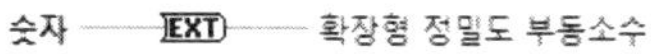

수를 확장형 정밀도 부동소수로 변환합니다. 숫자는 스칼라 숫자, 숫자의 배열 또는 클러스터, 숫자 클러스터의 배열 등이 될 수 있습니다. 확장형 정밀도 부동소수는 숫자와 동일한 데이터 타입 구조를 가집니다.

◆ 확장된 정밀도 복소수로

수를 확장형 정밀도 복소수로 변환합니다.

◆ RGB를 색으로 VI

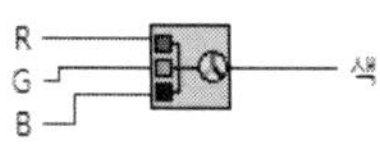

0에서 255까지 빨간색, 녹색, 파란색 값에 대응하는 RGB 색으로 변환합니다.

(7) 증가 함수

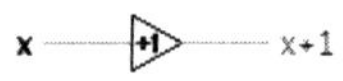

입력 값에 1을 더하여 결과 값을 나타냅니다.

(8) 증가 함수

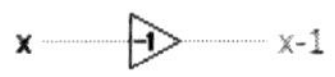

입력 값에 -1을 뺍니다.

(9) 배열 원소 더하기 함수

숫자 배열의 모든 원소의 합계를 반환합니다.

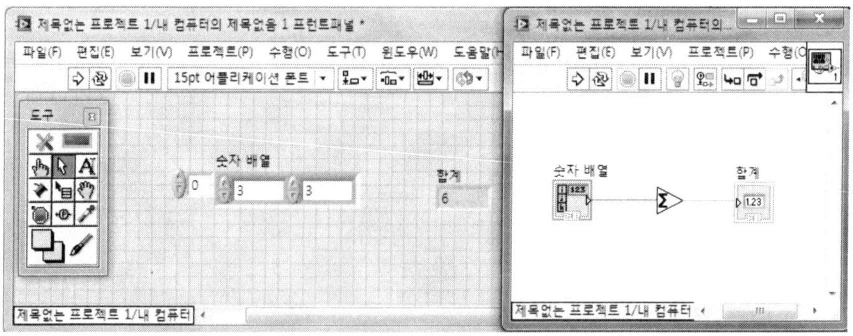

(10) 배열 원소 곱하기 함수

숫자 배열의 모든 원소의 곱을 반환합니다. 숫자 배열이 빈 배열인 경우, 함수는 1의 값을 반환하며 숫자 배열이 하나의 원소만을 포함하고 있을 경우, 함수는 그 원소를 반환합니다.

(11) 복합 연산 함수

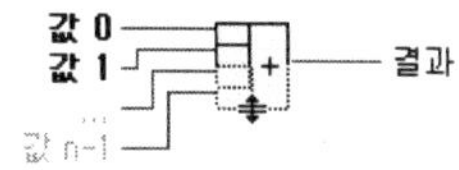

하나 혹은 그 이상의 숫자, 배열, 클러스터 또는 불리언 입력에 대한 연산을 수행합니다. 함수에서 마우스 오른쪽 버튼을 클릭한 후 바로 가기 메뉴에서 모드 변경을 선택하여 연산(더하기, 곱하기, AND, OR, 또는 XOR)을 선택합니다. 숫자 팔레트로부터 이 함수를 선택할 때, 기본 모드는 더하기입니다. 그러나 불리언 팔레트에서 이 함수를 선택할 때 기본 모드는 OR입니다.

- 값 0, 값 n-1은 숫자 또는 불리언 값, 숫자 또는 불리언 값의 배열, 클러스터, 클러스터의 배열 등이 될 수 있습니다. 웨이브폼은 오직 하나의 값 입력에만 연결할 수 있습니다. 입력이 웨이브폼인 경우, 다양한 크기의 스칼라 입력의 무한한 개수를 가질 수 있습니다. 값이 에러 클러스터인 경우, 에러 클러스터의 상태 파라미터만 입력 터미널에 전달됩니다.
- 결과는 값 0, 값 n-1에 적용하기 위해 선택한 작업의 결과를 반환합니다. AND, OR, XOR에 대해서, 결과는 숫자 입력에는 비트 연산을, 불리언 입력에는 논리 연산을 반환합니다.

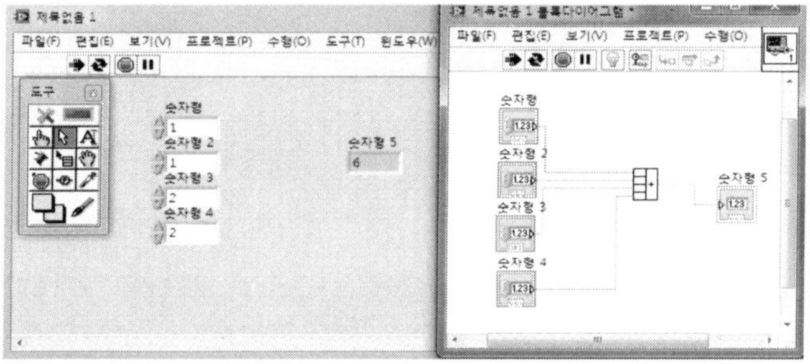

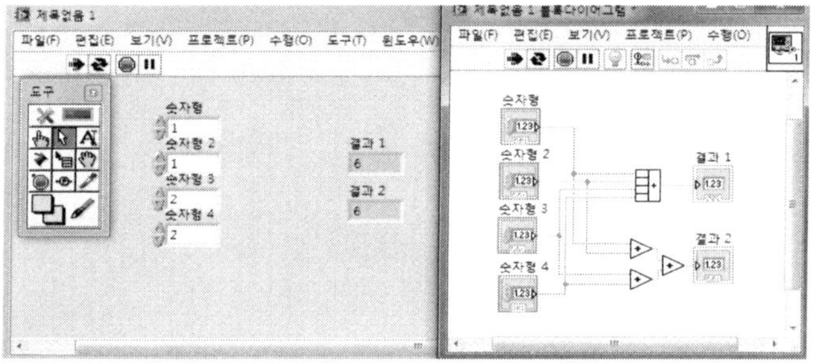

(12) 데이터 다루기 함수

데이터 다루기 함수를 사용하여 데이터 타입을 수정합니다.

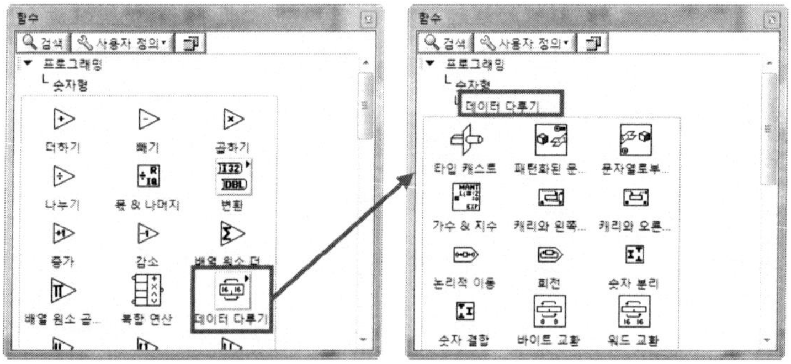

◆ 가수 & 지수

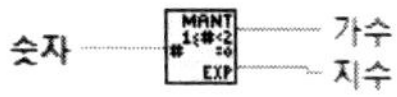

숫자 = 가수 * 2^지수가 되도록 입력 숫자값의 가수와 지수를 반환합니다.

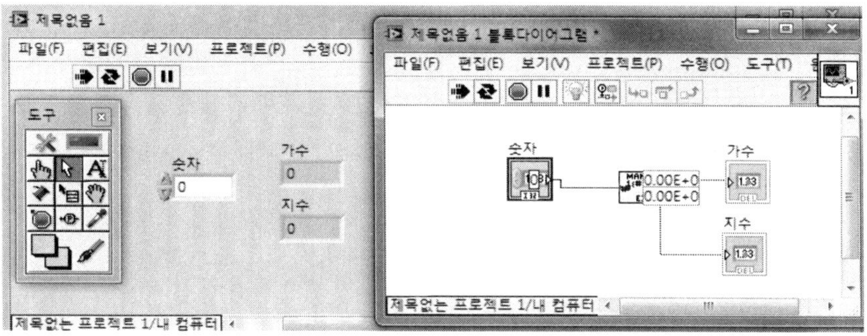

숫자가 "0"인 경우, 가수와 지수는 모두 "0"입니다.

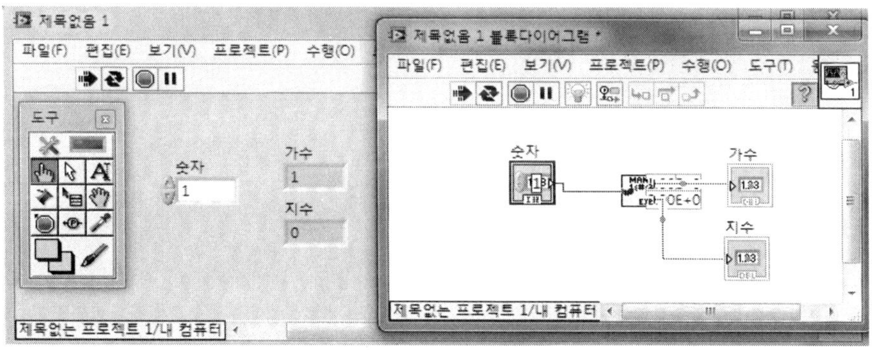

가수의 절대 값은 1보다 크거나 같고 2보다 작으며, 지수의 값은 정수입니다.

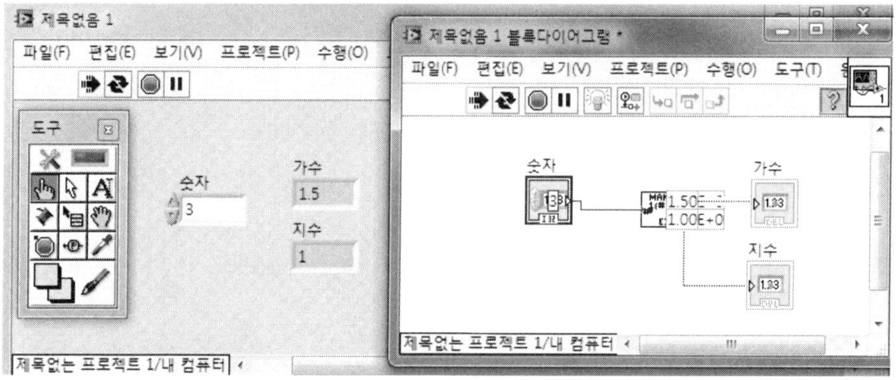

가수의 절대 값은 2보다 클 경우 실수 값을 나타납니다.

◆ 논리적 이동

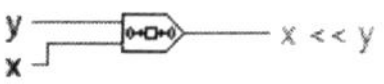

y로 지정된 비트 수만큼 x를 이동합니다.

◆ 문자열로부터 패턴화 해제

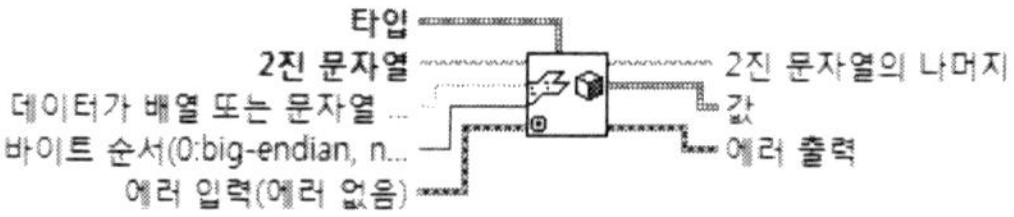

2진 문자열을 타입에 연결된 타입으로 변환합니다. 2진 문자열은 타입에 연결된 타입의 패턴화된 데이터를 포함해야만 합니다. 또한 이 함수를 사용하여 2진 문자열의 바이트 순서, 또는 엔디언 포맷을 지정할 수 있습니다.

- 타입은 [패턴화된 문자열로] 함수의 타입 문자열 출력이 아니며 LabVIEW 타입입니다.
- 2진 문자열은 일반적으로 [패턴화된 문자열로] 함수에 의해 생성된 패턴화된 문자열입니다. 데이터가 '배열' 또는 '문자열 크기를 포함'이 참인 경우, 2진 문자열은 크기를 설명하는 헤더 정보를 포함합니다.
- 데이터가 배열 또는 문자열 크기를 포함은 LabVIEW가 배열 또는 문자열의 앞부분에서 데이터 크기 정보를 읽는지 여부를 나타냅니다. 데이터가 배열 또는 문자열 크기를 포함이 참인 경우, LabVIEW는 2진 문자열의 앞부분에서 크기 정보를 읽습니다. 데이터가 '배열' 또는 '문자열 크기를 포함'이 거짓인 경우, LabVIEW는 2진 문자열의 메모리 크기에서 크기 정보를 탐지합니다. 기본은 참입니다. 데이터가 '배열' 또는 '문자열 크기를 포함'은 최상위 데이터 크기 정보에만 접근합니다. 클러스터와 같은 계층구조 데이터 타입에 있는 배열과 문자열은 항상 크기 정보를 포함합니다.
- 바이트 순서는 들어오는 패턴화된 문자열의 데이터의 엔디언 포맷을 나타냅니다. 바이트 순서, 또는 엔디언 형태는 정수가 메모리에서 최상위 바이트에서 최하위 바이트로 또는 그 반대로 표현되는지 여부를 나타냅니다.
- 에러 입력은 이 노드를 실행하기 전에 발생한 에러 조건을 설명합니다. 이 입력은 표준 에러 입력 기능을 제공합니다.

0	big-endian, network order(기본) -최상위 바이트가 가장 낮은 메모리 주소를 점유합니다.
1	native, host order -호스트 컴퓨터의 바이트 순서 포맷을 사용합니다.
2	little-endian -최하위 바이트가 가장 낮은 메모리 주소를 점유합니다.

- 2진 문자열의 나머지는 이 함수가 변환하지 않은 나머지 바이트를 포함합니다. 이 함수는 2진 문자열의 크기가 타입 크기의 배수가 아닌 경우 모든 바이트를 변환하지 않습니다.
- 값은 2진 문자열을 동일한 데이터 타입의 패턴화 해제된 데이터로, 구조를 타입으로 반환합니다.

◆ 바이트 교환

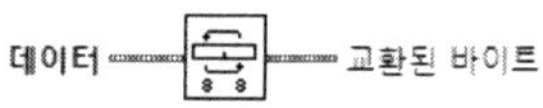

데이터의 각 워드에서 상위 8비트와 하위 8비트를 교환합니다.

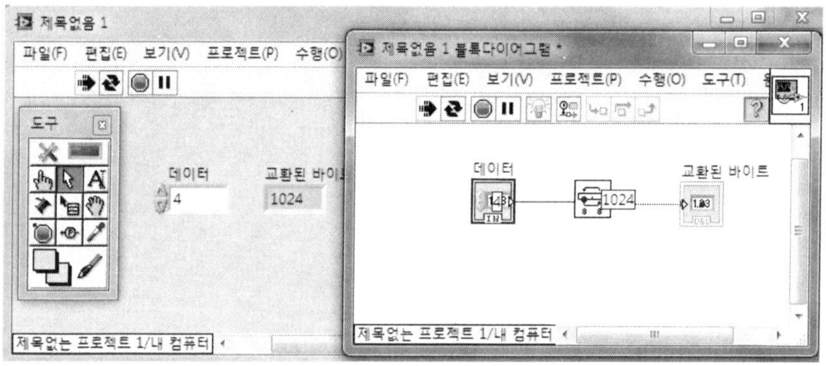

◆ 숫자결합

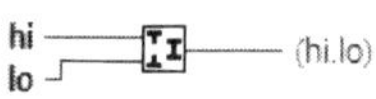

구성요소 바이트 또는 워드로부터 숫자를 생성합니다.

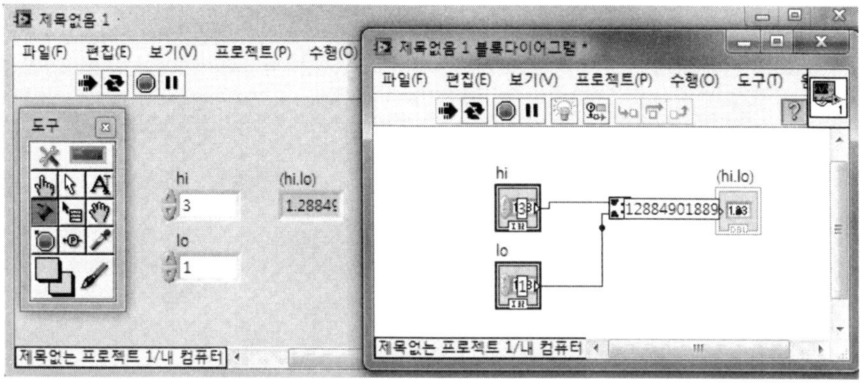

- hi와 lo는 8비트, 16비트, 또는 32비트 숫자나 해당 형의 배열 또는 클러스터가 될 수 있습니다.

◆ 숫자분리

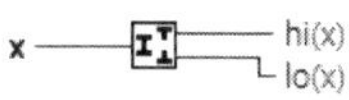

숫자를 구성요소 바이트 또는 워드로 분리합니다.

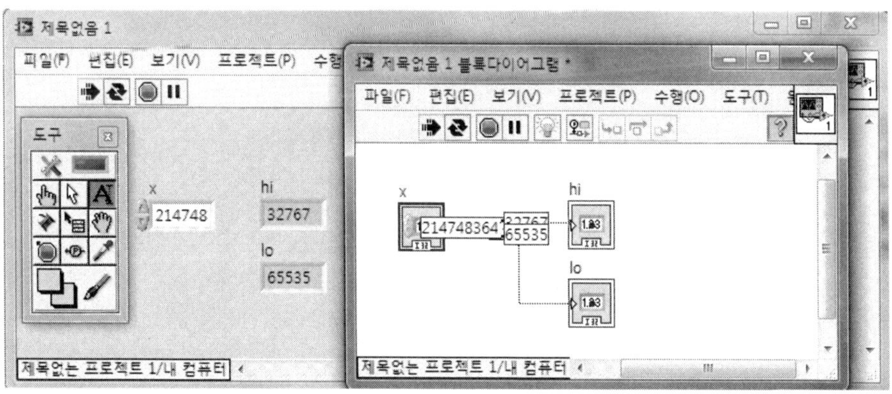

◆ 워드교환

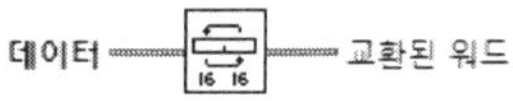

데이터의 모든 롱 정수에 대해서 상위 16비트와 하위 16비트를 교환합니다.

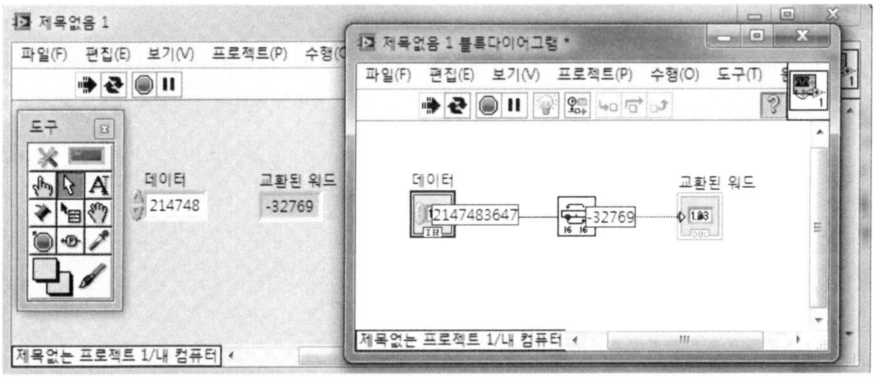

◆ 캐리와 오른쪽으로 회전

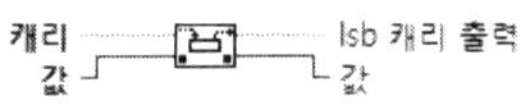

값의 각 비트를 오른쪽으로 한 비트 회전하고(최상위 비트에서 최하위 비트로), 캐리를 상위 비트에 삽입한 후, 최하위 비트를 반환합니다.

- 캐리는 값의 새로운 상위 비트입니다.
- 값은 반드시 정수이어야 하며, 배열 또는 클러스터는 될 수 없습니다.
- lsb 캐리출력은 값의 이전 하위 비트입니다.
- 값은 새로운 값이며 출력 값의 데이터 타입은 데이터 타입에 의해 결정됩니다.

캐리와 왼쪽으로 회전

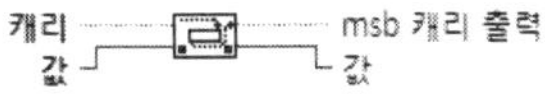

값 입력의 각 비트를 왼쪽으로 한 비트 회전하고(최하위 비트에서 최상위 비트로), 캐리를 하위 비트에 삽입한 후, 최상위 비트를 반환합니다

- msb 캐리 출력은 값의 이전 상위 비트입니다.

타입 캐스트

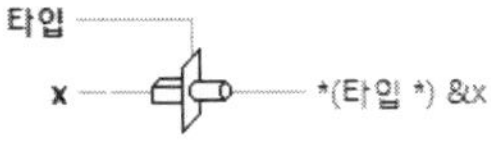

새 데이터 타입을 사용하여 패턴화 및 패턴화 해제함으로써 x를 데이터 타입, 타입으로 캐스트 합니다. 함수가 데이터를 변환하지 않고 재해석해야 하는 경우, LabVIEW는 임시 버퍼를 사용합니다.

- 타입은 데이터를 변환하려는 데이터 타입입니다. 상수나 컨트롤을 타입에 연결하여 데이터를 변환하려는 데이터 타입을 설정합니다. LabVIEW는 타입에 연결한 상수나 컨트롤의 모든 데이터를 무시합니다.
- x는 타입으로 변환하려는 데이터입니다. x는 어떠한 데이터 타입도 될 수 있습니다.

*(타입 *) &x는 x에 제공되고 타입과 동일한 데이터 타입으로 변환된 값입니다.

패턴화된 문자열로

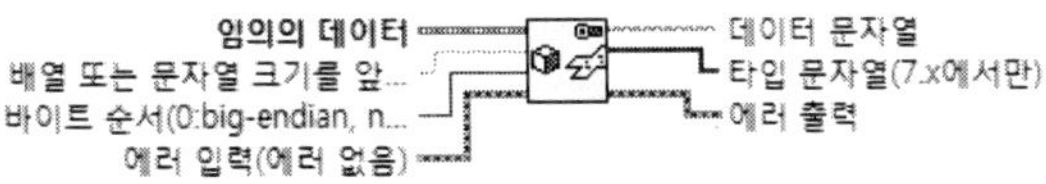

임의의 데이터 입력을 2진값의 패턴화된 데이터로 변환합니다. 또한 이 함수를 사용하여 패턴화된 데이터 문자열의 바이트 순서, 또는 엔디언 포맷을 변환할 수 있습니다.

- 임의의 데이터는 어떠한 데이터 타입도 될 수 있습니다.
- 배열 또는 문자열 크기를 앞에 추가는 임의의 데이터가 배열 또는 문자열일 때 LabVIEW에 데이터 문자열의 앞부분에 데이터 크기 정보를 포함하는지 여부를 나타냅니다.
- 바이트 순서는 패턴화된 문자열 결과에서 데이터의 엔디언 포맷을 설정합니다. 바이트 순서, 또는 엔디언 형태는 정수가 메모리에서 최상위 바이트에서 최하위 바이트로 또는 그 반대로 표현되는지 여부를 나타냅니다.
- 에러 입력은 이 노드를 실행하기 전에 발생한 에러 조건을 설명하며 표준 에러 입력 기능을 제공합니다.
- 데이터 문자열은 함수가 생성한 패턴화된 데이터입니다. 데이터 문자열은 각 스칼라가 아닌 구성요소 이전에 크기를 나타내는 헤더 정보를 포함할 수 있습니다. 어떤 문자열은 파일에 저장되거나 네트워크를 통해서 보내집니다. 문자열을 네트워크를 통해서 보낼 경우, 수신자는 반드시 그것을 해석할 수 있어야 합니다. 일반적으로, LabVIEW는 데이터를 인접하지 않게 간접적으로 참조된 조각으로 저장합니다.

회전

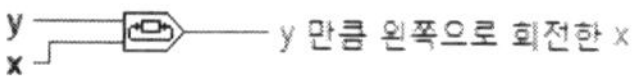

y로 지정된 비트 수만큼 x를 회전합니다. y가 0보다 큰 경우, 함수는 x를 왼쪽으로 y비트만큼 양의 방향으로 회전하고(최하위 비트에서 최상위 비트로) 하위 비트에 상위 비트를 삽입합니다. y가 0보다 작은 경우, 함수는 x를 오른쪽으로 y비트만큼 회전하고(최상위 비트에서 최하위 비트로) 상위 비트에 하위 비트를 삽입합니다.

- x가 8, 16, 32, 또는 64 비트 정수인 경우, y의 모든 값에 대해서 y ± 8, y ± 16, y ± 32, 또는 y ± 64는 각각 y와 같은 출력값을 만듭니다. 예를 들어, x가 8비트 정수인 경우, y = 1과 y = 9는 같은 결과를 만듭니다.
- y 만큼 왼쪽으로 회전한 x는 회전의 결과입니다. y 만큼 왼쪽으로 회전한 x의 데이터 타입은 입력 데이터 타입에 의해 결정됩니다.

(13) 절대값 함수

입력 값의 절대 값을 반환합니다. abs(x)는 x의 절대값입니다. x가 x = a + b/의 형태, 즉 x가 복소수일 때 다음 방정식은 abs(x)를 정의 합니다:

$$\mathbf{abs(x)} = \sqrt{a^2 + b^2}$$

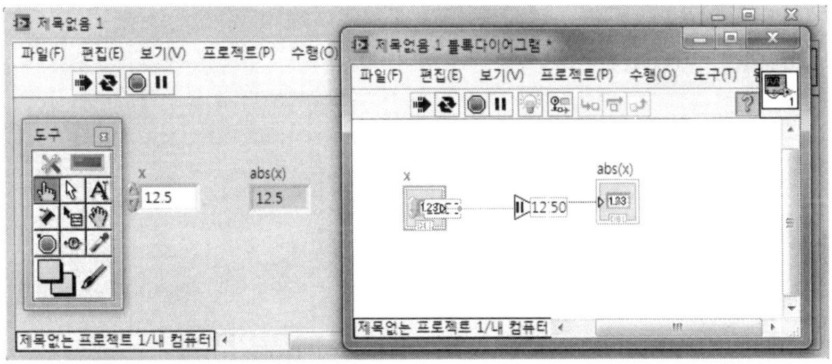

(14) 반올림 함수

입력을 가장 가까운 정수로 반올림합니다. 입력값이 두 정수의 중간인 경우, 함수는 가장 가까운 짝수를 반환합니다.

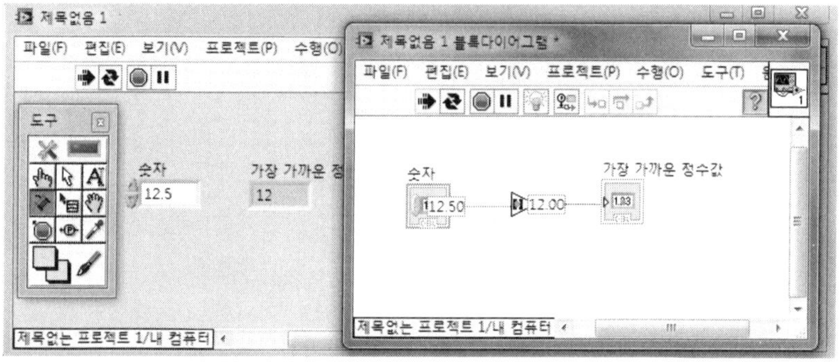

(15) 버림 함수

입력을 다음으로 가장 낮은 정수로 잘라냅니다. 예를 들어 입력이 19.5이면 결과는 19이며, -19.8이면 -20이 됩니다.

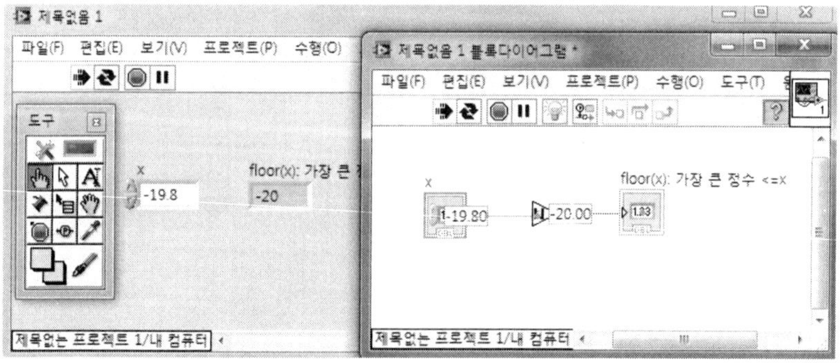

(16) 올림 함수

입력을 다음 높은 정수로 올림 합니다. 예를 들어 23.8이면 결과는 24입니다.

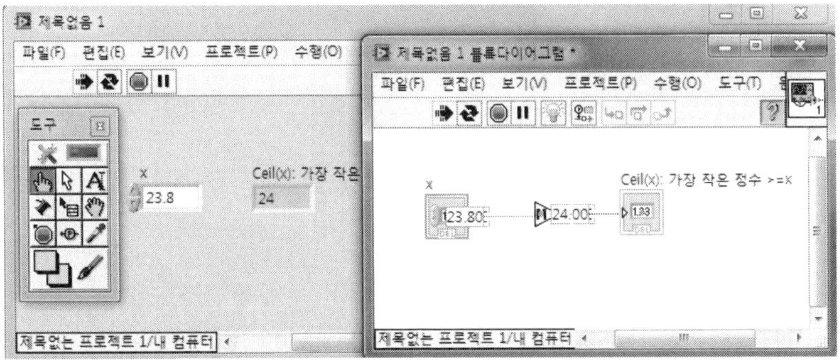

(17) 2의 거듭제곱으로 스케일 함수

x에 2의 n 거듭제곱을 곱합니다.

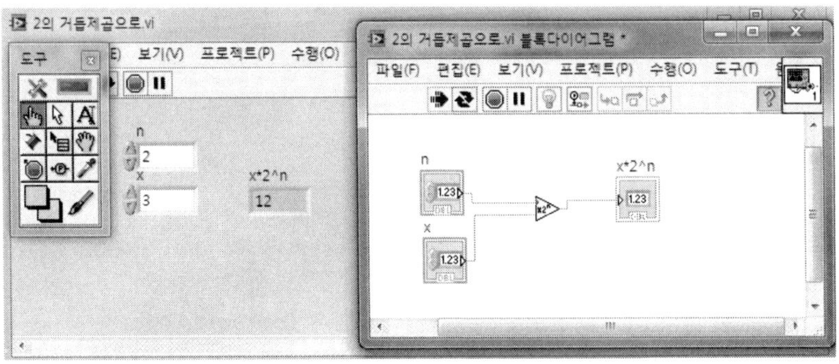

(18) 복소수 함수

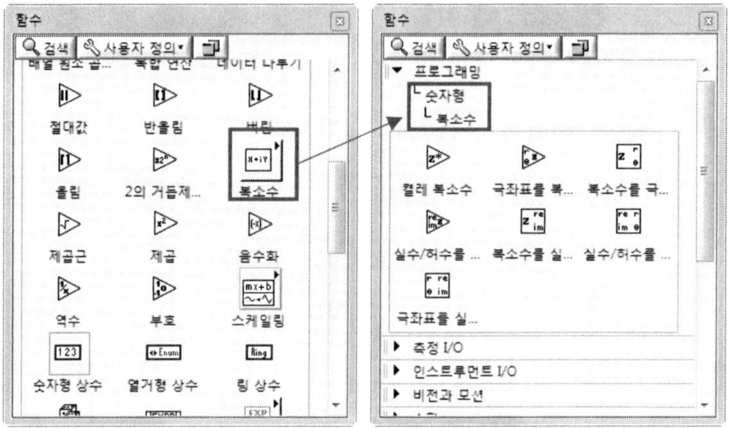

복소수 함수를 사용하여 직각좌표 또는 극좌표로 주어진 두 개의 값으로부터 복소수를 생성하거나 복소수를 직각좌표 또는 극좌표 성분으로 분리됩니다.

◆ 극좌표를 복소수로

극좌표로 표시된 두 값으로부터 복소수를 생성합니다.

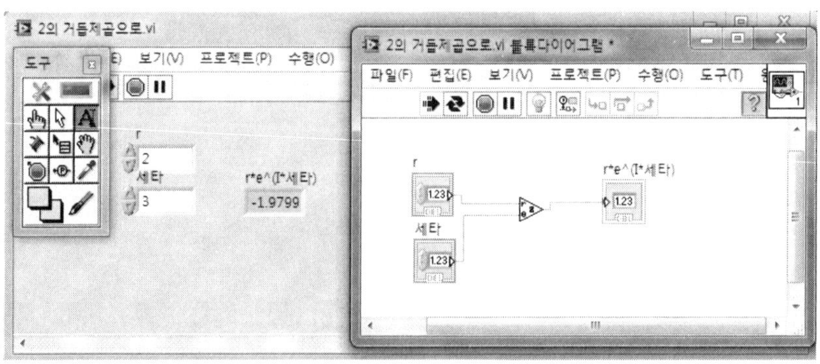

- r은 스칼라 숫자, 숫자의 배열 또는 클러스터, 숫자 클러스터의 배열 등이 될 수 있습니다.
- 세타는 스칼라 숫자, 숫자의 배열 또는 클러스터, 숫자 클러스터의 배열 등이 될 수 있습니다.
- 세타의 단위는 라디안입니다.

실수/허수로

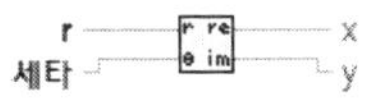

복소수의 극 성분을 직각 성분으로 변환합니다.

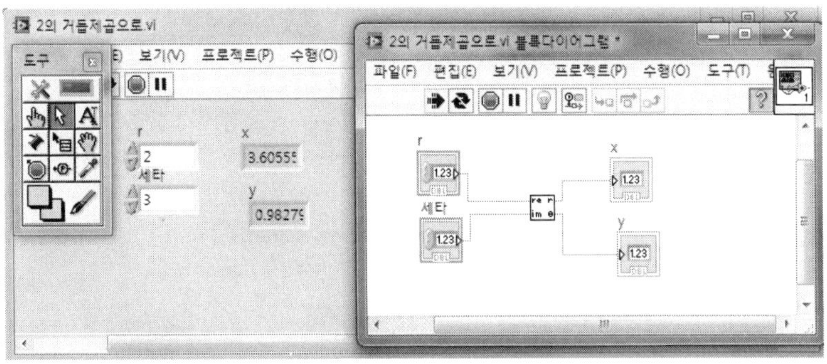

- x는 r, y는 r 및 세타와 동일한 구조입니다.
- x = r*cos(theta), y = r*sin(theta) 는 극성 구성요소를 직사각형 구성요소로 변환합니다.

복소수를 극좌표로

복소수를 극좌표 구성요소로 분해합니다.

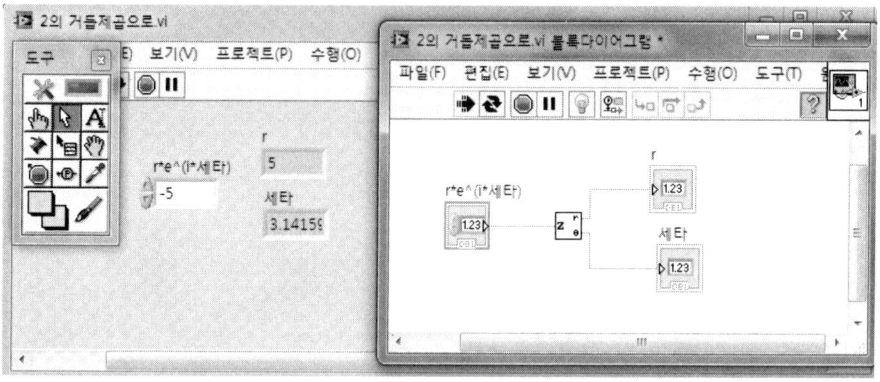

- r*e^(i*세타)는 복소수, 복소수의 클러스터, 복소수의 배열, 복소수의 클러스터의 배열 등이 될 수 있습니다.
- r은 r*e^(i*세타)와 동일한 데이터 타입 구조이며, 복소수 대신 스칼라 형을 가집니다.
- 세타는 r*e^(i*세타)와 동일한 데이터 타입 구조이며, 복소수 대신 스칼라 형을 가집니다. 세타의 단위는 라디안입니다.

복소수를 실수/허수로

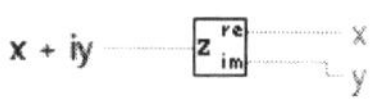

복소수를 직각좌표 구성요소로 분해합니다.

- x + iy는 복소수, 복소수의 배열 또는 클러스터, 복소수 클러스터의 배열 등이 될 수 있습니다.
- x는 x + iy와 동일한 데이터 타입 구조이며, 복소수 대신 스칼라 형을 가집니다.
- y는 x + iy와 동일한 데이터 타입 구조이며, 복소수 대신 스칼라 형을 가집니다.

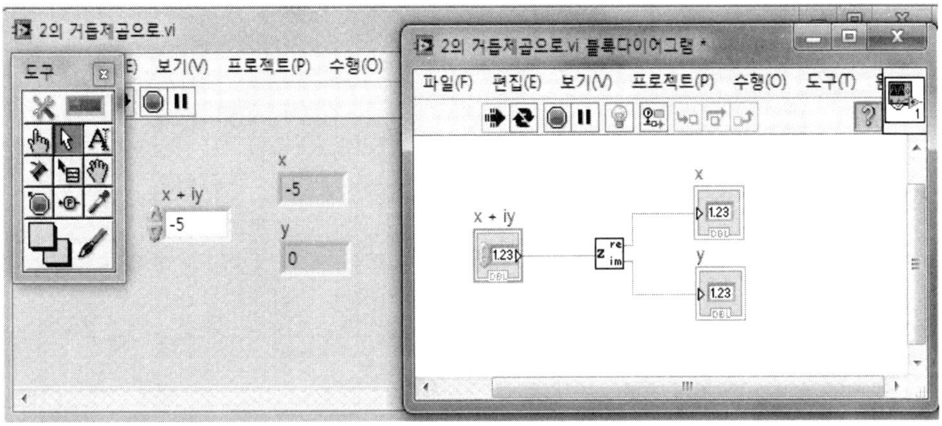

◆ **실수/허수를 극좌표로**

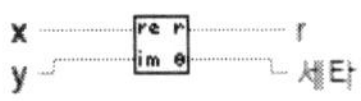

복소수의 직각 성분을 극좌표로 변환합니다.

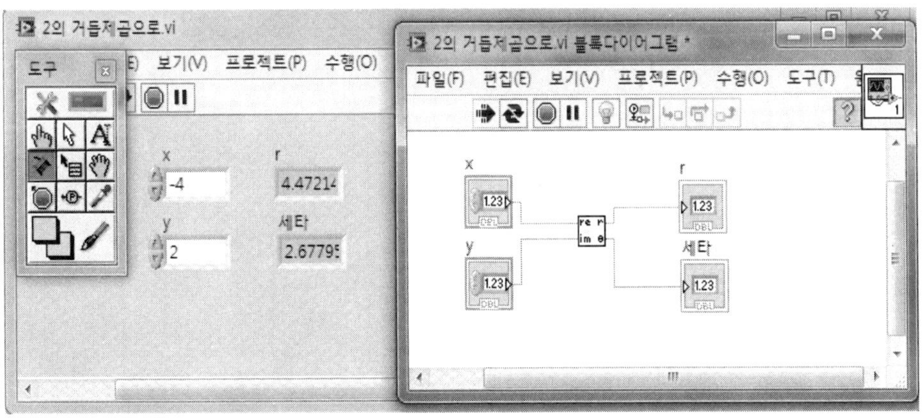

◆ 실수/허수를 복소수로

직각좌표로 표시된 두 값으로부터 복소수를 생성합니다.

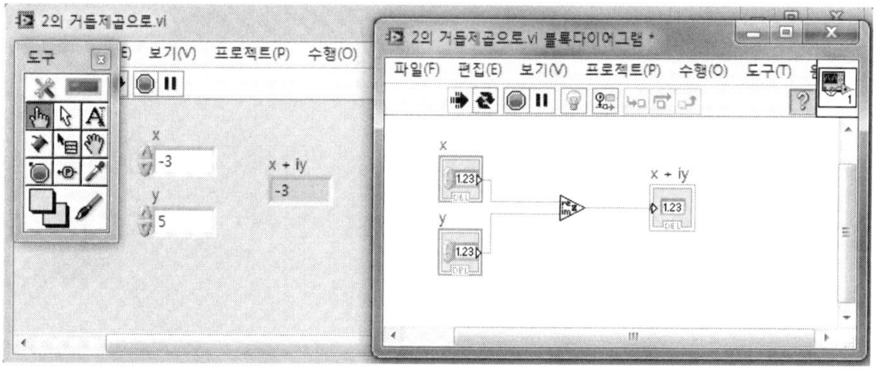

- 행렬 데이터를 입력으로 이 함수에 연결할 때, 행렬 데이터 타입을 사용하는 SubVI를 포함하는 VI는 함수를 대체합니다.
- 데이터 타입을 함수에 연결하고 데이터 타입이 기본 수학 연산에서 실패를 유발할 경우, 함수는 빈 행렬 또는 NaN을 반환합니다.

◆ 켤레 복소수

x+iy의 켤레 복소수를 생성합니다.

- x + iy는 복소수, 복소수의 배열 또는 클러스터, 복소수 클러스터의 배열 등이 될 수 있습니다.
- x - iy는 x + iy의 켤레 복소수입니다.

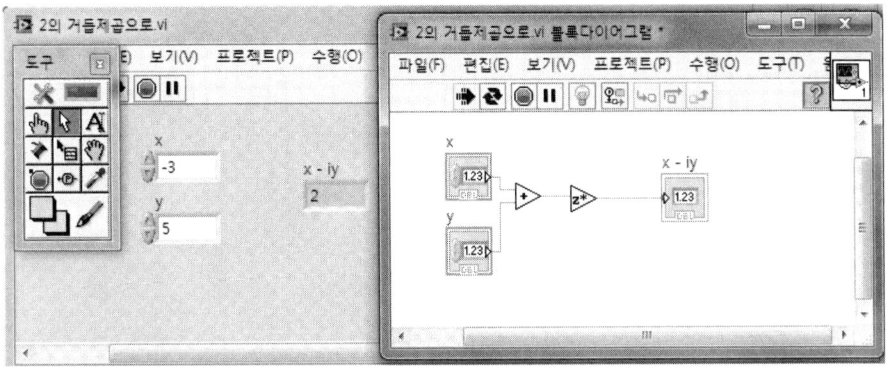

(18) **제곱근 함수**

입력값의 제곱근을 계산합니다. x가 음수일 경우, x가 복소수가 아닌 한 제곱근은 NaN입니다. x가 행렬일 경우 이 함수는 x의 행렬 제곱근을 취합니다. 커넥터 팬은 이 다형성 함수의 기본 데이터 타입을 디스플레이합니다.

〈더하기(+)일 경우〉

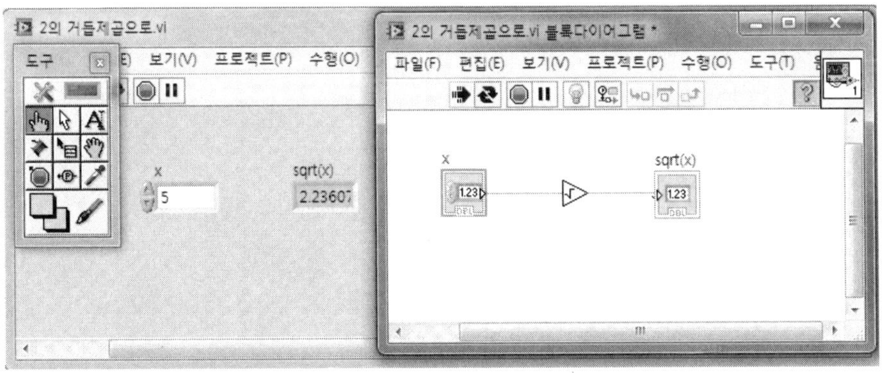

〈빼기(-) 일 경우〉

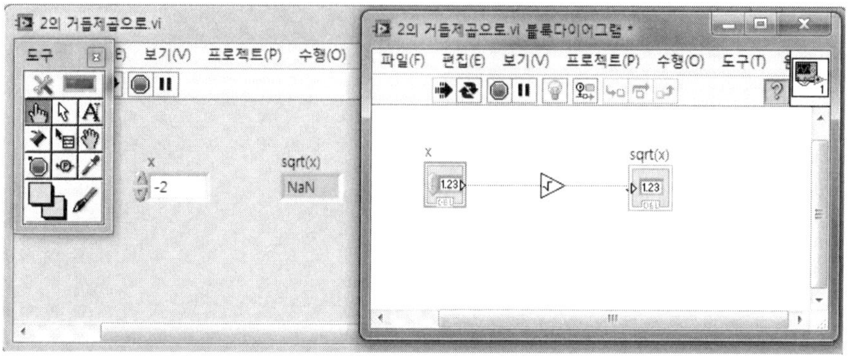

◆ sqrt(x)는 x가 정수인 경우 배정도 부동소수입니다. x가 0보다 작을 때, x가 복소수가 아니라면 sqrt(x)는 숫자가 아닙니다. (NaN) x가 x = a + bi의 형태, 즉 x가 복소수일 때 함수는 다음 방정식으로 크기와 위상을 정의합니다.

$$|\mathrm{sqrt}(x)| = \sqrt{|x|}$$

$$\arg(\mathrm{sqrt}(x)) = \frac{\arg(x)}{2}$$

여기서 |x|는 x의 크기이며 arg(x)는 x의 위상입니다.

$$|x| = \sqrt{a^2 + b^2}$$

$$\arg(x) = \arctan2(b,a)$$

(19) 제곱 함수

입력 값의 제곱을 계산합니다.

(20) 음수화 함수

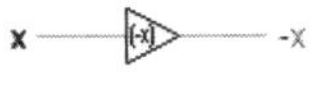

입력 값의 음수화합니다.

(21) 역수 함수

1의 입력 값으로 나눕니다.

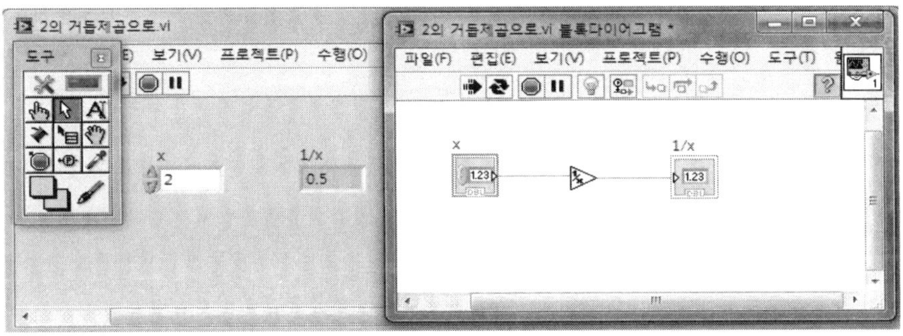

- 1/x는 x가 0인 경우 무한대이며 x가 정수인 경우, 1/x는 배정도 부동소수입니다.

(22) 부호 함수

숫자의 부호를 반환합니다. -1, 0, 1은 입력값이 0보다 큰 경우에는 1을, 입력값이 0과 같은 경우에는 0을, 입력값이 0보다 작은 경우에는 -1을 반환합니다. 숫자가 a + bi의 형태, 즉 숫자가 복소수일 때 다음은 -1, 0, 1을 정의합니다.

$$\frac{a+bi}{|a+bi|}$$

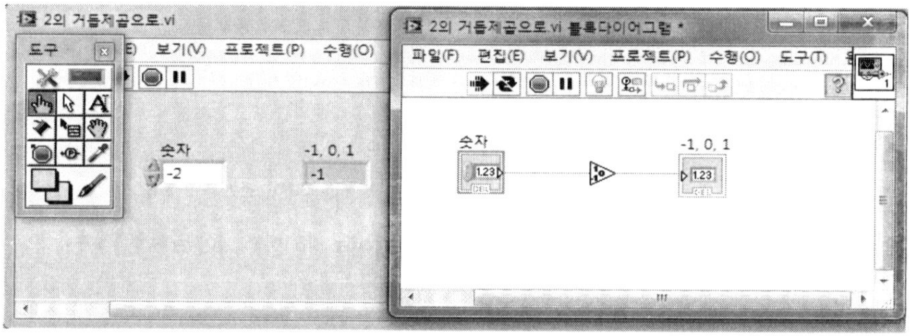

(23) 스케일링 VI 함수

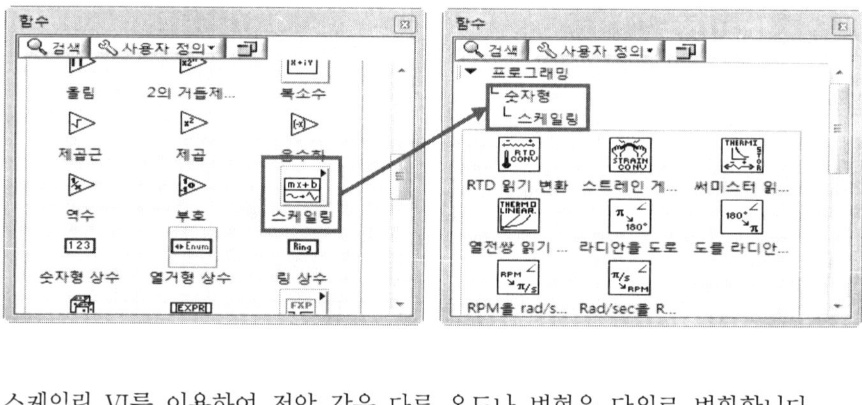

스케일링 VI를 이용하여 전압 값을 다른 온도나 변형율 단위로 변환합니다.

◆ 도를 라디안으로

, (x/180.0)*pi 데이터를 도에서 라디안으로 변환합니다.

◆ 라디안을 도로

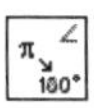, (x/pi)*180.0 데이터를 라디안에서 도로 변환합니다.

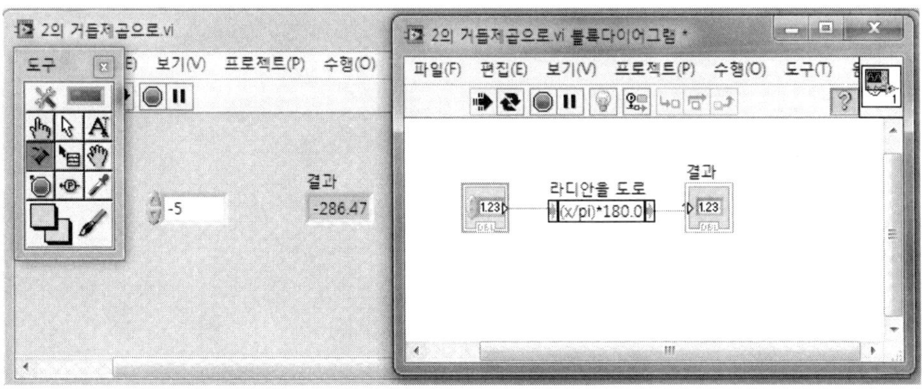

◆ 스트레인 게이지 읽기 변환 VI (웨이브폼)

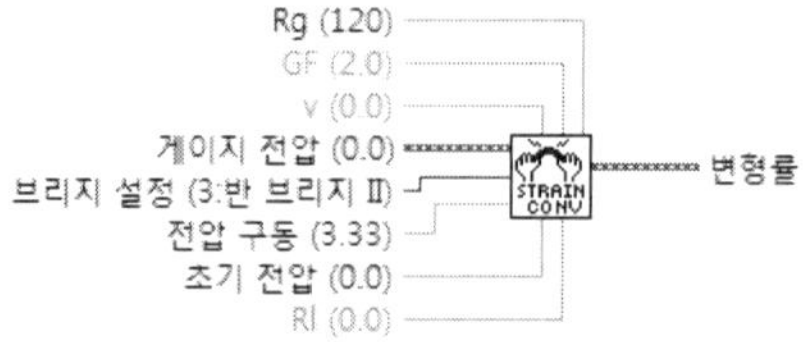

스트레인 게이지에서 읽은 전압을 변형율 단위로 변환합니다. 데이터를 Vsg 입력에 연결하여 사용할 다형성 인스턴스를 결정하거나 인스턴스를 수동으로 선택합니다.

- Rg는 ohms 단위의 스트레인 게이지 공칭 저항값입니다. 기본은 120 Ω입니다.
- GF는 스트레인 게이지의 게이지 인자입니다.
- v는 포와송의 비입니다. 이 파라미터는 특정 브리지 설정에서만 필요합니다.
- 게이지 전압은 스트레인 게이지로부터 읽는 전압입니다.
- 브리지 설정은 스트레인 게이지가 설치되는 브리지 설정의 타입을 나타냅니다. 기본은 반 브리지 II입니다. 이 입력은 다음 값을 받습니다.

0	쿼터 브리지 I
1	쿼터 브리지 II
2	반 브리지 I
3	반 브리지 II (기본)
4	완전 브리지 I
5	완전 브리지 II
6	완전 브리지 III

- 전압 구동은 사용되는 구동 전압입니다. 기본은 3.333 V입니다.
- 초기 전압은 브리지 설정에 설치한 후 스트레인 게이지의 변화없는 전압입니다. 어플리케이션 시작시 이 전압을 읽고, 읽은 전압을 저장하여 이 VI에 전달합니다.
- Rl는 도선 저항입니다. Rl 파라미터의 기본은 0입니다. 대부분 경우에 도선 저항은 무시할 수 있으며 이 터미널을 연결하지 않은 채로 둘 수 있습니다.
- 변형율은 반환 변형율 값입니다.

스트레인 게이지 읽기 변환 VI (스칼라)

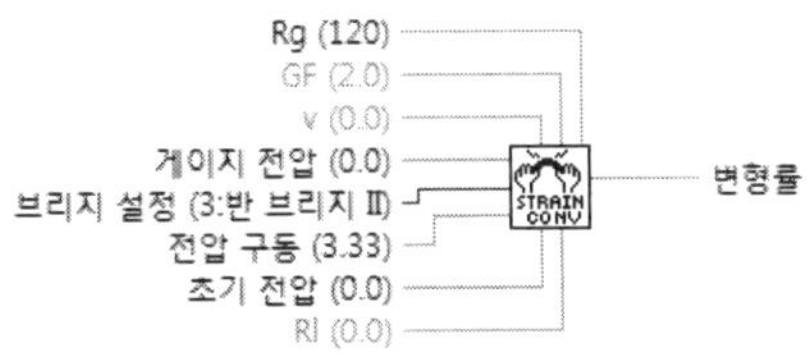

- 트레인 Rg는 ohms 단위의 스트레인 게이지 공칭 저항값입니다. 기본은 120 Ω입니다.
- GF는 스트레인 게이지의 게이지 인자입니다.
- v는 포와송의 비이며, 브리지 설정은 웨이브폼과 같은 값을 가집니다.

스트레인 게이지 읽기 변환 참조

VI가 사용하는 변환식은 브리지 설정만을 기준으로 합니다. 다음 그림은 사용할 수 있는 7개 브리지 설정과 해당 수식을 보여줍니다. 모든 브리지 구성의 경우, VI는 다음 수식을 사용하여 Vr을 얻습니다.

$$Vr = (Vsg - Vinit) / Vex$$

회로 다이어그램에서 VOUT은 측정한 전압으로 [변환] VI를 Vsg로 전달합니다. 쿼터 브리지 및 반 브리지 설정에서 R1과 R2는 변환식에는 직접 통합되지 않는 모형 저항입니다.

◆ 사용 가능한 브리지 네트워크

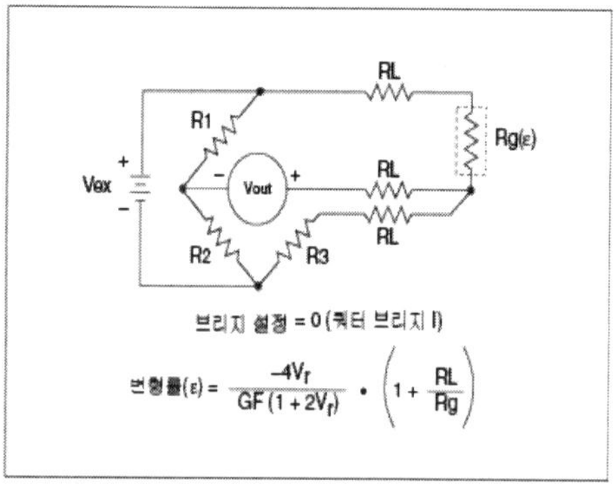

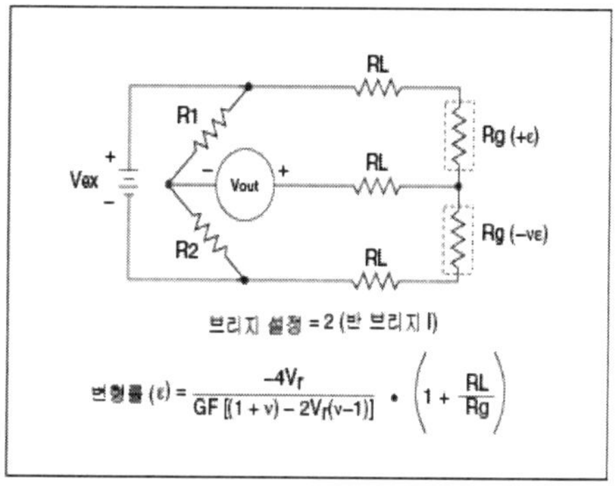

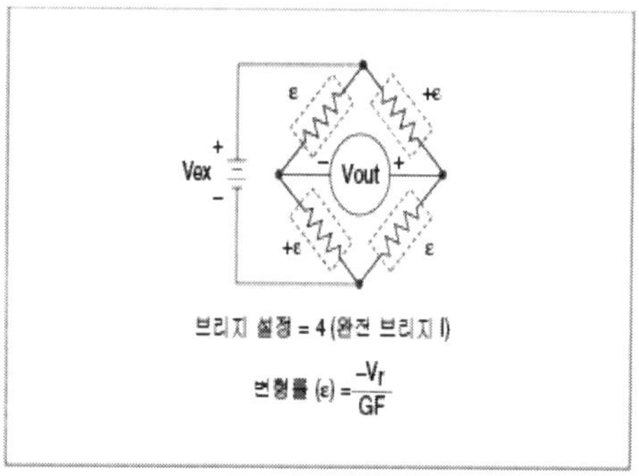

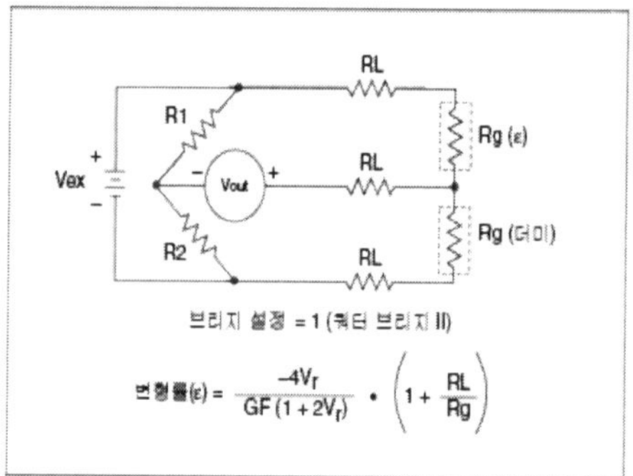

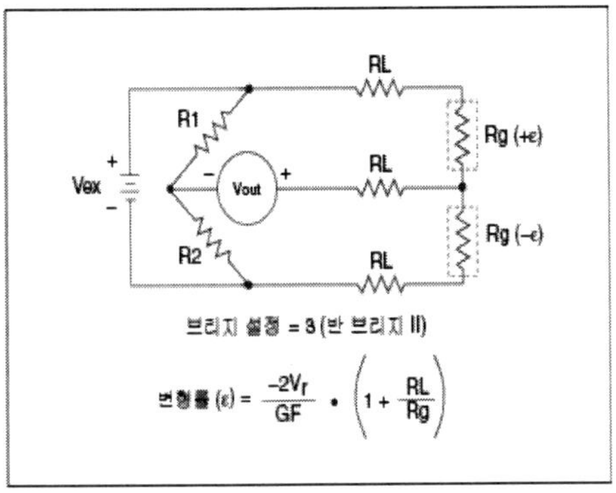

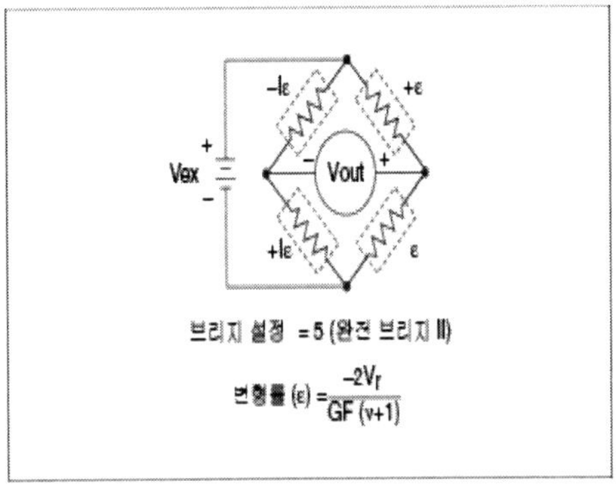

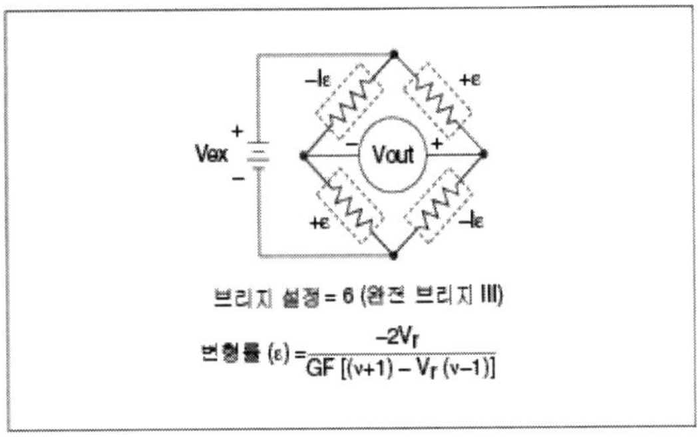

◆ 써미스터 읽기 변환

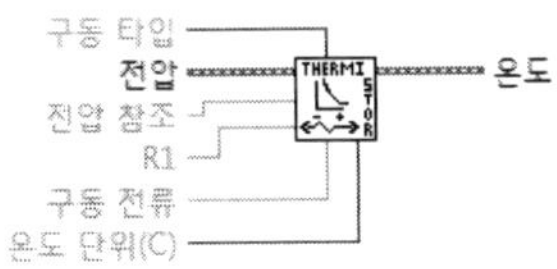

웨일브폼

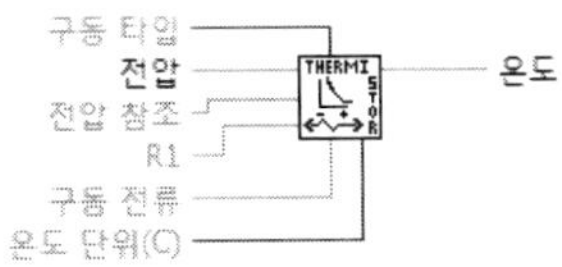

스칼라

써미스터 전압을 온도로 변환합니다. 이 VI는 전압 구동 및 전류 구동된 써미스터에 대해 다른 작업 모드를 가집니다. 데이터를 전압 입력에 연결하여 사용할 다형성 인스턴스를 결정하거나 인스턴스를 수동으로 선택합니다.

0	전압 참조
1	전류 참조

- 구동 타입은 이 VI의 두가지 동작 모드를 구분합니다. 이 VI는 전압 참조 모드를 기본으로 합니다. 이 모드에서는 전압 참조 (V_{REF})와 R1 값만을 사용하며 전류 참조 모드에서는 구동 전류 (I_{EX}) 값만을 사용합니다. 이 입력은 다음 값을 받습니다.
- 전압은 써미스터로부터 읽은 전압입니다.
- 전압 참조(V_{REF})는 써미스터와 직렬로 연결된 상태에서 값을 알고 있는 저항 양단에 적용되는 참조 값입니다. 기본은 2.5 V입니다. 구동 타입을 전압 참조 로 설정할 때만 이 입력을 사용합니다.
- R1는 써미스터와 직렬로 연결된 저항의 값으로 Ohms 단위로 표현됩니다. 기본은 5 kΩ입니다. 구동 타입이 전압 참조로 설정되었을 경우에만 이 입력을 사용합니다.
- 구동 전류(IEX)는 써미스터에 적용된 구동 전류입니다. 기본은 100 μA입니다. 구동 타입을 전류 참조로 설정했을 경우에만 이 입력을 사용합니다.
- 온도 단위는 VI가 출력하는 온도 단위입니다. 이 입력은 다음 값을 받습니다.

0	섭씨
1	화씨
2	켈빈
3	랜킨

온도는 온도 단위에서 지정된 단위의 반환 온도 값입니다.

※ 써미스터 전압참조 연결 방법

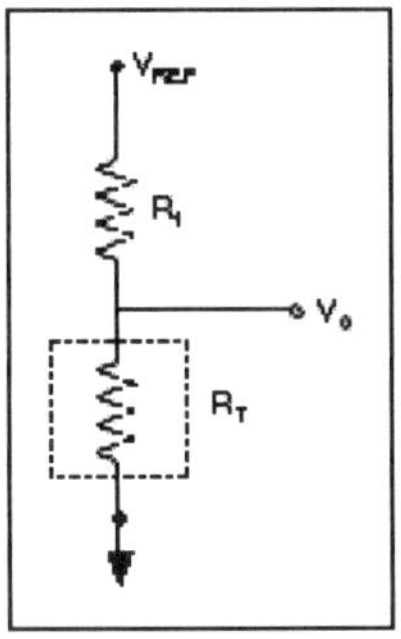

※ 연속 전류 소스로 구동되는 써미스터가 위치한 회로

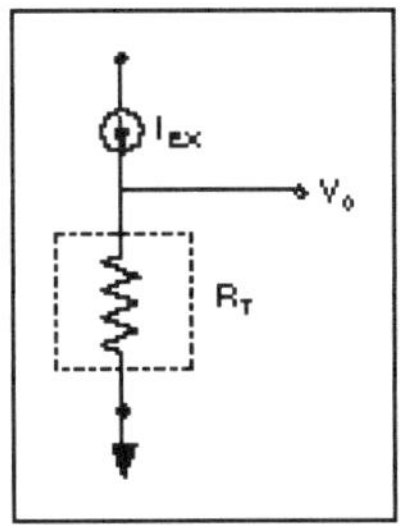

◆ 써미스터 읽기 변환 세부사항

1. 써미스터가 전압으로 구동된 경우, 다음 방정식은 입력 값에 대한 써미스터 저항, RT의 관계를 보여줍니다.

$$R_T = R_1\left(\frac{V_0}{V_{REF} - V_0}\right)$$

2. 써미스터가 전류로 구동된 경우, 다음 방정식은 입력 값에 대한 써미스터 저항, RT의 관계를 보여줍니다.

$$R_T = \frac{V_0}{I_{EX}}$$

3. 다음 방정식은 VI가 써미스터 저항을 온도로 변환하는데 사용하는 표준 수식을 보여줍니다.

$$T_K = \frac{1}{A + B(\ln R_T) + C(\ln R_T)^3}$$

이 VI가 A, B, C로 사용하는 값은 아래와 같습니다. A, B, C의 값이 다른 써미스터를 사용하는 경우(써미스터 데이터 쉬트 참조), VI 다이어그램을 편집하여 다른 A, B, C 값을 사용하도록 할 수 있습니다.

A = 1.295361E-3

B = 2.343159E-4

c = 1.018703E-7

VI는 섭씨 단위의 온도를 생성합니다. 그러므로 $T_C = T_K - 273.15$입니다.

써미스터 읽기 변환

열전쌍에서의 전압값을 온도 값으로 변환합니다. 데이터를 전압 웨이브폼(웨이브폼), 전압 배열(배열), 또는 열전쌍 전압(스칼라) 입력에 연결하여 사용할 다형성 인스턴스를 결정하거나 인스턴스를 수동으로 선택합니다.

써미스터 읽기 변환(웨이브 폼)

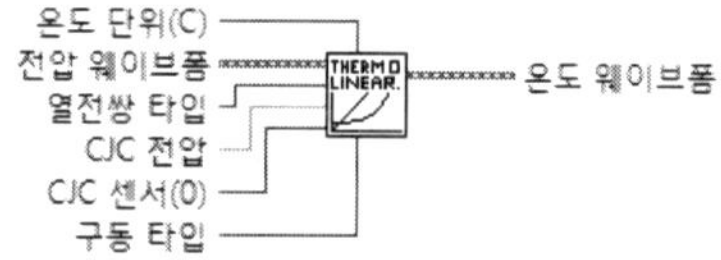

- 온도 단위는 VI가 출력하는 온도 단위입니다. 이 입력은 다음 값을 받습니다.

0	1	2	3
섭씨	화씨	켈빈	랜킨

써미스터 읽기 변환(배열과 스칼라)

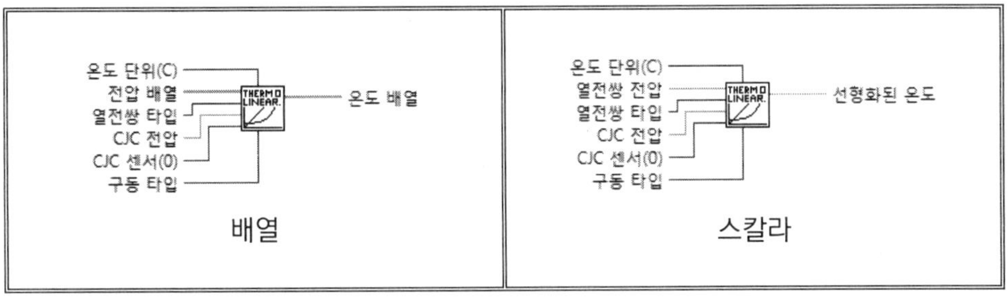

배열 스칼라

- 전압 웨이브폼은 열전쌍에서 읽는 전압의 웨이브 폼입니다.
- 열전쌍 타입은 B, E, J, K, R, S, T, 또는 N 입니다. 이 입력은 다음 값을 받습니다.

0	1	2	3	4	5	6	7
B	E	J	K	T	S	T	N

- CJC 전압은 냉 접점 보상 참조 전압입니다. CJC 전압 파라미터는 CJC 센서가 지정한 대로 IC 센서나 써미스터 센서입니다.
- CJC 센서는 사용하는 냉 접점 보상 센서의 타입입니다. CJC 센서 값이 0이면 IC 센서를 선택합니다. CJC 센서 값이 1이면 써미스터 센서를 선택합니다.

- 구동 타입은 전압 및 전류 참조를 나타냅니다. 이 입력은 다음 값을 받습니다.

0	1
전압 참조	전류 참조

온도 웨이브폼은 온도 단위에서 지정된 단위의 선형화된 온도 값을 반환합니다.

Rad/sec을 RPM으로

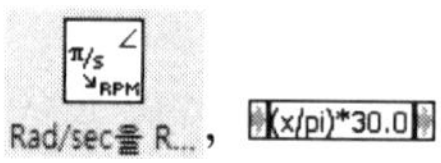

데이터를 rad/sec에서 RPM으로 변환합니다.

RPM를 rad/sec으로

데이터를 RPM에서 rad/sec으로 변환합니다.

RTD 읽기 변환(웨이브폼, 스칼라)

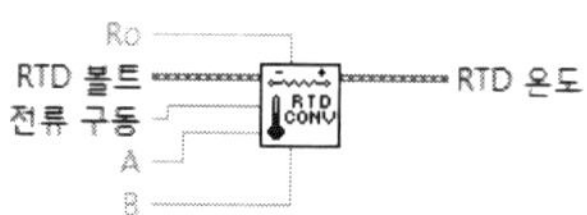

RTD에서 읽은 전압을 섭씨 온도로 변환합니다. 데이터를 RTD 볼트 입력에 연결하여 사용할 다형성 인스턴스를 결정하거나 인스턴스를 수동으로 선택합니다.

- Ro는 0˚C에서의 RTD 저항입니다. 기본은 100 Ω입니다.
- RTD 볼트는 RTD로부터 읽은 전압입니다.

- 전류 구동은 RTD에서 사용하는 전류 구동입니다. 이 파라미터는 0.15 mA의 구동 전류를 기본값으로 합니다.
- A 는 RTD에 맞는 Callendar Van-Dusen 방정식의 계수입니다. 기본 계수는 유럽 커브(DIN 43760 표준으로도 부름)의 계수입니다.
- B 는 RTD에 맞는 Callendar Van-Dusen 방정식의 계수입니다. 이 방정식의 기본 계수는 유럽 커브(DIN 43760 표준으로도 부름)의 계수입니다.

(24) 숫자형 함수

블록다이어그램에서 숫자값을 전달하기 위해 숫자형 상수를 사용합니다. 수행 도구로 상수 안쪽을 클릭하고 값을 입력하여 이 값을 설정합니다.

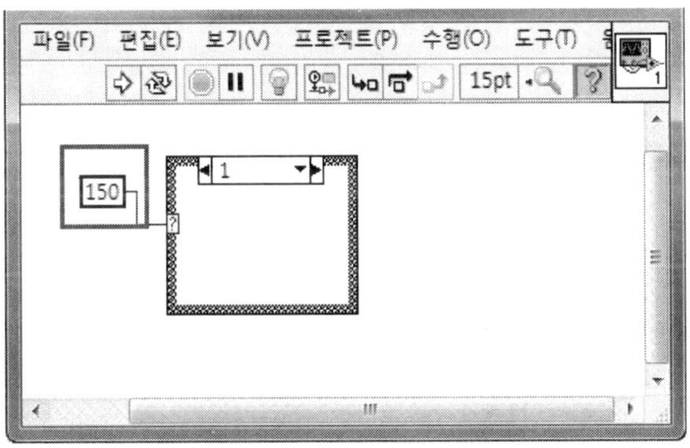

(25) 열거형 함수

열거형 상수를 사용하여 블록다이어그램에서 선택할 수 있는 대응하는 정수 값을 갖는 문자열 라벨의 리스트를 생성합니다.

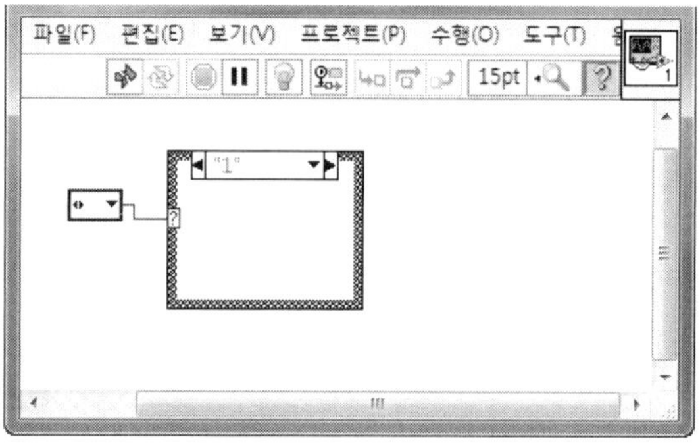

(25) 링 함수

링 상수를 사용하여 블록다이어그램에서 선택할 수 있는 값 쌍의 리스트를 생성합니다. 각 값 쌍은 숫자값과 대응하는 문자열 라벨로 이루어집니다.

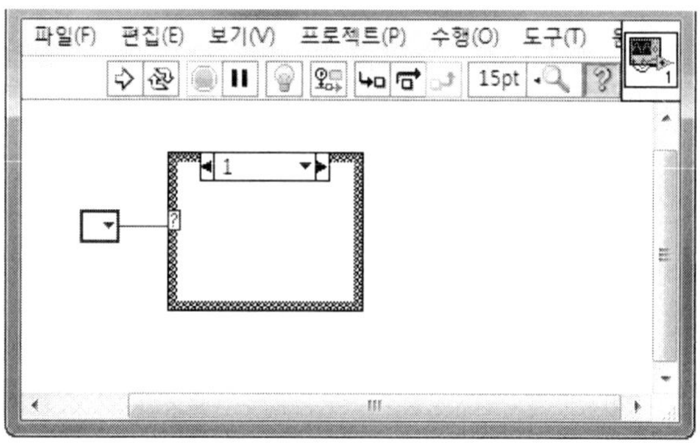

(26) 난수(0-1) 함수

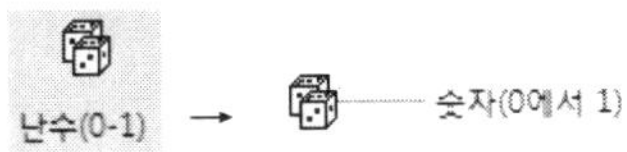

0과 1 사이의 배정도 부동소수를 생성합니다. 생성된 숫자는 0보다 크거나 같지만, 1보다 작습니다. 분포는 균일합니다.

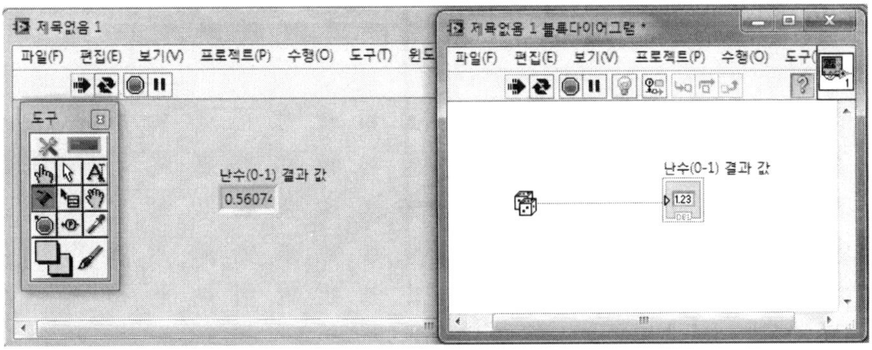

(27) 식 노드 함수

식 노드를 사용하여 단일 변수를 갖는 수식이나 방정식을 계산합니다. 수식에 다음과 같은 내장된 함수를 허용합니다. abs, acos, acosh, asin, asinh, atan, atanh, ceil, cos, cosh, cot, csc, exp, expm1, floor, getexp, getman, int, intrz, ln, lnp1, log, log2, max, min, mod, rand, rem, sec, sign, sin, sinc, sinh, sizeOfDim, sqrt, tan, tanh.

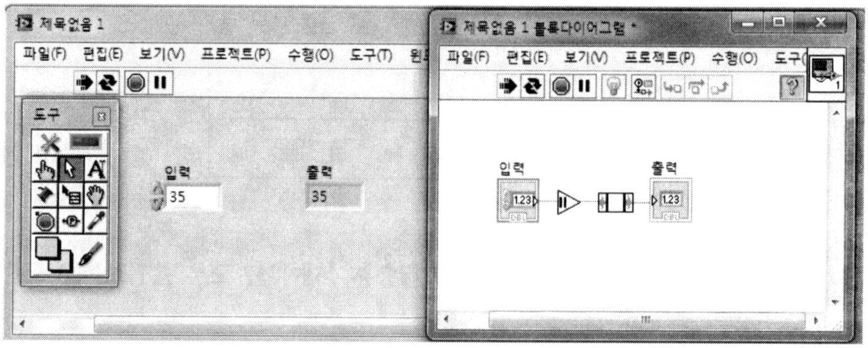

(28) 고정 소수점 함수

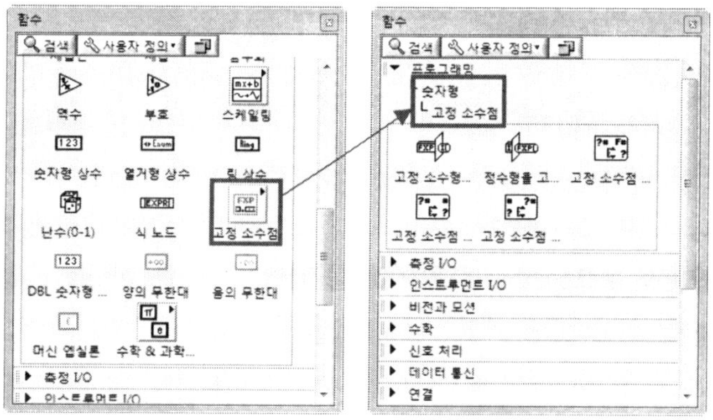

고정 소수점 함수를 사용하여 고정 소수점 수의 오버플로우 상태를 조절할 수 있습니다.

◆ 고정 소수형을 정수형으로

고정 소수점 입력을 스케일하여 정수 출력을 반환합니다. 이 함수는 입력의 연산 이동과 같으며, 입력의 최하위 비트가 출력의 최하위 비트가 되도록 제약됩니다.

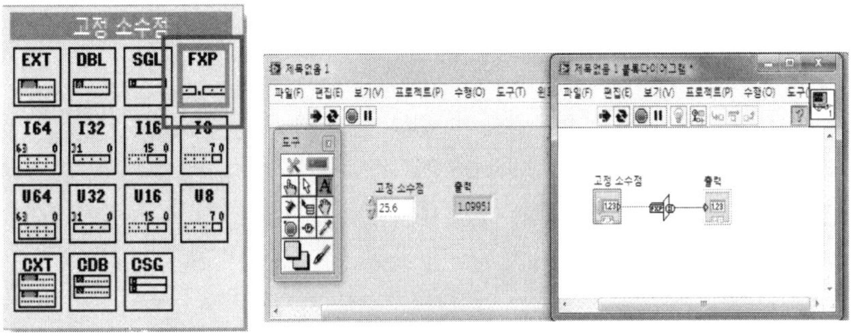

◆ 정수형을 고정 소수형으로

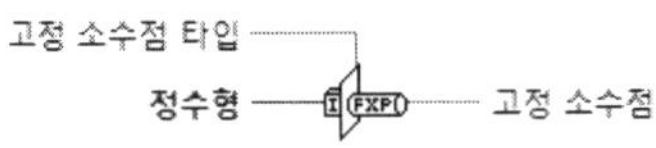

정수 입력을 스케일하여 요청된 고정 소수점 타입의 출력을 생성합니다. 이 함수는 설정 가능한 오버플로우 핸들링이 있는 입력의 연산 이동과 같으며, 입력의 최하위 비트가 출력의 최하위 비트가 되도록 제약됩니다.

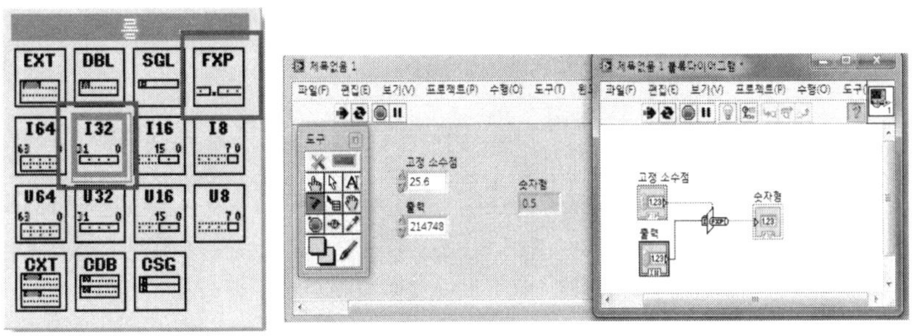

- 고정 소수점 타입(FXP)은 정수 데이터로 변환하려는 고정 소수점 데이터 타입입니다.
- 정수(I32)는 스케일하려는 데이터입니다. 모든 정수 데이터 타입은 정수가 될 수 있습니다.
- 고정 소수점(FXP)은 오른쪽 마우스 클릭 후 인디케이터로 변경되어 요청된 고정 소수점 데이터 타입에 맞게 변환된 입력 데이터입니다.

고정 소수점 오버플로우 상태 지우기

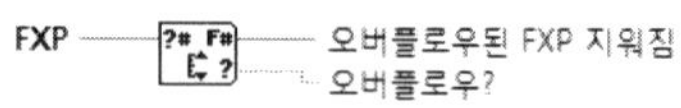

FXP의 오버플로우 상태를 거짓으로 변경하여 FXP의 오버플로우 상태를 삭제합니다.

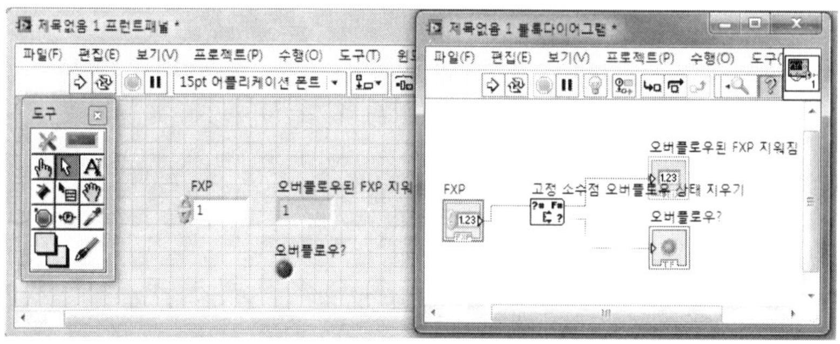

고정 소수점 오버플로우 상태 제거

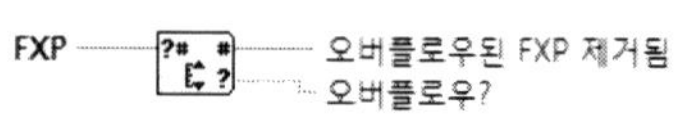

FXP에서 오버플로우 상태를 제거합니다.

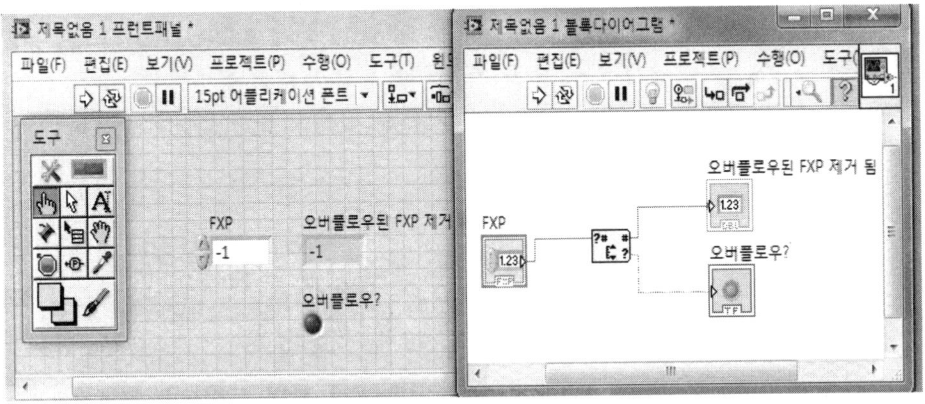

◆ 고정 소수점 오버플로우 상태 포함

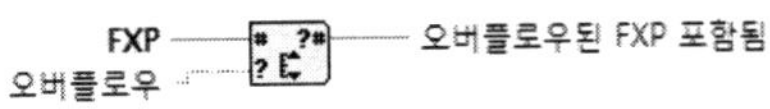

FXP에 오버플로우 상태를 포함합니다. 오버플로우 상태의 값은 오버플로우에 지정된 값과 같습니다.

(29) DBL 숫자형 함수

DBL 숫자형 상수를 사용하여 배정도 부동소수 값을 블록다이어그램에 전달합니다. 수행 도구로 상수 안쪽을 클릭하고 값을 입력하여 이 값을 설정합니다.

(30) 양과 음의 무한대 함수

양과 음의 무한대 값을 반환합니다.

(31) 머신 엡실론 함수

부동소수의 반올림 에러를 주어진 정밀도로 나타냅니다. 머신 엡실론 상수를 사용하여 두 개의 부동소수가 같은지 비교합니다.

(32) 수학 & 과학 함수

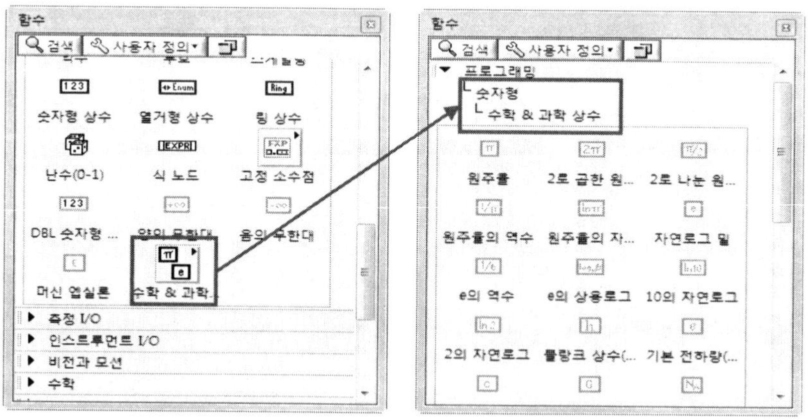

◆ 수학 & 과학 함수의 객체

객 체	설 명
원주율 	3.1415926535897932 값을 반환합니다.
2로 곱한 원주율 	6.2831853071795865 값을 반환합니다.
2로 나눈 원주율 	1.5707963267948966 값을 반환합니다.
원주율의 역수 	0.31830988618379067 값을 반환합니다.
원주율의 자연로그 	1.1447298858494002 값을 반환합니다.
자연로그 밑 	2.7182818284590452 값을 반환합니다.
플랑크 상수(J s) 	6.62606896e-34 값을 반환합니다.
기본 전하량(C) 	1.602176487e-19 값을 반환합니다.
진공에서 빛의 속도(m/sec) 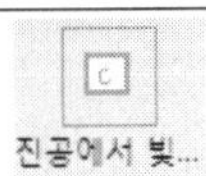	299792458 값을 반환합니다.
중력 상수(N ㎡/kg^2) 	6.67428e-11 값을 반환합니다.
아보가드로 상수(1/mol) 	6.02214179e23 값을 반환합니다.
리드베리 상수(1/m) 	10973731.568527 값을 반환합니다.
이상 기체 상수(J/(mol K)) 	8.314472 값을 반환합니다.

2) 불리언(Boolean) 타입

불리언(Boolean) 또는 부울 대수라 하며 참(True)과 거짓(False)를 나타내는 데이터 형으로 AND, OR, Exclusive OR와 같은 논리 연산, 스위치나 버튼의 상태를 표현할 때 쓰이는 형입니다.

참(True)과 거짓(False)의 상태를 나타내지만 LabVIEW에서 불리언 변수는 비트를 하나의 변수로 사용할 수 없습니다.

- 블록다이어그램에서의 불리언(Boolean)

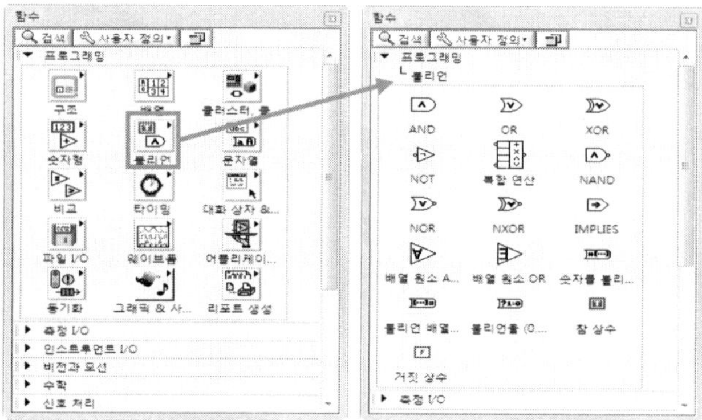

- 프런트패널에서의 불리언(Boolean)

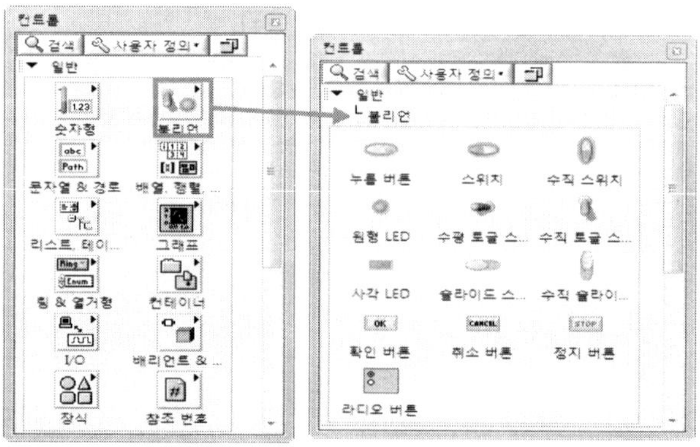

변수의 선언이 필요한 프로그램 언어의 경우, 변수의 형(type)을 확인하기 위해서는 그 변수가 선언된 라인을 컬러로 확인할 수 있습니다. 다음은 불리언 스위치의 프런트패널과 블록다이어그램이며 불리언 스위치 On/off의 즉, 참(On, True, One)상태와 거짓(Off, False, Zero) 상태입니다.

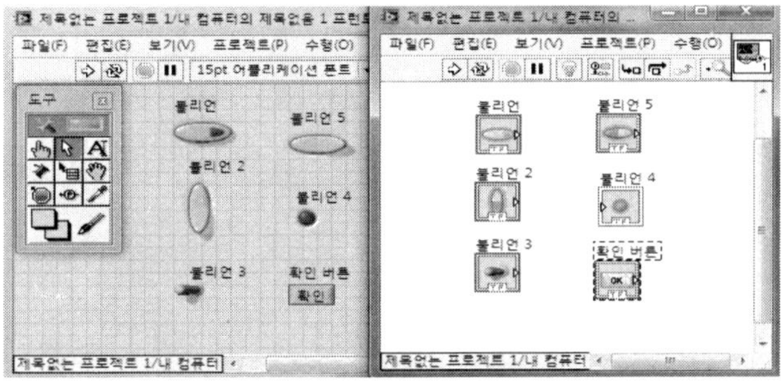

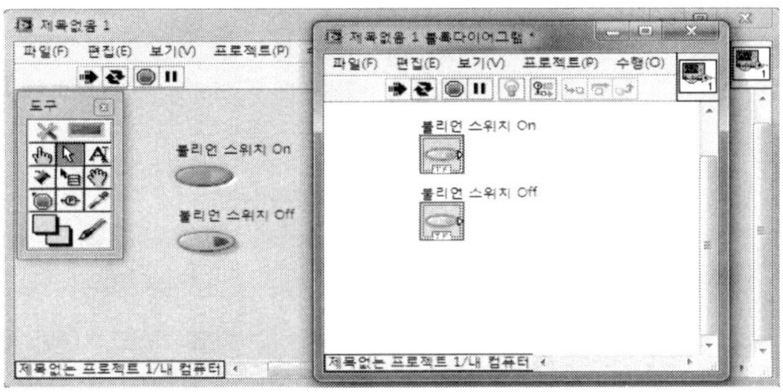

(1) AND 함수

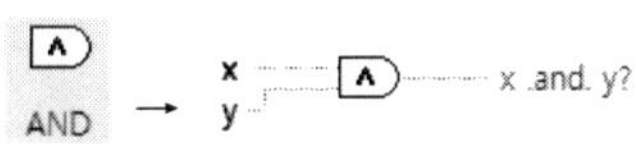

입력의 논리적 AND를 계산합니다. 두 입력은 불리언 값, 숫자형 값 또는 에러 클러스터여야 합니다. 입력이 모두 참인 경우, 함수는 참을 반환합니다. 그렇지 않은 경우, 함수는 거짓을 반환합니다.

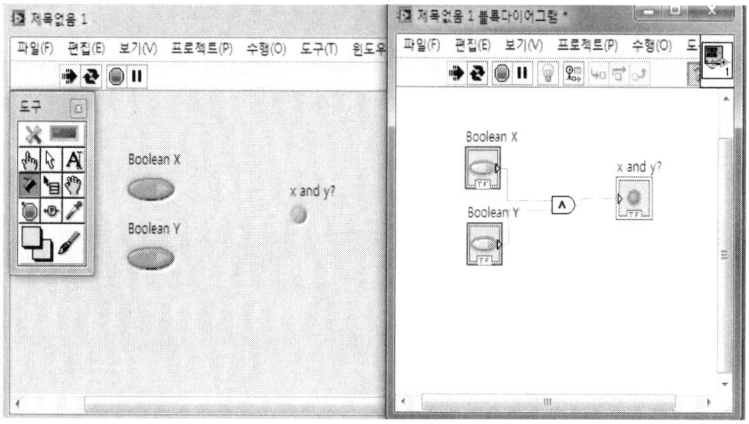

(2) OR 함수

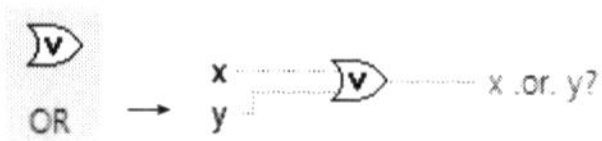

두 입력은 불리언 값, 숫자형 값 또는 에러 클러스터여야 합니다. 입력이 모두 거짓인 경우, 함수는 거짓을 반환합니다. 그렇지 않은 경우, 함수는 참을 반환합니다.

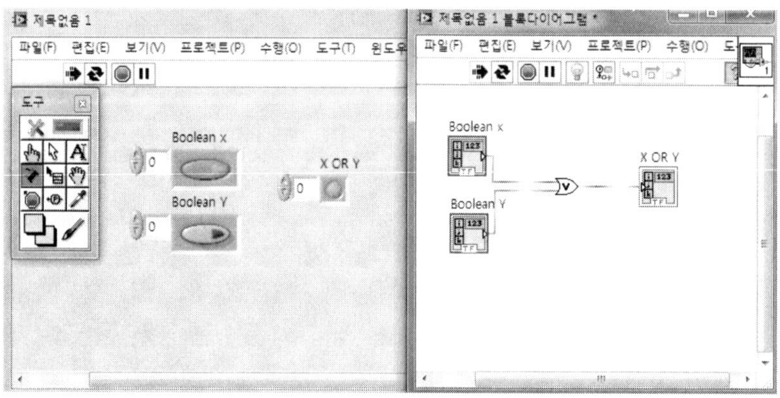

(3) XOR 함수

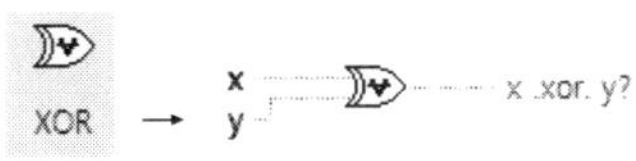

두 입력은 불리언 값, 숫자형 값 또는 에러 클러스터여야 합니다. 입력이 모두 참이거나 모두 거짓인 경우, 함수는 거짓을 반환합니다. 그렇지 않은 경우, 함수는 참을 반환합니다.

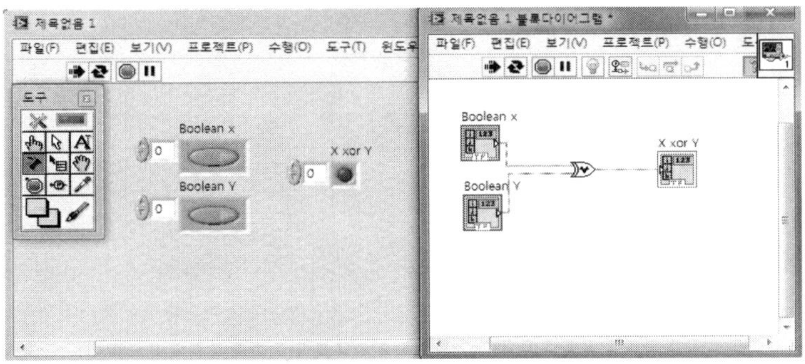

(4) Not 함수

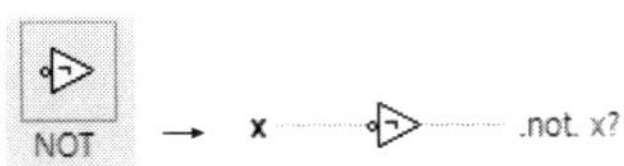

입력의 논리적 부정을 계산합니다. x가 거짓인 경우, 함수는 참을 반환합니다. x가 참인 경우, 함수는 거짓을 반환합니다.

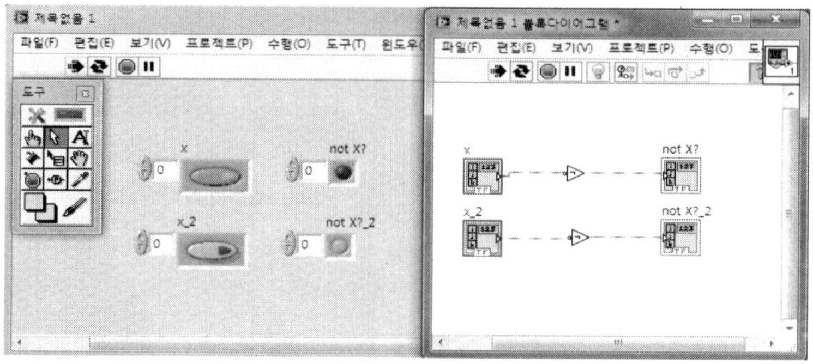

(5) 복합 연산 함수

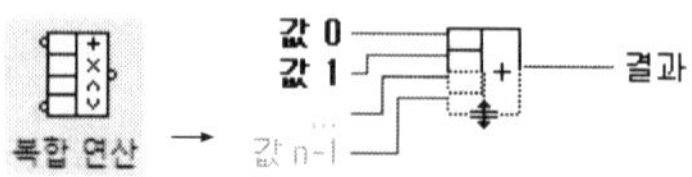

하나 혹은 그 이상의 숫자, 배열, 클러스터 또는 불리언 입력에 대한 연산을 수행합니다. 함수에서 마우스 오른쪽 버튼을 클릭한 후 바로 가기 메뉴에서 모드 변경을 선택하여 연산(더하기, 곱하기, AND, OR, 또는 XOR)을 선택합니다. 숫자 팔레트로부터 이 함수를 선택할 때, 기본 모드는 더하기입니다. 그러나 불리언 팔레트에서 이 함수를 선택할 때 기본 모드는 OR입니다.

(6) NAND 함수

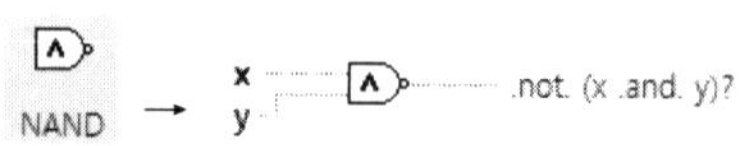

입력의 논리적 NAND를 계산합니다. 두 입력은 불리언 값, 숫자형 값 또는 에러 클러스터여야 합니다. 입력이 모두 참인 경우, 함수는 거짓을 반환합니다. 그렇지 않은 경우, 함수는 참을 반환합니다.

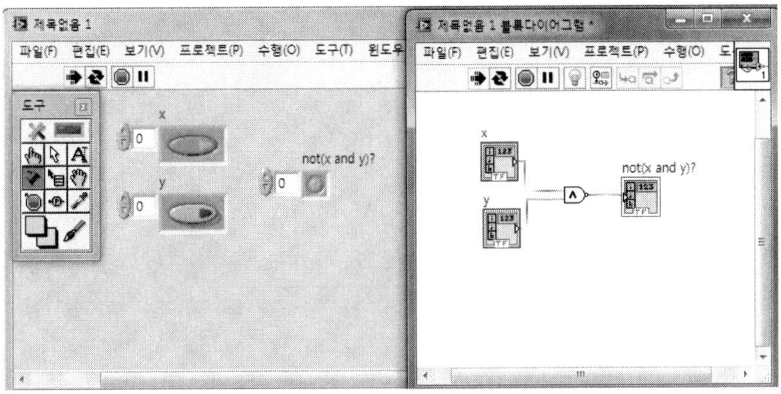

(7) NOR 함수

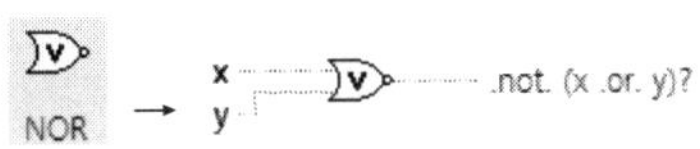

입력의 논리적 NOR를 계산합니다. 두 입력은 불리언 값, 숫자형 값 또는 에러 클러스터여야 합니다. 입력이 모두 거짓인 경우, 함수는 참을 반환합니다. 그렇지 않은 경우, 함수는 거짓을 반환합니다.

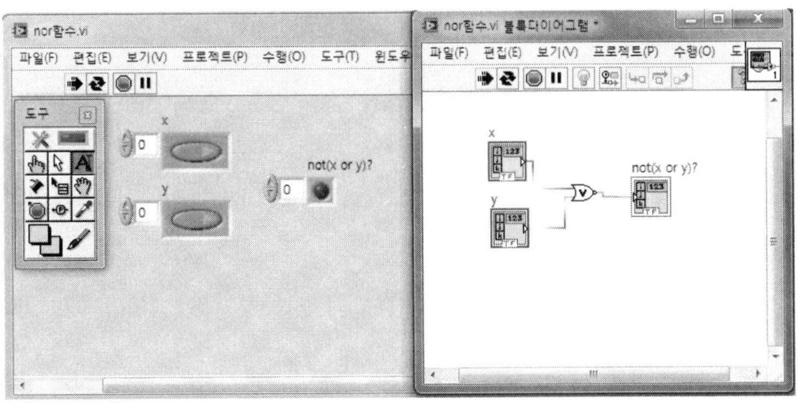

(8) NOR 함수

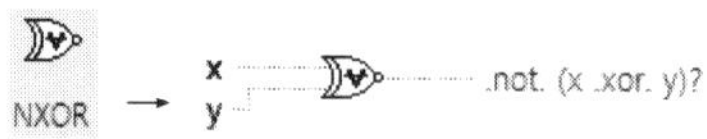

입력의 논리적 exclusive or (XOR)의 논리적 부정을 계산합니다. 두 입력은 불리언 값, 숫자형 값 또는 에러 클러스터여야 합니다. 입력이 모두 참이거나 모두 거짓인 경우, 함수는 참을 반환합니다. 그렇지 않은 경우, 함수는 거짓을 반환합니다.

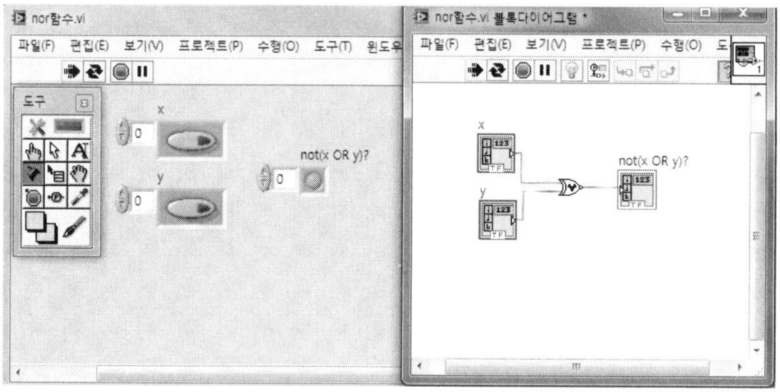

(9)IMPLIES 함수

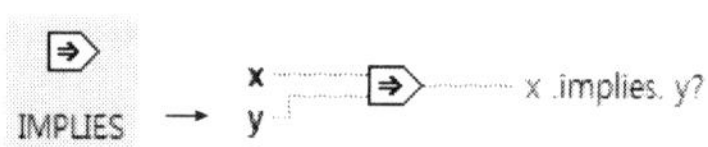

x를 음수화한 후 y와 음수화된 x의 논리적 OR를 계산합니다. 두 입력은 불리언 값, 숫자형 값 또는 에러 클러스터여야 합니다. x가 참이고 y가 거짓인 경우, 함수는 거짓을 반환합니다. 그렇지 않은 경우, 함수는 참을 반환합니다.

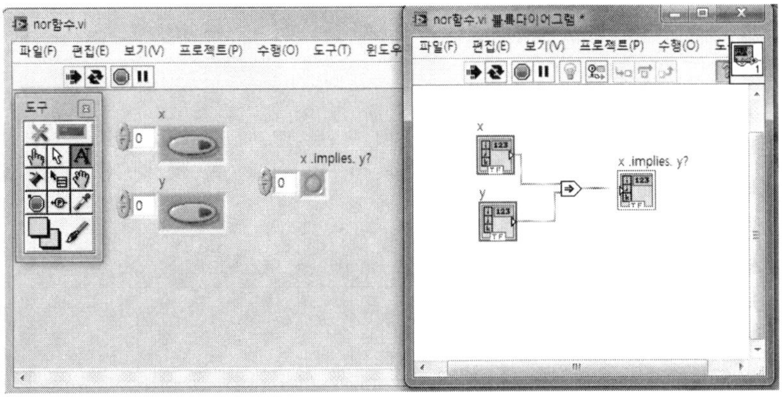

(10) 배열 원소 AND 함수

불리언 배열의 모든 원소가 참이거나 불리언 배열이 비어있을 경우 참을 반환합니다. 그렇지 않은 경우, 함수는 거짓을 반환합니다. 이 함수는 모든 크기의 배열을 받지만 불리언 배열의 모든 값을 기반으로 하나의 값만을 반환합니다.

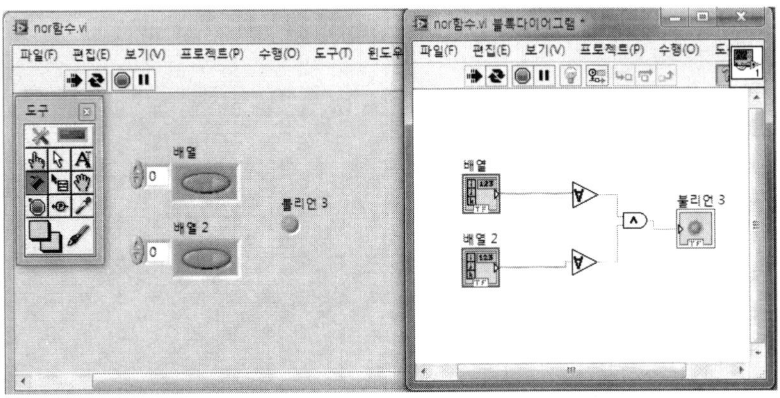

(11) 배열 원소 OR 함수

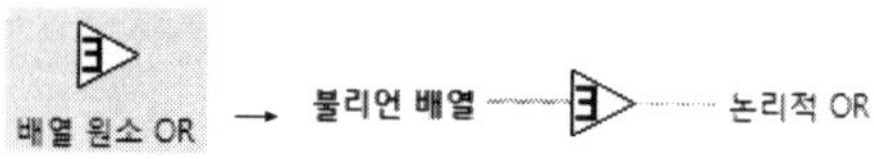

불리언 배열의 모든 원소가 거짓이거나 불리언 배열이 비어있을 경우 거짓을 반환합니다. 그렇지 않은 경우, 함수는 참을 반환합니다. 이 함수는 모든 크기의 배열을 받지만 불리언 배열의 모든 값을 기반으로 하나의 값만을 반환합니다.

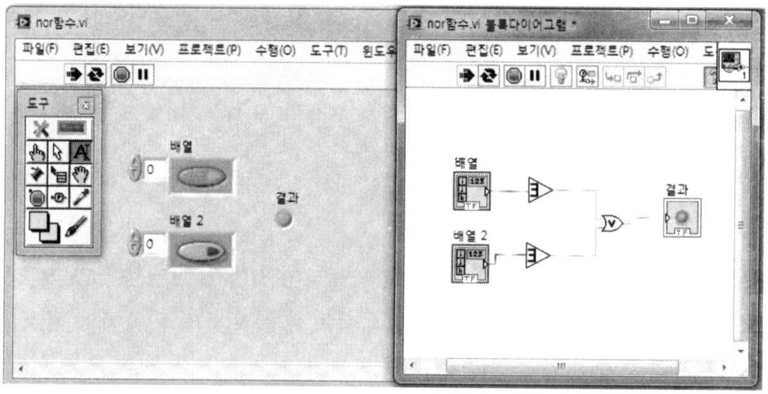

(12) 숫자를 불리언 배열로 함수

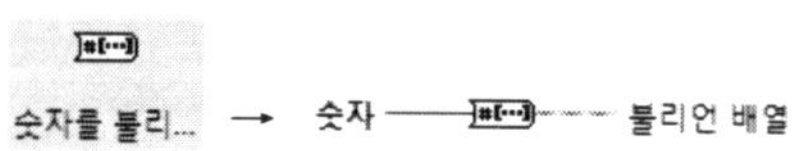

정수 또는 고정 소수점 수를 불리언 배열로 변환합니다. 정수를 숫자에 연결하는 경우, 불리언 배열은 정수의 비트 수에 따라 8, 16, 32, 또는 64 원소를 가진 배열을 반환합니다. 고정 소수점 수를 숫자에 연결하는 경우, 불리언 배열이 반환하는 배열의 크기는 고정 소수점 수의 워드 길이와 같습니다. 배열의 0번째 원소는 정수의 2의 보수형에서 최하위 비트에 대응합니다.

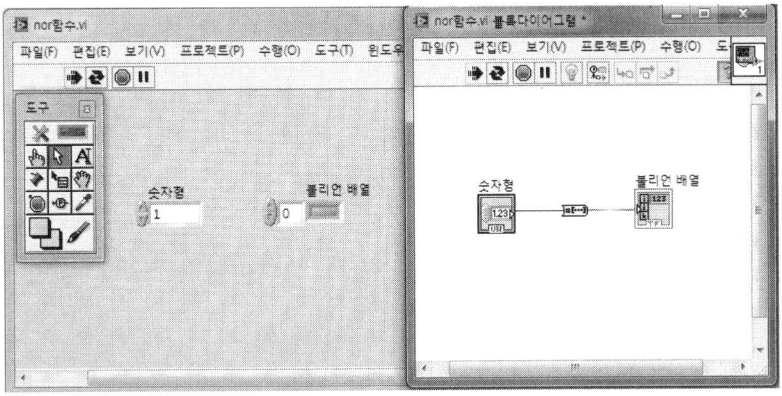

(13) **불리언 배열을 숫자로 함수**

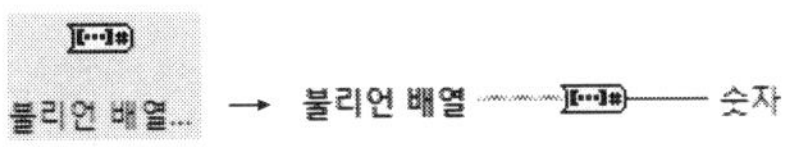

배열을 숫자의 2진 형으로 해석하여 불리언 배열을 정수 또는 고정 소수점 수로 변환합니다. 숫자에 부호가 있는 경우, LabVIEW는 배열을 해당 숫자의 2의 보수형으로 해석합니다. 배열의 첫번째 원소는 숫자의 최하위 비트에 대응합니다.

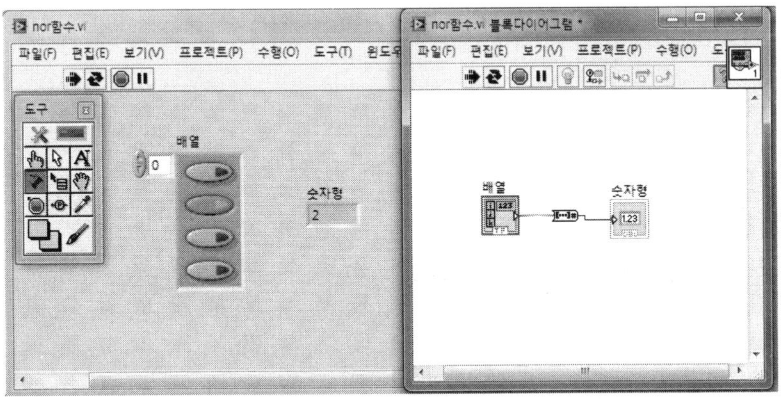

(14) 불리언을 (0,1)로 함수

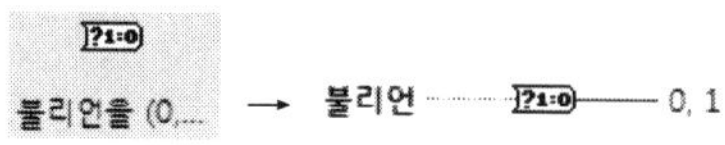

불리언 거짓 또는 참값을 각각 0 또는 1의 값을 가진 16비트 정수로 변환합니다.

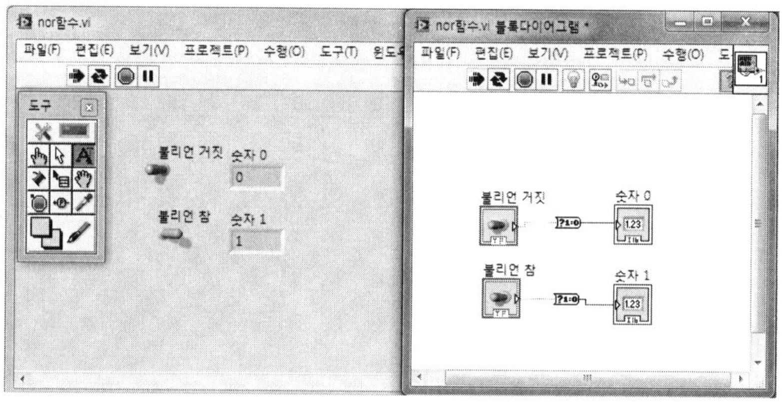

(15) 참 상수와 거짓 상수 함수

참 상수는 블록다이어그램에서 이 상수를 사용하여 참값과 거짓 값을 제공합니다.

실습 1 : 불리언 논리 연산

① LabVIEW 실행 후 새 VI(Ctrl + N) 생성합니다.

② 프런트 패널에서 불리언 컨트롤을 가져다 놓습니다.

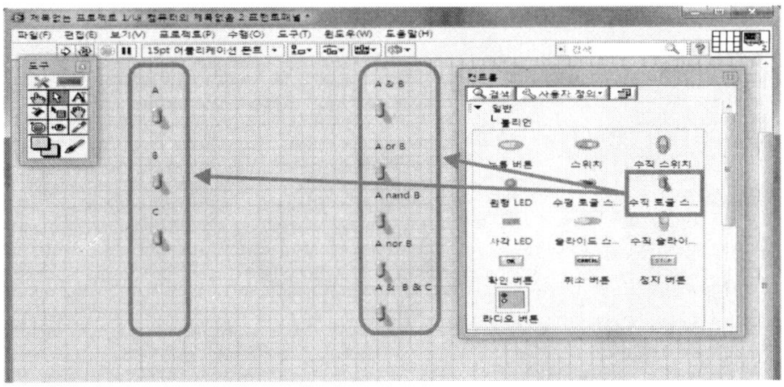

③ 블록다이어그램에서 오른쪽 불리언 컨트롤을 불리언 인디케이터로 전환시켜 주어야 합니다.

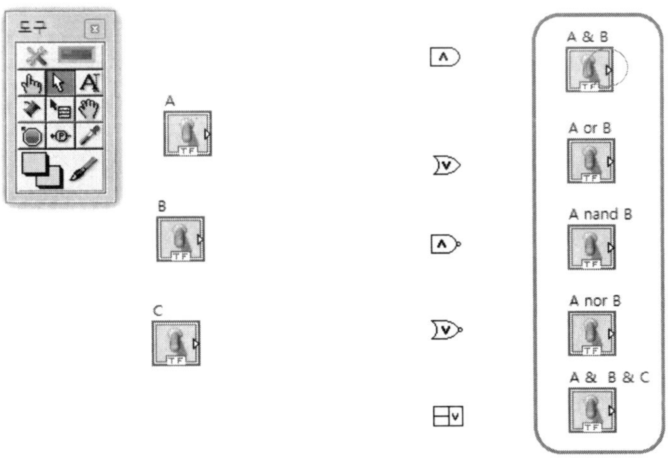

객체에서 오른쪽 마우스 클릭으로 불리언 인디케이터로 변환함

⬇

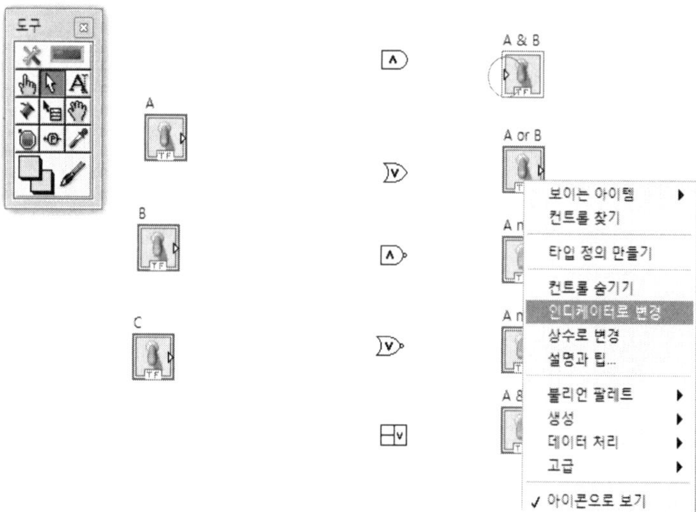

➡ Tip : 아래 포인터를 드래그하야 “A”, “B”, “C” 연산을 위해 맞춰줍니다.

④ 와이어 연결 아이콘을 선택하여 와이어링을 합니다.

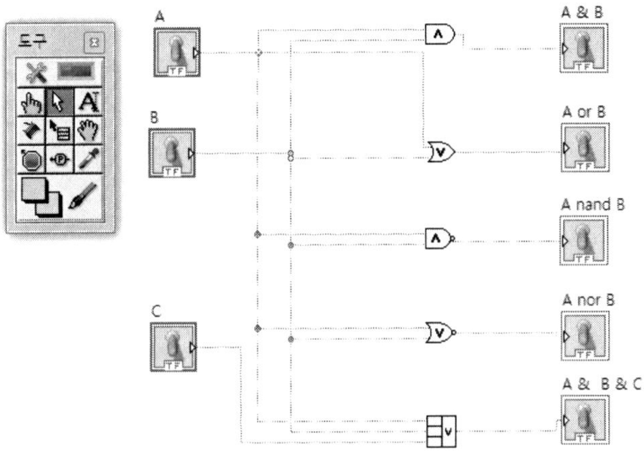

⑤ 연속실행 아이콘을 클릭하여 실행 시켜 확인합니다.

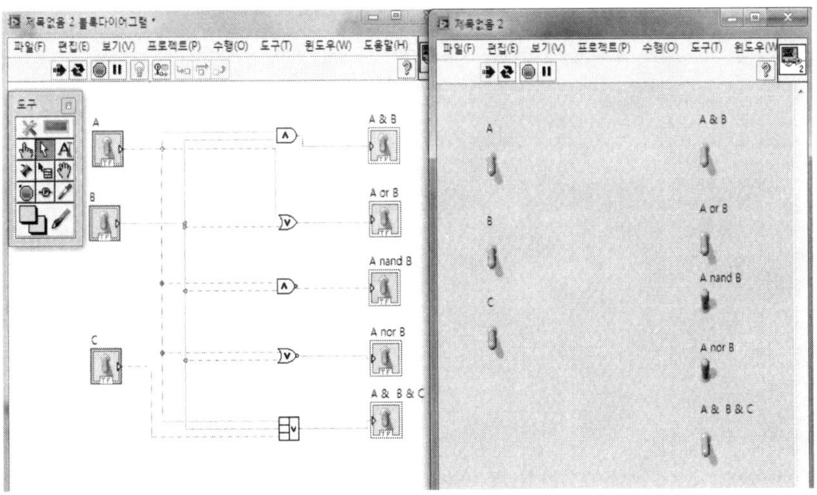

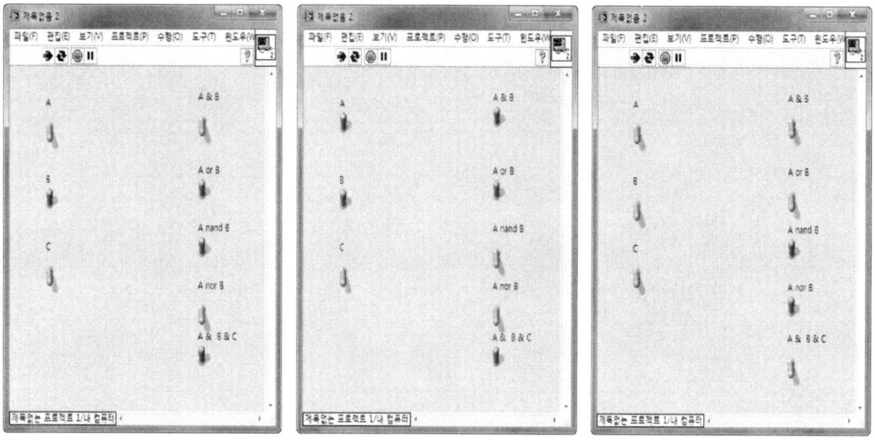

실습 2 : 불리언 클러스터와 상태머신(State Machine) 메뉴 구성

LabVIEW에서 Menu는 버튼, 스위치, 메뉴링 등을 통해 제어신호로 동작합니다. 버튼들을 클러스터로 그룹 시키고, 해당버튼을 클릭했을 때 특정작업을 수행할 수 있는 메뉴를 구성하고자 합니다.

① 프런트 패널에서 클러스터를 선택하여 프런트 패널에 드래그 드롭을 합니다.

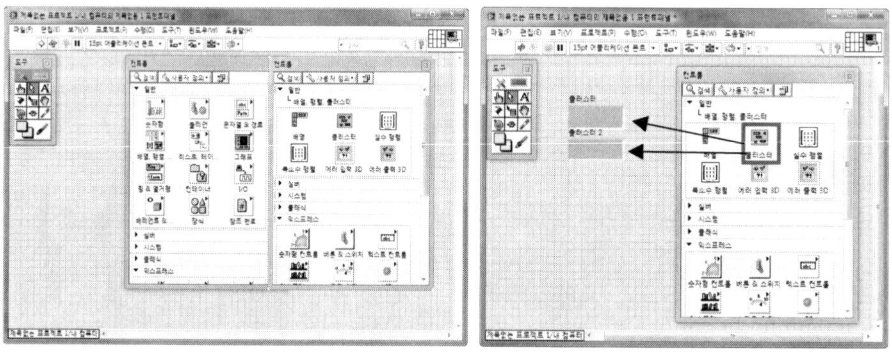

② 드래그 드롭 된 클러스터 객체에서 오른쪽 마우스 클릭 후 일반 / 불리언 / 확인 버튼을 선택합니다.

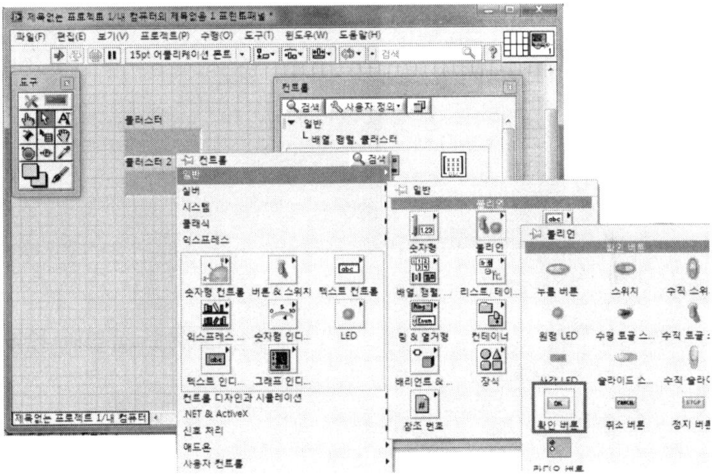

③ 드래그 드롭 된 클러스터 객체에서 오른쪽 마우스 클릭 후 일반 / 불리언 / 확인 버튼을 선택합니다.

3) 문자형(String) 데이터 타입

문자형(String)은 ASCⅡ코드로 만들어진 문자 값입니다. ASCⅡ코드(American Standard Code for Information Interchange)는 0~127까지의 숫자를 사용하고 있습니다. 영어 문화권에서는 알파벳과 숫자, 기호를 합해도 100개 정도면 되기 때문에 7비트(bit)로 표현하는 규정이 생겼습니다. 즉, 영어나 숫자만이라면 1바이트(=8비트) 정도의 기억 용량이면 충분합니다. 그러나 한글을 비롯한 동양 한자 문화권의 언어를 표현하기에는 턱없이 부족합니다.

이러한 이유로 한글의 경우 1바이트 이상을 사용해서 표현하고 있습니다.

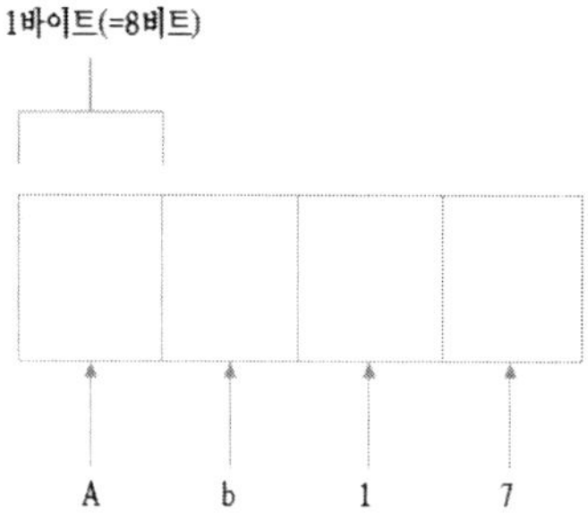

그림 2.10. ASCⅡ코드(반각 영문자,숫자)

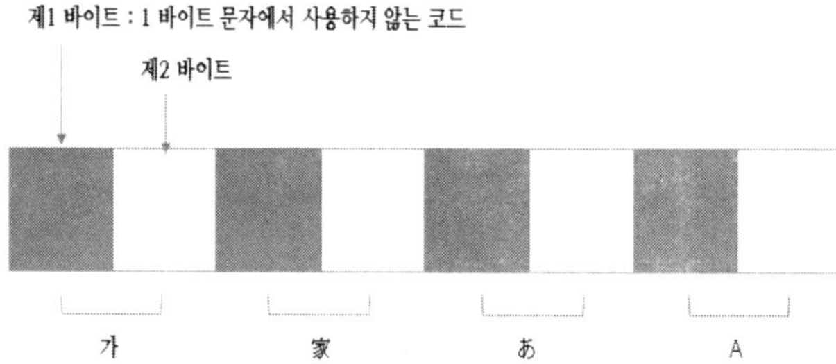

그림 2.11 2바이트 코드(전각)

1바이트로는 256가지의 정보밖에 표현할 수 없지만, 2바이트를 사용하면 65536(256×256) 종류의 문자코드를 나타낼 수 있습니다. 즉, 첫 번째 바이트에 사용하지 않는 코드를 지정하여, 「이번 바이트와 다음 바이트는 2바이트 문자를 나타냅니다」 라고 구별하는 것입니다.

문자형 변수는 언제나 숫자형 변수로 변환될 수 있고, 반대의 경우도 마찬가지로 변환이 가능합니다.

※『아스키(ASCⅡ)코드』 테이블 참조

아스키코드		값	아스키코드		값	아스키코드		값	아스키코드		값
16 진수	10 진수		16 진수	10 진수		16 진수	10 진수		16 진수	10 진수	
00	000	NULL	40	064	@	80	128	€	C0	192	À
01	001	SOH	41	065	A	81	129	□	C1	193	Á
02	002	STX	42	066	B	82	130	‚	C2	194	Â
03	003	ETX	43	067	C	83	131	ƒ	C3	195	Ã
04	004	EQT	44	068	D	84	132	„	C4	196	Ä
05	005	ENQ	45	069	E	85	133	…	C5	197	Å
06	006	ACK	46	070	F	86	134	†	C6	198	Æ
07	007	BEL	47	071	G	87	135	‡	C7	199	Ç
08	008	BS	48	072	H	88	136	^	C8	200	È
09	009	HT	49	073	I	89	137	‰	C9	201	É

0A	010	LF	4A	074	J	8A	138	Š	CA	202	Ê
0B	011	VT	4B	075	K	8B	139	‹	CB	203	Ë
0C	012	FF	4C	076	L	8C	140	Œ	CC	204	Ì
0D	013	CR	4D	077	M	8D	141	□	CD	205	Í
0E	014	SO	4E	078	N	8E	142	Ž	CE	206	Î
0F	015	SI	4F	079	O	8F	143	□	CF	207	Ï
10	016	DLE	50	080	P	90	144	□	D0	208	Ð
11	017	DC1	51	081	Q	91	145	‘	D1	209	Ñ
12	018	DC2	52	082	R	92	146	’	D2	210	Ò
13	019	DC3	53	083	S	93	147	“	D3	211	Ó
14	020	DC4	54	084	T	94	148	”	D4	212	Ô
15	021	NAK	55	085	U	95	149	•	D5	213	Õ
16	022	SYN	56	086	V	96	150	–	D6	214	Ö
17	023	ETB	57	087	W	97	151	—	D7	215	×
18	024	CAN	58	088	X	98	152	˜	D8	216	Ø
19	025	EM	59	089	Y	99	153	™	D9	217	Ù
1A	026	SUB	5A	090	Z	9A	154	š	DA	218	Ú
1B	027	ESC	5B	091	[	9B	155	›	DB	219	Û
1C	028	FS	5C	092	\	9C	156	œ	DC	220	Ü
1D	029	GS	5D	093	]	9D	157	□	DD	221	Ý
1E	030	RS	5E	094	^	9E	158	ž	DE	222	Þ
1F	031	US	5F	095	_	9F	159	Ÿ	DF	223	ß
20	032	(space)	60	096	`	A0	160		E0	224	à
21	033	!	61	097	a	A1	161	¡	E1	225	á
22	034	"	62	098	b	A2	162	¢	E2	226	â
23	035	#	63	099	c	A3	163	£	E3	227	ã
24	036	$	64	100	d	A4	164	¤	E4	228	ä
25	037	%	65	101	e	A5	165	¥	E5	229	å
26	038	&	66	102	f	A6	166	¦	E9	230	æ
27	039	'	67	103	g	A7	167	§	EA	231	ç
28	040	(	68	104	h	A8	168	¨	EB	232	è
29	041	)	69	105	i	A9	169	©	EC	233	é
2A	042	*	6A	106	j	AA	170	ª	ED	234	ê
2B	043	+	6B	107	k	AB	171	«	EE	235	ë
2C	044	`	6C	108	l	AC	172	¬	EF	236	ì

2D	045	-	6D	109	m	AD	173	-	F0	237	í
2E	046	.	6E	110	n	AE	174	®	F1	238	î
2F	047	/	6F	111	o	AF	175	¯	F2	239	ï
30	048	0	70	112	p	B0	176	°	F3	240	ð
31	049	1	71	113	q	B1	177	±	F4	241	ñ
32	050	2	72	114	r	B2	178	²	F5	242	ò
33	051	3	73	115	s	B3	179	³	F6	243	ó
34	052	4	74	116	t	B4	180	´	F7	244	ô
35	053	5	75	117	u	B5	181	µ	F8	245	õ
36	054	6	76	118	v	B6	182	¶	F9	246	ö
37	055	7	77	119	w	B7	183	·	FA	247	÷
38	056	8	78	120	x	B8	184	¸	FB	248	ø
39	057	9	79	121	y	B9	185	¹	FC	249	ù
3A	058	:	7A	122	z	BA	186	º	FD	250	ú
3B	059	;	7B	123	{	BB	187	»	FE	251	û
3C	060	〈	7C	124	|	BC	188	½	FF	252	ü
3D	061	=	7D	125	}	BD	189	¾	EF	253	ý
3E	062	〉	7E	126	~	BE	190	¿	EF	254	þ
3F	063	?	7F	127	□	BF	191	À	EF	255	ÿ

(1) LabVIEW에서 문자형(String) 변수 사용

변수란 영어로 Variable이라고 하며 값이 변화된다는 뜻을 가지고 있습니다. 즉, 그 값이 정해지지 않았고, 필요에 의해서 값을 변화시킬 수 있습니다. 반대로 상수는(Constant)는 일정한 값을 가지고 있습니다. 그리고 변수들이 하나로만 구성되어 있는 경우와 여러 개가 집합을 이루고 있는 배열 또는 벡터(Array or Vector), 행렬(Matrix), 클러스터 또는 스트럭쳐(Cluster or Structure) 등 형태의 변수가 존재합니다.

같은 숫자형의 변수가 여러 개가 있다면 배열내지는 행렬이 되며, 숫자형과 문자형이 섞여서 하나의 변수를 구성하고 있다면 클러스터 또는 스트럭쳐가 됩니다.

블록다이어그램에서의 문자형 사용 경로

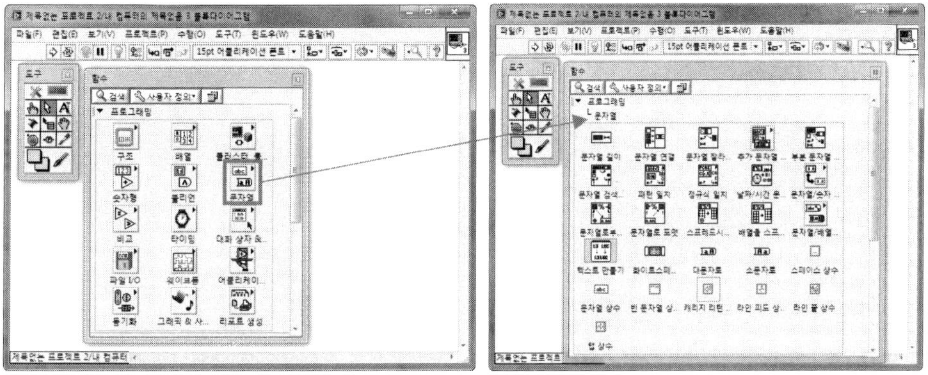

프런트패널에서의 문자형 사용 경로

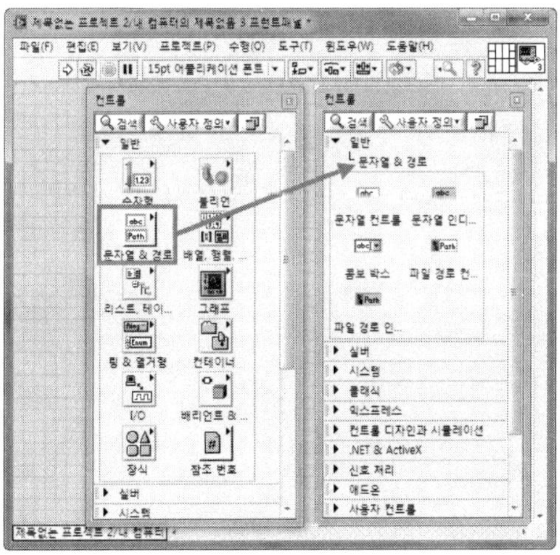

문자형(String) 컨트롤 - 프런트패널과 블록다이어그램 적용 예시

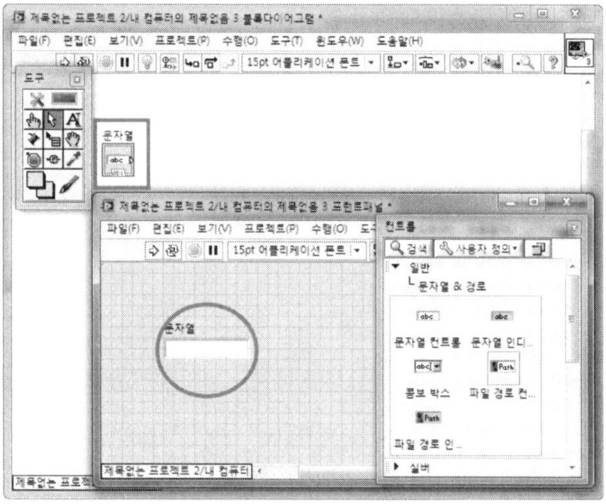

문자형(String) 컨트롤(Control)과 인디케이터(indicator)에서는 입력(Input)과 출력(Output)을 개발자가 어떻게 코딩을 하느냐에 따라서 달라집니다. LabVIEW에서는 입력과 출력이 완전히 분리되어 있으며 입력은 컨트롤, 출력은 인디케이터가 담당하고 있습니다.

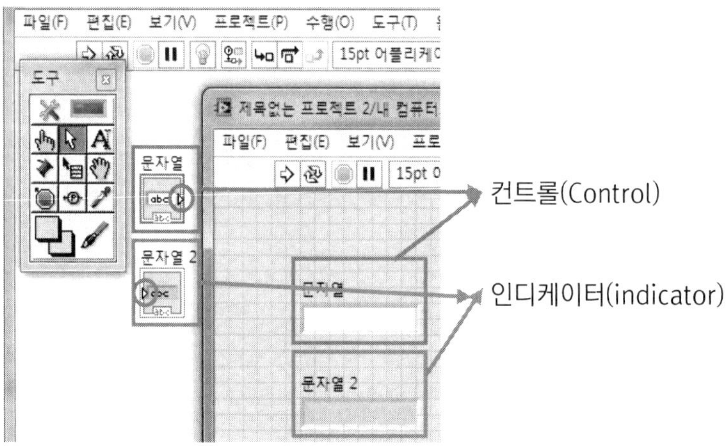

실습 : 문자형 데이터 타입

① 프론트 패널에서 숫자형 컨트롤과 문자열 컨트롤을 배열합니다.

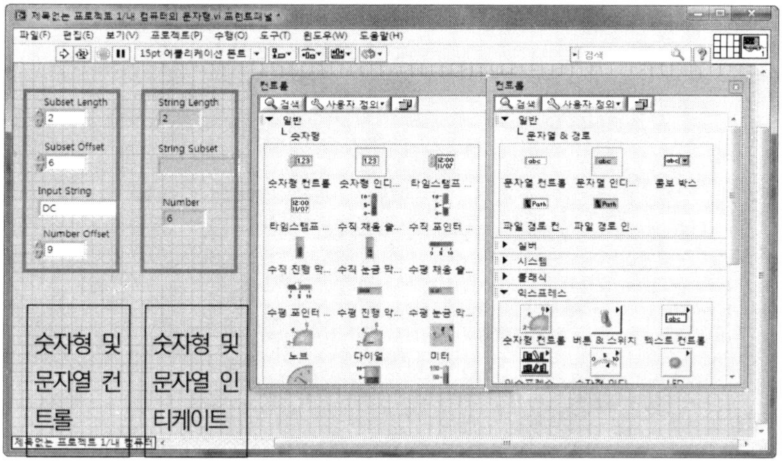

② 블록다이어그램에서 문자열을 적용시킨 후 숫자형 데이터 타입을 I32로 변환합니다.  →  즉, 컬러 색깔과 아래 부분 DEL이 I32로 변화되었음을 알 수 있습니다.

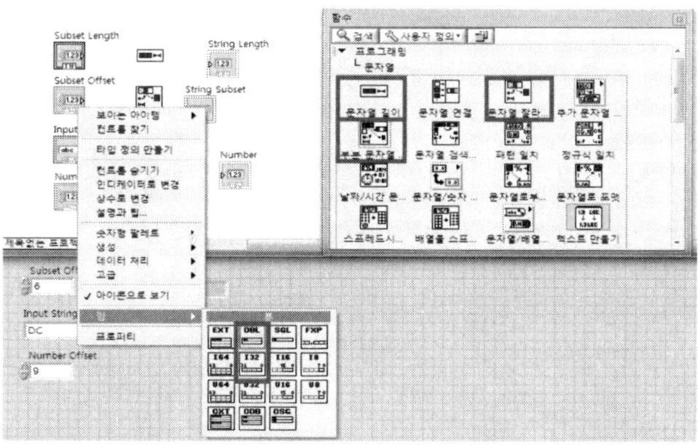

③ 프로그램밍 / 문자열을 이용하여 와이어링 합니다.

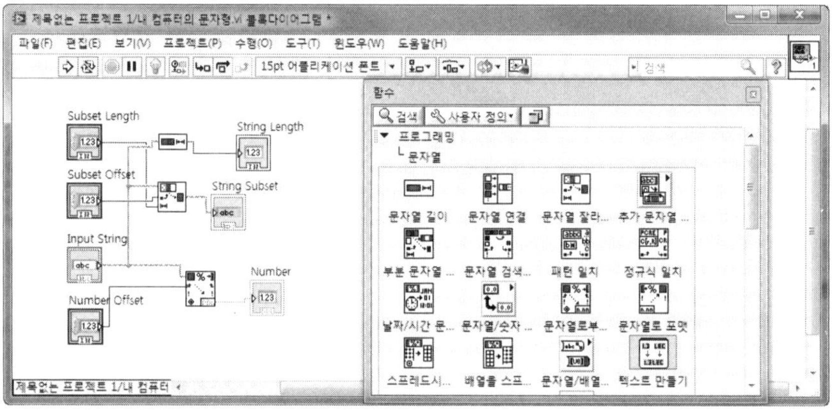

④ 연속실행 아이콘을 클릭하여 실행 시켜 확인합니다.

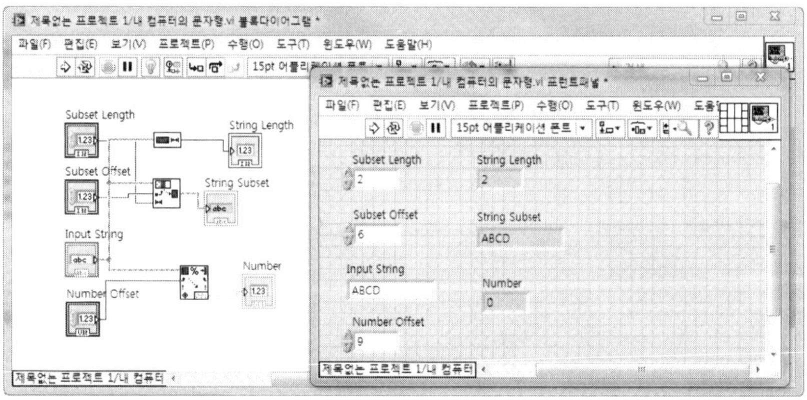

4) 기타(비교 함수)

비교 함수는 함수를 사용하기 보다는 적용시켜서 결과를 나타냅니다. 비교 함수는 블록다이어그램의 함수 / 프로그램 / 비교에서 여러 비교 함수를 볼 수 있습니다.

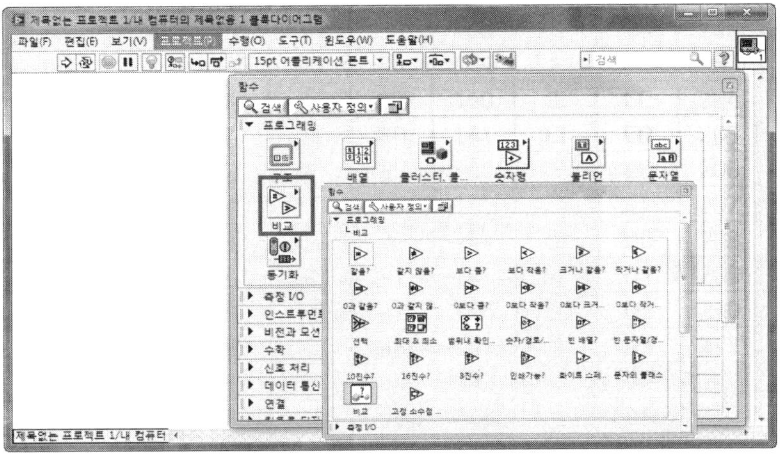

(1) 선택 함수

비교함수의 기본 함수는 기본적으로 이해를 하고 있다고 생각합니다. 그 중에 선택 함수를 살펴보겠습니다.

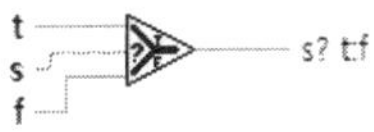

비교 함수는 S의 값에 따라 t 입력 또는 f 입력에 연결된 값을 반환합니다. s가 참인 경우, 이 함수는 t에 연결된 값을 반환하고 s가 거짓인 경우, 이 함수는 f에 연결된 값을 반환합니다.

t는 s가 참값을 전달한 경우 이 함수가 반환하는 값입니다. t와 f는 반드시 같은 타입이어야 하지만, 다른 숫자형을 가질 수 있습니다.

s는 함수가 s? t:f에 t의 값을 반환할지 또는 f의 값을 반환할지 여부를 결정합니다. s에 에러 클러스터를 연결하고 에러가 발생한 경우, 에러 클러스터는 참값을 함수에 전달합니다. 그렇지 않은 경우, 에러 클러스터는 거짓값을 함수에 전달합니다.

f는 s가 거짓값을 전달한 경우 이 함수가 반환하는 값입니다. t와 f는 반드시 같은 타입이어야 하지만, 다른 숫자형을 가질 수 있습니다.

s? t:f는 s가 참인 경우 t에 연결된 값입니다. s? t:f는 s가 거짓인 경우 f에 연결된 값입니다.

(2) 최대&최소 함수

최대&최소  함수는 x와 y를 비교하고 큰 값을 출력 터미널의 상단에, 작은 값을 출력 터미널의 하단에 반환합니다. 최대&최소는 모든 입력이 타임스탬프 값인 경우 타임스탬프 값을 받습니다. 입력이 타임스탬프 값인 경우, 함수는 늦은 시간을 상단에, 이른 시간을 하단에 반환합니다.

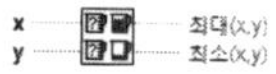

형이 DBL일 경우 x와 y는 반드시 같은 타입이어야 하며, 인디케이터 DBL일 경우 () 최대(x, y)는 더 큰 값입니다. 배열을 원소 비교 모드(기본)로 비교할 때, 이 함수는 각 입력 배열의 대응하는 원소를 비교하여 최대값을 갖는 원소를 반환합니다. 최대(x,y)는 최대값 원소로 구성된 배열입니다.

배열을 집합 비교 모드로 비교할 때, 이 함수는 각 입력 배열의 대응하는 원소를 배열의 앞부분에서 시작하여 비교합니다. 이 함수가 동일하지 않은 대응하는 원소의 쌍에 도달할 때, 최대(x,y)는 해당 원소에 대해서 더 큰 값을 가지는 배열을 반환합니다. 그리고 최소(x, y)는 더 작은 값입니다. 배열을 원소 비교 모드(기본)로 비교할 때, 이 함수는 각 입력 배열의 대응하는 원소를 비교하여 최소 값을 갖는 원소를 반환합니다. 최소(x,y)는 최소값 원소로 구성된 배열입니다.

배열을 집합 비교 모드로 비교할 때, 이 함수는 각 입력 배열의 대응하는 원소를 배열의 앞부분에서 시작하여 비교합니다. 이 함수가 동일하지 않은 대응하는 원소의 쌍에 도달할 때, 최소(x,y)는 해당 원소에 대해서 더 작은 값을 가지는 배열을 반환합니다.

배열을 통한 최대&최소값 만들기는 제2장 배열에서 알아보도록 하겠습니다.

➡ Tip : "NaN (숫자 아님 : Not a Number)"이라는 말의 의미는 숫자의 형태로 표현할 수 없는 수를 의미합니다. 음수의 제곱근을 취하면서 "0"을 "0"으로 나누었을 때 같이 값을 나타낼 수 없는 연산을 행하였을 경우 나타납니다.

가) 최대&최소에서의 NaN원소 비교시의 동작

- 원소 비교 모드에서, 하나 또는 두 개 모두의 입력이 NaN(숫자 아님)인 경우, 이 함수는 다음과 같은 결과를 갖게 됩니다.
  - 두 입력이 모두 NaN인 경우—최대(x,y) 및 최소(x,y) 모두 NaN을 반환
  - 하나의 입력만 NaN인 경우—최대(x,y) 및 최소(x,y)가 Nan이 아닌 값을 반환
  - 입력이 배열인 경우—함수는 각 원소의 쌍을 이전 규칙에 따라 평가
- 집합 비교 모드에서, 하나 또는 두 개 모두의 입력이 NaN(숫자 아님)인 경우, 이 함수는 다음과 같은 결과를 갖게 됩니다.
  - 두 입력이 모두 NaN인 경우—최대(x,y) 및 최소(x,y) 모두 NaN을 반환
  - 하나의 입력만 NaN인 경우—최대(x,y)는 x를 반환하고 최소(x,y)는 y를 반환
  - 입력이 배열인 경우—함수가 입력 배열 중 하나에서 NaN 원소를 발견한 경우, 최대(x,y)는 x를 반환하고 최소(x,y)는 y를 반환

(3) 범위내 확인과 강제변환 함수

이 함수는 불리언 비교 규칙에 따라 입력 데이터 값을 비교합니다. 함수가 집합 비교 모드인 경우, 함수는 강제변환(x)에서 x의 강제 변환된 값이 아닌, 변경되지 않은 값을 반환합니다. 함수는 각 입력 배열을 클러스터와 비슷한 단일 집합 객체로 간주 합니다.

x가 상위 리미트보다 크고 함수가 원소 비교 모드(기본)인 경우, 함수는 x를 상위 리미트 값으로 강제 변환합니다. x가 하위 리미트보다 작고 함수가 원소 비교 모드인 경우, 함수는 x를 하위 리미트 값으로 강제 변환합니다.

숫자값의 경우, 상위 리미트, 하위 리미트, x 입력이 같은 데이터 타입 형을 가질 필요는 없습니다. 부호있는 정수와 부호없는 정수의 혼합을 범위내 확인과 강제변환의 사위 리미트, x, 하위 리미트 입력에 연결할 경우, 강제 변환(x) 출력의 데이터 타입은 모든 사용 가능한 입력 값 범위 전체를 대표할 수 있을 만큼 커야 합니다.

범위내 확인과 강제변환 함수는 x가 상위 리미트와 하위 리미트 입력으로 지정된 범위 내에 존재하는지 여부를 결정하고 선택적으로 값이 범위내에 존재하도록 강제 변환합니다. 함수는 원소 비교 모드에서만 강제 변환을 수행합니다. 이 함수는 모든 입력이 타임스탬프 값인 경우 타임스탬프 값을 받고 비교 모드로 변경할 수 있습니다.

즉, x의 값이 사용자가 정한 상위 리미트와 하위 리미트내에 있는 값인지 확인을 해서 범위내 확인과 강제변환 함수로 참과 거짓을 반환해 주고, x의 값이 상위 리미트와 하위 리미트 밖에 있는 값이라면 그 값을 리미트에 설정된 값으로 강제 변환해 주는 함수입니다.

실습 : 범위내 확인 및 강제변환 함수 예제

① 프런트패널에서 컨트롤 / 일반 / 숫자형에서 숫자형 컨트롤과 숫자형 인디케이터를 드래그 & 드롭 합니다.

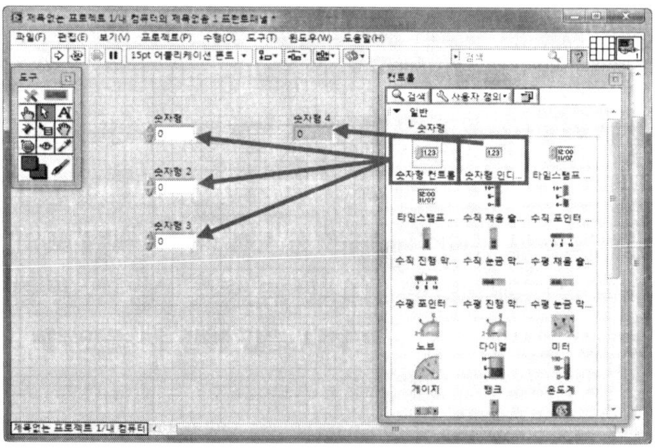

② 이름명을 수정한 후 블리언의 원형 LED를 드래그 & 드롭 합니다.

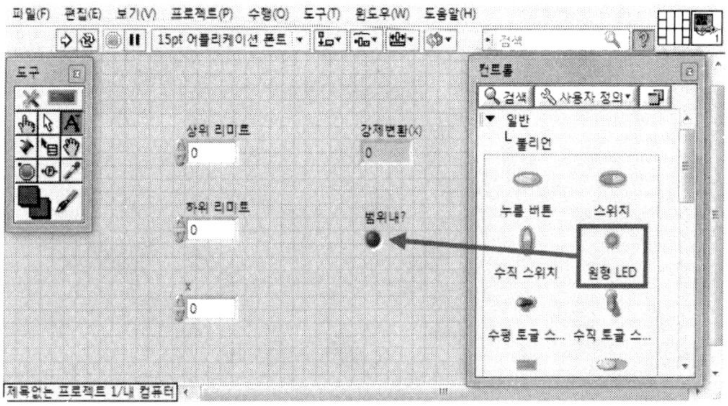

③ 블록다이어그램으로 전환(Ctrl+E)하여  함수을 드래그 & 드롭 한 후 와이어링 합니다.

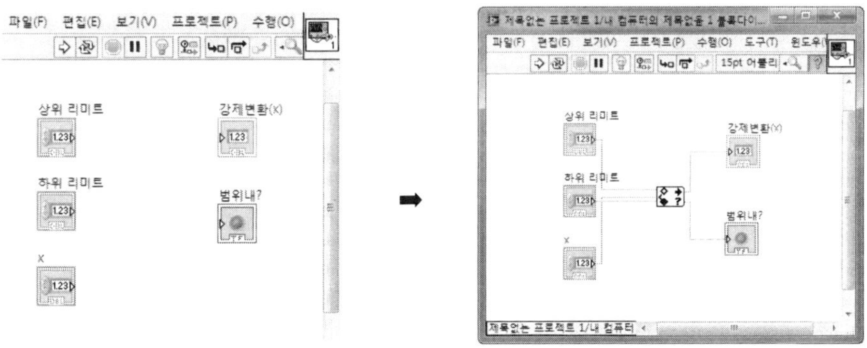

④ 프런트패널에서 연속실행을 클릭하여 결과를 확인합니다.

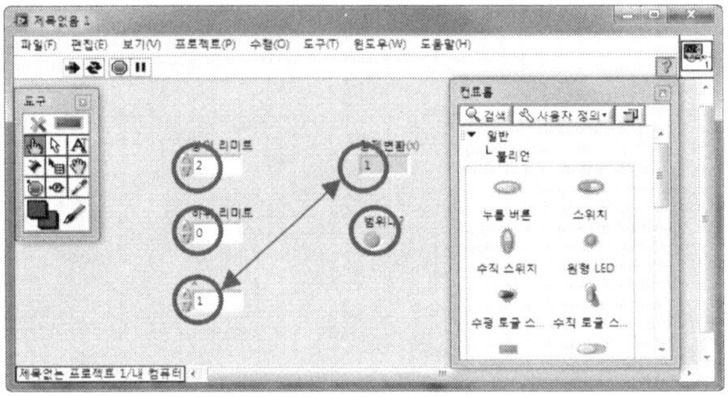

상위 리미트를 “2”로 하위 리미트를 “0”로 설정을 하면서 그 범위를 2~0 사이로 설정되었습니다. 범위내? 가 참이 될려면 x값이 1, 0으로 설정되어야 합니다. 그리고 x 값과 강제변환(x)의 값은 동일합니다. x값이 1, 0을 벗어나면 값이 거짓이 됨으로 범위내? 의 녹색 불이 켜지게 됩니다.

어떤 특별한 지점 즉, 경계, 결과 값이 완전히 달라지는 부분에서의 행동 및 조건을 결정하는 것을 경계 조건이라 합니다.

상위 리미트(2)와 하위 리미트(0)의 범위를 벗어나는 x 값을 설정되었을 때 범위내? 거짓을 나타내는 화면입니다. 강제변환(x)값은 상위 리미트 값과 하위 리미트 값을 벗어날 수 없습니다.

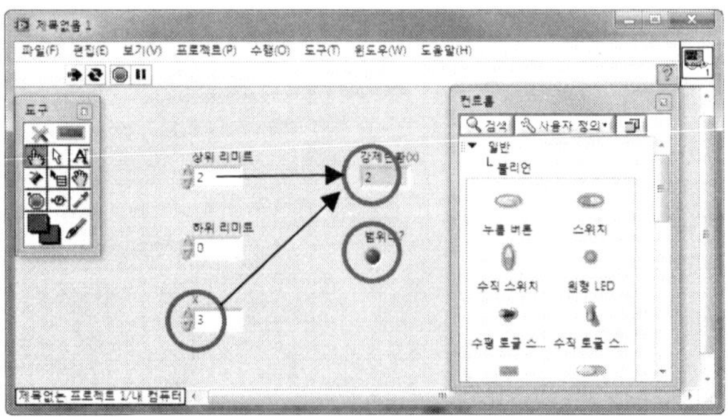

➡ Tip : 상위 리미트와 하위 리미트 선택하는 방법!

(4) 숫자 / 경로 / 참조 번호 아님? 함수

숫자/경로/참조 번호  가 숫자(NaN)가 아니거나, “경로없음”이거나, 참조 번호가 아닌 경우 참을 반환합니다. 그렇지 않은 경우, 이 함수는 거짓을 반환합니다. 이 함수를 사용하여 VI, 어플리케이션, 또는 컨트롤과 같은 객체의 참조가 아직 시스템 메모리 내에 있고 닫히지 않았다는 것을 확인 합니다.

(5) 빈 배열? 함수

빈 배열? 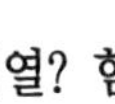 은 입력 배열이 비었을 경우 참을 반환합니다. 그렇지 않은 경우, 이 함수는 거짓을 반환합니다.

(6) 빈 문자열/경로? 함수

빈 문자열/경로?  는 빈 문자열 또는 빈 경로일 경우 참을 반환합니다. 그렇지 않은 경우, 이 함수는 거짓을 반환합니다.

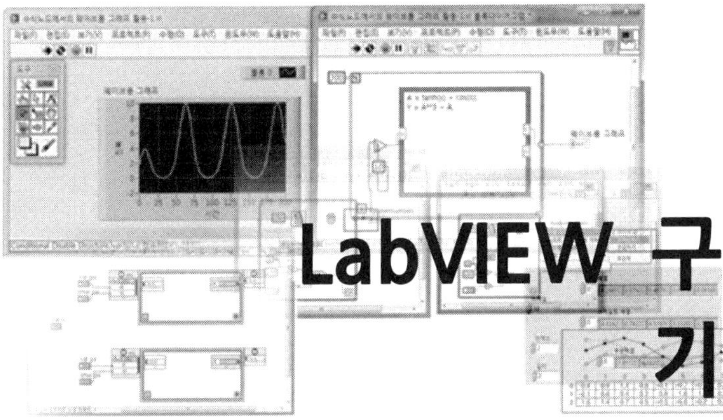

제3장

LabVIEW 구조문과 기타함수

3.1 구조문 및 배열

3.1.1 Loop 구문

루프(Loop)는 영어사전 의미로"(올가미나 동그라미 모양의) 고리, 고리(모양의 밧줄·전선 등)"의 뜻을 가지고 있습니다. 즉, LabVIEW에서는 똑 같은 코드를 반복하여 수행하는 함수입니다.

루프(Loop) 함수에는 For Loop와 While Loop 등 두 종류의 루프(Loop)가 있습니다.

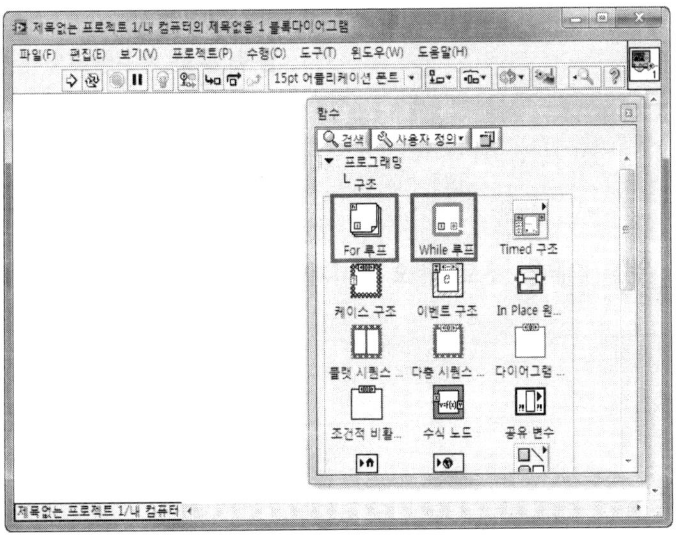

1) For Loop문

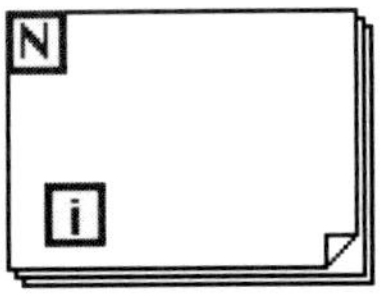

For 루프는 서브다이어그램을 n번 실행합니다. 이 때 n은

카운트(N) 터미널에 연결된 값입니다. 반복(i) 터미널은 0부터 n-1 범위의 현재 루프의 반복 수를 나타냅니다.

카운트 터미널N 입력에서는 For 루프 안에 있는 코드의 실행 횟수를 지정합니다. 0 또는 음수를 카운트 터미널에 연결하면, 루프는 실행되지 않습니다. 그리고 카운트 터미널N 출력에서는 카운트 터미널은 For 루프 안에 있는 코드의 실행 횟수를 나타냅니다. i는 출력으로만 존재하며 반복 터미널은 완료된 반복의 횟수를 나타냅니다. 첫 번째 반복은 0입니다. 이 터미널은 기본으로 디스플레이 됩니다.

For 루프 터널을 사용하면 루프 터널을 사용하면 For 루프를 통과하여 데이터를 전달할 수 있습니다. 터널 모드를 변경하여 For 루프를 통과하는 데이터를 다음 테이블에 나열된 것과 같이 여러 방식으로 처리할 수 있습니다.

아이콘은 추가적인 조작 없이 터널이 데이터를 For 루프에서 밖에서 안으로, For 루프 안에서 밖으로 전달합니다. 시프트 레지스터( )는 이전 루프 반복의 데이터에 접근하여 데이터를 다음 루프 반복으로 전달합니다. For 루프의 입력 터널에 배열을 와이어로 연결하면, 오토인덱스 터널( )이 루프 반복마다 배열의 한 원소를 읽어 처리합니다.

실습 1 : For Loop문

① 블록다이어그램에서 함수 / 프로그래밍 / 구조에서 For 루프 아이콘을 드래그 드롭 합니다.

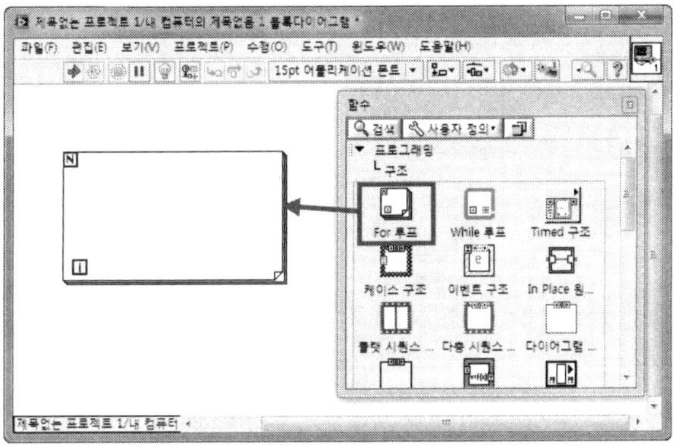

② 프런트패널(Ctrl+E)로 전환하여 숫자형 컨트롤과 숫자형 인디케이트를 드래그 드롭 후 왼쪽 도구상자 텍스트 편집 아이콘을 선택하여 컨트롤의 이름을 각각 루프 카운트, 루프반복 횟수, 숫자(0에서 1)로 명칭을 변경합니다.

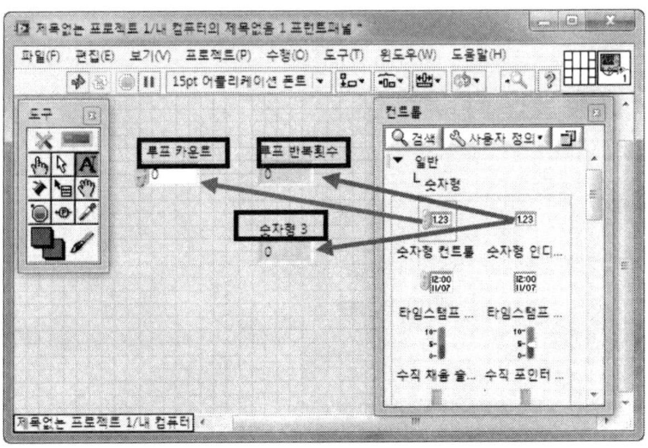

③ 다시 블록다이어그램(Ctrl+E)로 전환하여 루프카운트를 For Loop문 밖으로 이동합니다. 그리고 난수 값을 얻기 위하여 프로그래밍 / 숫자형 / 난수를 선택하여 드래그 드롭 합니다.

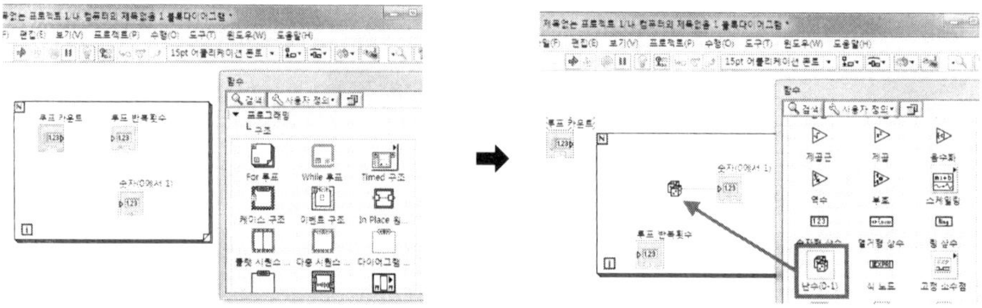

④ 와이어링 한 후 실행을 합니다. 루프 카운트에 5을 입력하면 반복횟수는 4가 됩니다. 그 이유는 반복횟수는 0에서 시작되기 때문에 루프 카운트 값이 5와 같습니다. 즉, 0에서 4까지 For Loop문을 실행하고 나면 마지막 반복횟수는 4가 됩니다.

그리고 루프 반복횟수는 결과 값을 받기 때문에 오른쪽 마우스 클릭 / 형 / I32로 변환하여야 합니다.

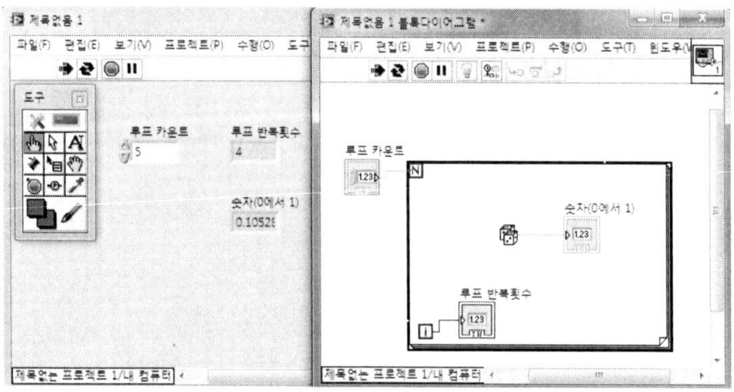

⑤ 대표적인 시간 지연 함수에는 두가지가 있습니다. 여기 은millisecond의 줄임말로 컴퓨터의 CPU컨트롤을 양도 할 수 있으며, 는 배수 까지 기다림에 연결된 시간만큼 루프내의 속도를 추가해 실행을 지연 할 수 있습니다. 은 스레드의 실행 지연을 알 수 있습니다.

기다림을 드래그 드롭 한 후 프로그래밍 / 숫자형 / 숫자형 상수를 선택하여 드래그 드롭 한 후 100을 입력한 후 실행을 하면 지연시간이 적용되어 숫자(0에서 1)의 값이 천천히 변화되는 것을 알 수 있습니다.

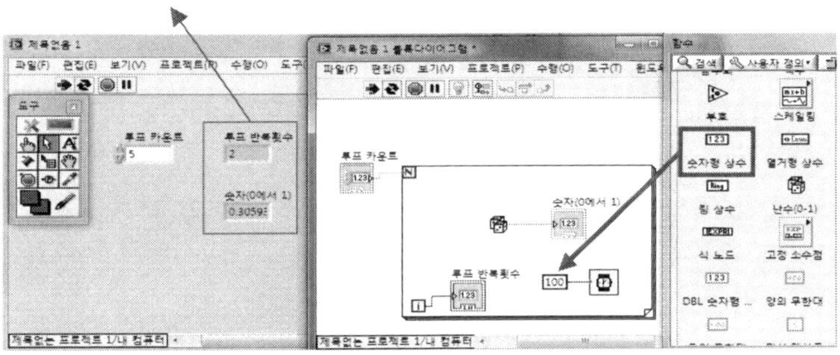

실습 2 : For Loop문과 시간 지연

① 블록다이어그램에서 함수 / 프로그래밍 / 구조 / For 루프를 선택하여 드래그 & 드롭을 합니다.

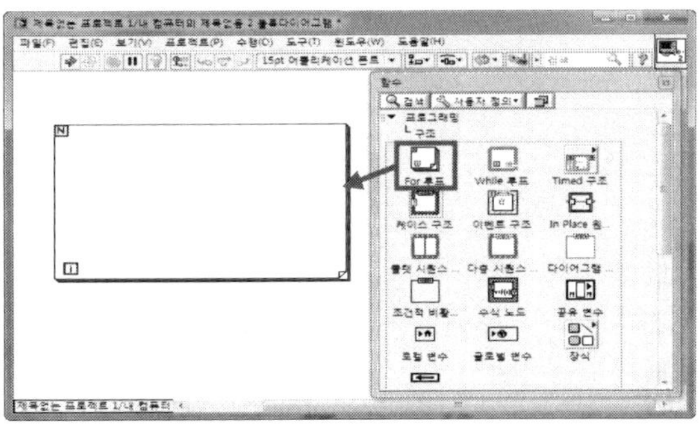

② 프런트패널(Ctrl+E)로 전환하여 숫자형 컨트롤과 숫자형 인디케이트를 드래그 & 드롭 합니다.

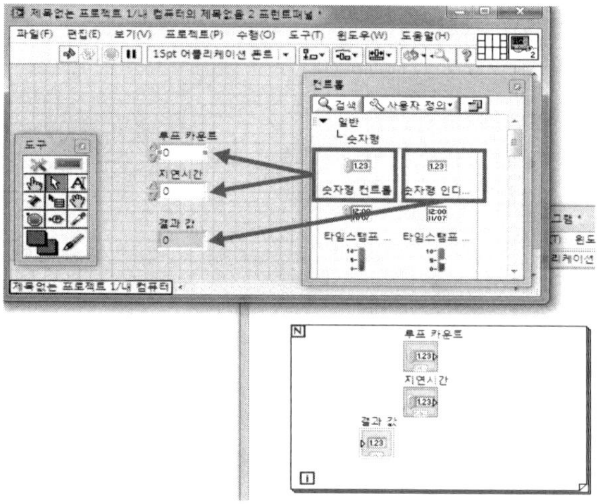

③ 블록다이어그램(Ctrl+E)으로 전환하여 루프 카운트는 For 루프문 밖으로 이동하며 결과 값에는 난수(0-1)를 적용, 지연시간은 기다림 함수를 드래그 & 드롭 시킨 후 Loop 실행 횟수에서 상수를 생성한 후 실행시킵니다.

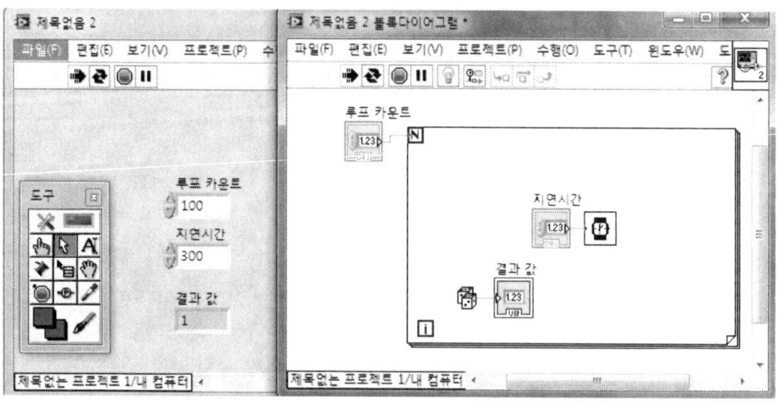

실습 3 : 수식 구하기

While 루프와 시프트 레지스터 1개만을 사용하여 다음 수식의 결과를 계산하세요?

(1 + 2 + 3 + ··· + 99 + 100 = ?)

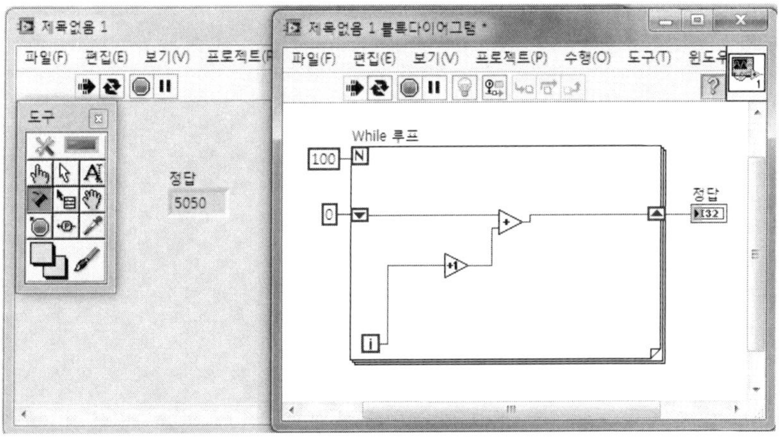

✓ 정답은 5050입니다.

(1) 배열(array)

배열은 숫자형, 문자열, 불리언 등의 변수 집합이며 사용방법은 드래그 & 드롭으로 사용할 수 있습니다. 그리고 여러 개의 변수를 가지는 같은 종류의 변수들의 집합이라고 합니다.

실습 1 : 숫자형 배열

① 프런터 패널에서 일반 / 배열, 행렬, 클러스터 선택하여 드래그 & 드롭을 합니다.

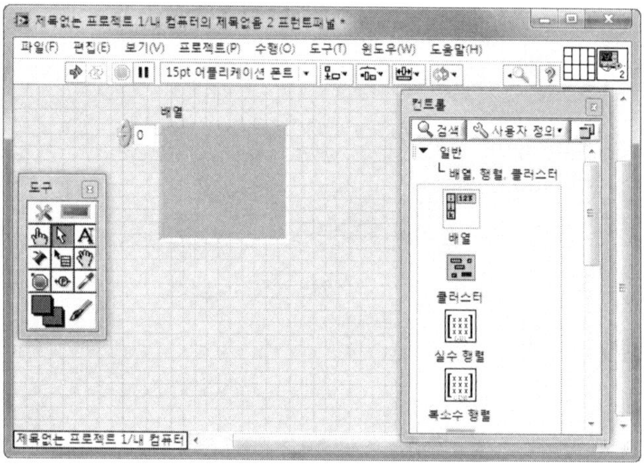

② 숫자형 컨트롤을 배열 안에 추가합니다.

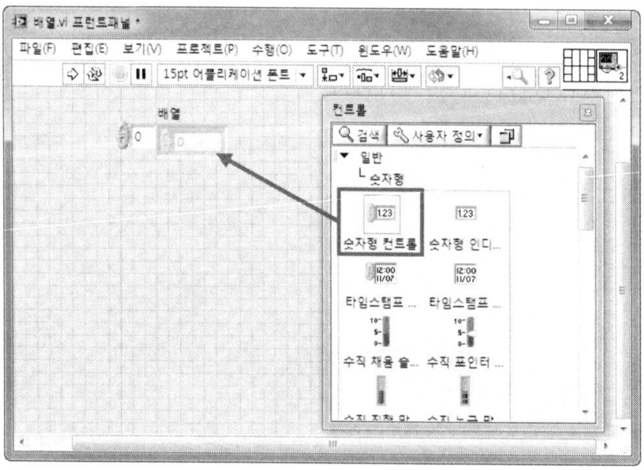

③ 현재 배열 안에 숫자형 컨트롤 즉, 배열 원소가 하나만 보이지만 여러 개의 숫자형 컨트롤이 보이게 하는 방법은 배열 박스 포인터 부분을 우측으로 드래그 하면 됩니다. 세로 부분으로 드래그 하면 세로의 배열 원소가 나타납니다.

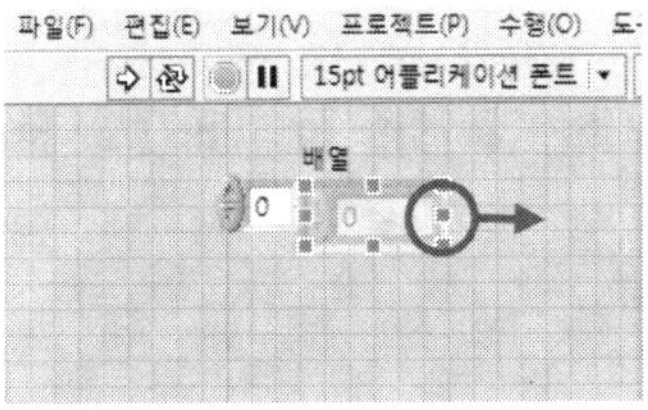

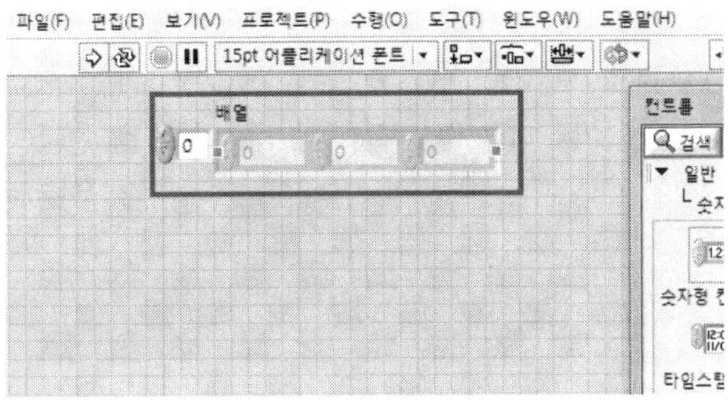

④ index "0"부터 시작하여 index "2"까지 배열하고 있습니다. 즉, index는 하나의 배열에 여러 개의 변수가 있을 때, 이 변수가 있을 때, 이 변수가 몇 번째 위치한 변수 인지를 나타내는 배열 이름입니다.

아래 그림은 index "0"부터 시작합니다.

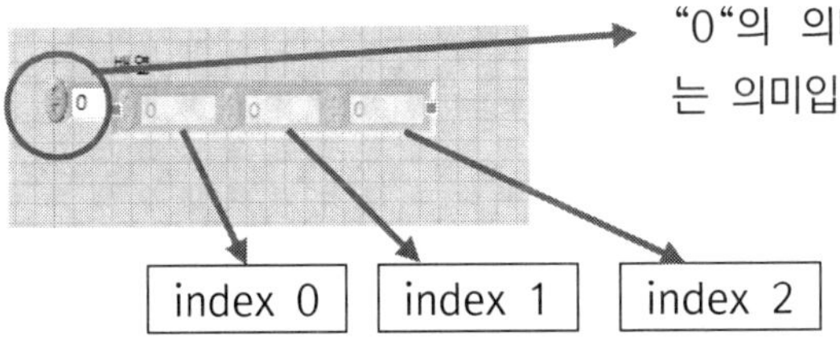

"0"의 의미는 index가 "0"부터 시작한다는 의미입니다.

❖ 배열의 숫자형 컨트롤 각 각의 빈 공간을 클릭해서 0, 1, 2를 입력해 놓으면 배열의 크기는 3개 되며, 배열 원소의 인텍스는 각 각 0, 1, 2라고 할 수 있습니다.

⑤ "0", "1", "2" 입력 후 왼쪽 상하 화살표를 클릭하면 index 값이 변화되는 것을 알 수 있습니다.

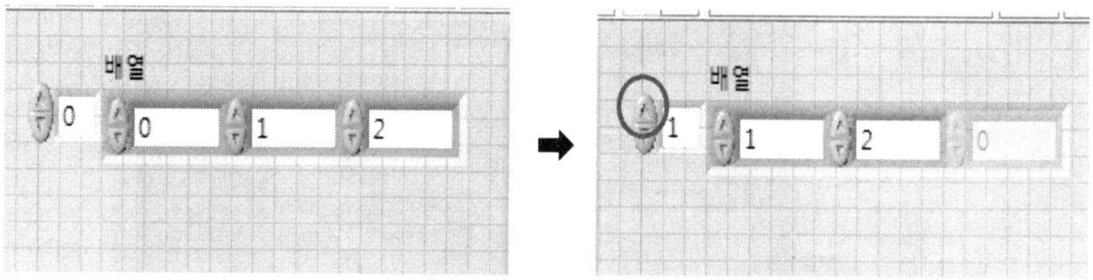

⑥ 이제 1차원, 2차원, 3차원 배열을 만들어 보겠습니다. 1차원은 하나의 축과 수직선, 2차원은 두 개의 축과 xy좌표의 면으로 3차원은 세 개의 축, xyz 좌표의 입체로 표현 할 수 있습니다.

2차원 배열을 만들기 위해 index 창 개수를 늘려보도록 하겠습니다.

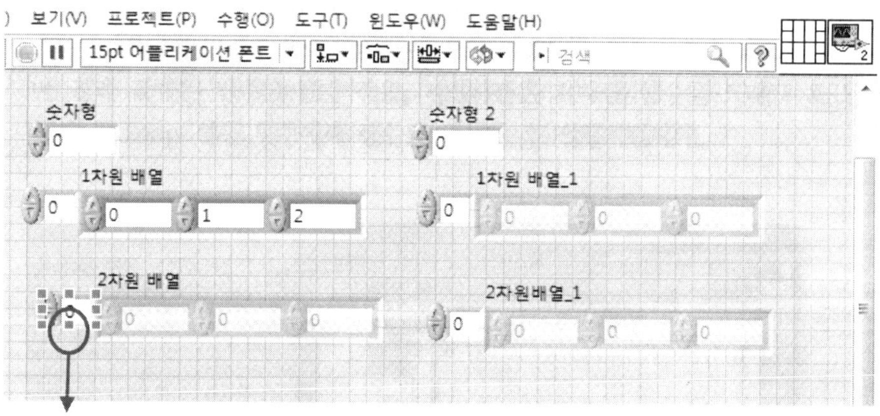

아래로 드래그

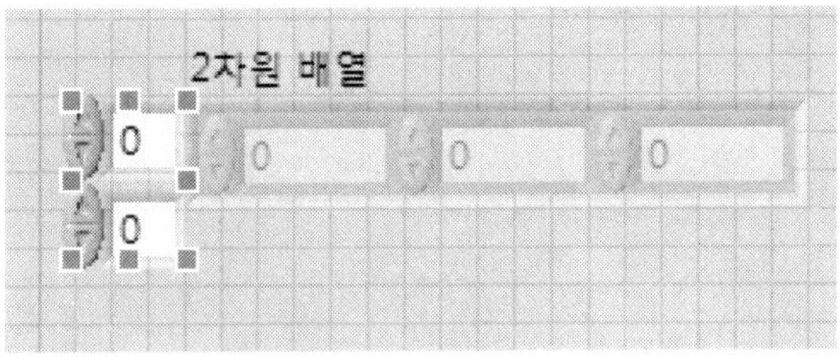

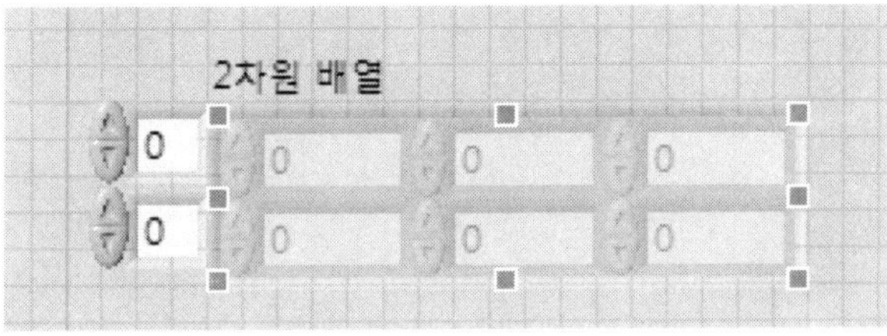

⑦ 프런트 패널에서의 배열 결과 및 블록다이어그램 결과 화면입니다.

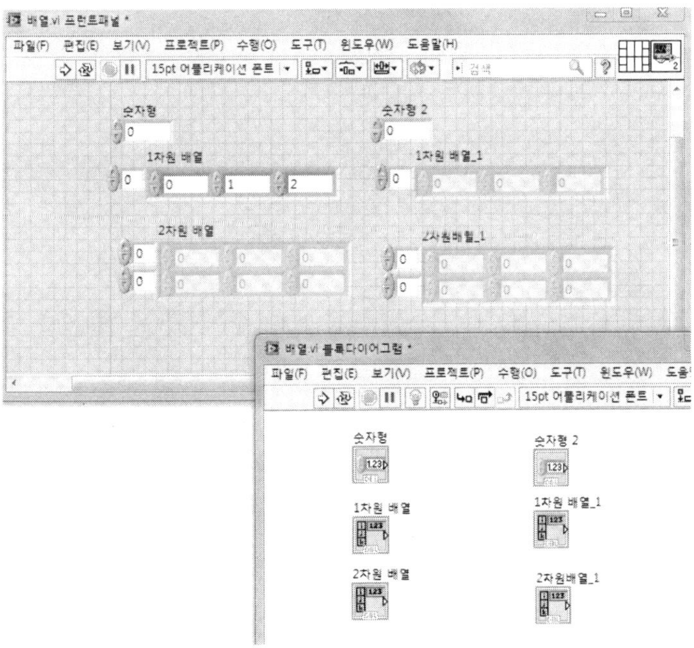

⑧ 블록다이어그램에서 숫자형과 1차원 배열, 2차원 배열을 와이어링을 하기 위하여 숫자형2, 1차원 배열_1, 2차원 배열_1에서 인디케이터로 변경 합니다. 변경 방법은 앞서 말한 바와 같이 오른쪽 마우스 클릭 「인디케이터로 변경」 선택 합니다.

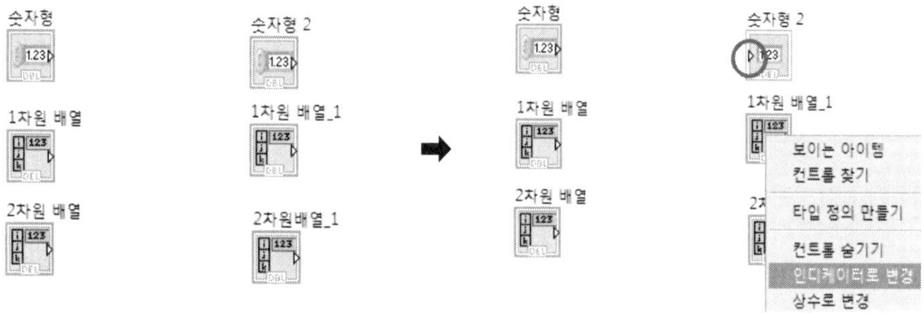

⑨ 와이어링을 한 후 와이어의 굵기가 다른 것을 알 수 있습니다. 와이어의 굵기에 따라서 숫자형, 1차원 배열, 2차원 배열을 구분할 수 있습니다.

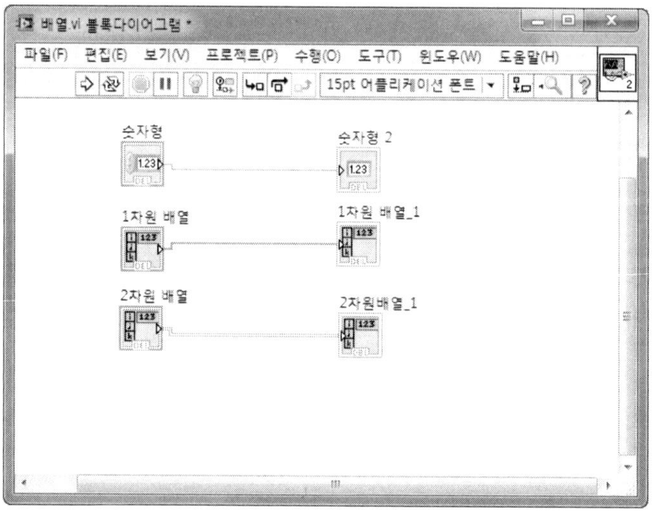

실습 2 : 다양한 배열

① 숫자형은 실습1을 통하여 보았습니다. 숫자형 외의 불리언, 문자열 컨트롤를 배열을 하였을 경우의 형태를 만들어 보겠습니다. 먼저 불리언을 배열에 삽입시켜 보겠습니다.

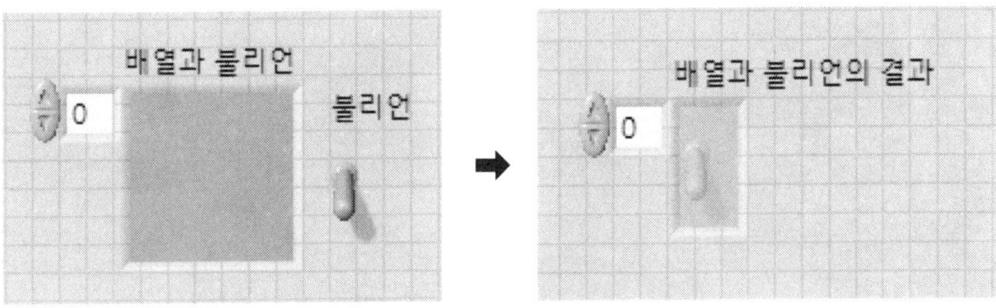

② 문자열을 배열에 삽입시켜 보면 숫자형과 유사합니다.

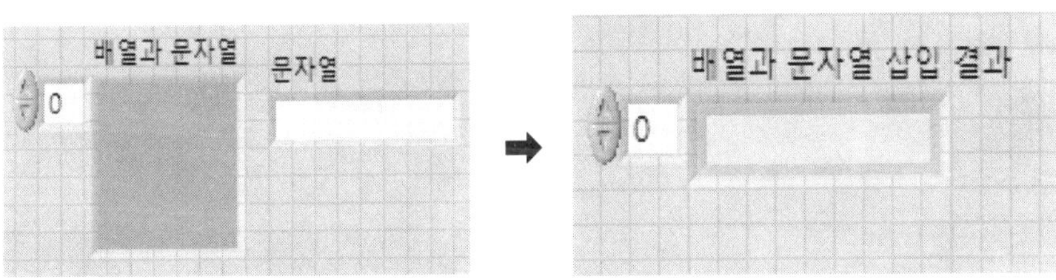

실습 3 : 배열을 이용한 아스키 숫자 변환

① 새로운 VI를 생성한 후 프런트패널에서 문자열 & 경로, 문자열 컨트롤과 문자열 인디케이터를 드래그 & 드롭 합니다.

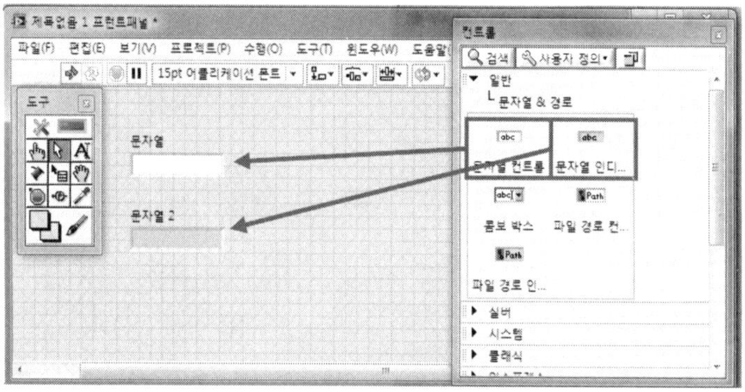

② 부호없는 바이트 배열을 위하여 배열, 행렬, 클러스트에서 배열을 드래그 & 드롭 한 후 숫자형 컨트롤을 배열 속에 삽입 시킵니다.

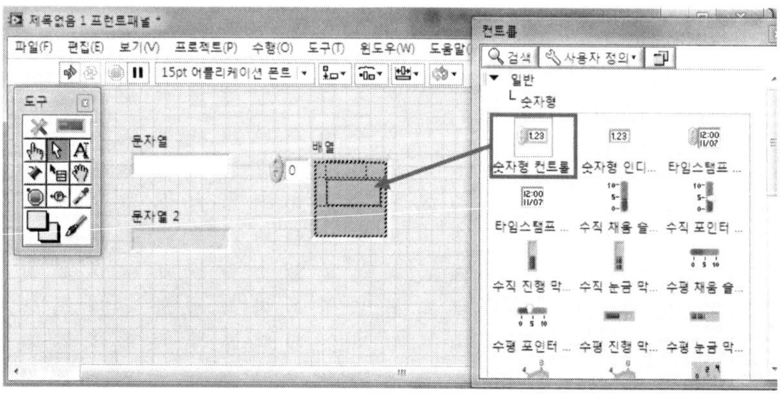

③ 블록다이어그램(Ctrl+E) 전환하여 문자열로 바이트 배열로와 바이트 배열을 문자로 함수를 적용시킵니다. 그리고 문자열 값을 받기 위하여 부호없는 바이트(U8) 배열로 전환 후 인디케이트로 변경하여 줍니다.

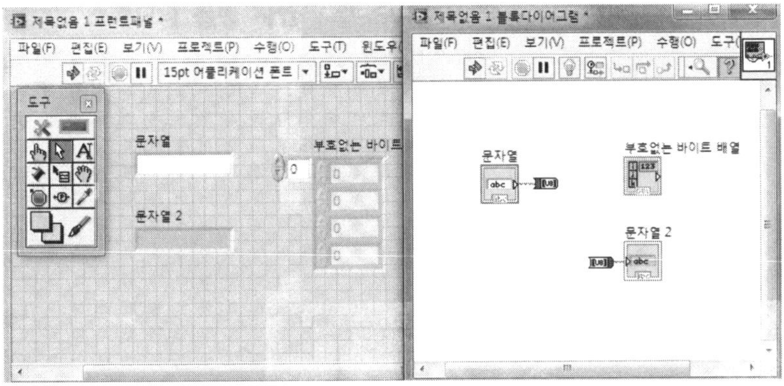

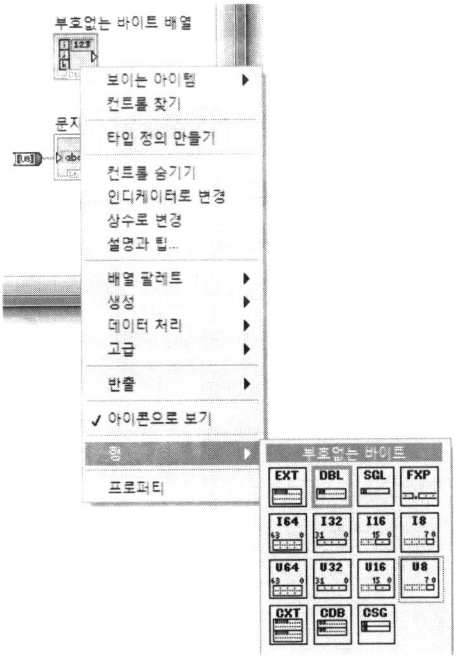

④ 더하기와 숫자형 상수 함수를 적용시켜 와이어링 합니다.

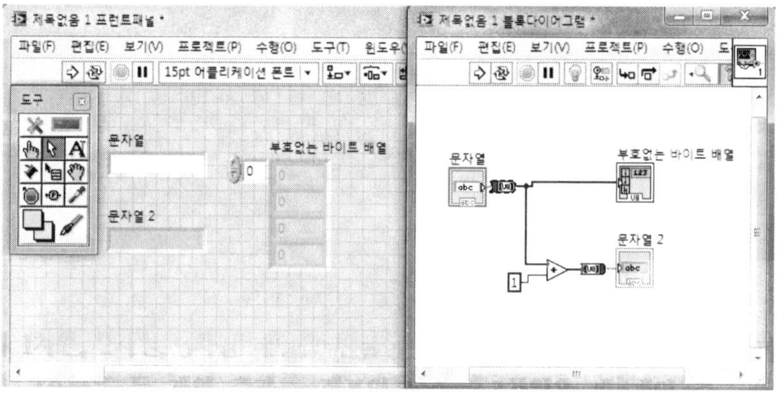

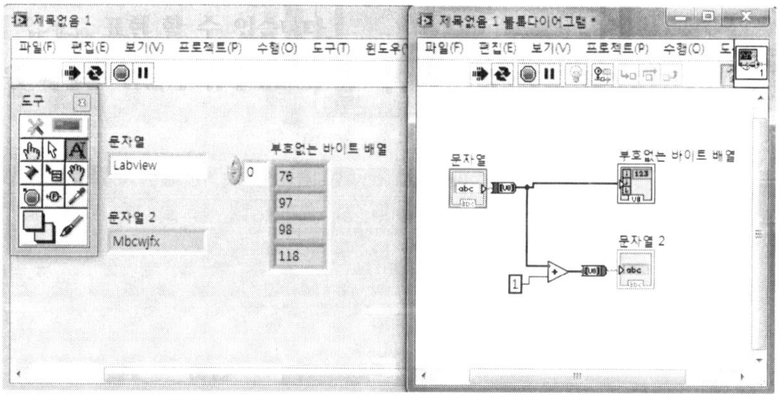

실습 4 : 배열을 이용한 MSB와 LSB

어떤 비트가 변화가 된다고 할 때 변수의 크기에 가장 큰 영향을 주는 비트를 MSB(Most Significant Bit)라고 하고 가장 적은 영향을 주는 비트의 자리를 LSB(Least Significant Bit)라고 합니다.

① 새로운 VI를 생성한 후 프런트패널에서 숫자형 컨트롤과 그 형을 부호없는 바이트 정수로(U8)형으로 변화하여 줍니다.

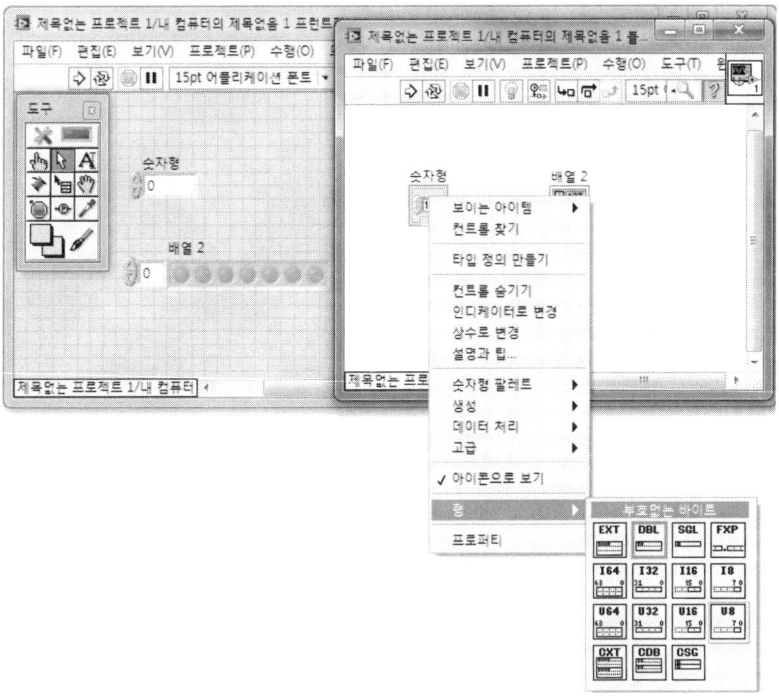

② 블록다이어그램에서 불리언에 위치한 

'숫자를 불리언 배열로' 함수를 위치시킨 후 와이어링 합니다.

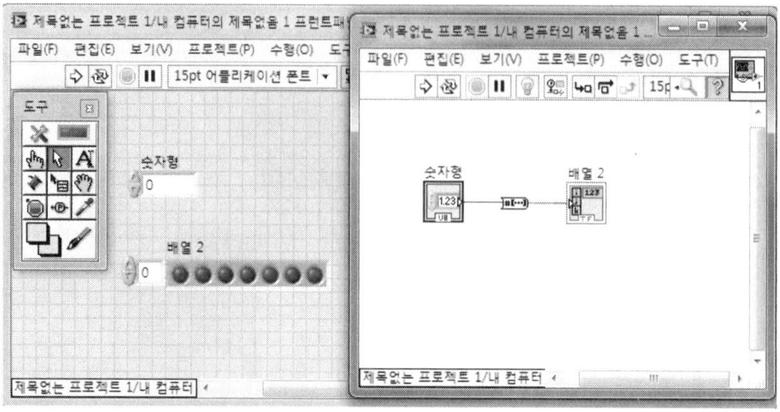

③ '숫자형'의 숫자를 임의로 변경하면서 불리언 배열의 값을 확인합니다.

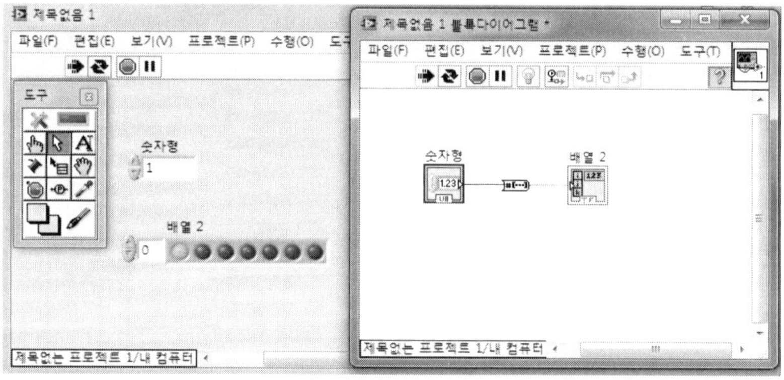

"1"을 입력하였을 경우 LSB(Lseast significant Bit)의 왼쪽부터 결과를 알 수 있습니다. "2"를 입력할 경우 LSB는 왼쪽에 두 번째에 결과가 나타납니다. 그리고 MSB(Most significant bit)는 오른쪽의 결과가 나옵니다.

실습 5 : 배열을 이용한 AND 함수

① 새로운 VI를 생성한 후 프런트패널에서 배열과 불리언 함수를 드래그 & 드롭 후 아래로 포인터를 이동하여 누른 버튼을 2개 추가 합니다.

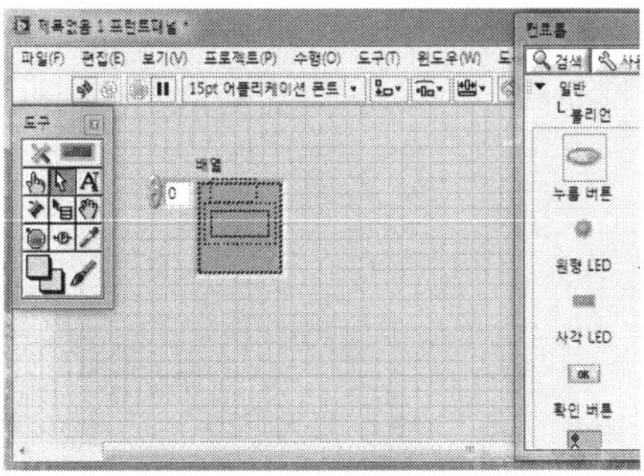

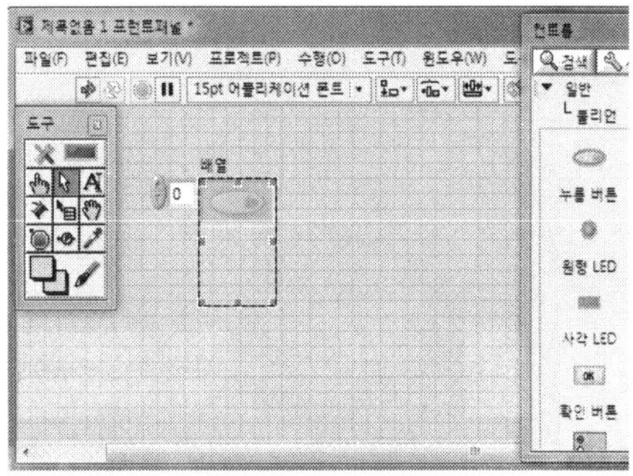

② 이름을 Boolean X로 하며, 동일한 작업으로 Boolean Y, 그리고 원형 LED를 이용한 결과 값을 X and Y로 명칭을 기재합니다.

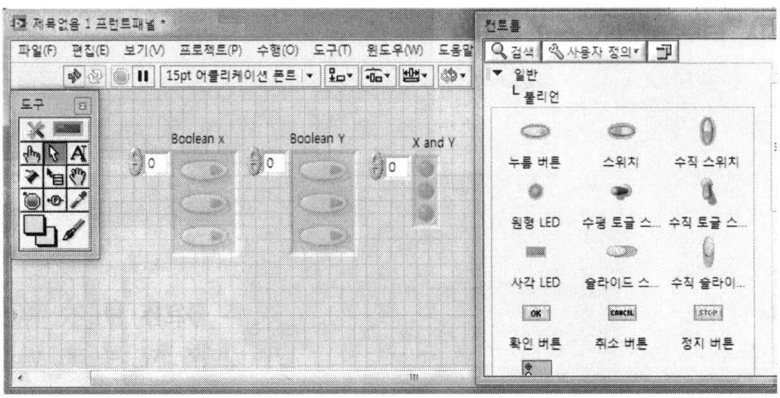

③ 블록다이어그램(Ctrl+E)으로 전환하여 And 함수를 적용시켜 와이어링 합니다. 실행시켜 결과를 확인합니다.

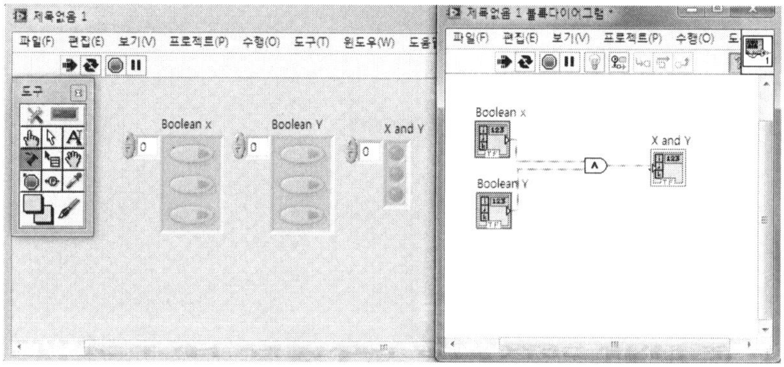

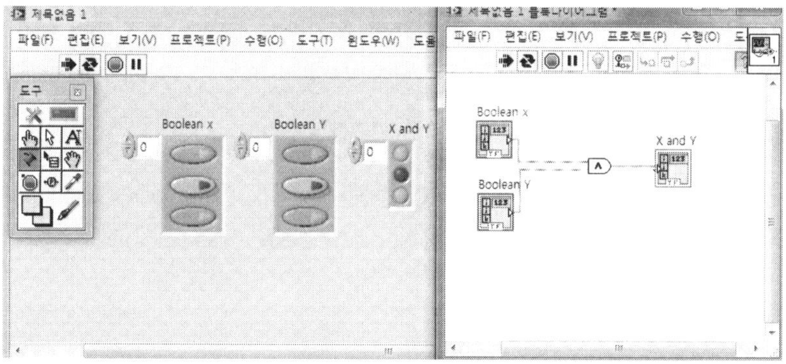

실습 6 : For Loop문을 이용한 배열

① 새로운 VI를 생성한 후 블록다이어그램 / 프로그래밍 / 구조 / For 루프 아이콘을 드래그 & 드롭 합니다.

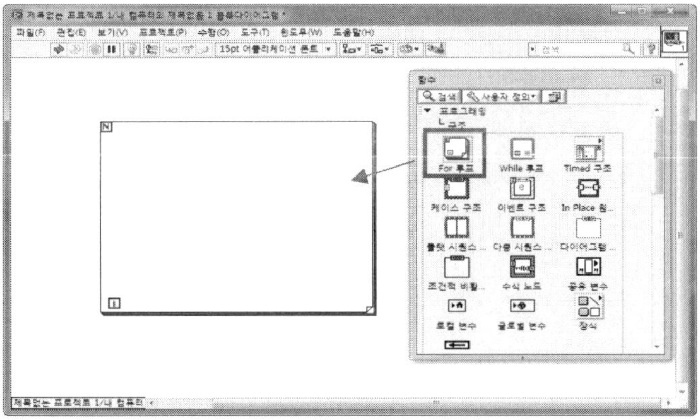

② N 에 대한 입력 횟수 즉, 반복횟수를 100으로 설정합니다.

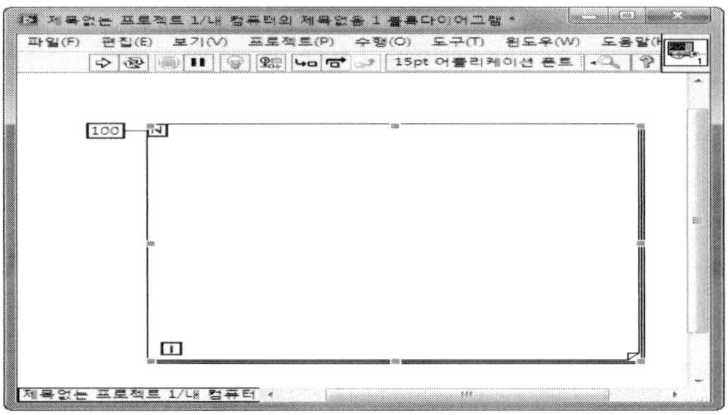

N에 대한 상수 설정 방법은 2가지로 정리 할 수 있습니다.

N에서 오른쪽 마우스 클릭 / 숫자형 팔레트 / 숫자형 상수로 선택하는 방법과 함수에서 프로그래밍 / 숫자형 / 숫자형 상수를 선택할 수 있습니다. 아래 그림을 참조하시기 바랍니다.

❖ N에서 오른쪽 마우스 클릭

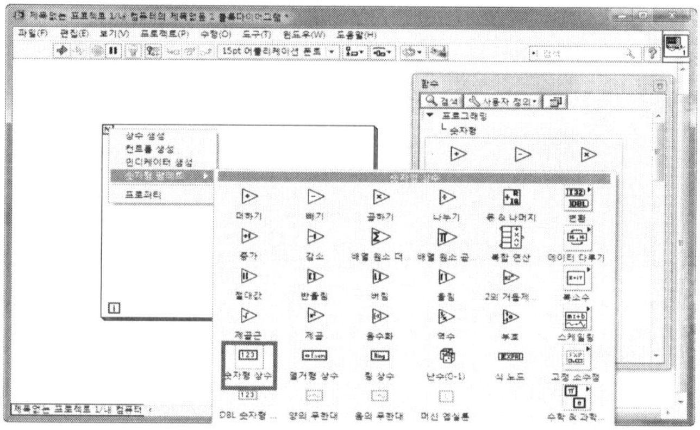

❖ 함수에서 선택

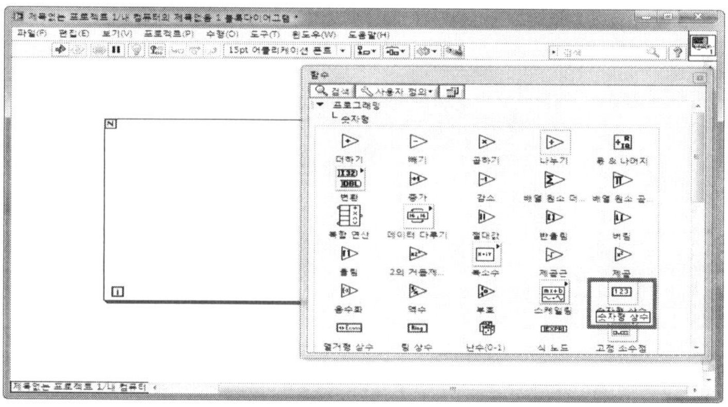

③ 블록다이어그램 / 프로그래밍 / 숫자형 / 나누기, 곱하기 아이콘을 드래그 & 드롭 합니다. 그리고 곱하기에 2로 곱한 원주율을 와이어링 합니다.

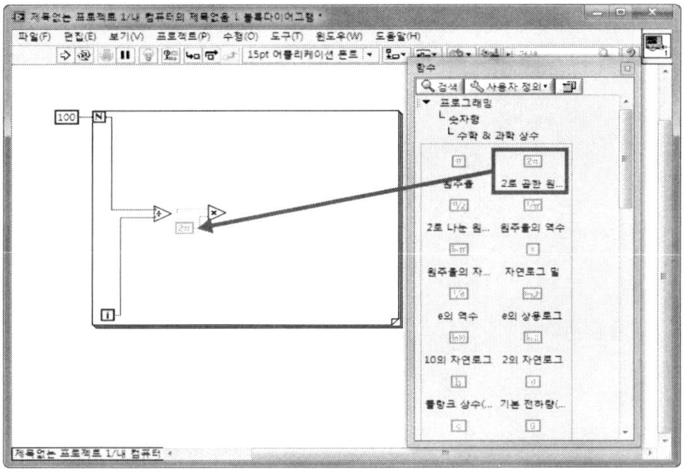

④ 사인함수 즉, 함수 / 수학 / 기본 & 특수 함수 / 삼각함수에서 사인아이콘을 드래그 & 드롭 한 후 와이어링 합니다.

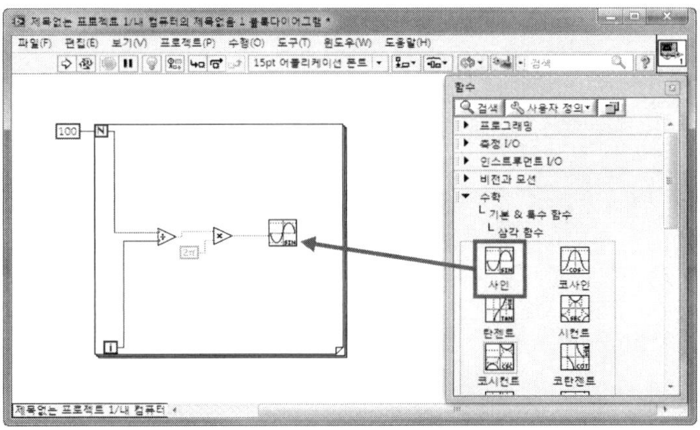

⑤ 사인을 출력하기 위해서는 사인함수 아이콘과 For Loop문의 경계선까지 와이어링 합니다. 와이어링 한 후 오토인덱스 터널에서 오른쪽 마우스 클릭 후 터널모드에서 인덱스 하기를 선택합니다. 이 과정은 배열 값을 인덱싱 합니다.

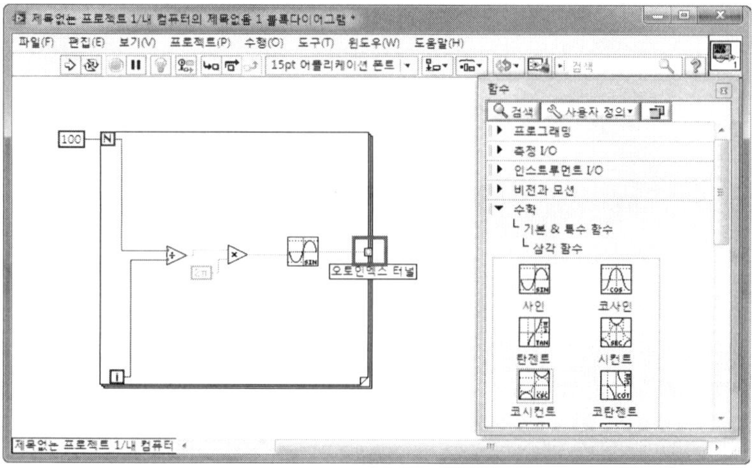

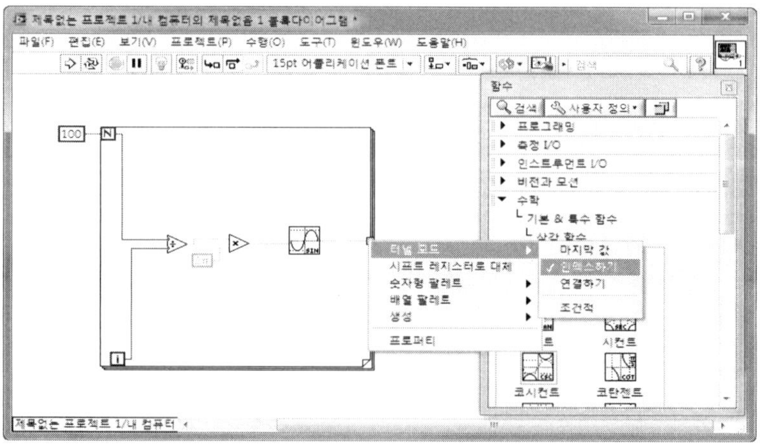

⑥ 숫자형 인디케이터로 출력 값을 받기 위하여 아래 부분에 와이어링을 한번 더 합니다.

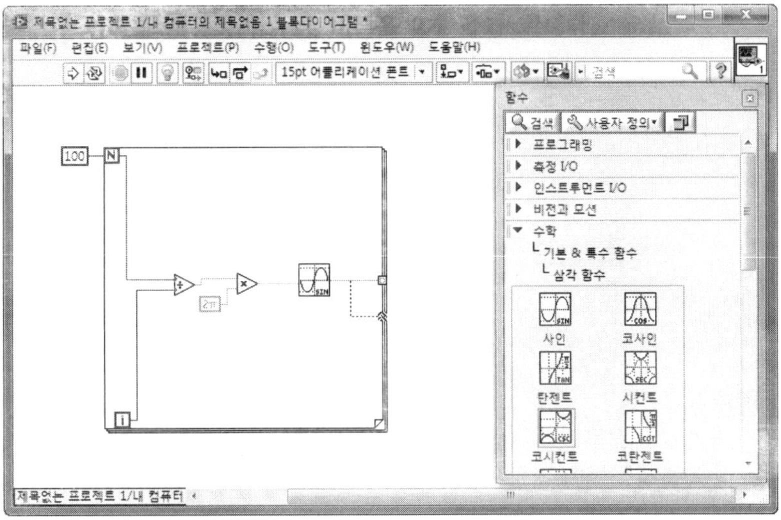

⑦ 배열과 결과 값을 받기 위한 숫자형 인디케이터를 프런트 패널에 드래그 & 드롭 합니다. 블록다이어그램의 배열은 인디케이터로 변경합니다.

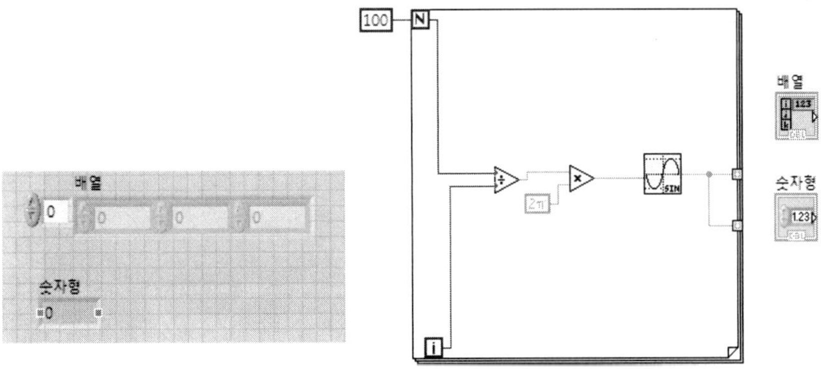

※ 숫자형과 연결하기 전 오토인덱스 터널에서 마지막 값으로 변경합니다.

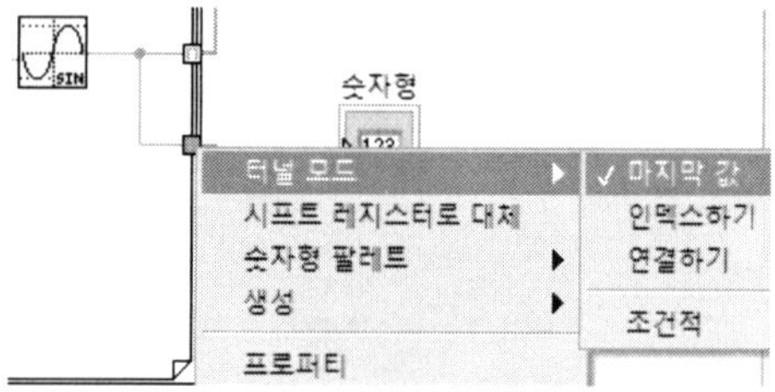

⑧ 블록다이어그램의 배열 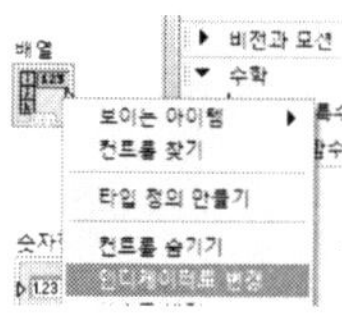 은 인디케이터 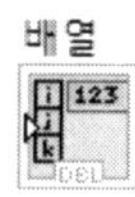 로 변경 한 후 와이어링 합니다.

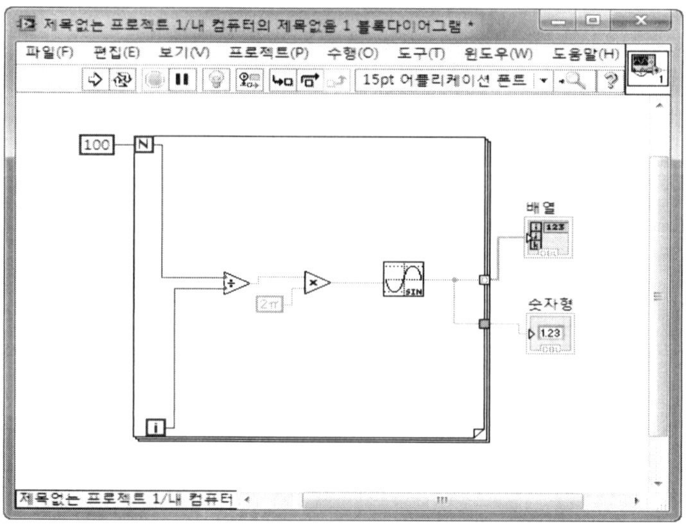

⑨ 실행 후 결과 값을 확인합니다.

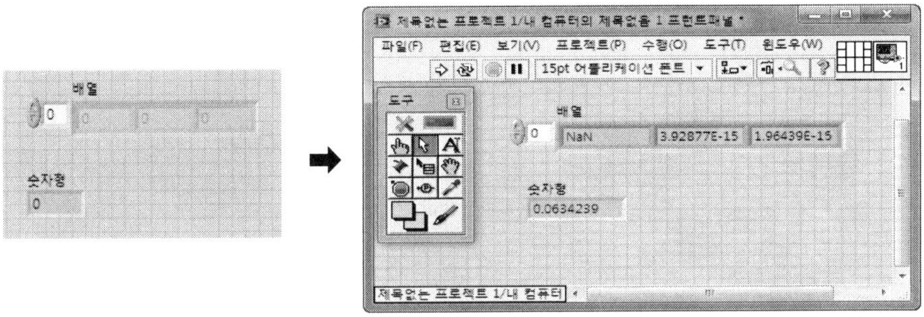

(2) **배열함수**

배열함수는 배열을 생성하고 조작합니다.

◆ 배열크기

배열의 각 차원의 원소 개수를 반환하며, 커넥터 팬은 이 다형성 함수의 기본 데이터 타입을 디스플레이합니다.

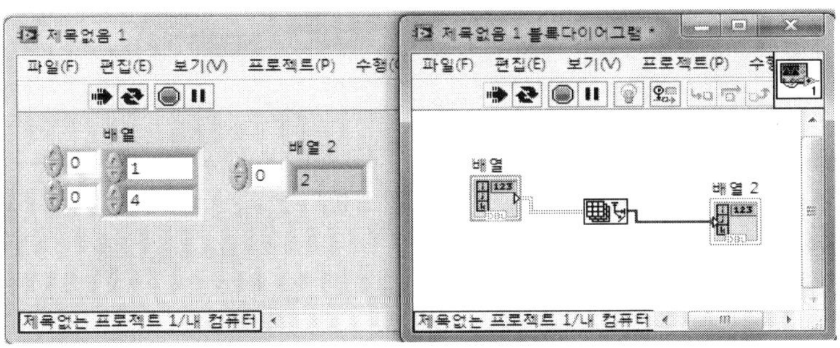

배열 인덱스 함수

인덱스에서 n차원 배열의 원소 또는 부분배열을 반환합니다. 배열을 인덱스 함수에 연결하면, 함수는 자동으로 크기를 조정하여 n차원 배열에 연결한 배열의 각 차원에 대한 인덱스 입력을 디스플레이합니다. 또한 함수의 크기를 조정하여 원소 또는 부분배열 터미널을 추가할 수 있습니다. 커넥터 팬은 이 다형성 함수의 기본 데이터 타입을 디스플레이합니다.

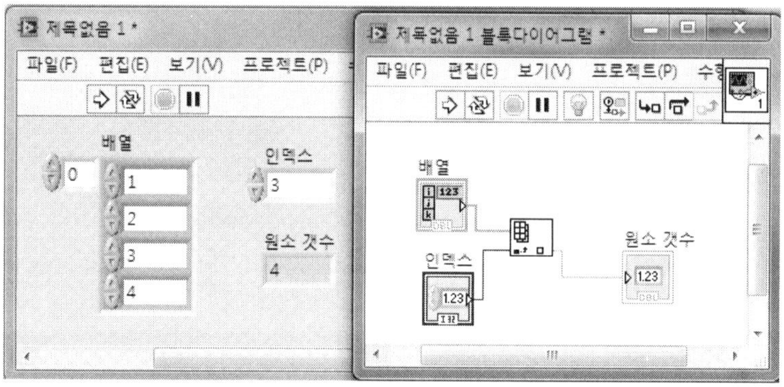

위 그림과 같이 인덱스는 배열의 원소가 들어있는 위치를 나타내는 정보이며, 인덱스의 시작은 '0'부터 인식됩니다. 즉, index 0(1), index 1(2), index 2(3), index 3(4)으로 인덱스는 3이 되며 원소 개수는 4개가 됩니다.

선택된 형에서는 인덱스 값이 '3'이면 인덱스는 '0'부터 인식되므로 행의 위쪽에서 아래쪽으로 4번째 즉,'7'이 됩니다.

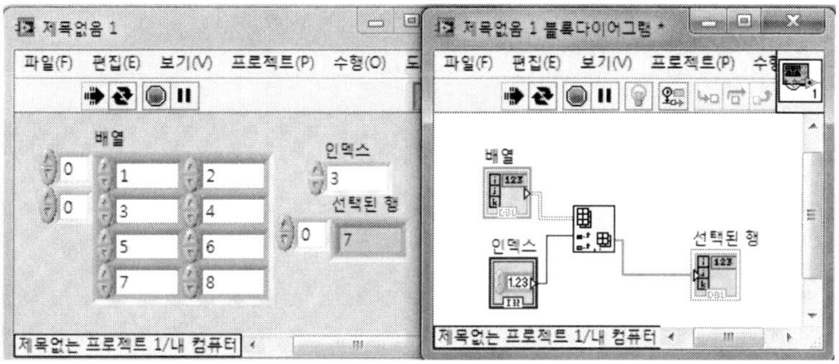

◆ 배열 부분 대체 함수

배열을 이 함수에 연결하면, 함수는 자동으로 크기를 조정하여 와이어한 배열의 각 차원의 인덱스 입력을 디스플레이합니다. 커넥터 팬은 이 다형성 함수의 기본 데이터 타입을 디스플레이합니다.

◆ 배열에 삽입 함수

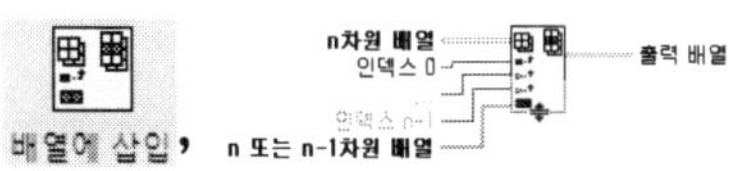

n차원 배열의 인덱스에서 지정한 포인트에 원소 또는 부분배열을 삽입하며, 배열을 이 함수에 연결하면, 함수는 자동으로 크기를 조정하여 배열의 각 차원에 대한 인덱스 입력을 디스플레이합니다. 인덱스 입력값이 연결하지 않는 경우, 함수는 n차원 배열의 끝에 새 원소 또는 부분배열을 추가합니다. 인덱스 입력이 배열 크기보다 큰 경우, 이 함수는 입력 배열에 아무 것도 끼워 넣지 않습니다.

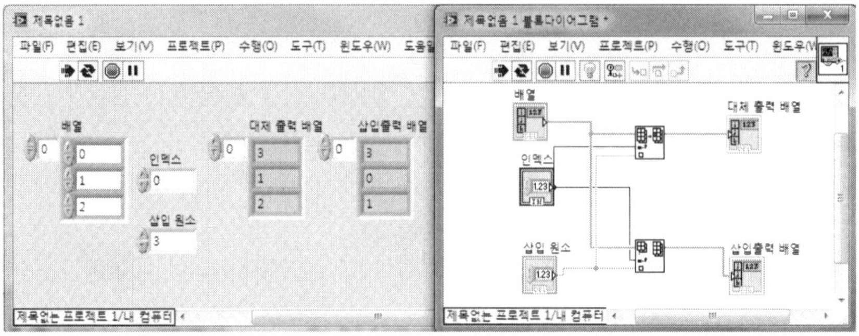

부분 대체 함수 & 배열에 삽입 함수

배열로부터 삭제 함수

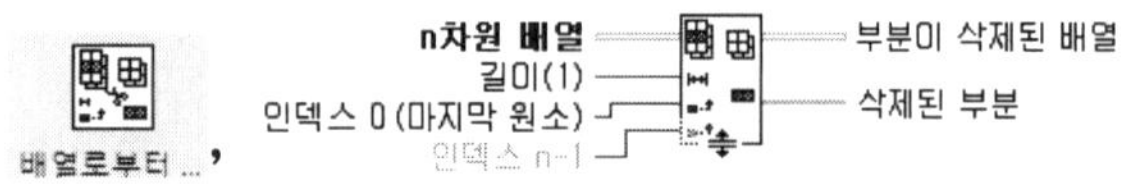

길이 원소의 n-차원 배열에서 원소 또는 부분배열을 인덱스에서부터 시작하여 삭제합니다. 부분이 삭제된 배열에서 편집된 배열을 반환하고 삭제된 부분에서 삭제된 원소 또는 부분배열을 반환합니다. 그리고 배열을 이 함수에 연결하면, 함수는 자동으로 크기를 조정하여 배열의 각 차원에 대한 인덱스 입력을 디스플레이합니다.

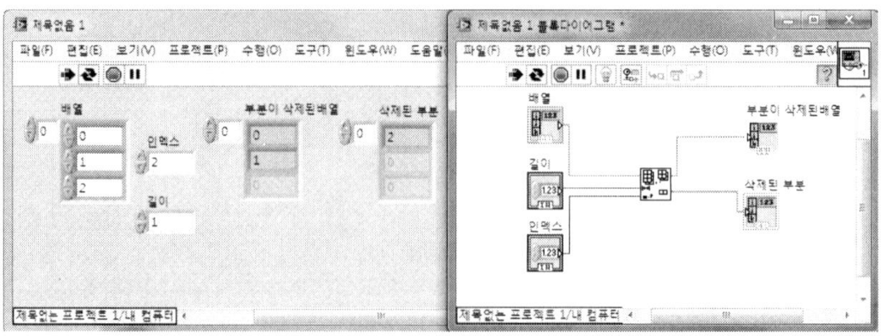

배열 초기화

모든 원소가 원소의 값으로 초기화되는 n차원 배열을 생성합니다. 위치 도구를 사용하여 함수의 크기를 조정하고 출력 배열의 차원 수(원소, 행, 열, 페이지 등)를 증가시킵니다. 커넥터 팬은 이 다형성 함수의 기본 데이터 타입을 디스플레이합니다. '0'이라는 숫자를 원소 입력에 기입한 후 '3'을 차원 크기에 입력하면 {0,0,0}의 배열이 생성됩니다. 즉, 2차원 배열뿐만 아니라, 함수의 크기를 드래그 & 드롭하면 2차원, 3차원 배열 또한 생성할 수 있습니다.

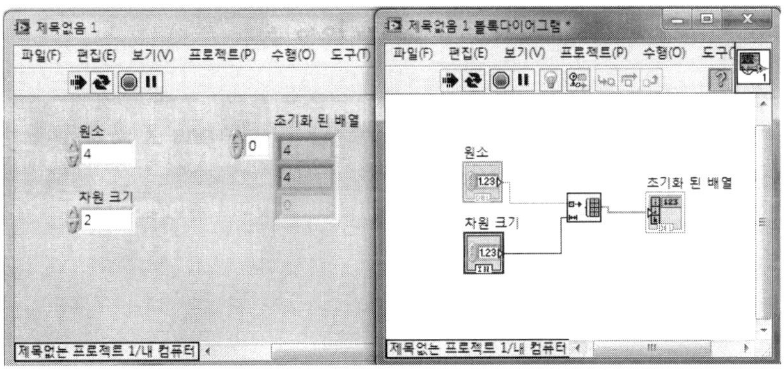

배열 만들기

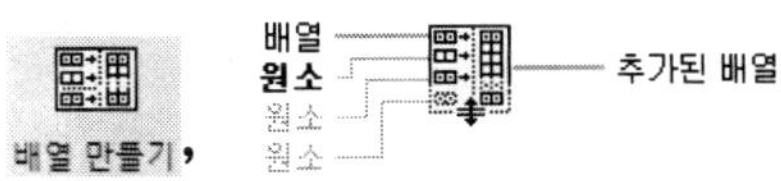

복수의 배열을 연결하거나 원소를 n차원의 배열에 추가합니다. 또한 [배열 부분

대체] 함수를 사용하여 기존의 배열을 수정할 수 있습니다. 커넥터 팬은 이 다형성 함수의 기본 데이터 타입을 디스플레이합니다. 그리고 배열과 배열, 원소와 원소, 배열과 원소의 조합이 가능합니다.

블록다이어그램에서 배열 만들기 함수를 드래그 & 드롭을 하면 아이콘이 다르게 표현됩니다. 이 때 포인터를 아래로 드래그 하면 원래의 아이콘을 볼 수 있습니다. 그리고 입력 연결메뉴 사용 시의 변화입니다.

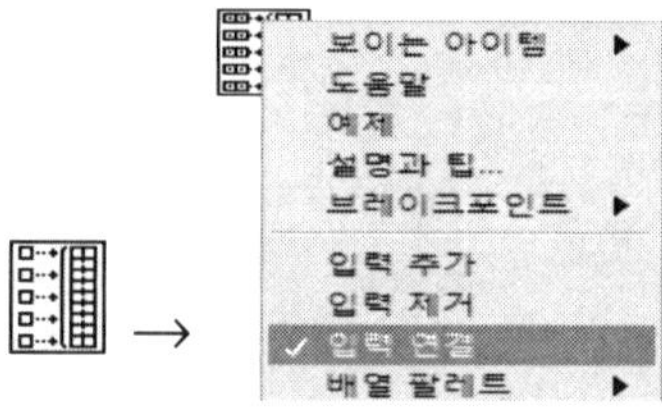

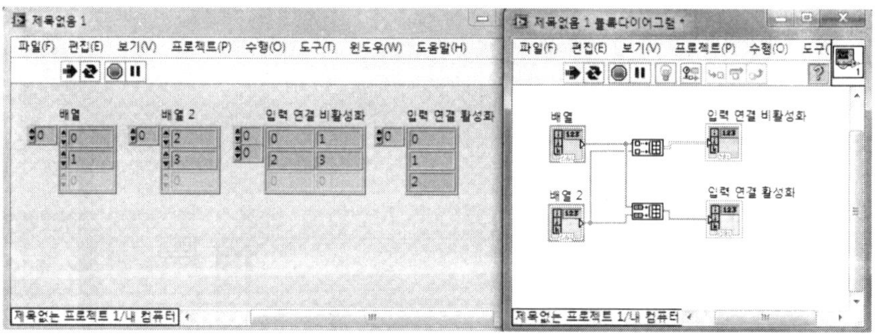

※ 숫자형 컨트롤과 인디케이터 디자인은 컨트롤에서 클래식에서 사용하였습니다.

◆ 배열 잘라내기

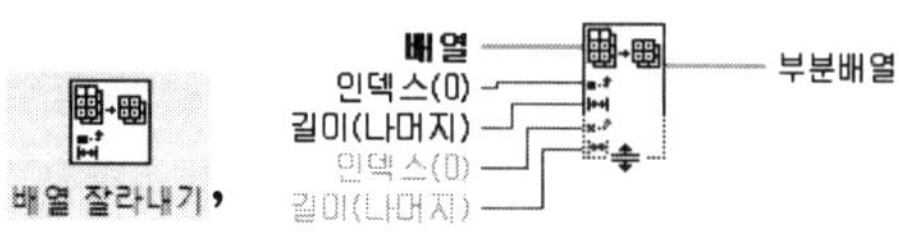

인덱스에서 시작하고 길이만큼 원소를 포함하는 배열의 한 부분을 반환합니다.

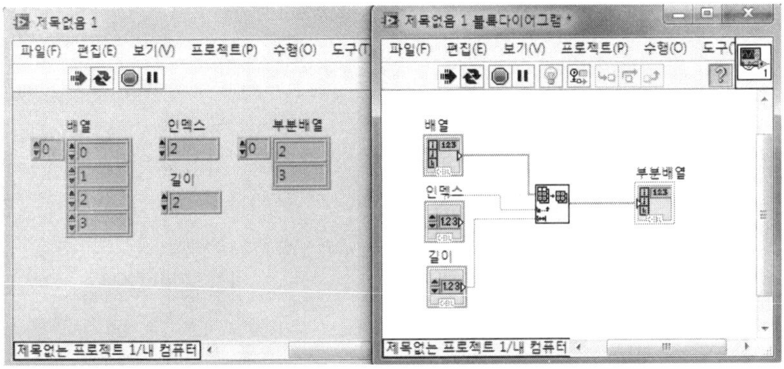

배열 최대 & 최소

,
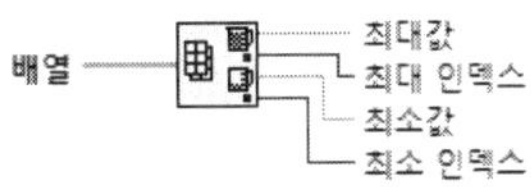

배열에서 찾은 최대 값과 최소 값을 각 값의 인덱스와 함께 반환합니다.

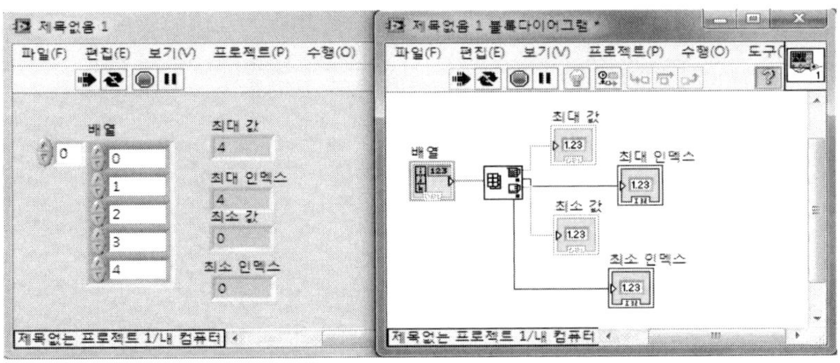

◆ 배열 차원 변경

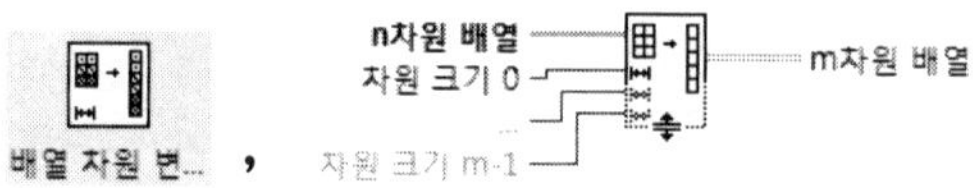

차원 크기 0...m-1의 값에 따라 배열의 차원을 변경합니다. 메모리의 배열 데이터를 왼쪽에서 오른쪽으로 행별로 읽고 재구성된 배열을 마찬가지 방법으로 채웁니다. 예를 들어 두 차원을 각각 크기 2와 4로 정의하고 2개의 {0,1,2,3} 열, 즉 8개의 원소로 구성된 2D 배열을 이 함수에 전달한 경우, 함수는 {(0,0,1,1), (2,2, 3, 3)}을 포함하는 2D 배열을 반환합니다. 커넥터 팬은 이 다형성 함수의 기본 데이터 타입을 디스플레이합니다.

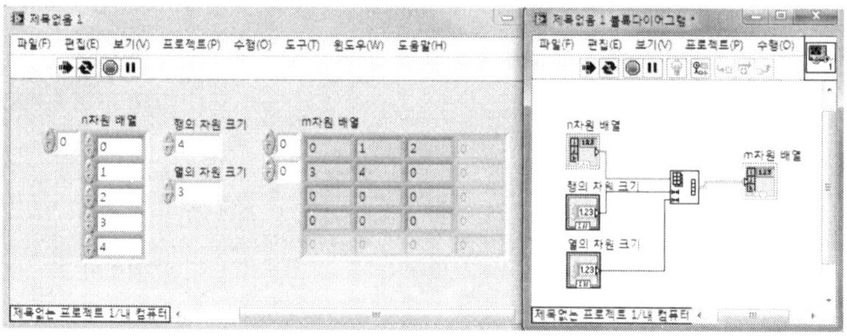

◆ 1D 배열 정렬

오름차순으로 정렬된 원소를 갖는 배열의 정렬된 버전을 반환합니다. 배열이 클러스터의 배열인 경우, 함수는 첫 번째 원소를 비교하여 원소를 정렬합니다. 첫번째 원소가 일치하는 경우, 함수는 두 번째와 그 다음의 원소를 비교합니다. 커넥터 팬은 이 다형성 함수의 기본 데이터 타입을 디스플레이합니다.

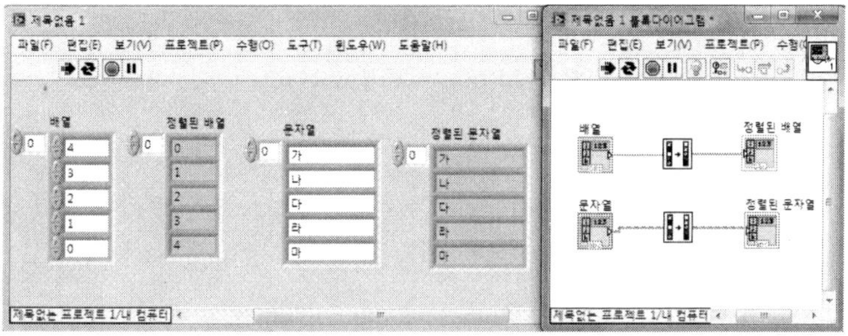

◆ 1D 배열 검색

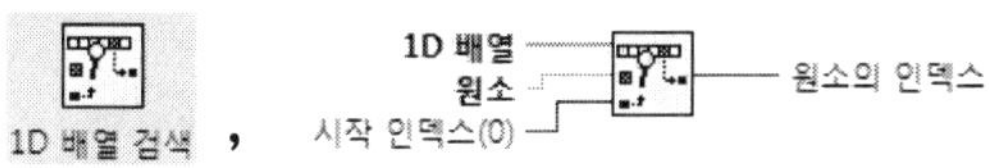

시작 인덱스에서 시작하여 1D 배열에서 원소를 검색합니다. 검색이 선형이므로 이 함수를 호출하기 전 배열을 정렬하지 않아도 됩니다. LabVIEW는 원소를 찾으면 바로 검색을 중단합니다.

원소의 값이 1D배열과 일치하지 않을 경우 원소의 인덱스 값은 '-1'로 표시됩니다.

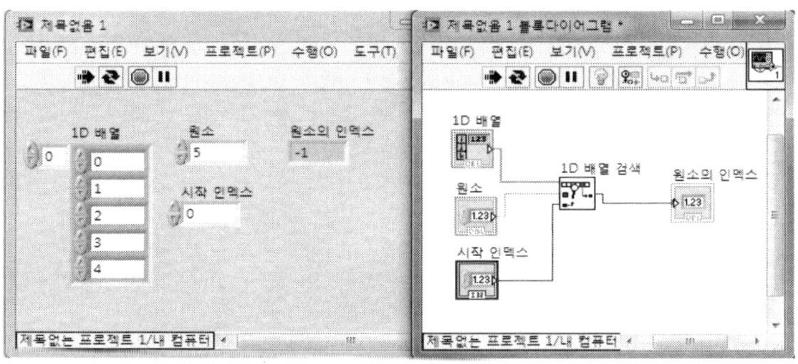

◆ 1D 배열 분리

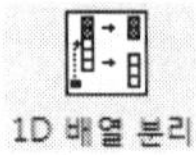

,
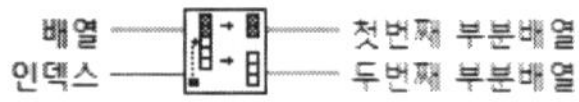

인덱스에서 배열을 나누고 인덱스의 원소가 있는 두 부분을 두 번째 부분배열의 처음에서 반환합니다.

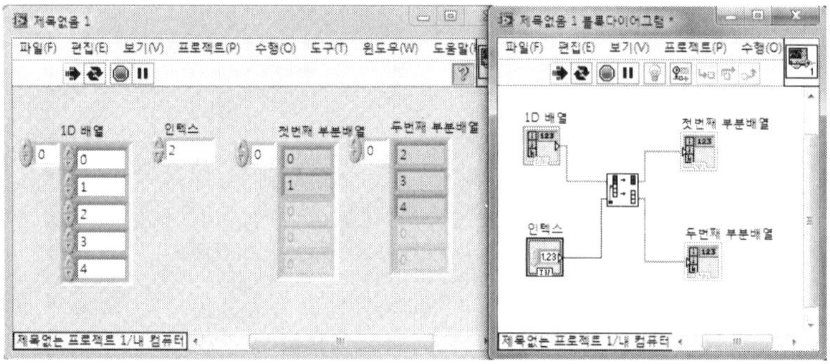

◆ 1D 배열 뒤집기

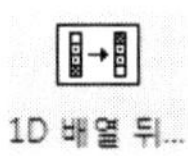

,
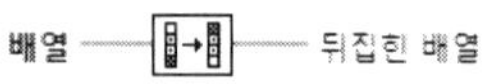

배열의 원소의 순서를 반대로 합니다.

◆ 1D 배열 회전

,
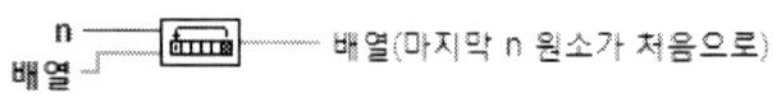

배열의 원소를 n에 의해 지정된 횟수와 방향으로 회전합니다.

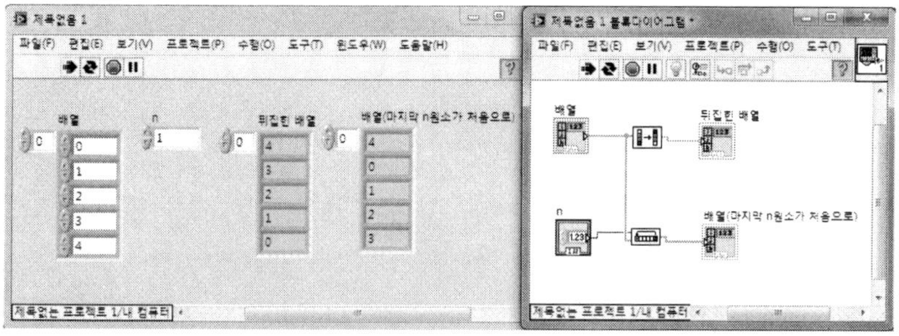

◆ 1D 배열 보간

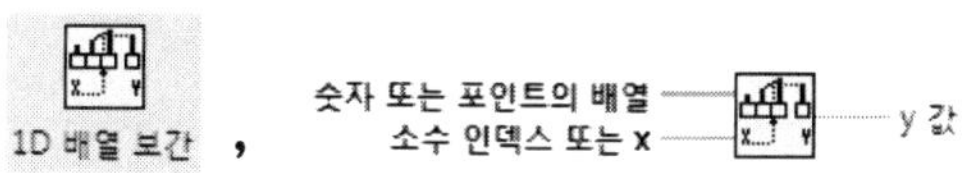

소수 인덱스 또는 x 값을 사용하여 숫자나 포인트의 배열에서 소수 y 값을 선형 보간 합니다.

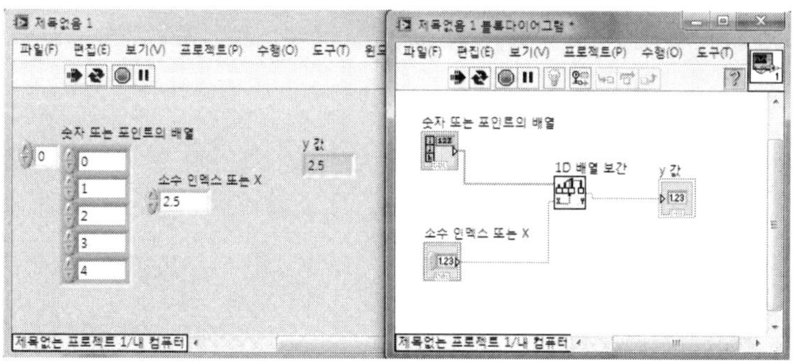

◆ 1D 배열 임계점

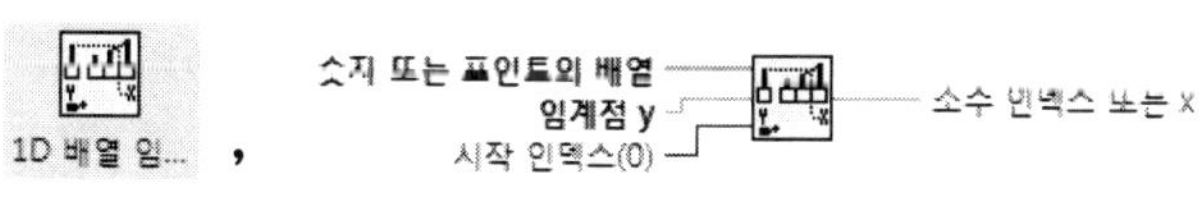

2D 비 내림차순 그래프를 나타내는 1D 배열의 포인트를 보간합니다. 이 함수는 시작 인덱스에서 시작하여 임계점 y가 첫 번째 원소의 값보다는 크고 두 번째 원소의 값보다는 작거나 같은 연속적인 원소의 쌍을 찾을 때까지 임계점 y를 숫자 또는 포인트의 배열의 값과 비교합니다.

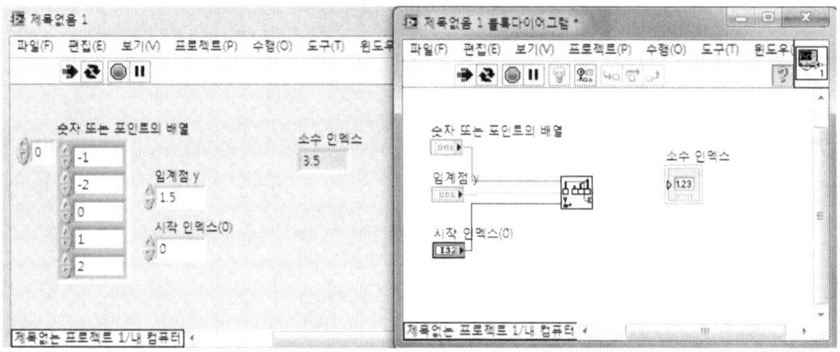

◆ 1D 배열 끼워넣기

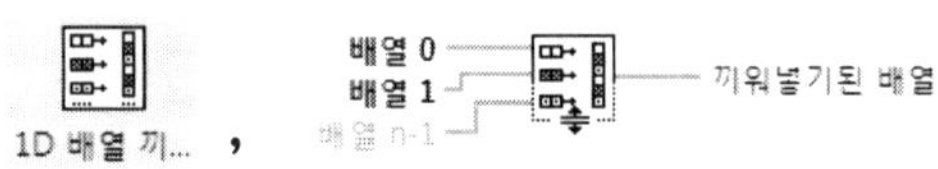

대응하는 원소를 하나의 출력 배열에 열의 순서대로 끼워 넣습니다.

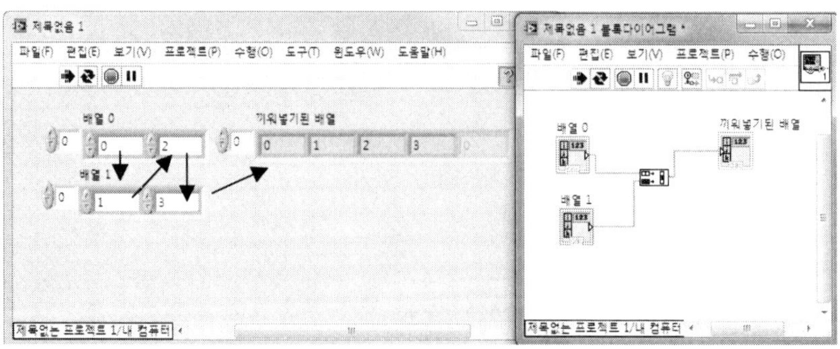

1D 배열 부분제거

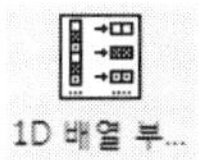

,

배열의 원소들을 연속적으로 출력 배열에 나누어 위치시키며, 또한 함수의 크기를 조정하여 출력 터미널을 추가할 수 있습니다.

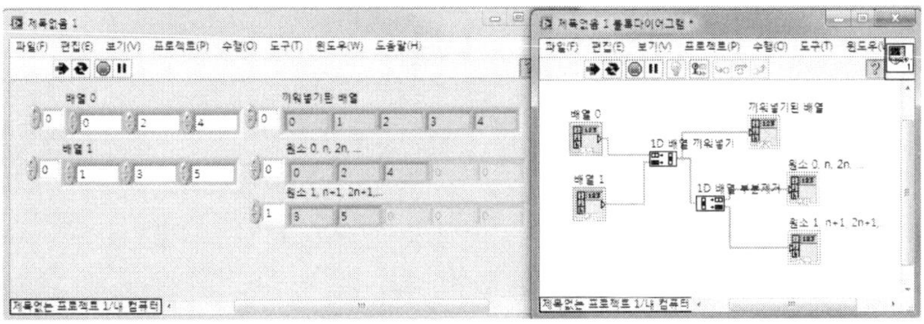

2D 배열 전치

,
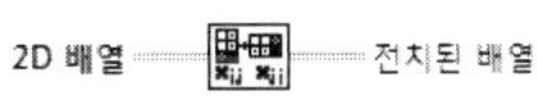

2D 배열의 원소를 재배치하여 2D 배열[i,j]가 전치된 배열[j,i]가 되도록 합니다. 즉, 행과 열을 바꾸어 준다는 말입니다.

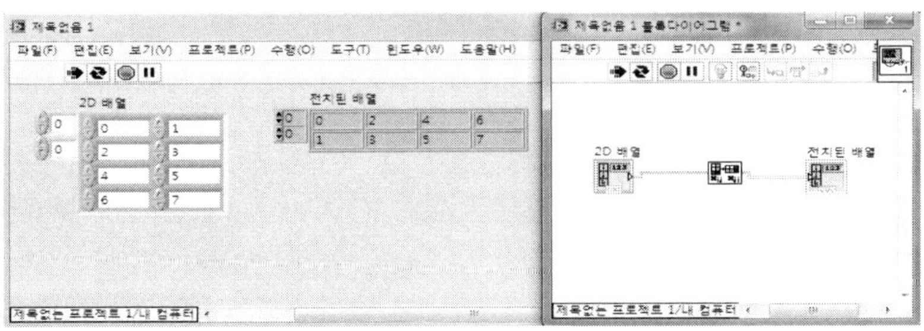

◆ 배열 상수

, 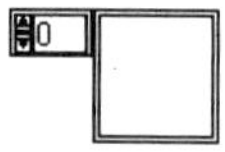

블록다이어그램에서 이 상수를 사용하여 상수 배열 값을 제공합니다.

◆ 배열을 클러스터

, 

1D 배열을 배열 원소와 같은 타입의 원소의 클러스터로 변환합니다. 함수에서 마우스 오른쪽 버튼으로 클릭한 후 바로 가기 메뉴에서 클러스터 크기를 선택하여 클러스터의 원소의 개수를 설정합니다. 이 때 기본은 '9'입니다. 이 함수의 최대 클러스터 크기는 256입니다.

◆ 클러스터를 배열로

, 

같은 데이터 타입의 원소의 클러스터를 같은 데이터 타입의 원소의 1D 배열로 변환합니다.

◆ 배열을 행렬로

1D 배열을 배열 원소와 같은 타입 원소의 행렬로 변환하며 데이터를 실수 2D 배열 입력에 연결하여 사용할 다형성 인스턴스를 결정하거나 인스턴스를 수동으로 선택합니다.

✓ 실수 행렬로

실수 2D배열은 2차원 배열을 지정하며 실수 행렬의 원소는 실수 2D 배열의 원소 같은 타입입니다. 그리고 실수 행렬의 원소의 순서는 실수 2D 배열의 원소입니다.

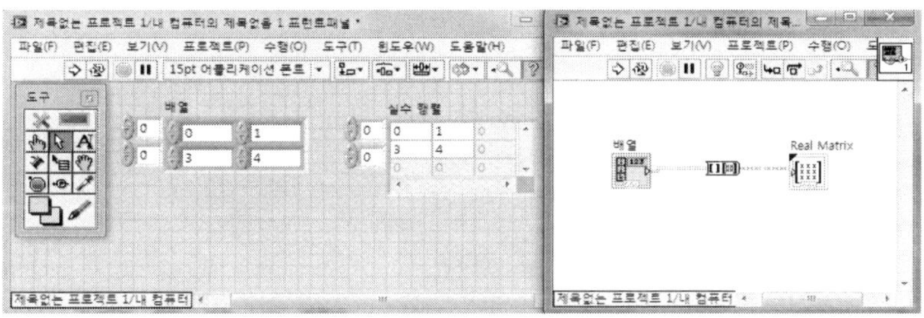

✓ 열 벡터로

실수 1D 배열은 1차원 배열을 지정하며 실수 행렬(열 벡터)은 실수 1D 배열의 원소와 같은 타입입니다. 배열의 열(세로) 값을 가져옵니다.

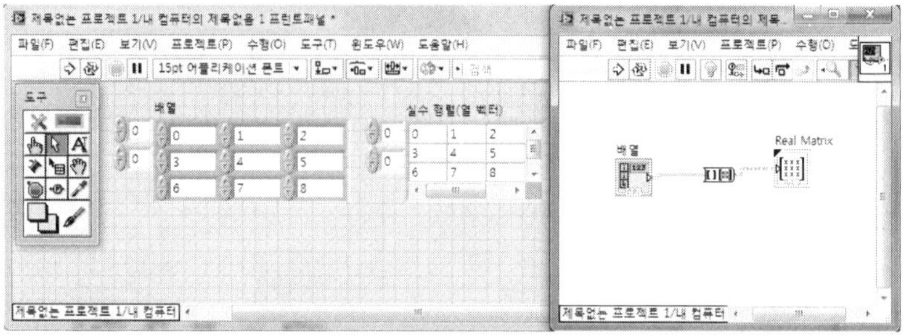

✓ 복소수 행렬로

복소수 2D 배열은 복소수 2차원 배열을 지정하며 복소수 행렬의 원소는 복소수 2D 배열의 원소와 같은 타입입니다.

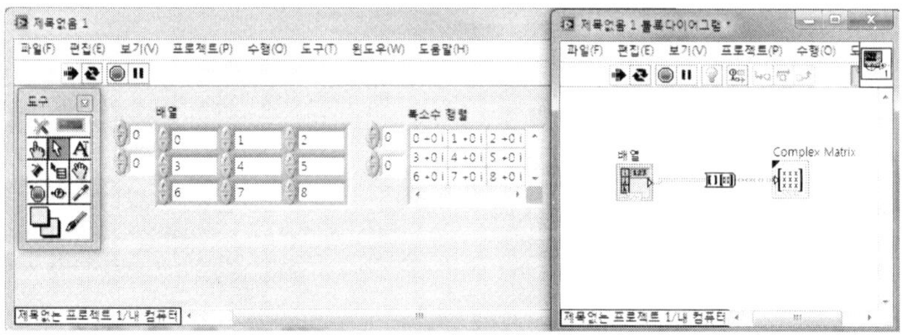

✓ 복소수 열 벡터로

복소수 1D 배열은 복소수 1차원 배열을 지정하며 복소수 행렬(열 벡터)은 실수 1D 배열의 원소와 같은 타입입니다.

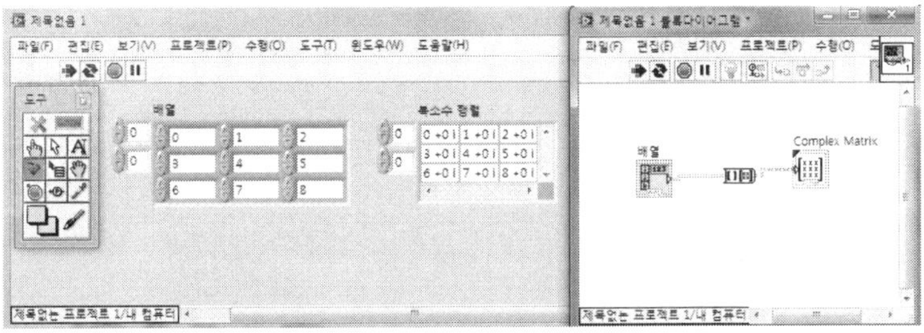

◆ 행렬을 배열로

원소의 행렬을 같은 데이터 타입 원소의 배열로 변환합니다. 데이터를 실수 행렬 입력에 연결하여 사용할 다형성 인스턴스를 결정하거나 인스턴스를 수동으로 선택합니다.

✓ 실수 행렬

실수 행렬은 실수 행렬을 지정하고 실수 2D 배열의 원소는 실수 행렬의 원소와 같은 타입으로 나타납니다.

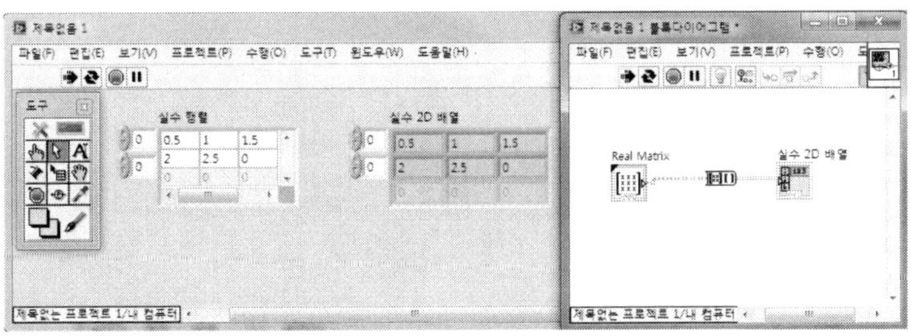

✓ 복소수 행렬

복소수 행렬은 복소수 행렬을 지정하며 복소수 2D 배열의 원소는 복소수 행렬의 원소와 같은 타입입니다.

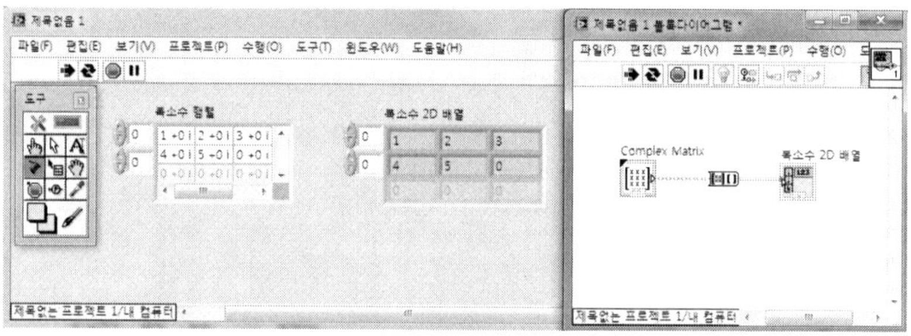

◆ 행렬

행렬 함수를 사용하여 행렬이나 2D 숫자 배열의 원소, 대각, 부분 행렬을 조절합니다. 행렬 함수 대부분은 기존 배열 연산과 호환되나, 행렬을 기반으로 한 수학 알고리즘 기능을 제공합니다.

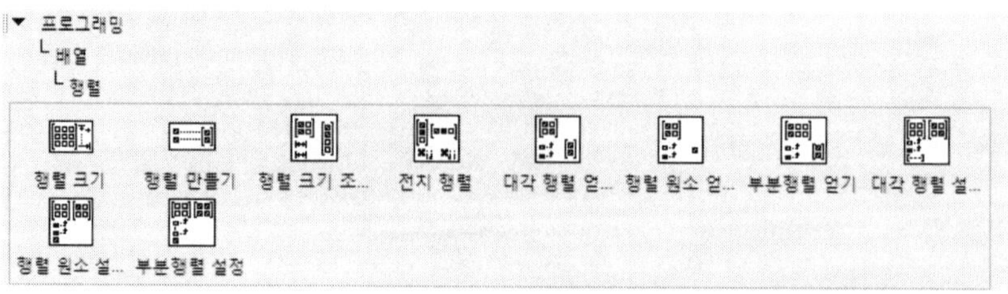

✓ 행렬 크기

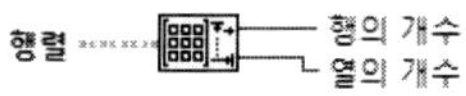

행렬의 행 및 열 개수의 차원을 반환합니다.

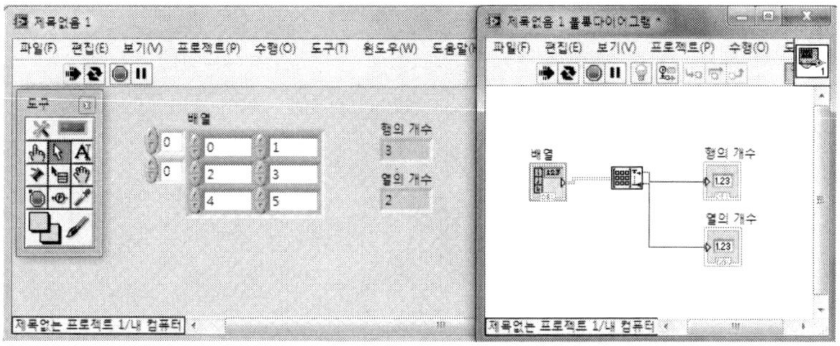

✓ 행렬 만들기

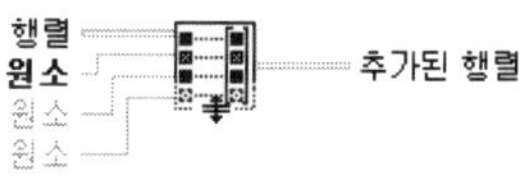

원소를 행렬에 추가하여 행이나 열을 만듭니다. 또한 [행렬 원소 설정] 및 [부분 행렬 설정] 함수를 사용하여 기존 행렬을 수정할 수도 있습니다.

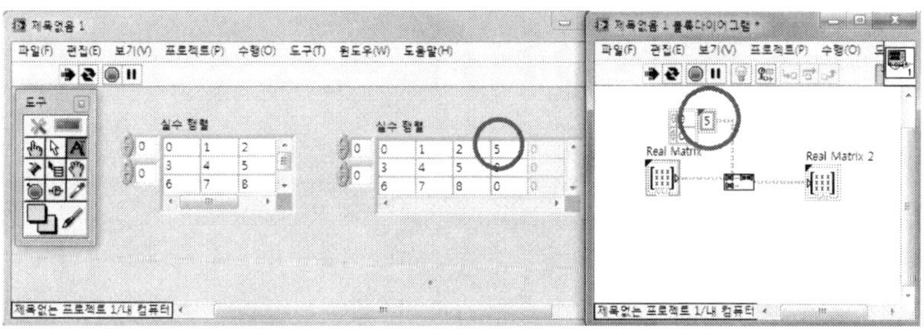

✓ 행렬 크기 조정

사용자가 지정한 행과 열 개수를 기반으로 새로운 행과 열 차원을 갖도록 행렬의 크기를 조정합니다.

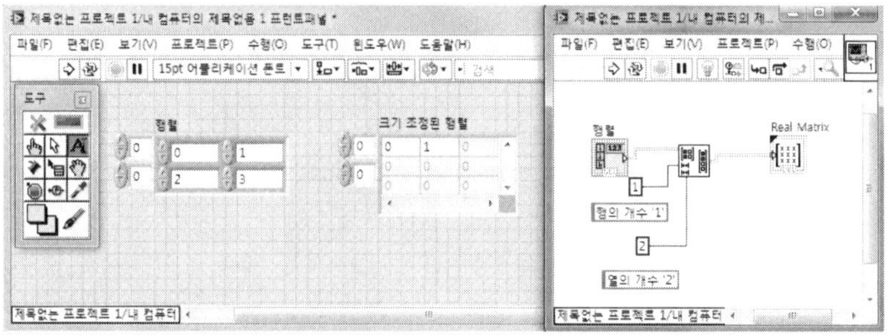

✓ 전치 행렬

행렬의 켤레 전치를 반환하며, 행렬은 임의의 숫자 타입의 2D 배열이나 실수 혹은 복소수 행력이 되어야 합니다.

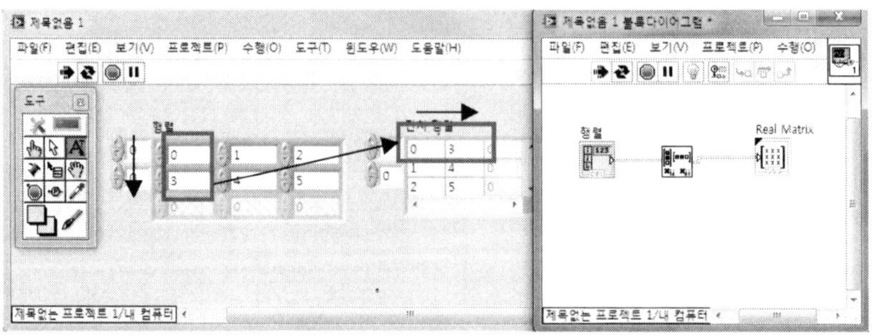

✓ 대각 행렬 얻기

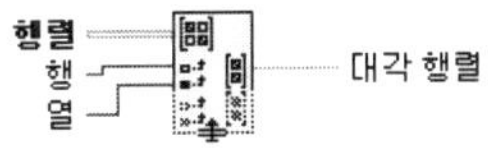

인덱스 (행, 열)에서 시작하는 행렬의 대각을 반환하며, 노드 크기를 조정하여 행과 열 입력 및 대각 행렬 출력을 추가할 수 있습니다.

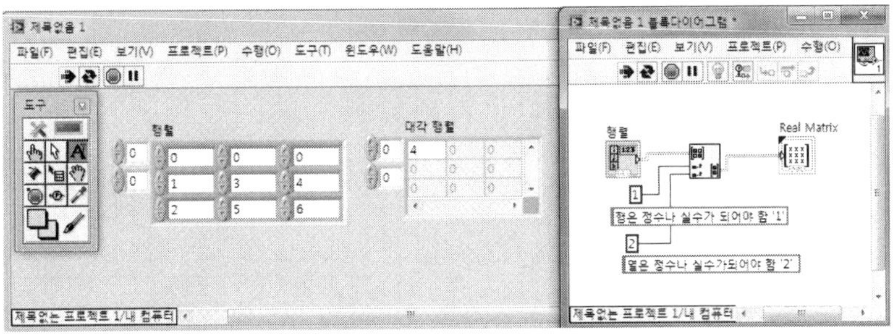

행의 값 '1'과 열의 값 '2'는 정수나 실수가 되어야 합니다. 행의 출력을 시작하는 행 인덱스는 기본이 '0'이며, 열의 출력을 시작하는 열 인덱스 기본도 '0'입니다.

결론적으로 행과 열의 값을 기준으로 결과 값을 구합니다. 즉, 행의 '1'에서 열의 '2'에 위치한 값은 '4'가 됩니다.

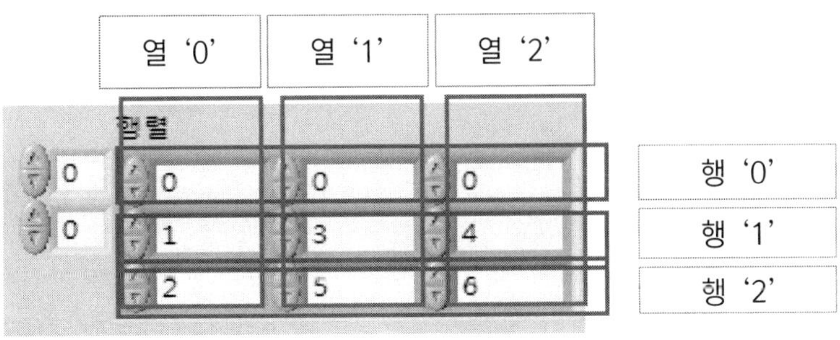

✓ 행렬 원소 얻기

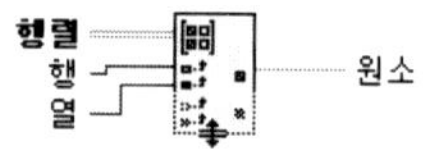

행렬의 원소를 행과 열로 반환합니다. 행과 열 입력은 각 각의 행과 열 인덱스를 지정합니다. i를 행에, j를 열에 연결하는 식으로 스칼라 데이터를 행과 열에 연결하는 경우, 함수는 (i, j) 위치에 있는 원소가 포함된 스칼라를 반환합니다.

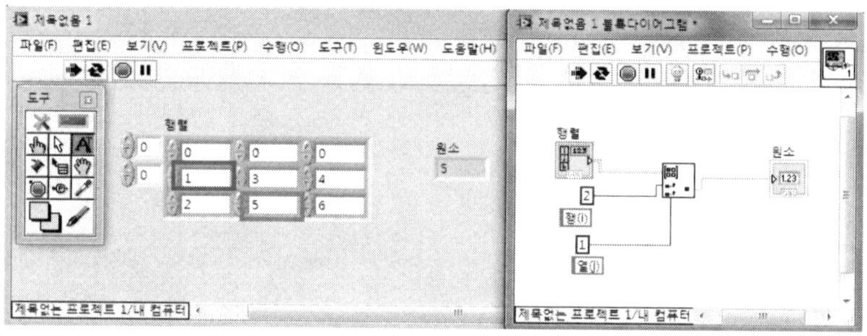

✓ 부분행렬

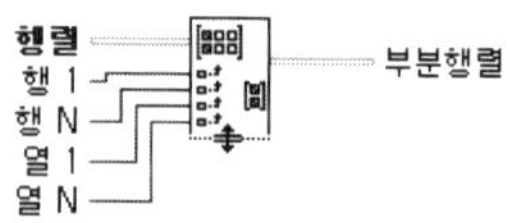

(행 1, 열 1)로 시작하여 (행 N, 열 N)로 끝나는 행렬의 부분 행렬을 반환합니다.

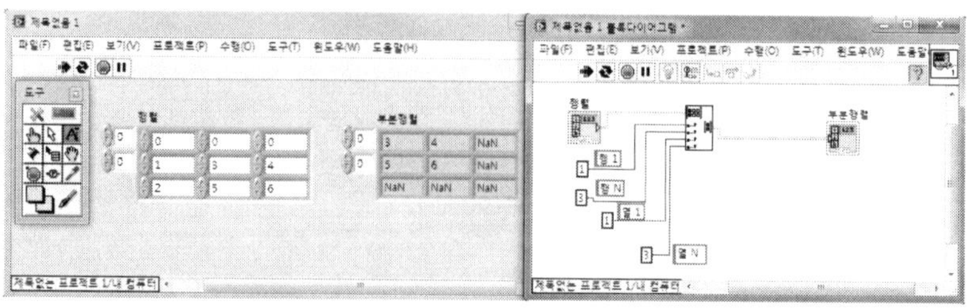

✓ 대각 행렬 설정

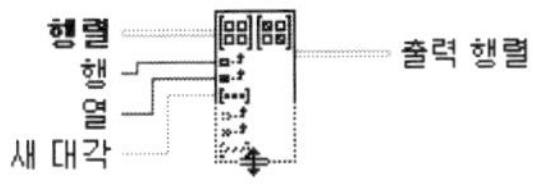

(행, 열)에서 시작하는 행렬의 대각을 설정합니다. 행의 위치 값 '0'과 열의 위치 값 '2'의 위치에 새 대각의 값이 출력행렬에 나타납니다.

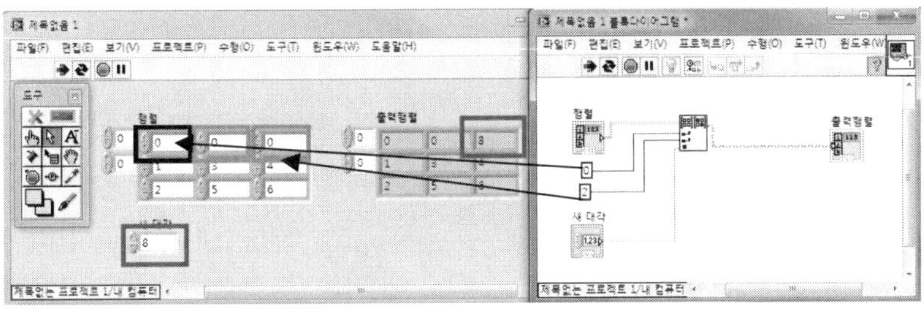

✓ 행렬 원소 설정

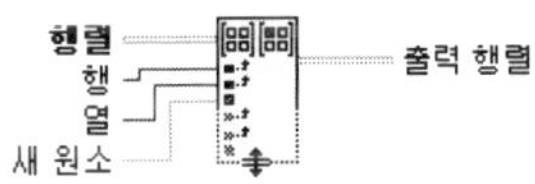

행렬의 하나 또는 그 이상의 원소를 행과 열에 지정한 인덱스로 설정합니다. 행과 열 입력은 각각 행과 열 인덱스를 지정합니다. 예를 들어 숫자 스칼라 값인 i와 j를 각각 행과 열에 연결하면 이 입력은 (i, j) 위치에 있는 단일 행렬 원소에 대응합니다.

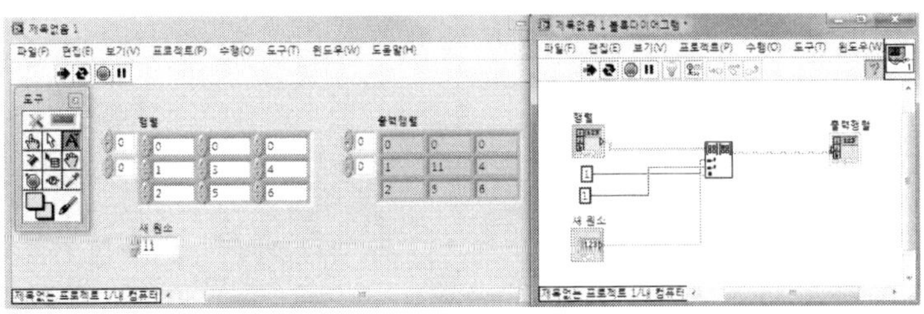

✓ 부분 행렬 설정

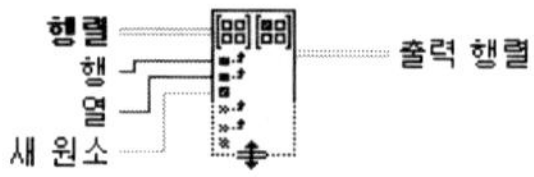

(행 1, 열 1)로 시작하여 (행 N, 열 N)로 끝나는 행렬에 부분 행렬을 추가하며, 노드 크기를 조정하여 행, 열, 새 부분 행렬 입력 및 출력 행렬 출력을 추가할 수 있습니다.

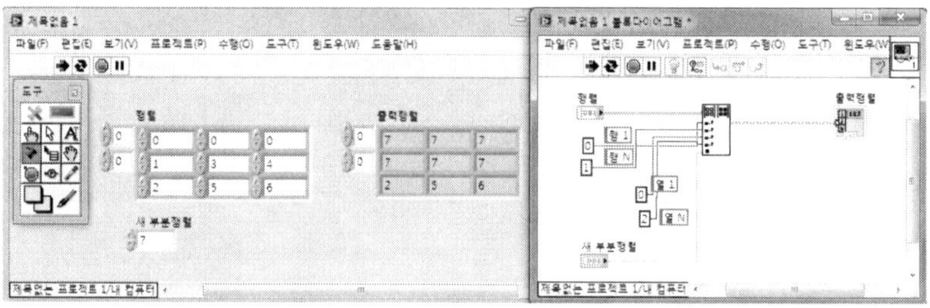

실습 7 : 배열함수와 연산

① 새로운 VI를 생성한 후 For Loop문을 드래그 & 드롭 한 후 Loop문을 10회 실행할 수 있도록 [N]에서 오른쪽 마우스 클릭, 숫자형 팔레트 / 숫자형 상수를 드래그 드롭하여 10회로 입력합니다.

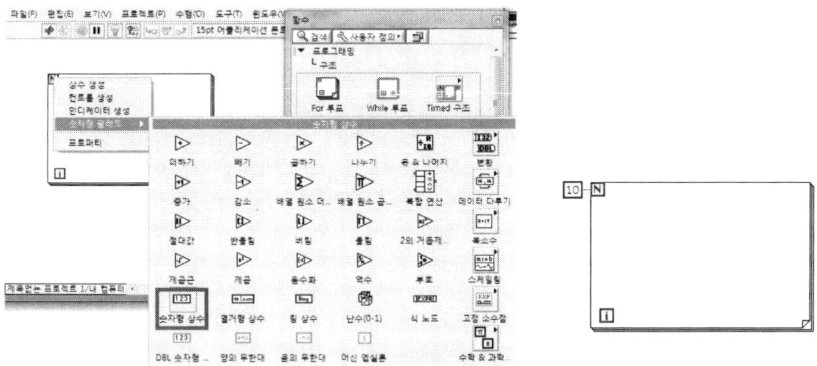

② 난수 값을 배열에 출력하기 위하여 블록다이어그램에서는 난수(0-1) 아이콘을 드래그 & 드롭하며, 프런트패널에서는 배열, 스케일, 스케일링 배열을 생성합니다.

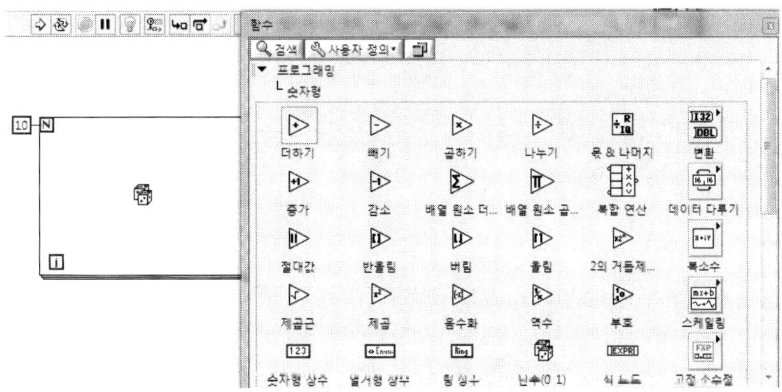

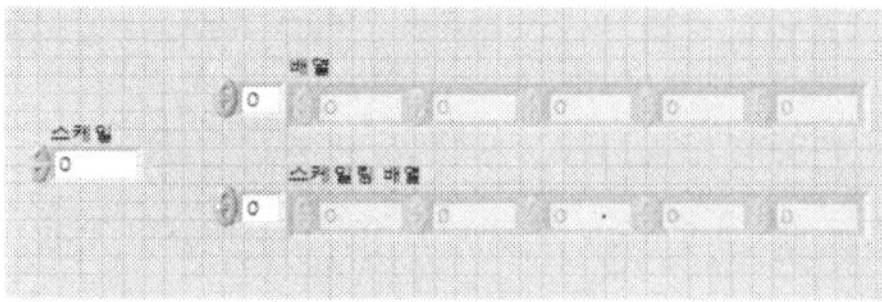

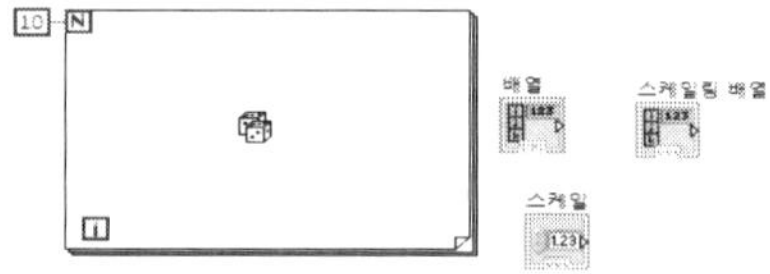

③ 블록다이어그램에서 스케일은 컨트롤로 유지하고, 배열과 스케일링 배열을 인디케이터로 변경 한 후 출력된 배열과 스케일을 곱하기 함수로 와이어링을 합니다. 그리고 스케일 배열을 생성합니다.

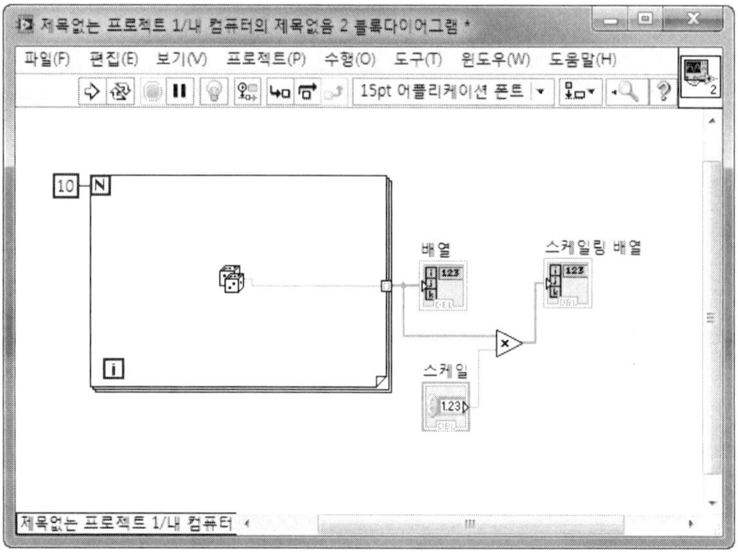

※ 위 그림에서 와이어의 두께에서 차이점을 볼 수 있습니다. 이는 스케일은 배열이 아닌 단일 값으로 적용합니다.

④ 스케일링 배열에서 배열 잘라내기을 이용하여 인덱스와 길이, 부분배열 값을 얻고자 합니다. 먼저 프런트패널에서 인덱스와 길이의 숫자형 컨트롤을 삽입한 후 인덱스와 길이에서 형을 I32로 변환합니다. 그리고 부분배열은 값을 받아야 함으로 인디케이터로 변경합니다.

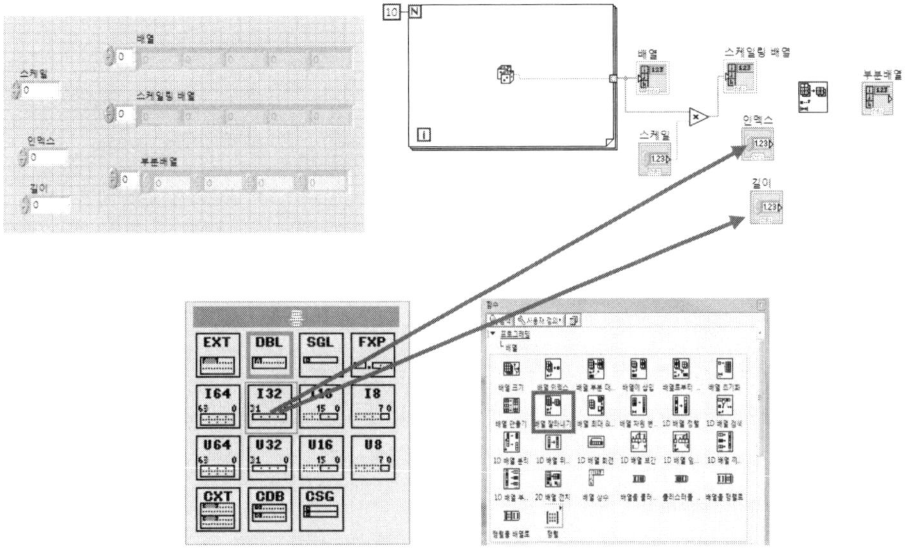

⑤ 블록다이어그램에서 와이어링을 합니다.

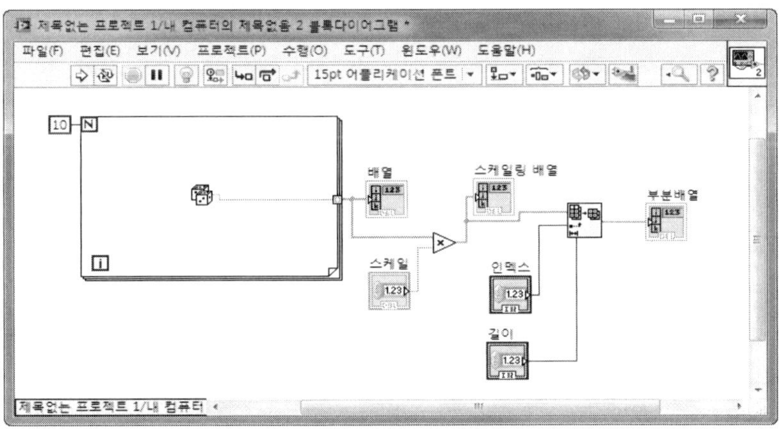

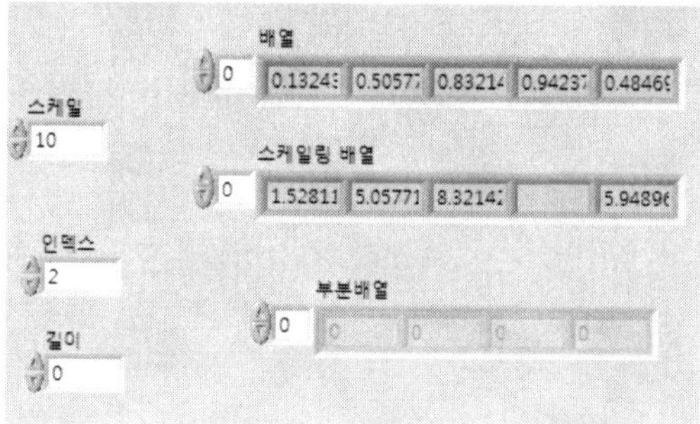

실행 결과 길이 값이 없을 경우 부분배열 값도 나타나지 않습니다. 길이 값이 1일 경우 부분배열 인덱스 1의 값이 나타 날 것입니다. 길이 값이 2인 경우 인덱스 1과, 2의 값이 나타납니다. 그리고 부분배열 왼쪽 값의 증가, 감소 버튼으로 값이 1이고 길이 값이 1일 경우도 인덱스는 나타나지 않습니다. 인덱스에 관한 것은 실습1를 참조하시기 바랍니다.

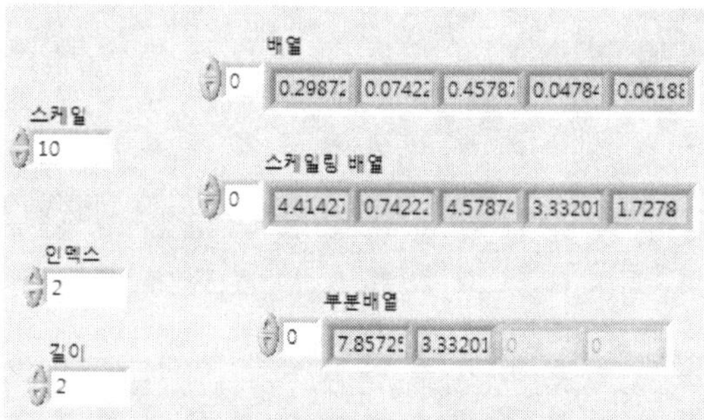

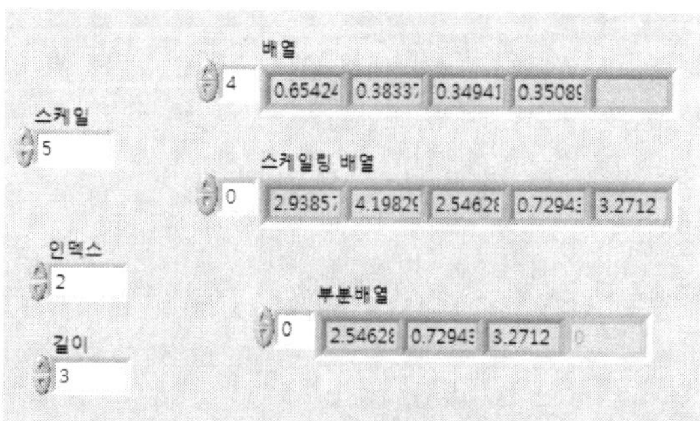

실습 8 : 배열함수와 최대&최소함수

① 두 개의 배열 입력 시 최대&최소값을 비교하는 방법과 원소 비교와 집합 비교를 알아보도록 하겠습니다.

② 프런트패널에서 일반 / 배열, 행렬, 클러스터를 드래그 & 드롭을 한 후 숫자형 / 숫자형 컨트롤을 드래그 & 드롭을 2개 생성합니다.

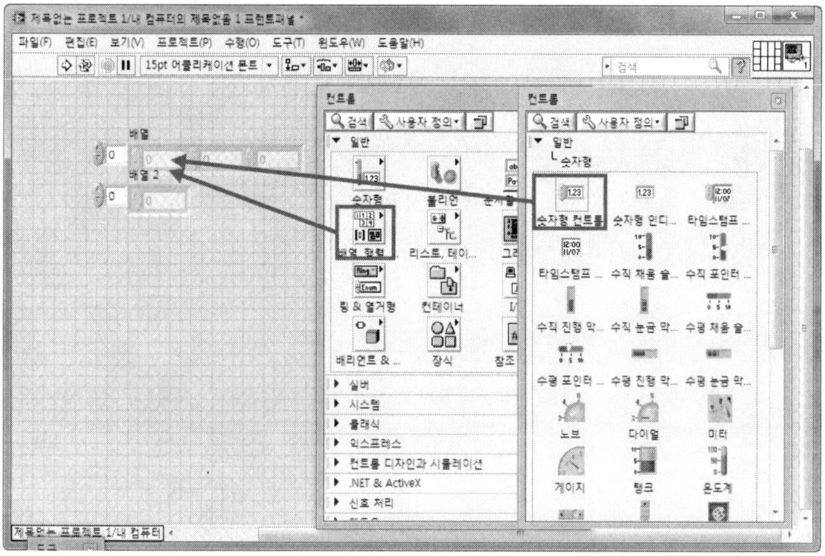

③ 블록다이어그램에서 최대 & 최소 함수를 드래그 & 드롭 한 후 프런트패널(Ctrl+E)로 전환합니다. 그리고 결과 값을 받기 위하여 배열, 행렬, 클러스터를 드래 & 드롭한 후 배열, 행렬, 클러스터안에 숫자형 인디케이터를 드래그 & 드롭 합니다. 와이어링하여 반복실행 후 값 수행 아이콘으로 값을 지정합니다. 두 배열에서 최대 값과 최소 값의 비교는 상하로 비교하여 값을 출력을 합니다.

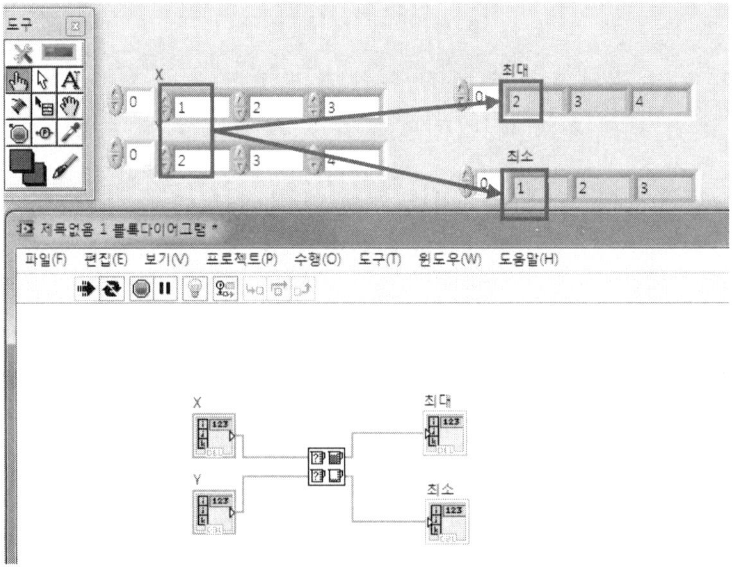

➡ Tip : 비교모드에는 원소 비교와 집합 비교 모드가 있습니다. 이 모드는 입력이 scalar(스칼라) 값일 때는 아무런 변화가 없지만 배열을 입력으로 받을 경우에는 결과 값에 큰 차이를 나타냅니다. 그리고 원소 비교는 배열 결과 값을 집합 비교는 불리언 결과 값을 나타냅니다.

※ scalar(스칼라)는 크기만을 나타내는 양, 벡터에 대응하여 사용된다. 벡터는 크기와 방향 등 2차원 값을 갖지만, 스칼라에는 크기만의 1차원 양 밖에 존재하지 않는다. 예를 들면 5+8=13, 15×3=45와 같은 계산은 스칼라 양끼리의 연산이고, 연산 결과도 스칼라 양이 된다. 컴퓨터에서 취급하는 수치는 스칼라 양이 대부분입니다.

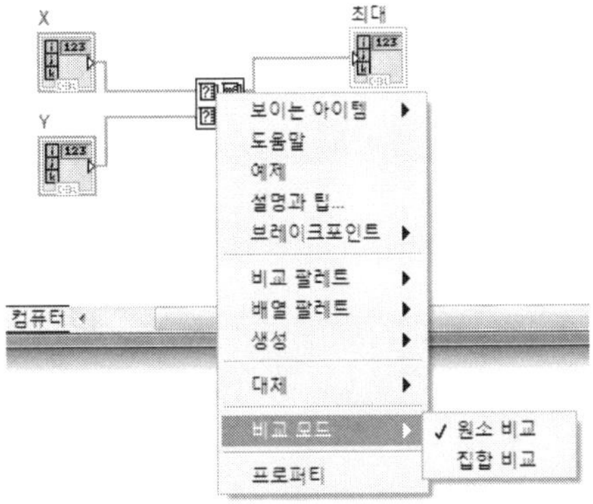

3.1.2 While 구문

입력 터미널인 조건 터미널이 특정 불리언 값을 받을 때까지 서브다이어그램을 반복합니다. 불리언 값은 While 루프의 계속되는 동작을 따릅니다. 조건 터미널에서 마우스 오른쪽 버튼을 클릭한 후 바로 가기 메뉴에서 참인 경우 정지 또는 참인 경우 계속을 선택합니다. 또한 조건 터미널에 에러 클러스터를 연결하고, 터미널에서 마우스 오른쪽 버튼을 클릭한 후 바로 가기 메뉴에서 에러발생시 정지 또는 에러발생시 계속을 선택할 수 있습니다. While 루프는 항상 한 번 이상 실행됩니다.

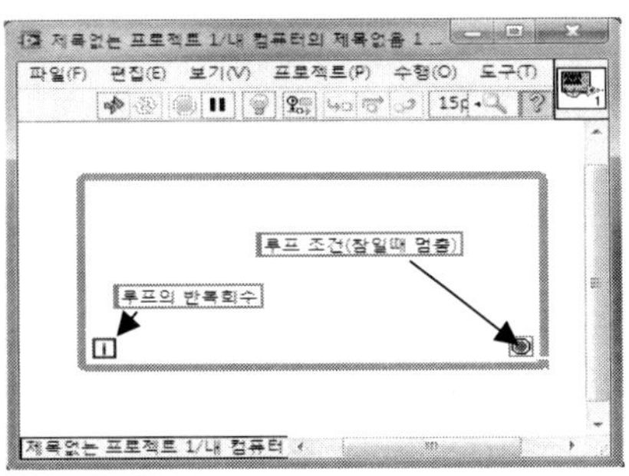

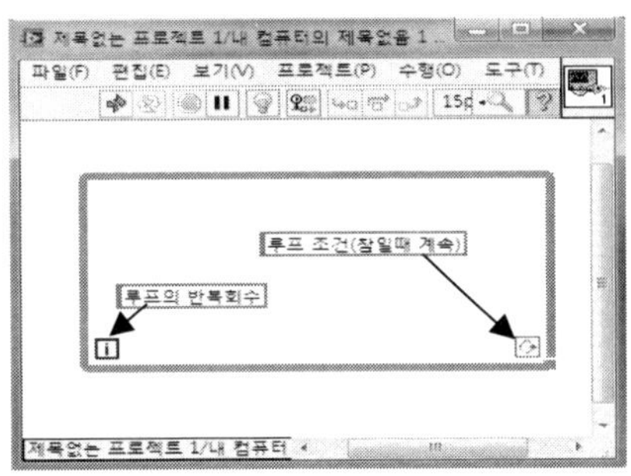

실습 1 : While Loop의 기본 예시

① 새로운 VI를 생성한 후 블록다이어그램에서 While Loop문을 드래그 & 드롭합니다. 그리고 프런트패널에서 불리언과 숫자형 인디케이터를 구성합니다.

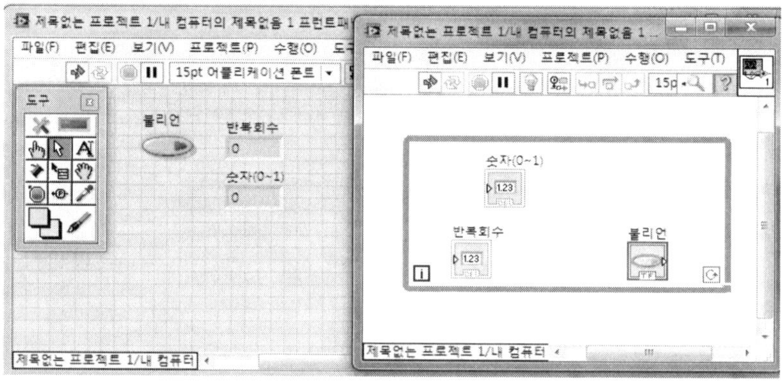

※ 이제 부터는 공간 활용을 위하여 아이콘 보기를 해제합니다.

② 루프반복횟수 [i] 와 숫자형 반복횟수 [반복횟수 DBL] 를 연결하기 위해 형(I32)을 변환시켜줍니다.

③ 숫자형 함수 모음 안에 있는 난수(0-1)  함수를 올려 놓고 그 출력에 인디케이터를 만들어 연결합니다. 그리고 타이밍의 기다림(ms)  함수를 while루프 안에 놓고, 상수 '500'을 연결합니다. 상수는 숫자형에 위치한 숫자형 상수를 이용합니다.

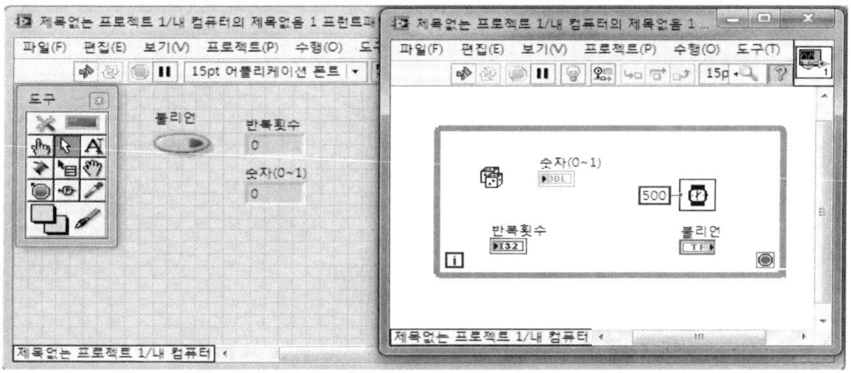

④ 와이어링하여 While 루프의 조건을 확인합니다.

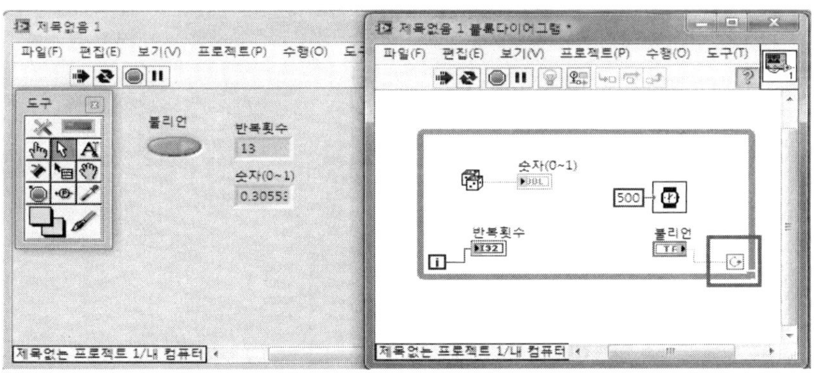

✓ while 루프 조건에 따라 무한정으로 반복 하고 있습니다. 이 실행을 정지시키려면 현재 루프조건이 '참인 경우 정지'이므로 불리언 값을 참으로 변경해야 루프의 실행이 취소가 됩니다.

✓ 루프조건을 '참인 경우 계속'과 '참인 경우 정지'로 변경해 보겠습니다. 루프조건 위에서 마우스 오른쪽 클릭 후 '참인 경우 계속'으로 변경할 수 있습니다. 그 결과 아이콘으로 변경됩니다.

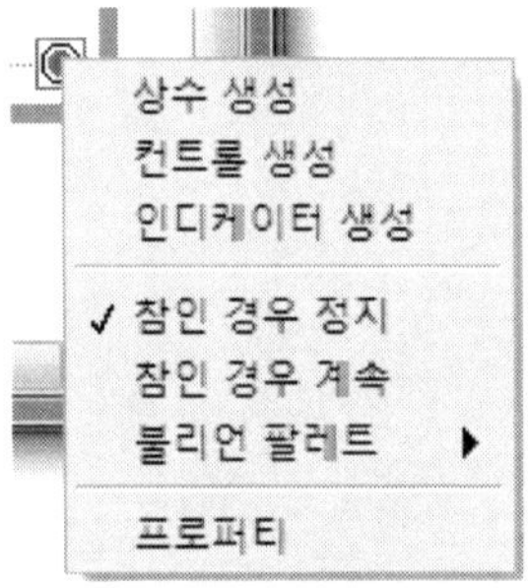

실습 2 : While Loop문을 이용한 난수 발생 및 일치되는 실수 값 찾기

① 새로운 VI를 생성한 한 후 While Loop문을 적당한 크기로 드래그 & 드롭 합니다. 그리고 난수 발생을 위해 난수(0-1) 함수를 삽입합니다.

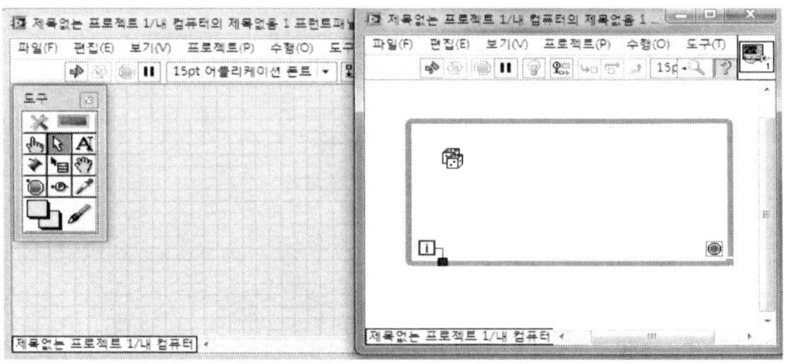

② 난수 발생을 위해 난수함수와 숫자형 상수(1000)을 곱한 후 비교함수 

인 반올림을 적용하여 현재 값을 받습니다. 현재 값을 받기 위하여 프런트패널에 숫자형 인디케이터를 생성합니다.

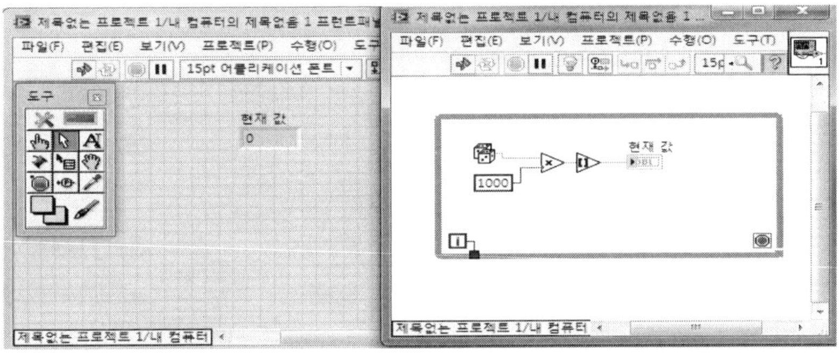

③ 입력된 값과 현재 값을 비교하는 '같지 않음 함수'를 생성한 후 While Loop문 반복횟수 결과 값을 알기 위한 인디케이터를 생성합니다. 반복횟수 결과 값을 출력하기 위하여 형(I32)로 전환한 후 와이어링 합니다.

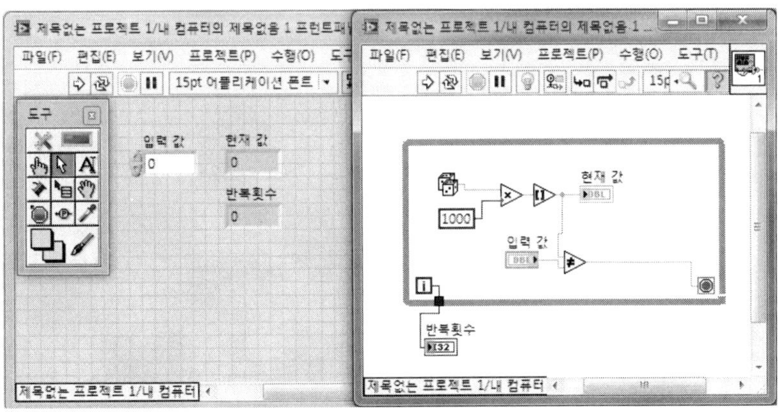

✓ 입력 값이 '0', '참인 경우 정지' 일 경우 현재 값을 출력합니다.

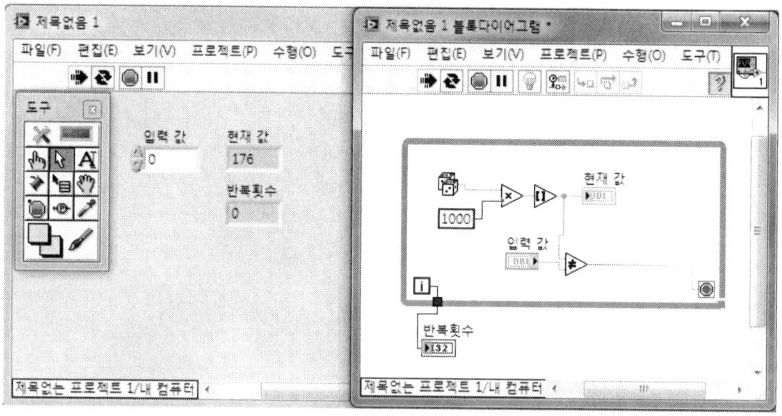

✓ 입력 값이 '0', '참인 경우 계속' 일 경우 반복횟수 값을 출력합니다.

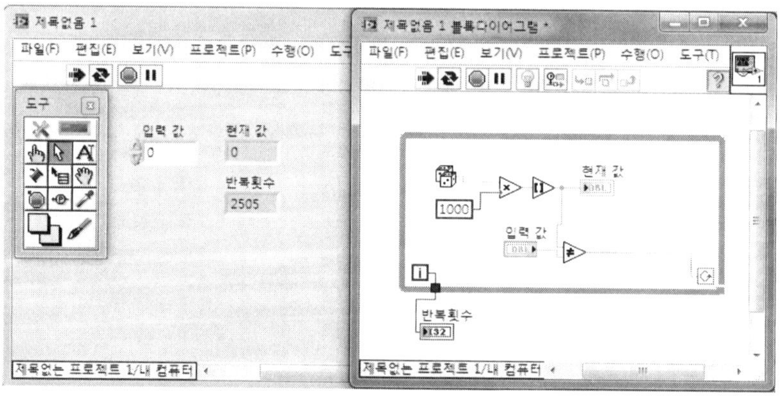

➡ Tip. For Loop문과 While Loop문의 공통점과 차이점

두 Loop의 공통점은 Loop 안에 포함된 코드를 연속해서 실행하며, 코드 실행 시 마다 'Loop 반복횟수'값을 Return해 줍니다.

하지만 최소한으로 Loop를 실행시킬 수 있는 횟수는 차이가 있습니다. For Loop는 Loop count를 '0'으로 놓으면 For Loop에 포함된 코드를 실행하지 않을 수도 있습니다. 이는 최소 루프 횟수는 Zero(0)가 됩니다. 실습을 통하여 알아보겠습니다.

① 새로운 VI를 생성한 후 블록다이어그램에서 For Loop문을 프런트패널에서는 숫자형 Loop Count, 인디케이터 반복횟수와 숫자(0-1)를 생성합니다.

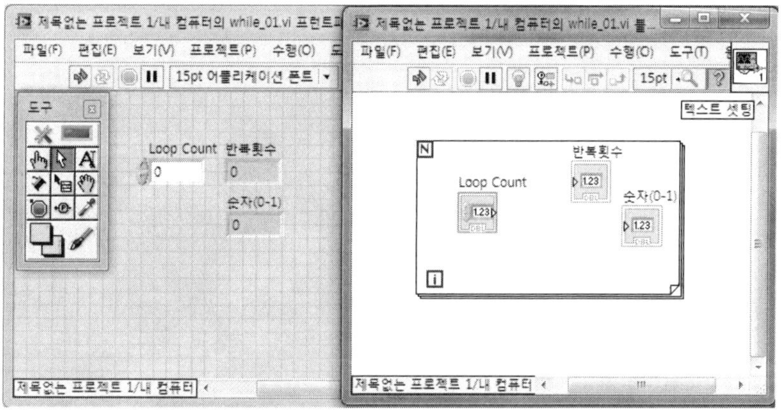

② Loop Count는 N카운트 터미널과, 난수(0-1) 난수(0-1) 는 숫자(0-1)와, 루프반복횟수 i 는 반복횟수 인디케이터와의 와이어링합니다. 이때 주의사항은 N과 와이어 하기 위하여 Loop Count 숫자형과 반복횟수 인디케이터의 형을 I32형으로 변경합니다.

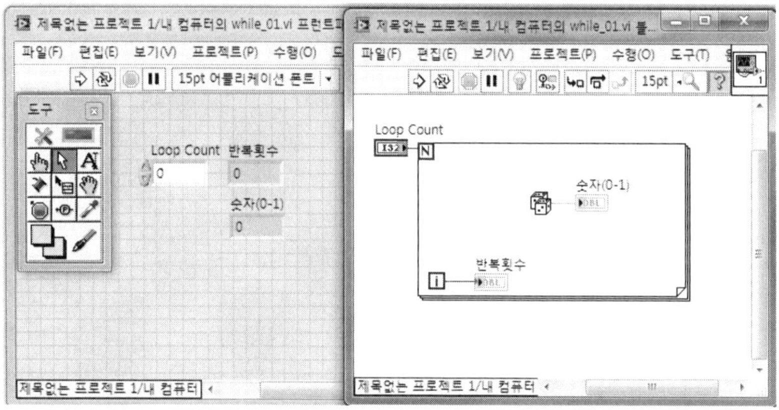

③ Loop Count를 '0'으로 설정하고 실행시켜 결과 값을 확인합니다. 그 결과 난수 값이 변하지 않고 '0'값을 나타냅니다. 이는 앞서 말한바와 같이 최소 루프 횟수는 Zero(0)가 됩니다.

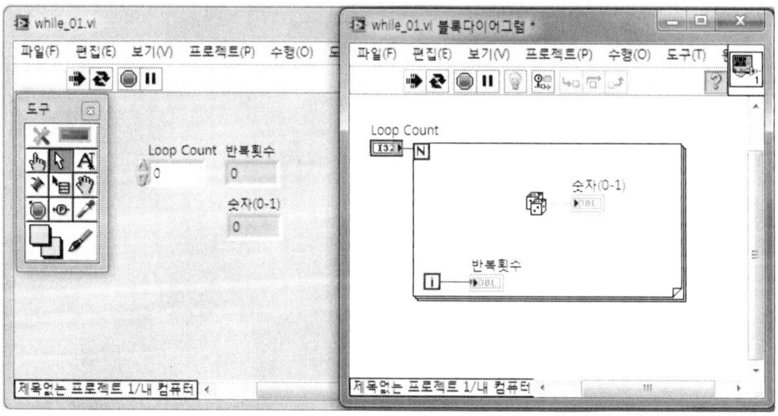

반면 While Loop의 경우는 최소한 1번은 Loop안의 코드를 실행합니다. While Loop도 실습을 통해 알아보겠습니다.

④ 새로운 VI를 생성한 후 블록다이어그램에서 While Loop문을 프런트패널에서는 불리언, 인디케이터 반복횟수와 숫자(0-1)를 생성합니다.

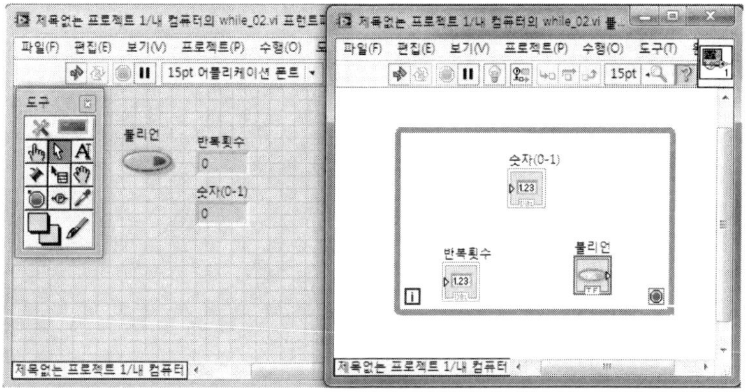

⑤ 난수(0-1) 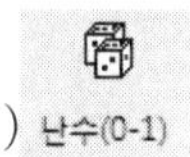 는 숫자(0-1), 루프반복횟수 i 는 반복횟수 인디케이터와, 불리언은 루프조건과 와이어링합니다. 이때 주의사항은 i 와 와이어 하기 위하여 반복횟수 인디케이터의 형을 I32형으로 변경합니다. 그리고 기다림(ms)  함수를 생성하며 상수 값을 '500'으로 연결합니다.

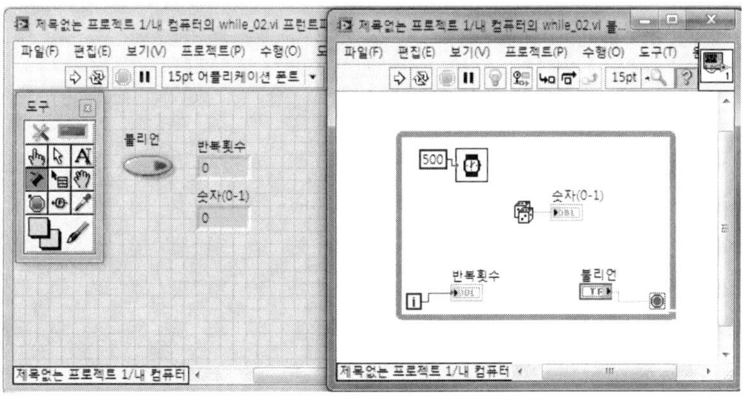

⑥ 불리언 값을 참으로 만들고 결과를 확인합니다. 그 결과 반복횟수는 '0'이지만 난수의 값이 매 실행마다 바뀌는 것을 알 수 있습니다. 즉, while Loop는 실행이 되면 무조건 숫자(0-1)은 실행한다고 보아야 합니다.

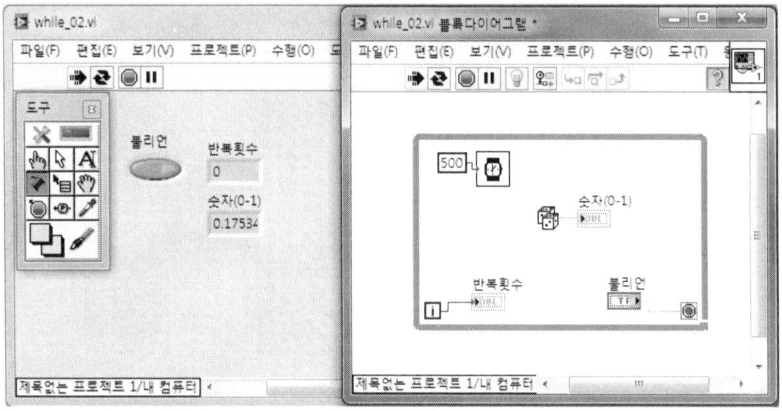

결론적으로 Loop의 반복 횟수에서 For Loop의 경우는 반복 횟수가 미리 설정되어 있어야 함으로 그 안에 있는 코드의 실행횟수는 항상 반복 횟수와 동일하며 While Loop의 경우는 반복 횟수가 정해져 있지 않으므로 while Loop가 몇 번이나 실행될지는 예측할 수 없고, 매 실행시킬 때 마다 그 값이 변할 수 있습니다.

For Loop은 주사위 100번을 굴려서 그 평균값을 구하기, 배열 원소 중 차례대로 10개의 값을 더하기 등의 프로그래밍에 적합하며, While Loop은 자동화 시스템에서 에러가 발생하면 정지하는 프로그래밍에 적합합니다.

1) Shift Register(시프트 레지스터)

빈 공간에 정보를 기록해 하는 것을 말합니다. 즉, 컴퓨터의 메모리에 있는 저장공간이며 새로운 값을 저장하려면 이전의 값을 지우고 다시 저장하여야 합니다. 결론적으로 shift Register는 Loop로 데이터를 전달하기 위한 방법이며 반드시 초기화가 필요합니다. 우선 Loop 구조에서 shift Register를 만드는 방법에 대하여 알아보도록 하겠습니다.

① 새로운 VI를 생성한 후 블록다이어그램에서 While Loop문을 드래그 & 드롭합니다. 프런트패널에서는 참인 경우 정지' 과의 와이어를 위한 불리언 생성, 난수 난수(0-1) 와의 와이어를 위한 숫자형 인디케이터 생성, 루프반복횟수 i 와의 와이어를 위한 반복횟수 인디케이터를 생성합니다. 그리고 다시 블록다이어그램에서 기다림(ms) 기다림(ms) 함수에 숫자상수 값을 '500'으로 입력합니다.

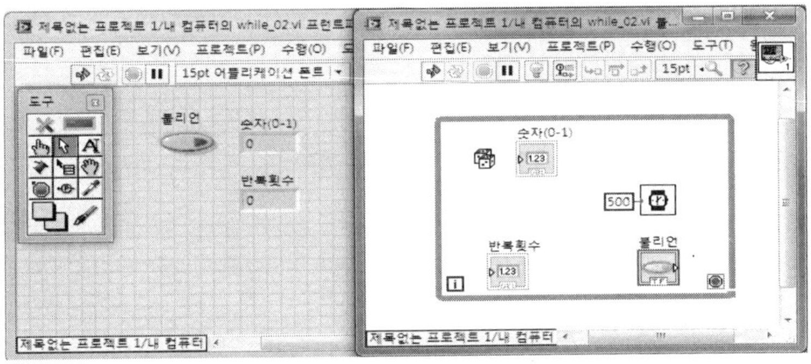

② 와이어링한 후 shift Register를 추가합니다. 추가 방법은 While Loop의 라인에서 오른쪽 마우스 클릭 후 시프트 레지스트 추가를 선택합니다.

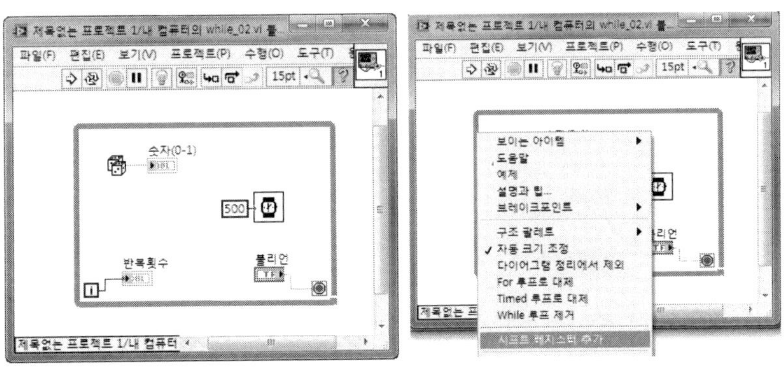

✓ 시프트 레지스터 추가 전, 후

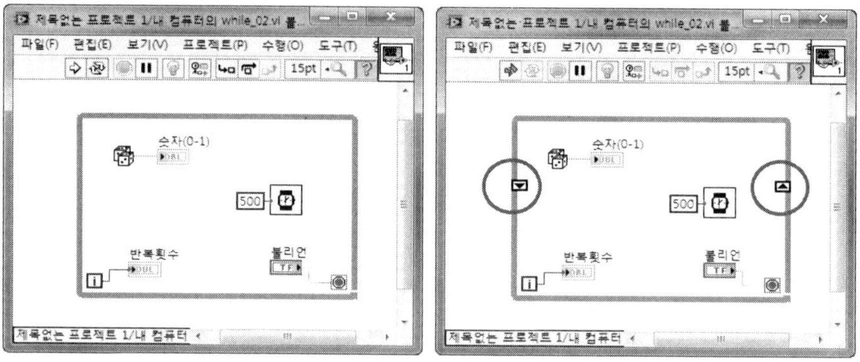

화살표 모양이 이전 값을 저장하고 저장된 값을 불러오는 새로운 데이터 입력(▲)/초기화(▼)을 뜻합니다. 시프트 레지스터로 변경되었으며 초기화(시프트 레지스터 값이 '0')값과 난수 값을 더하여 새로운 데이터를 저장합니다. 그리고 현재의 난수 값과 난수가 생성된 횟수를 나누어서 평균 값을 출력합니다.

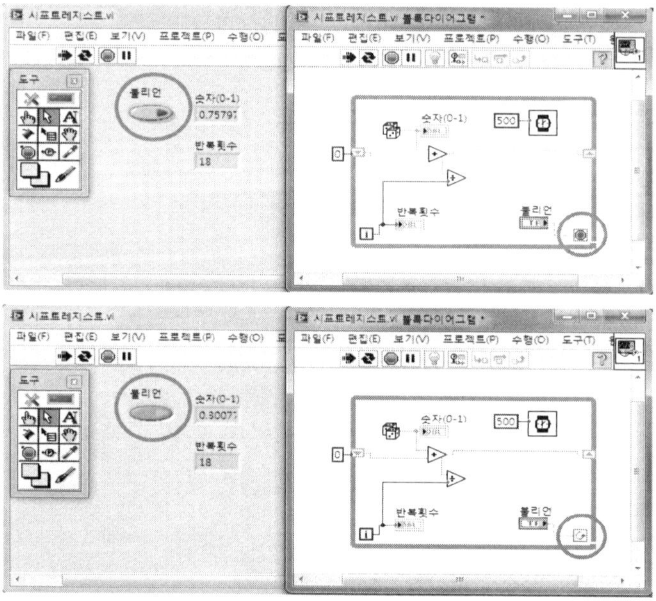

실습 1 : 시프트 레지스터의 초기 값 리셋하기

① 새로운 VI를 생성한 후 For 루프를 드래그 & 드롭 합니다. 결과 값을 받기 위해 프런트패널에서 숫자형 인디케이터를 드래그 & 드롭 한 후 시프트 레지스터를 생성합니다. 결과 값은 32비트 정수를 가집니다.

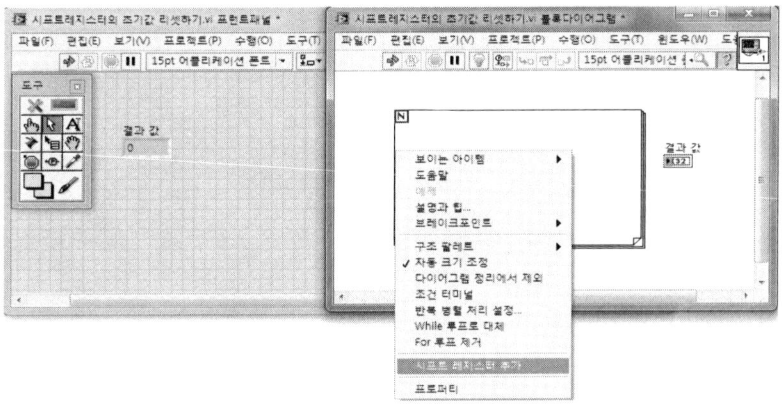

② 루프 카운트 N의 값은 '5'로 와이어하고 시프트 레지스트 초기 값을 '0'으로 하기 위하여 숫자형 상수 값을 '0'으로 와이어 합니다.

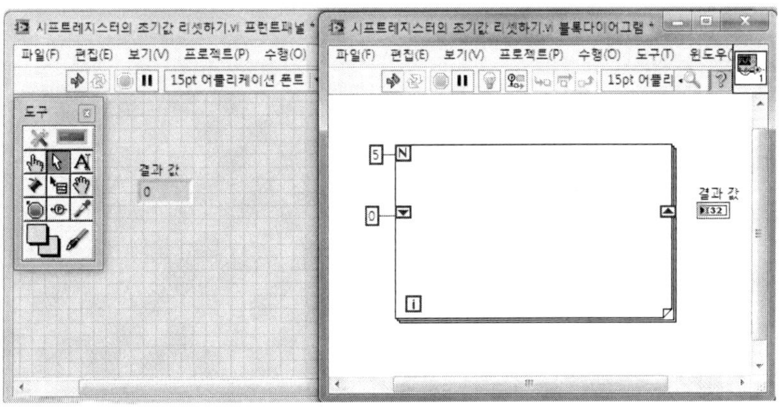

③ 초기 값 '0'에서 '5'번까지 실행을 하기 위하여 증가 함수를 추가한 후 결과를 확인합니다. 실행 결과 확인시 실행 하이라이트 클릭하고 실행하시면 값이 초기화되어 증가 되는 것을 알 수 있습니다.

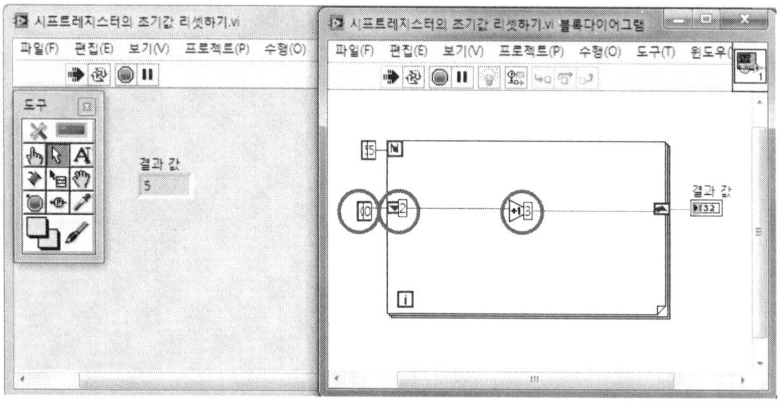

④ 초기 값의 결과 For 루프는 5번 실행되고 시프트 레지스터가 전달하는 값이 매번 하나씩 증가합니다. For 루프가 5번 반복한 후, 시프트 레지스터는 마지막 값인 5를 인디케이터에 전달하고 VI를 끝냅니다. VI를 실행할 때마다 시프트 레지스터는 0의 값으로 시작합니다.

초기화하지 않은 시프트 레지스터가 있는 루프를 사용하여 VI를 실행할 때마다 시프트 레지스터의 초기 입력이 이전 실행의 마지막 값이 되도록 합니다. 초기화되지 않은 시프트 레지스터가 VI의 순차적인 실행 사이에서 상태를 보전하려고 연결되어 있지 않은 왼쪽 시프트 레지스터 터미널에 입력을 남겨둡니다.

⑤ 초기 값이 적용되지 않았을 경우 ③_1 블록다이어그램에서, For 루프는 5번 실행되고 시프트 레지스터가 전달하는 값이 매번 하나씩 증가합니다. 처음 VI를 실행하면, 시프트 레지스터는 32비트 정수의 기본값인 0부터 시작합니다.

For 루프가 5번 반복한 후, 시프트 레지스터는 마지막 값인 5를 인디케이터에 전달하고 VI를 끝냅니다. 다음 번에 VI를 실행하면, 시프트 레지스터는 이전 실행에서 마지막 값이었던 5를 초기 값으로 시작합니다. For 루프가 5번 반복하면, 시프트 레지스터는 마지막 값인 10을 인디케이터에 전달합니다.

VI를 다시 실행한 후 시프트 레지스터는 10의 값으로 시작합니다. 초기화되지 않은 시프트 레지스터는 VI를 닫을 때까지 이전 반복 값을 유지합니다.

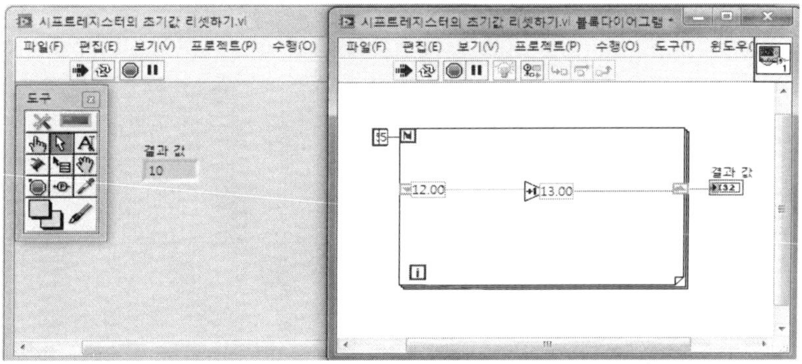

2) Auto Indexing(오토 인덱싱)

인덱스란 배열의 원소가 있으면 그 원소의 순서의 0번째, 1번째, 2번째, 3번째 …을 나타내는 말입니다. 인덱스는 특정 원소를 배열에 위치시키기 위해서는 차원 당 한 개의 인덱스가 필요합니다. LabVIEW에서 인덱스는 배열을 탐색하고 블록다이어그램의 배열에서 원소나 행, 열, 그리고 페이지를 불러오기 위해 사용됩니다. 즉, Loop의 반복횟수 결과 값에 많이 사용되고 있습니다. Loop가 실행됨에 따라 Loop 내에 있는 코드가 실행되고 그 코드가 실행되면서 결과 값을 나타납니다. 그리고 그 값들이 동일 할 경우도 있지만 Loop 반복횟수에 따라 다른 결과 값을 가지는 경우도 있습니다. 각각의 결과 값들을 저장해서 배열로 보여줍니다. 결과적으로 결과 값들을 Loop 반복횟수가 0번째 일 때 나온 결과 값, Loop 반복횟수가 1번째 일 때 나온 결과 값 …, 등으로 저장해서 배열 원소로 정렬해주는 역할을 하는 기능을 오토 인덱싱이라 합니다.

배열의 예를 통하여 인덱스를 알아보도록 하겠습니다.

태양계의 8개 행성을 나열한 문자 배열이 간단한 배열의 예입니다. LabVIEW에서 이것은 8 개의 원소가 있는 1D 문자열 배열로 나타납니다.

배열의 원소에는 순서가 있습니다. 배열은 사용자가 특정 원소에 접근할 수 있게 하기 위하여 인덱스를 사용합니다. 인덱스는 0부터 시작합니다. 이는 n 개의 원소를 가진 배열에 대하여 0에서 n - 1 범위로 인덱스 됨을 의미합니다. 예를 들어, n = 8인 8 개의 행성에 대하여 인덱스는 0에서 7이 됩니다. 지구는 세 번째 행성이므로 인덱스는 2입니다.

배열에 대한 또 다른 예는 다음 그림과 같이 연속적인 시간 간격에서 각 연속되는 원소가 연속되는 시간 간격에서의 볼트값인 숫자 배열로 표현되는 웨이브폼입니다.

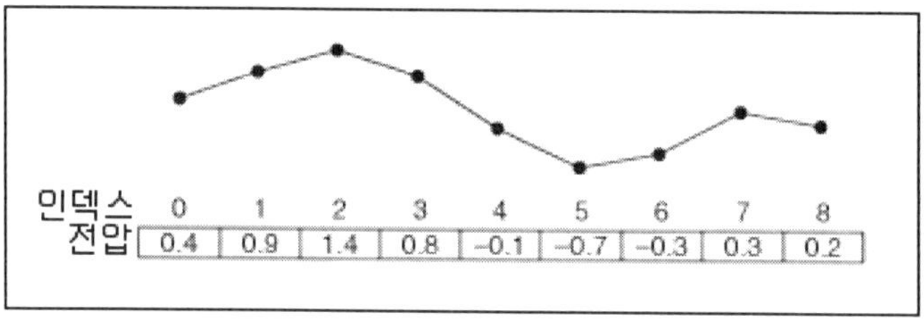

좀 더 복잡한 배열에 대한 예제는 다음 그림과 같이 포인트 배열로 나타내는 그래프입니다. 여기서 각 포인트는 X와 Y 좌표를 나타내는 숫자값의 쌍을 포함하는 클러스터입니다.

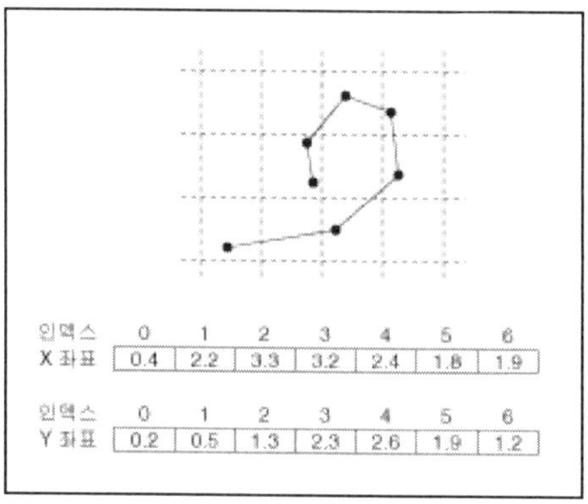

1D 배열 예제입니다. 2D 배열은 원소를 눈금으로 저장합니다. 원소를 찾으려면 행 인덱스와 열 인덱스가 필요하며, 이 인덱스들은 0을 기준으로 시작합니다. 다음 그림은 8 × 8 = 64 원소를 가진 2D 배열의 8행과 8열을 보여줍니다.

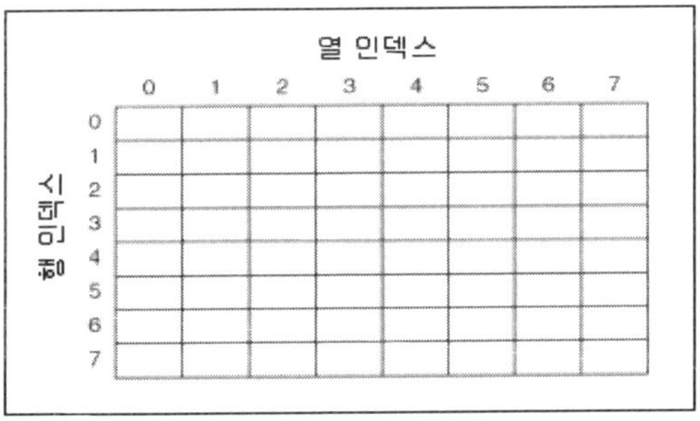

예를 들어, 체스판은 8행 8열이며 총 64개 자리가 있습니다. 각 자리는 비어있거나 한 개의 체스 말이 위치할 수 있습니다. 체스판은 2D 문자열 배열로 나타낼 수 있습니다. 각 문자열은 체스판의 대응하는 위치에 있는 체스말의 이름이며, 빈 곳은 빈 문자열로 나타납니다.

배열에 행을 추가하여 이전 1D 배열 예제를 2차원으로 일반화할 수 있습니다. 다음 그림은 2차원 숫자값 배열로 표현되는 웨이브 폼들의 집합을 보여줍니다. 행 인덱스는 웨이브 폼을 선택하고, 열 인덱스는 그 웨이브 폼의 포인트를 선택합니다.

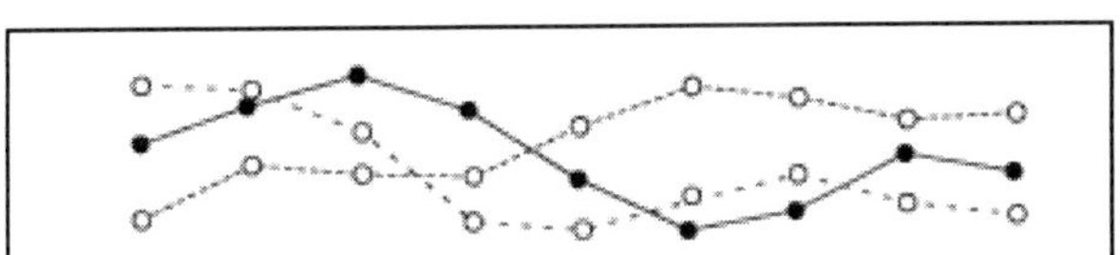

	0	1	2	3	4	5	6	7	8
0	0.4	0.9	1.4	0.8	–0.1	–0.7	–0.3	0.3	0.2
1	–0.1	0.6	0.4	0.2	0.8	1.6	1.4	0.9	1.1
2	1.6	1.4	0.7	0.5	–0.5	–0.6	–0.2	0.3	0.5

실습 1 : For Loop의 오토인덱싱

For Loop가 100번 실행하면서 루프 반복횟수는 0~99의 값을 출력하며 배열 값은 인덱스 0번에는 '0' 인덱스 '1'에는 '1'··· 인덱스 99번에는 '99'의 값을 가지는 배열의 크기를 실습하겠습니다.

① 새로운 VI를 생성한 후 블록다이어그램에서 2개의 For 루프문을 생성한 후 루프카운트에 적용할 상수 '100'값을 정합니다.

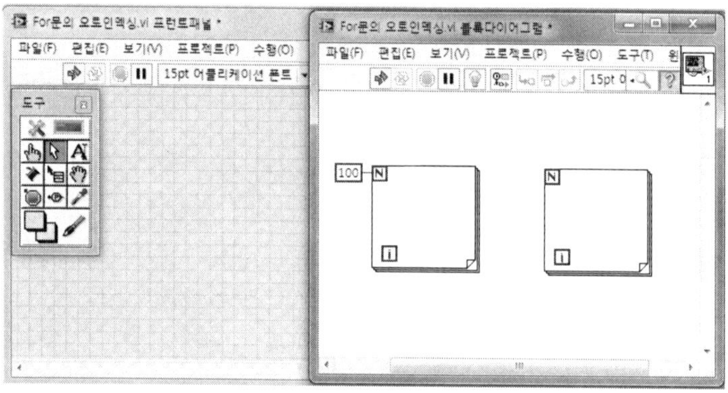

② 프론트패널에서 첫 번째(기본 값) For 루프의 값을 받기 위하여 배열 인디케이터를 생성하고 두 번째(+1된 결과 값) For 루프 값을 받을 배열 인디케이터를 추가합니다. 그 결과 첫 번째 값보다 두 번째 값이 +1 되어 출력될 것입니다.

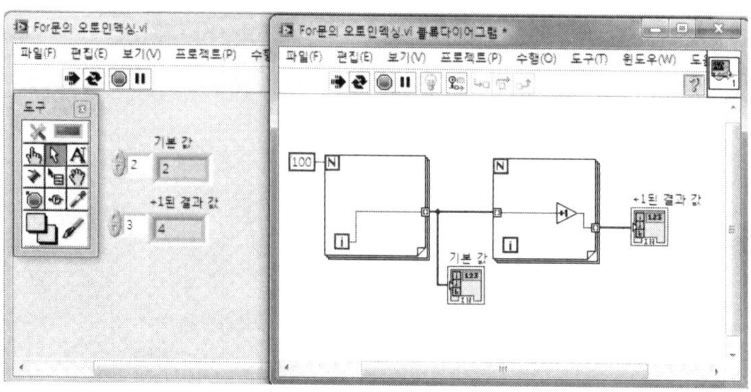

실습 2 : 배열 표시 자동 색인을 사용하여 건물 배열의 For Loop

For Loop의 경우는 오토인덱싱을 사용하여 결과 값을 알 수 있는 최선의 방법입니다. For Loop안에 For Loop을 배치함으로써 2D 배열이 생성됩니다. 실습을 통해 알아보도록 하겠습니다.

① 새로운 VI를 생성한 후 블록다이어그램에서 For 루프문을 생성하고 그 안에 또 다시 For 루프문을 배치합니다.

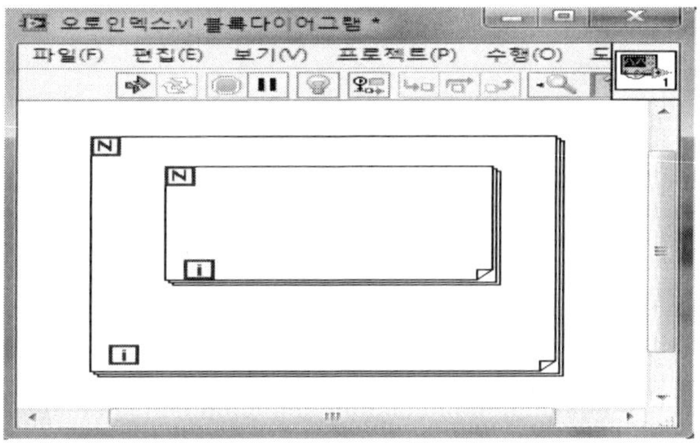

② 루프 카운트 N을 위해 숫자형 상수 값을 '10'으로 입력하여 와이어 합니다. 와이어 된 루프 카운트 N는 내부의 For 루프 함수 루프 카운트 N와 와이어 합니다.

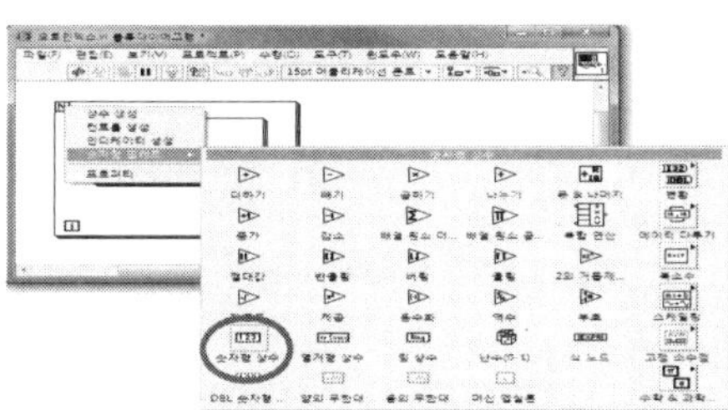

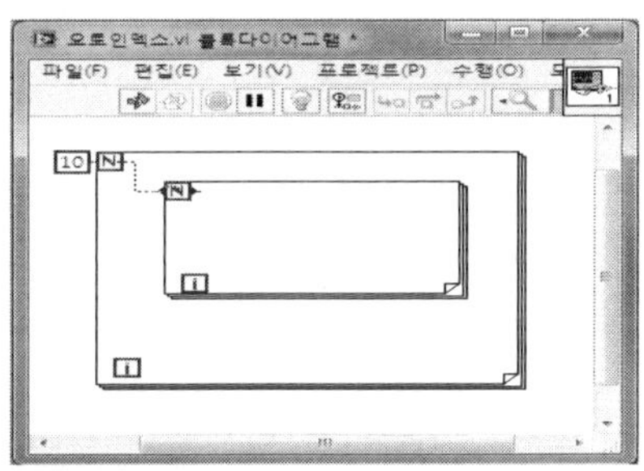

③ Row와 Column의 반복횟수 결과 값을 나타내기 위하여 프런트패널에서 인디케이터를 각각 생성합니다. 그리고 Random Numbers에서 Row 값과 Column 값을 얻기 위하여 난수 함수를 적용시킵니다.

Row와 Column 값을 얻기 위하여 64비트 실수를 32비트 정수로 형을 변경합니다.

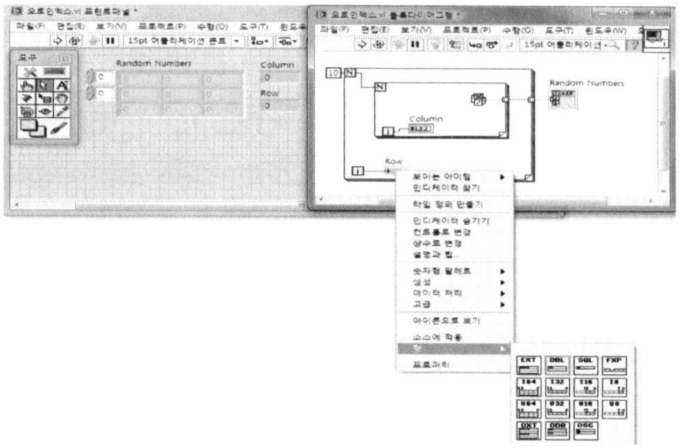

④ ms 타이머의 값이 지정된 ms 배수의 배수가 될 때까지 기다려야 함으로 다음 ms 배수까지 기다림 함수를 적용시킵니다. 마지막으로 와이어링하여 결과 값을 확인합니다.

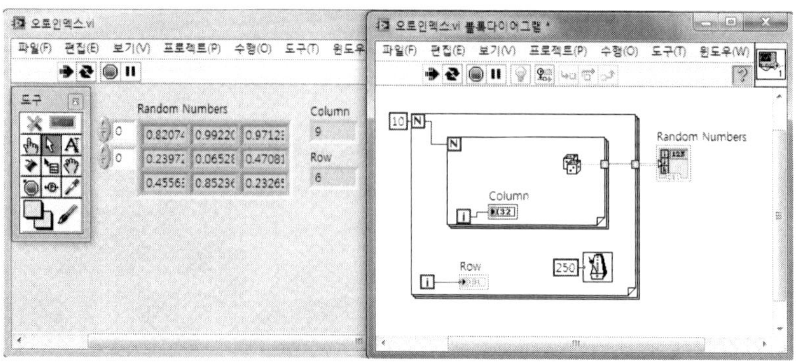

실습 3 : 배열 표시 자동 색인을 사용하여 건물 배열의 While Loop

While Loop의 경우는 사용자나 프로그램 배열의 크기를 결정하는데 값의 개수를 알 수 없을 때 사용하는 것이 바람직합니다. 직접 배열 단자에 루프 안에 있는 변수를 와이어 한 후 다음 터널을 마우스 오른쪽 버튼으로 클릭하고 색인 생성 기능을 사용합니다. 실습을 통하여 알아보도록 하겠습니다.

① 새로운 VI를 생성한 후 블록다이어그램에서 while 루프문을 생성합니다. 그리고 요소 인디케이터를 생성하여 결과 값을 받습니다. 32비트 정수로 형을 변경합니다. 난수 값을 받기 위해 Random Numbers의 인디케이터를 생성합니다.

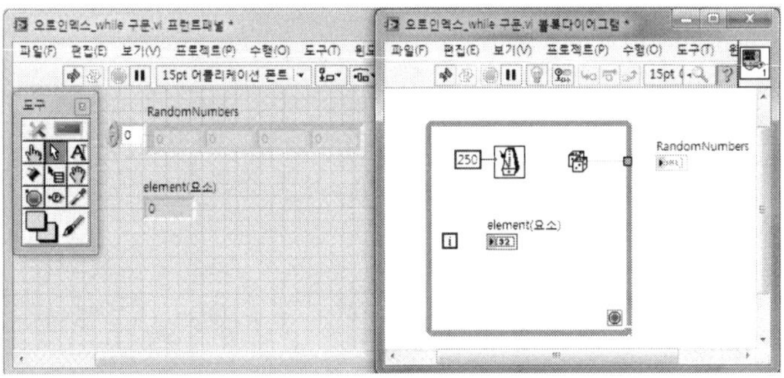

② 루프반복 횟수가 100보다 작은 값을 요소 값으로 보냅니다. 그리고 불리언 값과 루프반복 횟수가 100보다 작은 값을 비교하여 값을 반환하는 다이어그램을 구성합니다. 그리고 와이어링하여 실행 결과 값을 확인합니다.

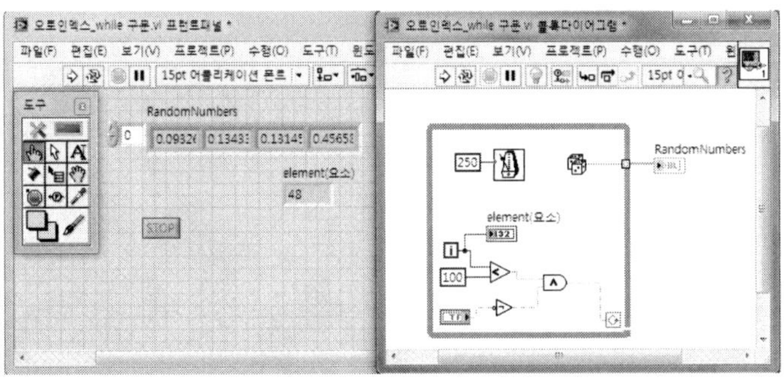

i. 난수 값과 RandomNumbers 인디케이터를 와이어링 했을 경우 인덱스 비활성화를 활성화로 변경하여야 합니다. 이는 아래 실습 그림과 같이 터미널 / 마지막 값을 인덱스 하기 메뉴로 변경합니다.

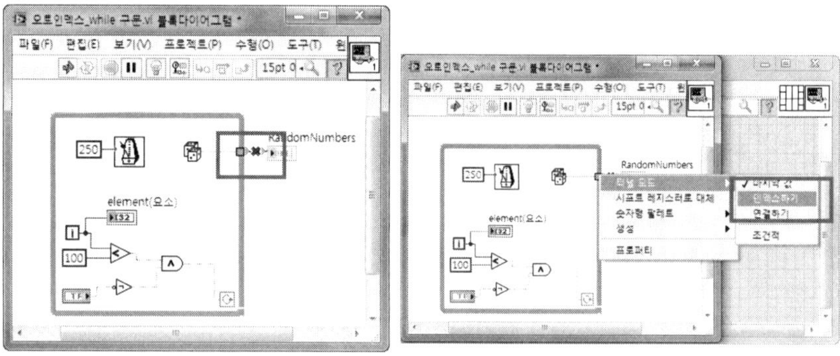

➡ Tip. 오토 인덱싱(auto indexing) 출력

이 표시▣는 오토인덱싱 비활성화 상태 스칼라 값을 말하며, 이 표시 ▣는 오토인덱싱을 하겠다는 의미로 출력 값이 됩니다. 그리고 출력에만 이용되지만 배열 원소의 값을 루프의 입력으로 줄 때 오토인덱싱 기능을 보다 편리하게 사용할 수 있습니다.

실습 4 : For Loop와 While Loop의 활용

For Loop를 이용해 1~100까지의 원소를 가지고 그 크기가 '100'인 배열을 생성해 준 다음 While Loop에 오토인덱싱(auto indexing) 기능을 이용해 보겠습니다.

① 새로운 VI를 생성한 후 블록다이어그램에서 For 루프함수와 While 루프함수를 드래그 & 드롭 합니다. 그리고 1~100까지 루프 카운트 N 값을 얻기 위하여 숫자형 상수 값을 '100'으로 지정합니다. 루프반복횟수 i 는 반복 때마다 1식 증가 할 수 있도록 증가함수를 추가합니다.

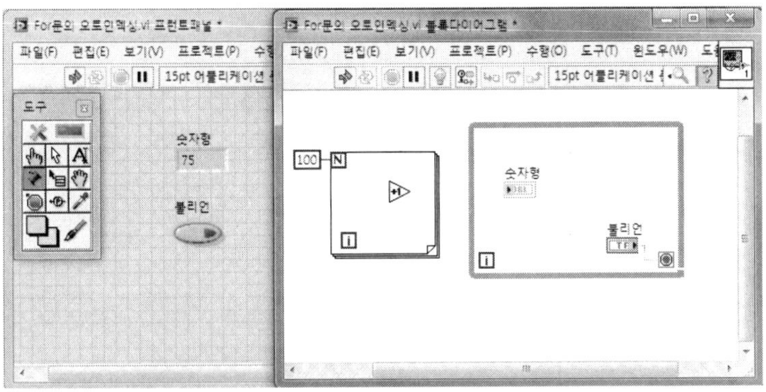

② For 루프와 While 루프를 오토인덱싱을 합니다.

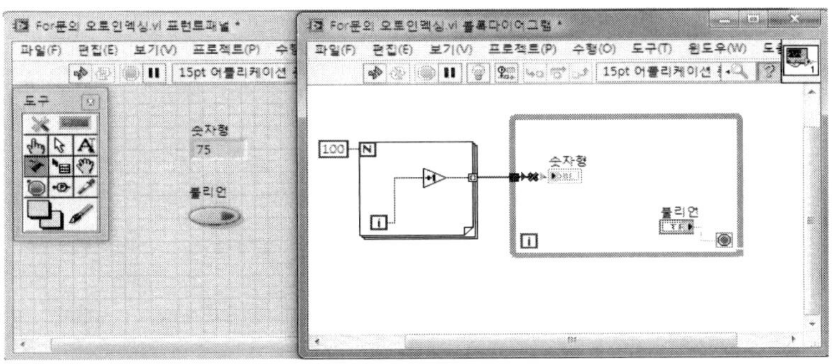

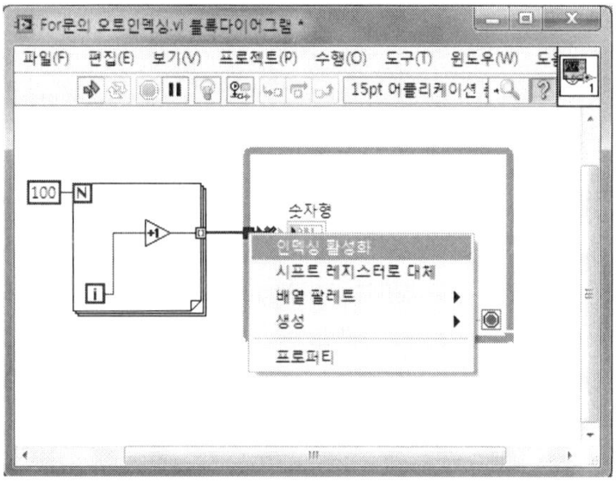

③ 값을 확인하기 위하여 기다림(ms) 함수를 생성하여 그 값을 '100'으로 입력합니다. While 루프에서'참인 경우 계속 ' 변경한 후 와이어링하여 결과 값을 확인합니다.

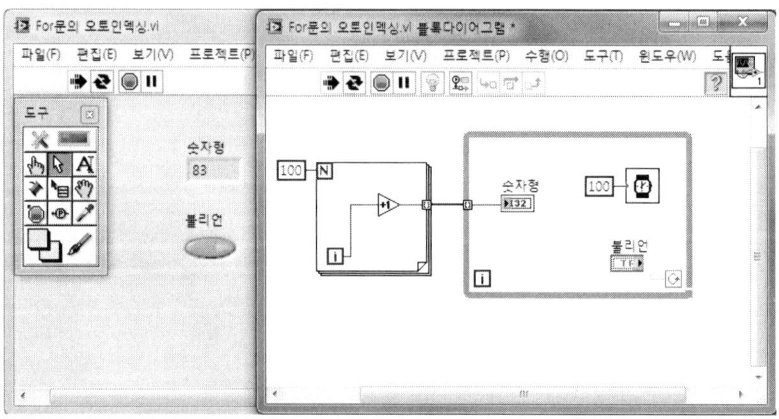

실습 5 : 시프트 레지스터 추가

① 새로운 VI를 생성한 후 블록다이어그램에서 While 루프함수와 시간지연 함수를 드래그 & 드롭 합니다. 시간지연 함수는 '1'초로 지정합니다.

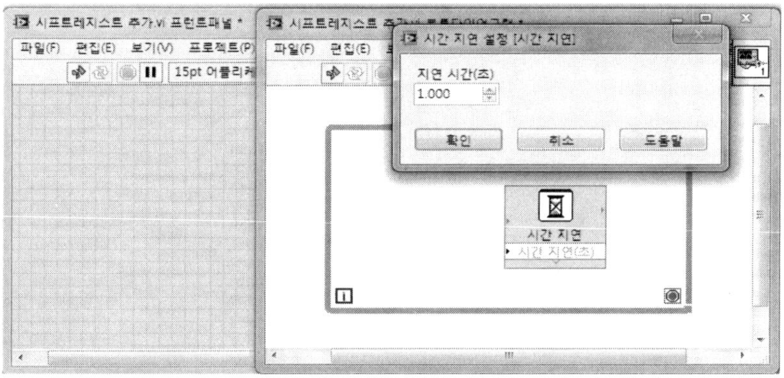

② 프런트패널(Ctrl+E)로 전환하여 정지 컨트롤을 생성합니다.

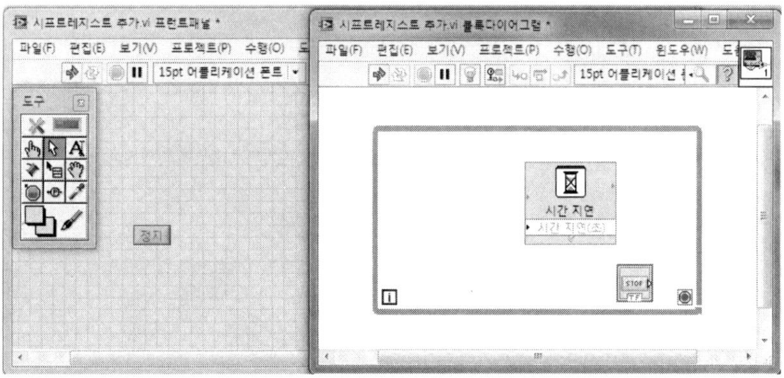

③ While 루프에 시프트 레지스터를 추가합니다.

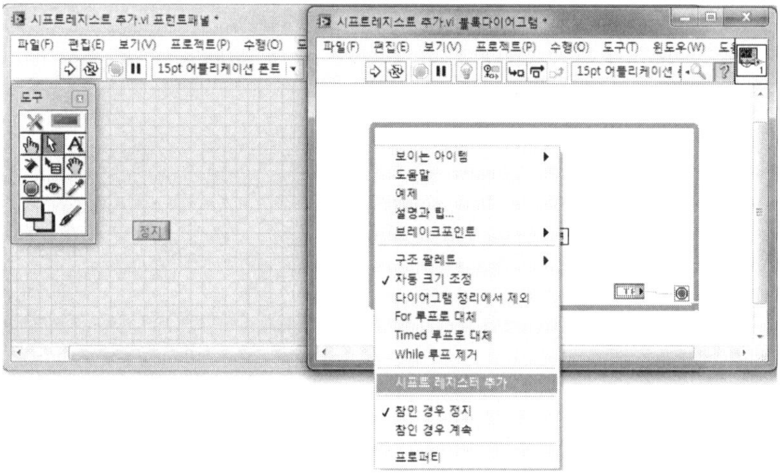

④ 생성된 시프트 레지스터에 연속적으로 원소 2개를 추가합니다.

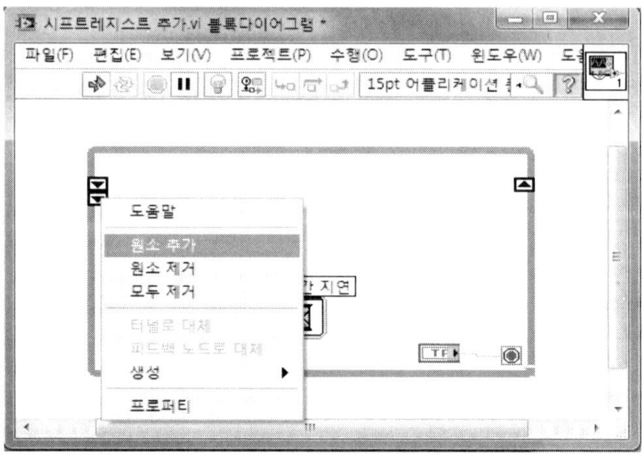

⑤ 블록다이어그램과 프런트패널에서 초기 값을 받는 인디케이터(X(i), X(i-2), X(i-3))를 구성합니다.

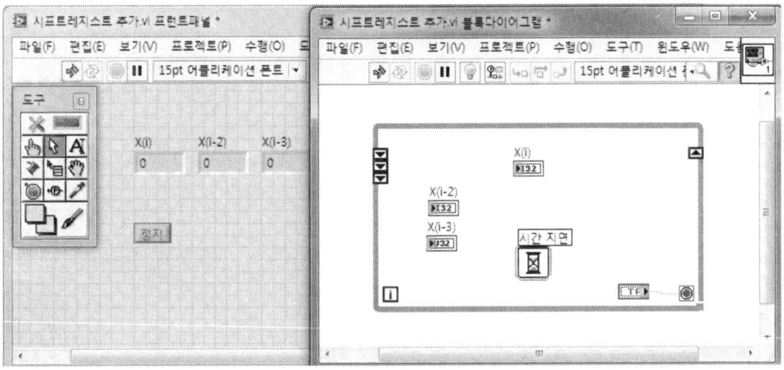

⑥ 첫 번째 초기 값에 더한('+') 결과 값을 X(i)에 전달하고 X(i-2)와 X(i-3)은 각각의 초기 값을 가지도록 한 후 와이어링 합니다.

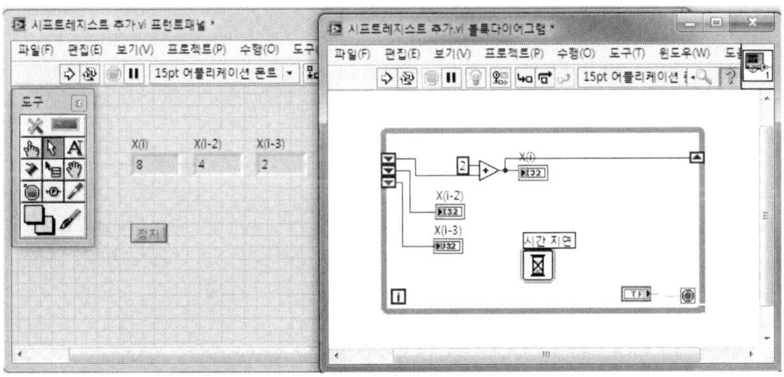

⑦ 실행 시 정지 버튼을 클릭하였을 경우 초기화가 되지 않습니다. 그러므로 매 실행 시 마다 초기화한 값을 가지기 위하여 원소 앞에 초기화 값 '0'을 와이어링 합니다. 실행 후 정지버튼으로 결과를 확인합니다.

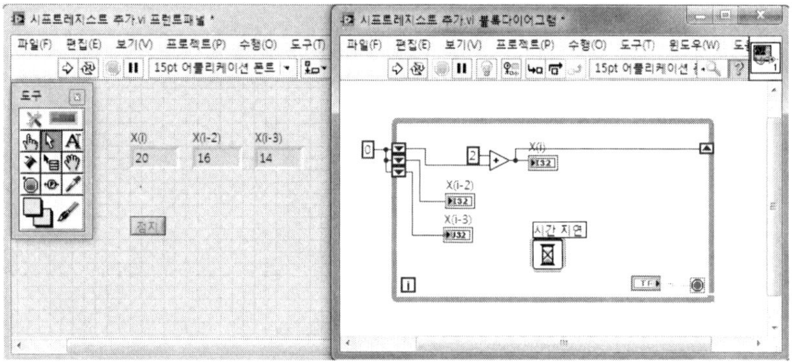

3.1.3 Timed 구조

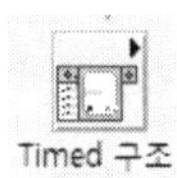

Timed 구조와 Vi를 사용하여 Timed 구조에서의 서브다이어그램 실행 속도 및 우선순위를 제어하고, Timed 구조의 시작 시간을 동기화하며 타이밍 소스 생성과 타이밍 소스의 계층 구조를 정합니다.

1) Timed 루프

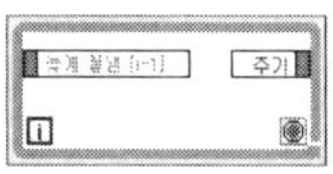

하나 또는 그 이상의 서브다이어그램이나 프레임을 지정한 주기만큼 루프의 각 반복을 순차적으로 실행합니다. 여러 속도의 타이밍 특성, 정확한 타이밍, 루프 실행의 피드백, 동적으로 변하는 타이밍 특성 또는 다양한 레벨의 실행 우선순위를 사용하여 VI를 만들 경우에 Timed 루프를 사용합니다. 구조의 경계에서 마우스 오른쪽 버튼을 클릭한 후 프레임을 추가, 삭제, 삽입, 병합할 수 있습니다.

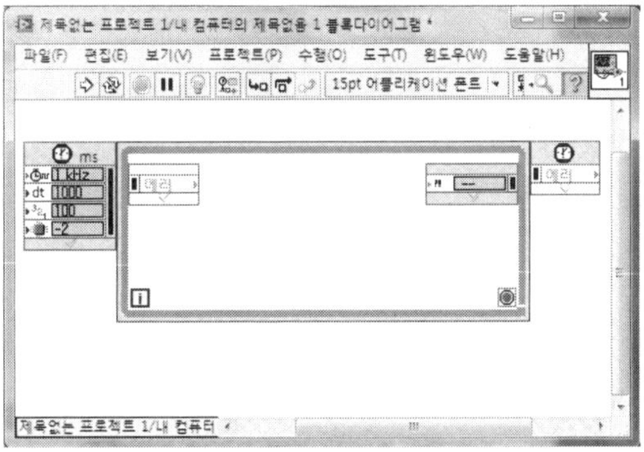

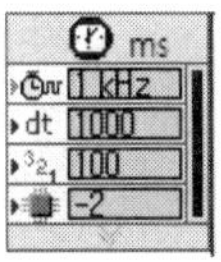

소스이름은 구조를 컨트롤하는데 사용할 타이밍 소스의 이름을 지정하며, 주기 dt 는 연속적으로 반복되는 두 개의 Timed 루프 사이에 경과되는 시간을 지정합니다. 주기의 단위는 선택한 타이밍 소스에 따라 변합니다.

우선순위는 실험 준비가 완료된 다른 Timed 구조 또는 프레임에 상대적인 다음 프레임의 실행의 우선순위를 지정합니다. 입력하는 숫자가 높을수록, 다음 프레임이 다른 Timed 구조 또는 프레임보다 더 높은 우선순위를 가지게 됩니다. 우선순위 입력의 값은 -1 또는 1과 65,535 사이의 양이 정수이어야 합니다. 기본은 -1이며, 이것은 이전 프레임의 우선순위 값이 변경되지 않았음을 나타냅니다.

프로세서는 실행을 처리할 프로세서를 지정합니다. 기본설정은 -2로서, 프로세서를 자동으로 지정한다는 것을 의미합니다. 수동으로 프로세서를 지정하려면,

0에서 255사이의 숫자를 입력합니다. 이때 0은 사용 가능한 첫 번째 프로세서를 나타내며, 사용 가능한 프로세서의 개수를 넘는 숫자를 입력하는 경우, 런타임 에러가 발생하고 Timed 구조는 실행되지 않습니다.

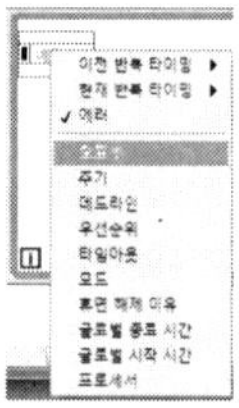

오프셋은 Timed 루프가 실행 시작을 기다리는 시간의 길이를 지정합니다. 오프셋 값은 Timed 루프의 시작에 상대적이며 타이밍 소스의 단위로 지정됩니다. 주기는 소스 이름으로 지정된 타이밍 소스와 같은 단위로 Timed 루프의 주기를 지정합니다. 데드라인은 Timed 루프가 반복을 종료해야 하는 시간을 지정합니다. 값을 지정하지 않는 경우 데드라인은 주기와 같습니다. 데드라인 값은 Timed 루프의 시작에 상대적이며 타이밍 소스의 단위로 지정됩니다.

우선순위는 Timed 루프 실행의 우선순위를 지정합니다. Timed 구조의 우선순위는 블록다이어그램의 다른 객체에 비교하여 언제 블록다이어그램에서 구조가 실행되는지 지정합니다. 우선순위 입력의 값은 1과 65,535 사이의 양의 정수여야 합니다. 타임아웃은 Timed 루프가 실행 시작을 기다리는 시간의 최대 길이를 지정합니다. 기본은 -1이며 다음 프레임에 대해서 지정된 타임아웃이 없음을 의미합니다. 타임아웃 값은 Timed 루프의 시작 또는 이전 반복의 끝에 상대적이며 프레임 타이밍 소스의 단위로 지정됩니다.

모드는 Timed 루프가 지연된 실행을 처리하는 방법을 지정합니다. 다음과 같이 5개의 모드를 사용할 수 있습니다.

가. 변경 없음

나. 원래 위상 유지하면서 놓친 주기 처리

다. 원래 위상 무시하면서 놓친 주기 처리

라. 원래 위상 유지하면서 놓친 주기 버림

마. 원래 위상 무시하면서 놓친 주기 버림

실습 1 : 특정 시간 루프 VI에 대한 Offset

초과 루프에 대한 Offset의 역할을 실습을 통하여 알아보도록 하겠습니다.

① 새로운 VI를 생성한 후 프런트 패널에서 반복 수와 기준 값 A와 B, Offset 값 A와 B의 인디케이터를 생성합니다.

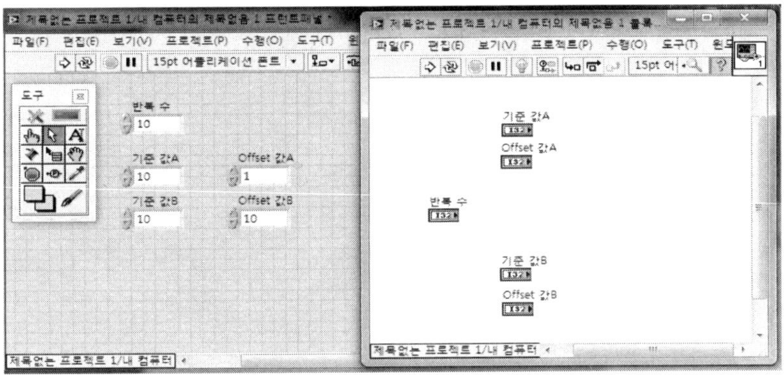

② Timed 루프 함수 2개를 각각 드래그 & 드롭 합니다. 이는 2개의 플롯의 Offset을 확인합니다.

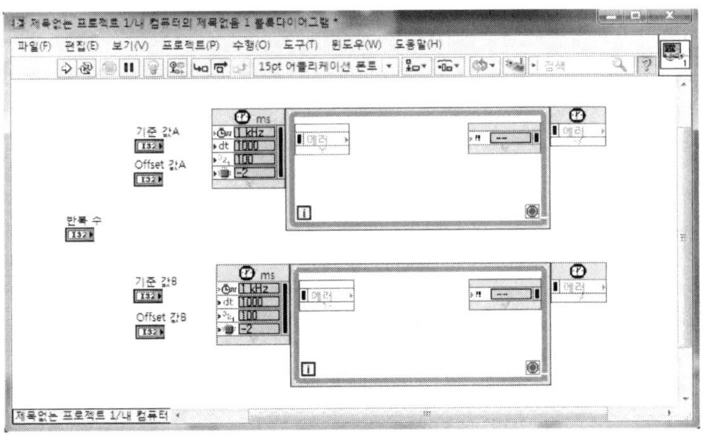

③ 입력노드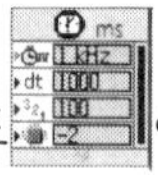에서 각각의 주기 dt 와 Timed 루프가 실행시작을 기다리는 시간의 길이를 지정하기 위하여 오프셋 t0 을 선택하여 와이어링 합니다.

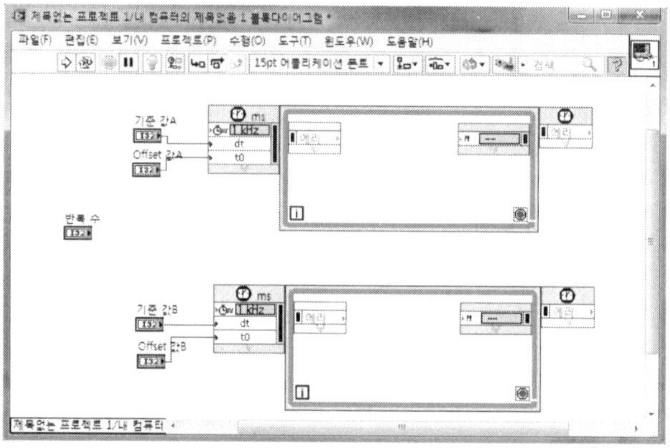

④ 반복 수에 따른 루프반복횟수, 루프조건에 맞는 비교함수 보다 작음?을 와이어링 합니다.

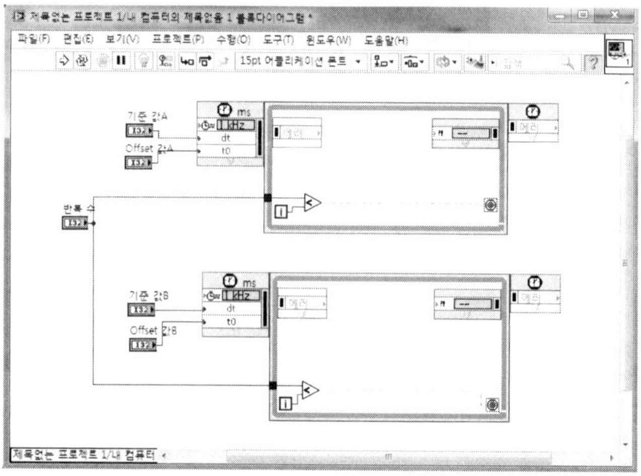

※ 입력로드 추가 및 제거하는 방법

기본 입력노드	오른쪽 마우스를 이용한 모든 입력노드 보이기
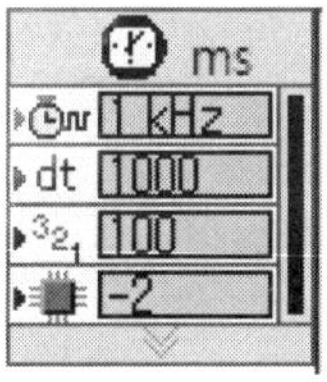	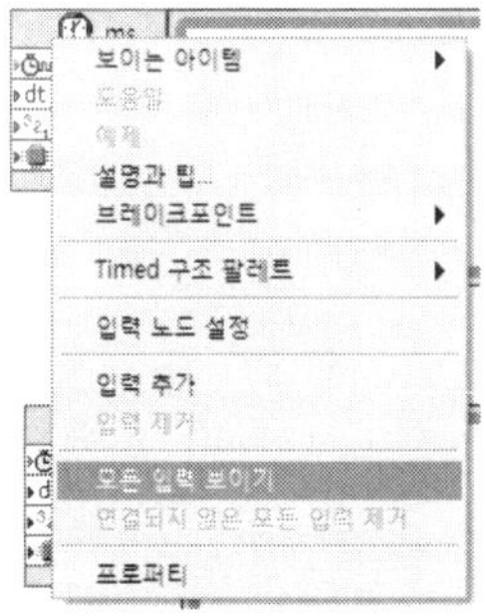

오른쪽 마우스를 이용한 모든 입력노드 보이기	입력선택에서 입력노드 선택하기
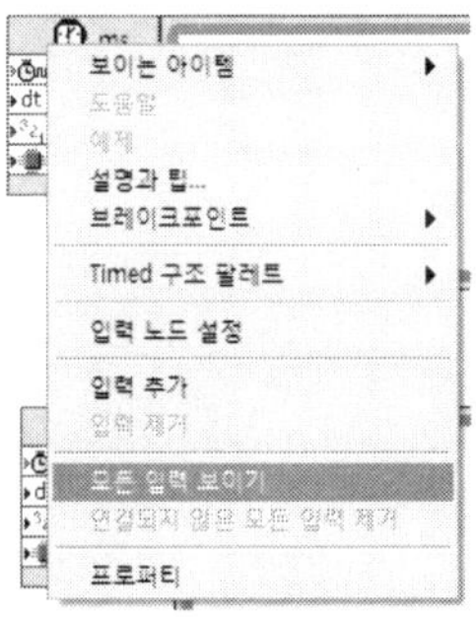	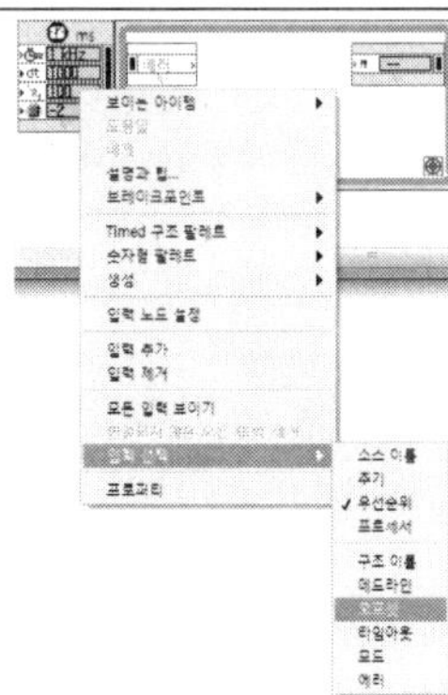

⑤ 그리고 기준 값 A, B 값을 반복 수 값에 곱한 값을 배열 초기화 함수로 와이어링 합니다. 배열 초기화 함수에서 차원크기는 '0'이며 원소 값은 임의로 정한 상수 값을 나타냅니다.

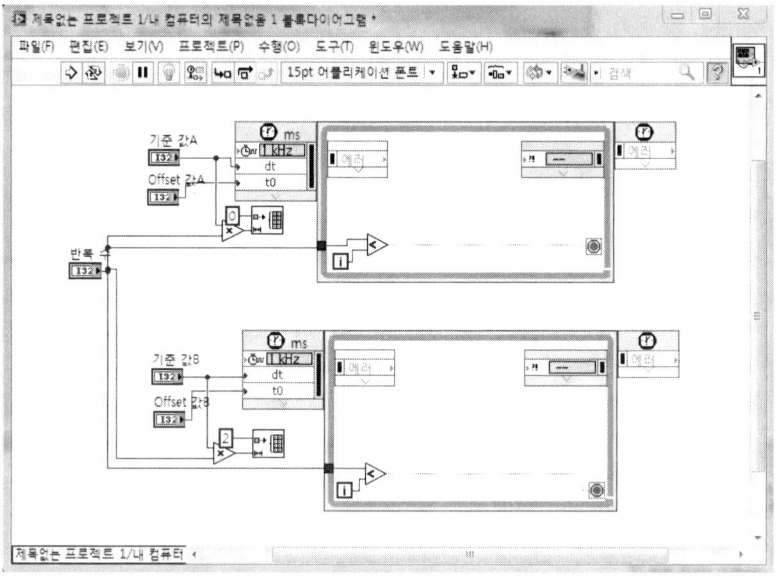

⑥ 배열 초기화 함수는 Timed 루프에 시프트 레지스트 추가 한 후 배열 만들기 함수배열 만들기와 와이어링 합니다. 그리고 왼쪽 데이터 노드에서 현재 반복타이밍의 예상되는 시작(i)를 선택한 후 배열함수 배열부분대체 배열 부분 대... 함수와 와이어링 합니다. 예상되는 시작(i)는 인덱스 값을 가집니다. 배열부분대체 상수 값을 각각 입력합니다. 시프트 레지스터 값을 배열 만들기배열 만들기 함수와 와이어링 합니다.

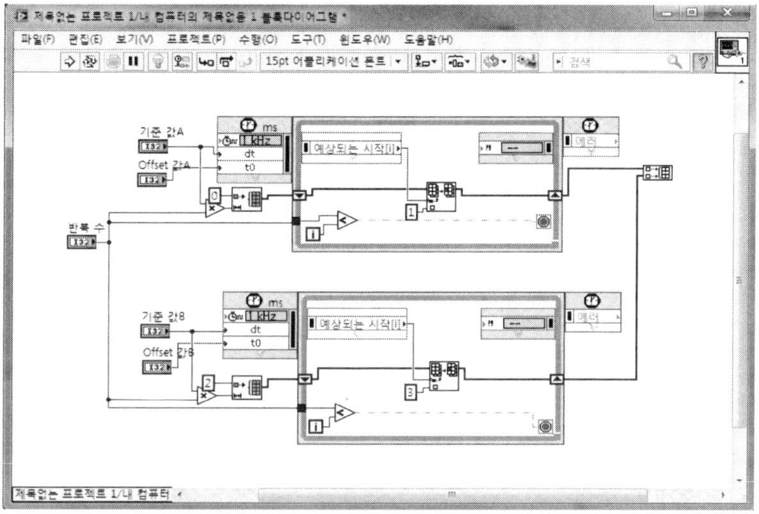

※ 배열 만들기  함수를 드래그 & 드롭 한 경우의 아이콘은  나타납니다. 수정할 경우 포인터를 아래로 드래그  하여 수정합니다. 수정 결과는  로 나타납니다.

⑦ 배열 만들기 함수에서 결과 값을 받는 웨이브폼 그래프를 프런트 패널에서 드래그 & 드롭 합니다.

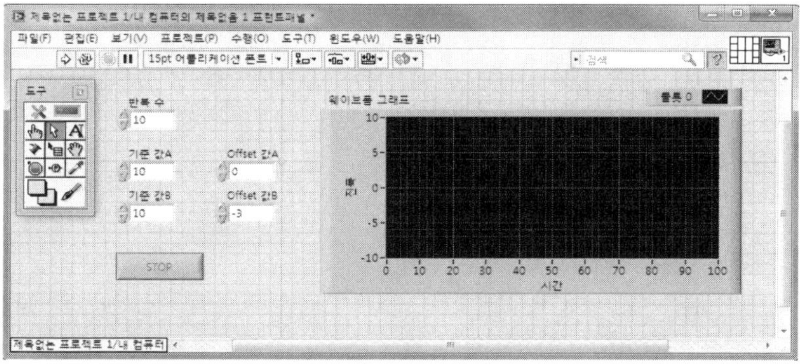

⑧ 플롯이 2개입니다. 기준 값 A, B의 결과 값을 보기 위해 플롯을 2개로 확장합니다. 확장하는 방법은 플롯 박스의 포인트를 아래로 드래그 합니다. 그리고 이름을 Loop A, Loop B로 정합니다. 그리고 배열 만들기 함수와 와이어링 합니다.

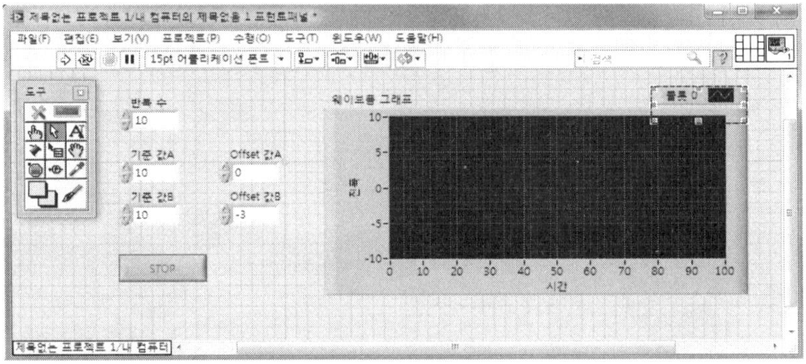

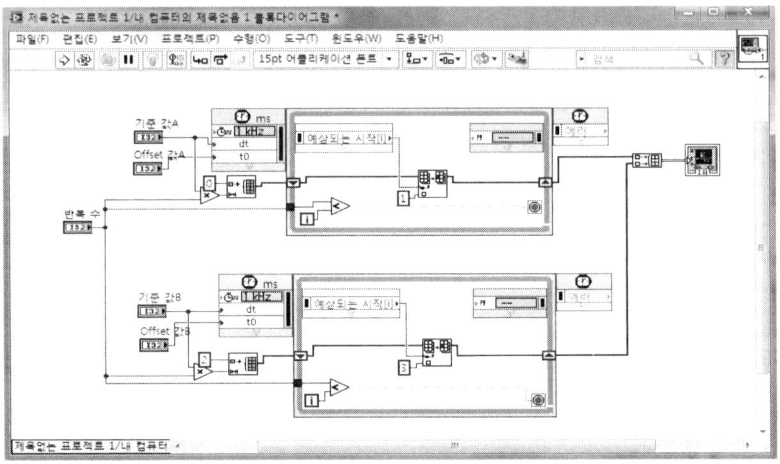

⑨ 전체를 While 루프 안에 적용시켜 기다림(ms)와 정지 불리언을 생성한 후 실행하여 결과를 확인합니다.

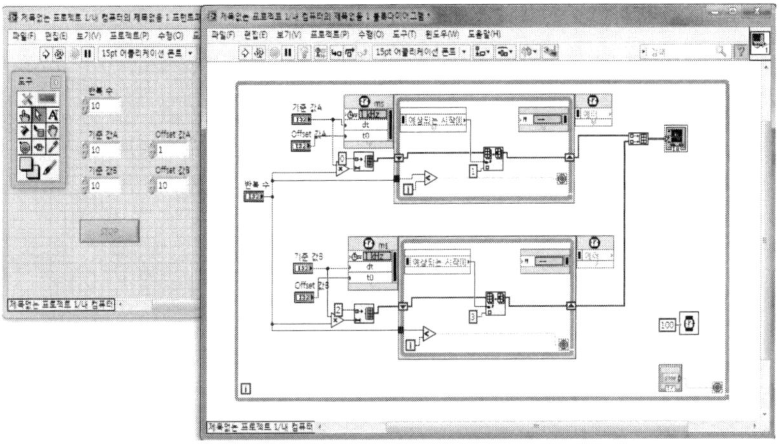

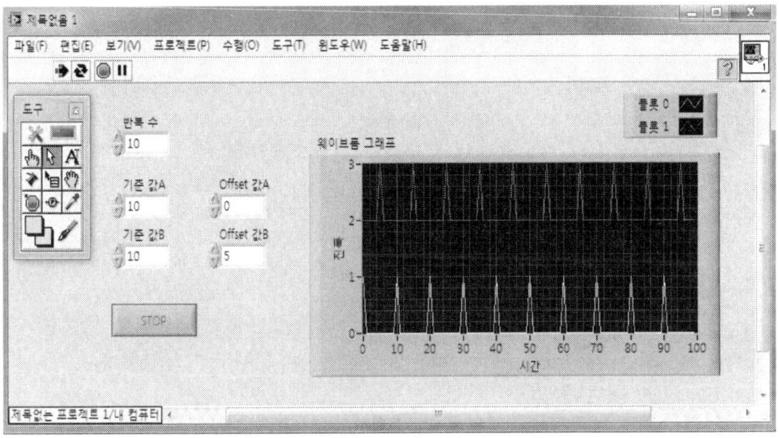

2) Timed 시퀀스

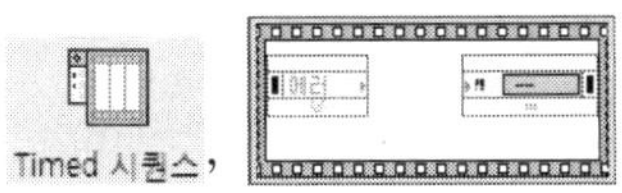

Timed 시퀀스 구조는 순차적으로 실행되는 내부 또는 외부 타이밍 소스로 시간

이 설정된 하나 또는 그 이상의 서브다이어그램 또는 프레임으로 구성되며, 각 프레임을 한 번씩만 실행하며 Timed 루프와는 달리 반복되지 않습니다. 정확한 타이밍으로 한 번만 실행되고, 실행 피드백, 다이나믹 하게 변하는 타이밍 특성 또는 다양한 레벨의 실행 우선순위를 가진 VI를 만들 경우에 Timed 시퀀스 구조를 사용합니다.

Timed 시퀀스 구조의 경계에서 마우스 오른쪽 버튼을 클릭한 후 프레임을 추가, 삭제, 삽입, 병합할 수 있습니다.

3) 타이밍 소스 생성

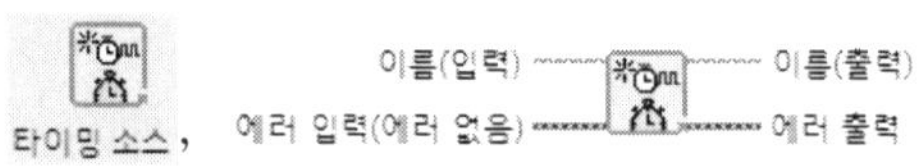

Timed 구조 실행을 제어하는데 사용할 수 있는 1 kHz, 1 MHz, 또는 소프트웨어 트리거 타이밍 소스를 생성합니다. 각 타이밍 소스는 자체적인 타이밍 단위 또는 시작 시간, 또는 모두를 가지며 타이밍 소스를 사용하는 첫번째 Timed 구조가 시작하기 전에는 시작하지 않습니다. 반드시 사용할 다형성 인스턴스를 수동으로 선택해야 합니다. 1 kHz, 1 MHz, 또는 소프트웨어 트리거 타이밍 소스를 생성에는 아이콘에 명시됩니다.

- 타이밍 소스 생성(1kHz)

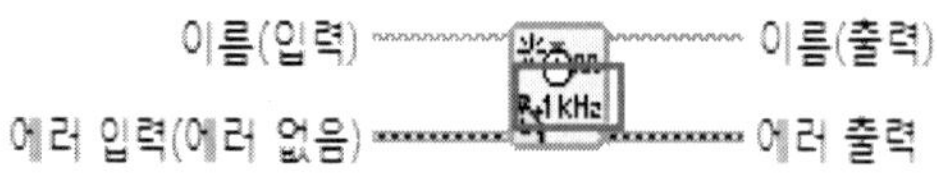

- 타이밍 소스 생성(1 MHz)

- 소프트웨어 트리거 타이밍 소스 생성

4) 소프트웨어 트리거 타이밍 소스 발생

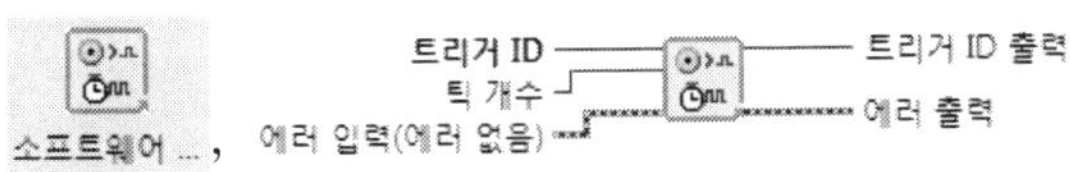

소프트웨어 트리거 타이밍 소스를 발생시킵니다. [타이밍 소스 생성] VI를 사용하여 소프트웨어 트리거 타이밍 소스를 생성합니다.

5) 타이밍 소스 지우기

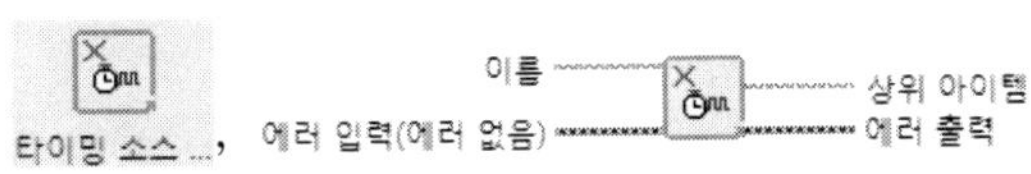

다른 리소스에서 사용하기 위해 생성하고 지정했던 타이밍 소스를 정지하고 지웁니다. VI는 타이밍 소스를 참조하는 모든 활성 Timed 구조의 현재 반복이 완료되면 해당 타이밍 소스를 삭제합니다.

6) Timed 구조 시작 동기화

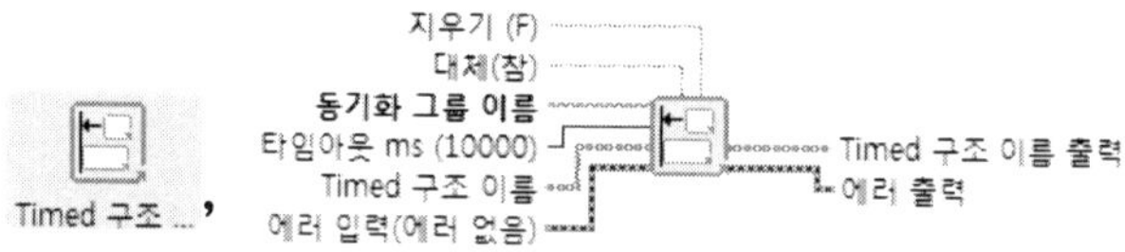

동기화 그룹 이름에 지정한 동기화 그룹에 이름을 추가하여 Timed 구조 이름에 입력한 Timed 루프 또는 Timed 시퀀스 구조의 시작을 동기화합니다.

7) TImed 구조 정지

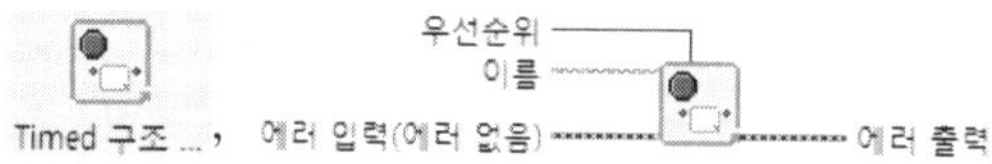

Timed 루프를 강제 종료하려 할 경우 Timed 루프는 즉시 현재 반복을 실행하고 왼쪽 데이터 노드의 휴면 해제 이유에 강제 종료를 반환합니다.

8) TImed 구조 정지

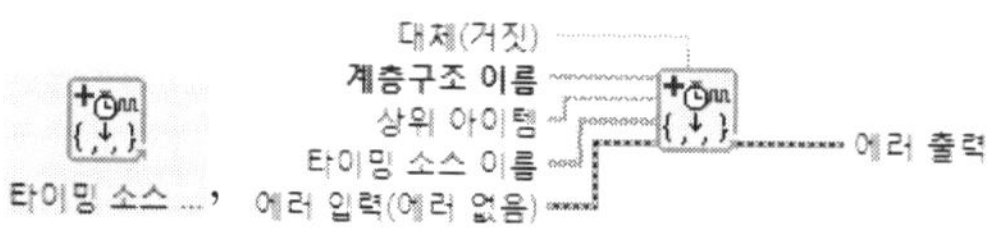

타이밍 소스 이름에 입력한 이름에 기초하여 타이밍 소스의 계층구조를 생성합니다.

3.1.4 케이스 구조

하나 또는 그 이상의 서브다이어그램 또는 케이스를 가지며, 구조가 실행되면 그 중 하나만이 실행됩니다. 선택자 터미널에 연결된 값이 어떤 케이스가 실행되는지 결정합니다. 그 값은 불리언, 문자열, 정수, 열거형 타입 또는 에러 클러스터입니다. 구조의 경계에서 마우스 오른쪽 버튼을 클릭하여 케이스를 추가하거나 삭제합니다. 라벨링 도구를 사용하여 케이스 선택자 라벨에 값을 입력하고 각 케이스로 다루어지는 값을 설정합니다.

둘 또는 그 이상의 서브다이어그램으로 구성되어 있으며 선택 값에 기초하여 한 번에 오직 하나의 서브다이어그램만 실행합니다. 각 서브다이어그램은 반드시 모든 케이스에 대하여 출력 값을 가져야 합니다.

실습 1 : 입력조건으로 받는 케이스 구조

① 새로운 VI를 생성한 후 프런트패널에서 조건 입력 불리언과 숫자형 컨트롤 문자열을 생성하고 연산 입력 및 출력 값을 받는 숫자형 컨트롤 X, Y 그리고 결과 값의 인디케이터를 생성하겠습니다.

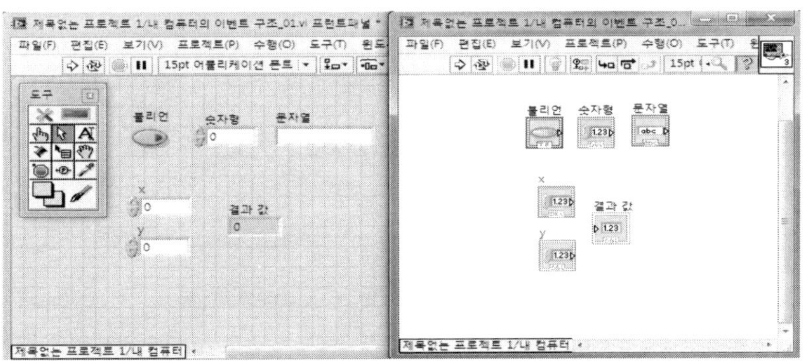

② 블록다이어그램에서 케이스 구조를 생성한 후 "참"의 케이스 구조에 더하기 

함수를 넣고 X, Y 컨트롤과 와이어링 합니다. 숫자형과 X, Y, 결과 값 등은 DBL(64비트 실수)에서 I32(32비트 정수)로 변환합니다.

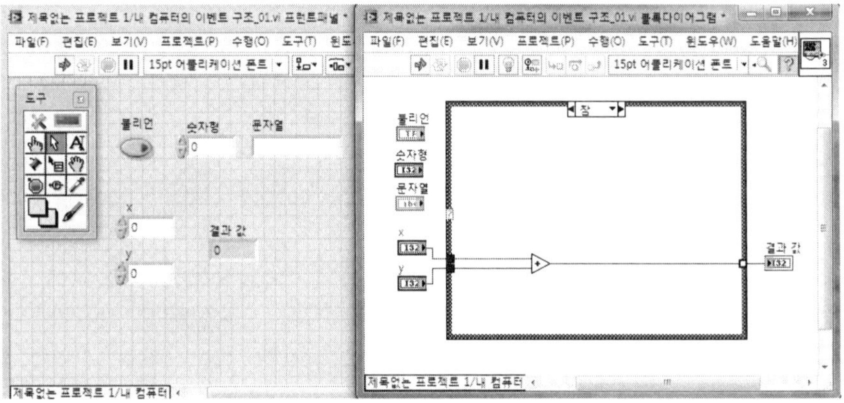

③ "거짓"의 케이스 구조에 빼기 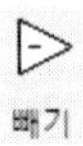

함수를 넣고 X, Y 컨트롤과 와이어링 합니다.

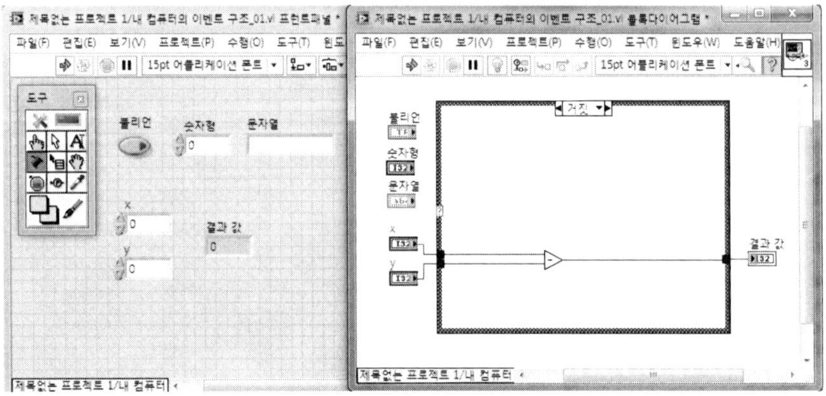

④ 불리언 컨트롤을  모양의 선택 터미널과 와이어링 하여 불리언이 참일 때와 거짓 일 때의 실행 결과를 확인합니다.

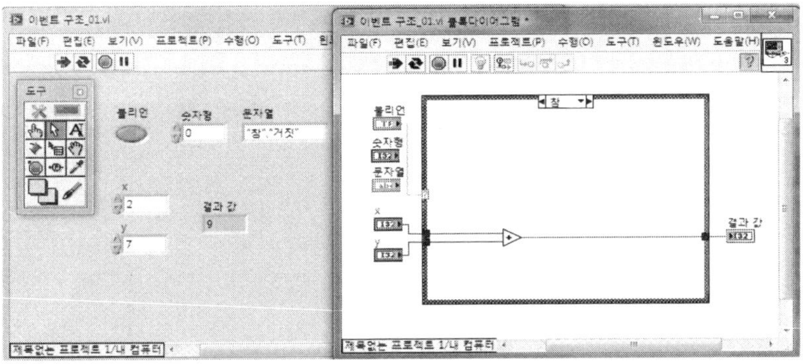

<불리언이 "참"일 때>

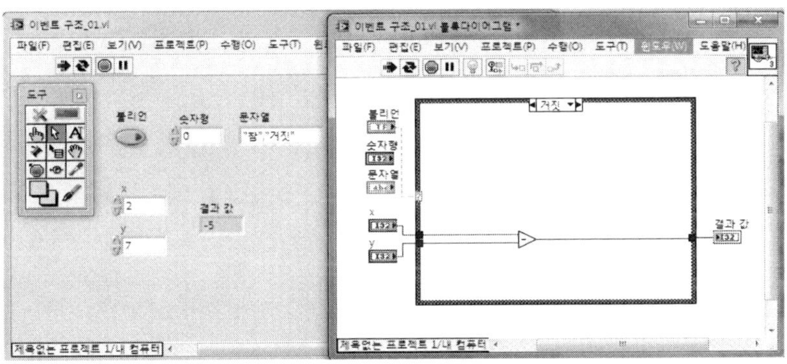

<불리언이 "거짓"일 때>

실습 2 : 케이스 구조를 이용한 제곱근 값 구하기

① 새로운 VI를 생성한 후 블록다이어그램에서 케이스 구조를 드래그 & 드롭 합니다. 케이스 구조 생성시 [?] 모양의 선택 터미널이 나타납니다.

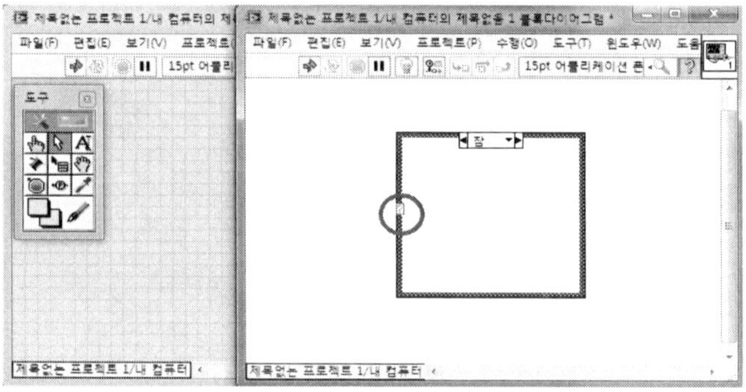

② 제곱근 값을 구하는 숫자형 컨트롤과 그 값을 받는 인디케이터를 프런트패널에 생성합니다.

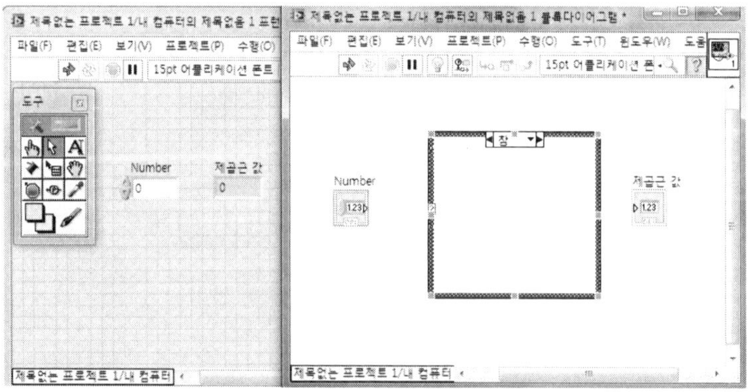

③ Number가 0보다 크거나 같은 경우 참을 반환하고 그렇지 않은 경우 이 함수

는 거짓을 반환해야 합니다. 그러므로 0보다 크거나 같음? 

함수를 사용하여 와이어링 한 후 다시 한번 케이스 구조와 와이어링 합니다.

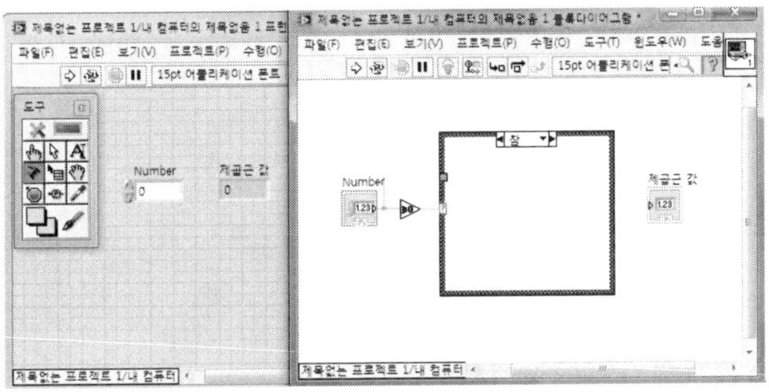

④ 제곱근 값을 받기 위해 "참"에서 제곱근을 와이어링 합니다.

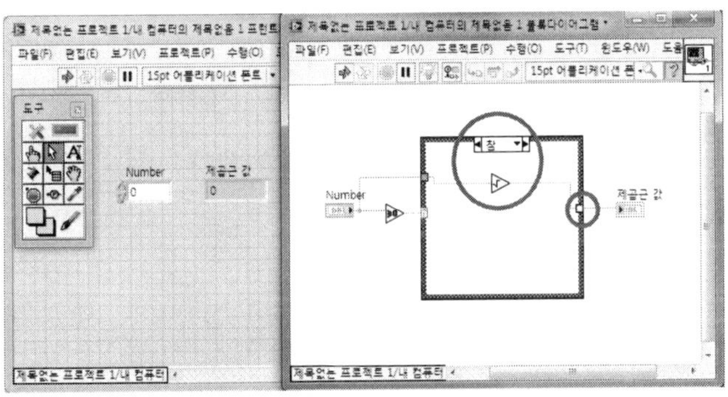

⑤ 위 그림에서 오른쪽 사각형이 비워있습니다. 이것은 케이스 구조로 들어오는 입력의 개수에는 상관없이 하나의 조건에서의 출력이 존재한다면 모든 조건에서 출력이 와이어링을 하여야 한다는 의미입니다. 예를 들어 '참'에서 밖으로 나가는 와이어가 있으면 '거짓'에서도 동일한 부위에서의 출력을 연결해 주어야 합니다. 즉, "거짓"에서 숫자형 상수 '-99999' 생성하여 제곱근 값과 와이어링 합니다.

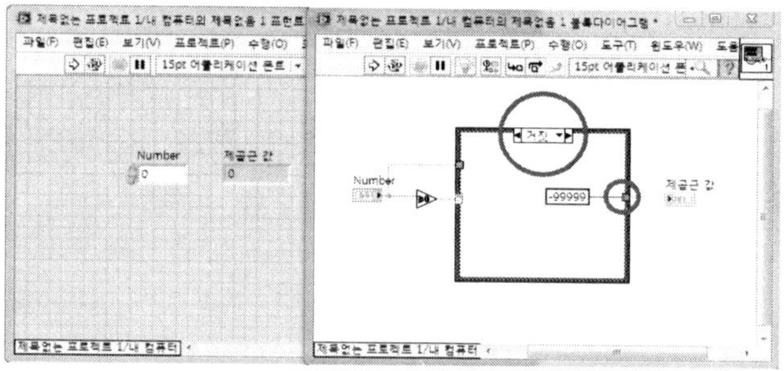

⑥ 숫자 상수 형 '-99999'를 64비트 배정도 로 변환 후 연속실행하여 결과 값을 확인합니다.

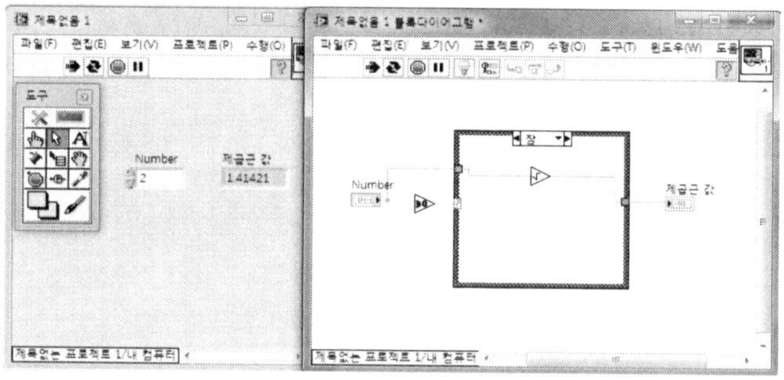

실습 3 : 불리언과 케이스 구조

① 새로운 VI를 생성한 후 블록다이어그램에서 케이스 구조를 드래그 & 드롭 합니다.

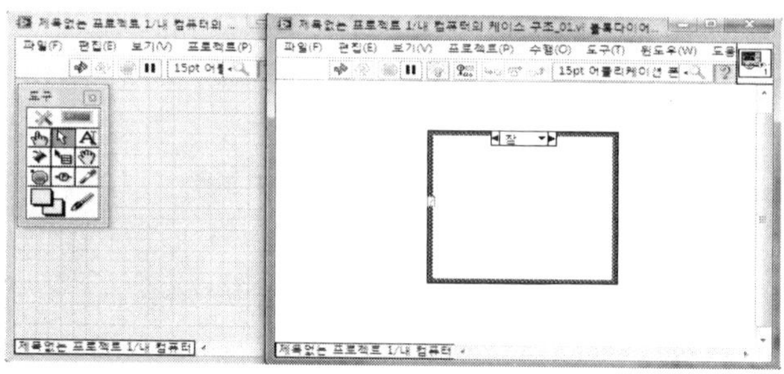

② 프론트패널에서 불리언 수직 토글스위치와 숫자형 컨트롤을 선택하여 드래그 & 드롭 합니다. 블록다이어그램(Ctrl+E)으로 전환하여 케이스 구조 밖의 위치에 배열합니다.

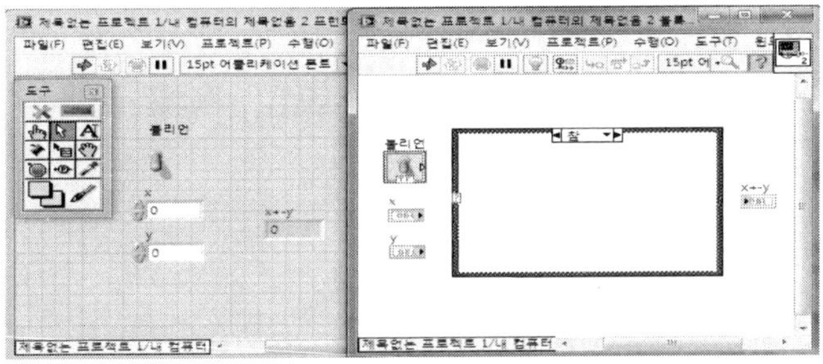

케이스 구조이므로 “참”에는 숫자형 더하기 함수를 배치하고 “거짓”은 숫자형 빼기 함수를 드래그 & 드롭 한 후 와이어링 합니다.

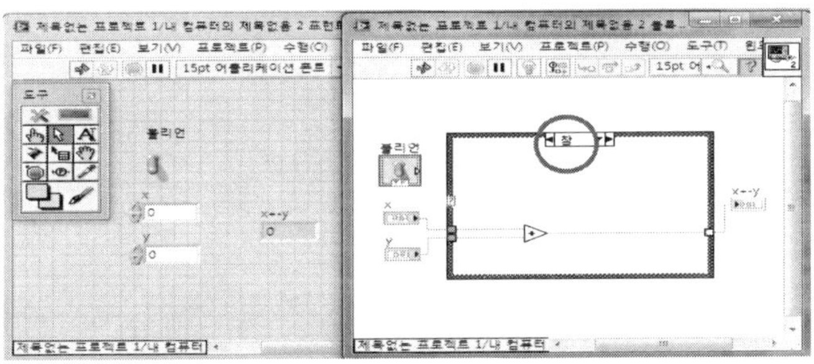

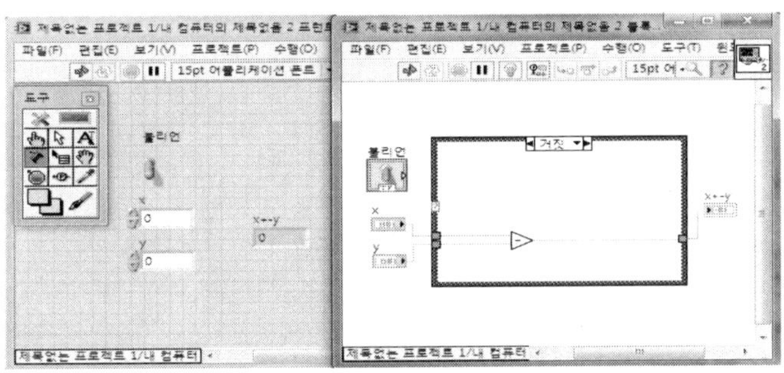

③ 마지막으로 불리언을 와이어링 한 후 연속실행하여 결과를 확인합니다.

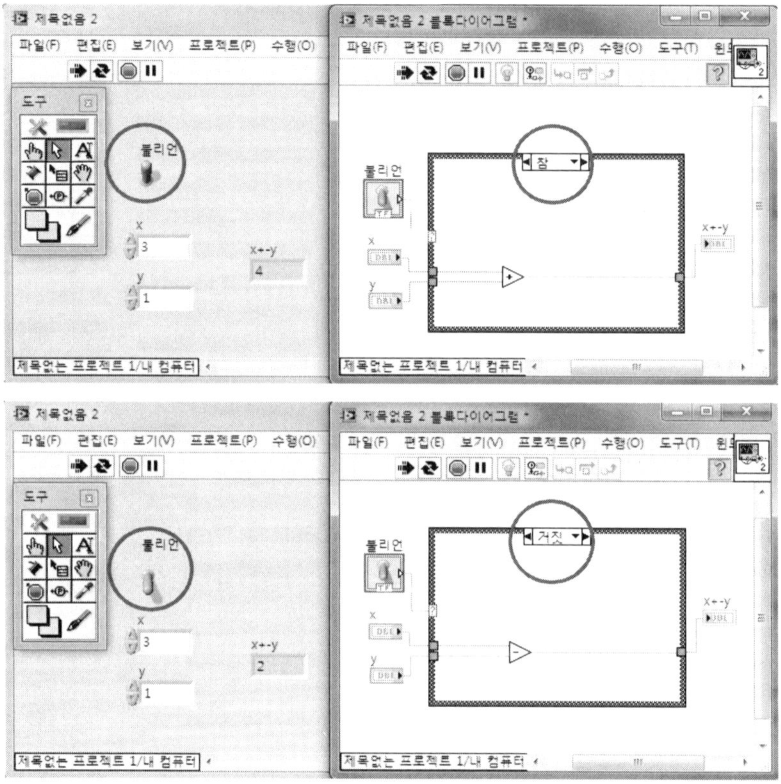

3.1.5 이벤트 구조

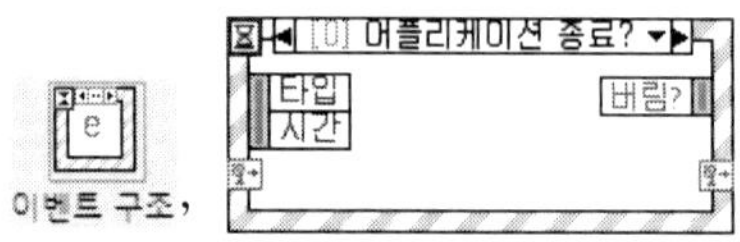

하나 또는 그 이상의 서브다이어그램 또는 이벤트 케이스를 가지며, 구조가 실행되면 그 중 하나만 실행됩니다. 이벤트 구조는 이벤트가 일어날 때까지 기다린 후, 그 이벤트를 처리할 적절한 케이스를 실행합니다.

시간 출력은 사용하는 컨트롤 이벤트에 응답합니다. 구조의 경계에서 마우스 오른쪽 버튼을 클릭한 후 새 이벤트 케이스를 추가하거나 어느 이벤트를 처리할지를 설정합니다. 이벤트 구조의 왼쪽 위 타임아웃 터미널에 값을 연결하여 이벤트 구조가 이벤트 발생을 기다려야하는 ms 시간을 지정합니다.

기본은 -1이며, 결코 타임아웃 되지 않음을 나타냅니다. 그리고 카운드 업/다운, 정지 버튼에 대한 동작 기능을 구현할 수 있으며 이벤트 구조에 While Loop와 함께 사용할 수 있습니다.

결론적으로 이벤트 구조는 While Loop 또는 상태 머신 구조의 경우 정해진 시간 만큼 계속 동작하며 CPU 리소스 낭비를 최소화합니다. 또한 사용자 인터페이스의 동작 이벤트에 따라 실행할 수 있습니다. 그리고 While Loop안에 이벤트 구조를 두는 것이 기본 형태입니다.

이벤트가 발생할 때마다 While Loop 1번씩 실행하며 각 이벤트에 대한 서브다이어그램이 실행합니다.

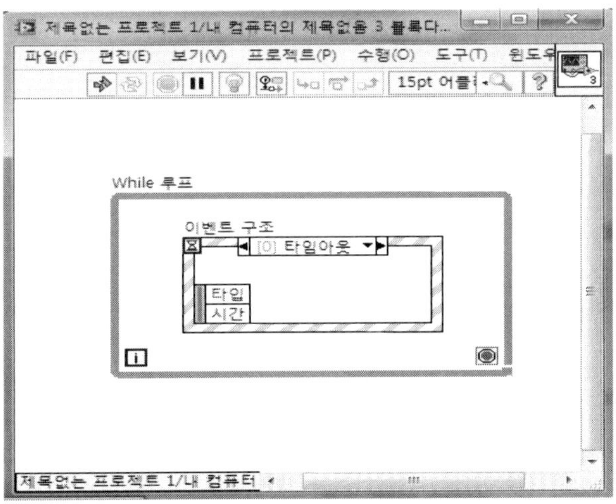

실습 1 : 불리언 업, 다운 정지 버튼를 이용한 이벤트 구조

① 새로운 VI를 생성한 후 프런터페널에서 불리언, 인디케이터, 정지 버튼을 드래그 & 드롭 하여 생성합니다.

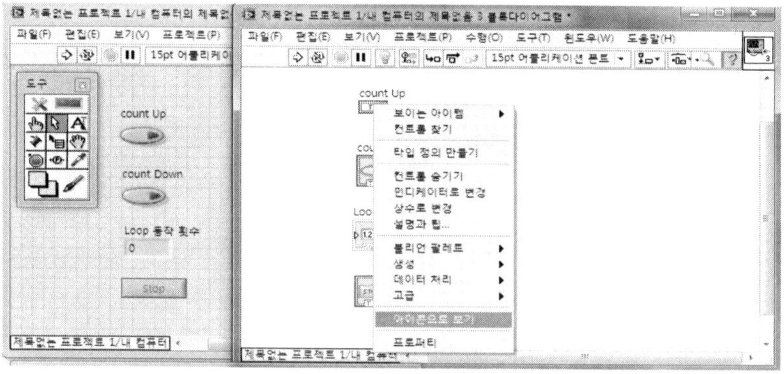

② 블록다이어그램에서 While 루프와 이벤트 구조를 사용하여 구성합니다. 그리고 Loop 동작횟수 인디케이터 DBL(64비트 실수)를 I32(32비트 정수)로 형을 변환시킵니다.

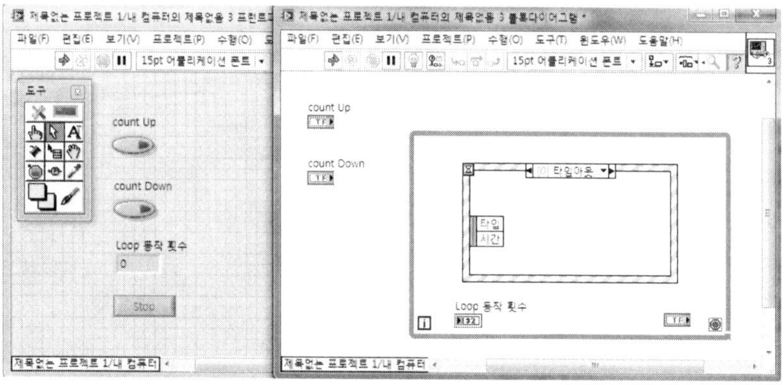

③ While 루프에 시프트 레지스터를 추가합니다. 그리고 count Up 컨트롤에 이벤트를 추가합니다. 이벤트 추가하는 방법은 아래 그림과 같이 기본 케이스인 타임아웃 이벤트에서 오른쪽 마우스 클릭 후 "이 케이스에 의해 핸들되는 이벤트 편집..."을 선택하여 편집합니다.

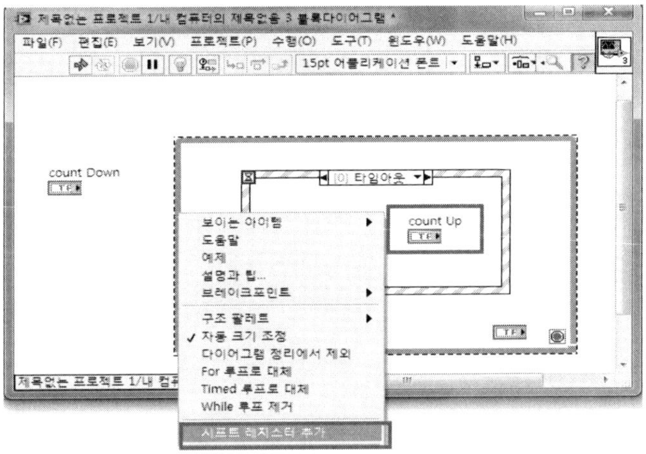

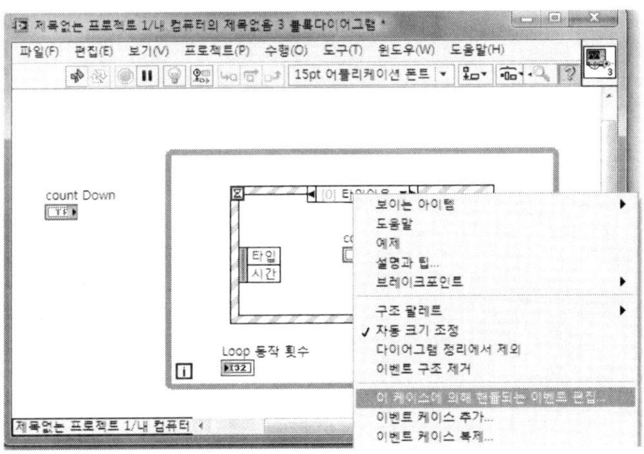

④ “이 케이스에 의해 핸들되는 이벤트 편집...”을 선택 후 이벤트 소스의 컨트롤 count Up을 선택 후 이벤트의 값 변경을 선택합니다. 그리고 확인 버튼을 클릭합니다.

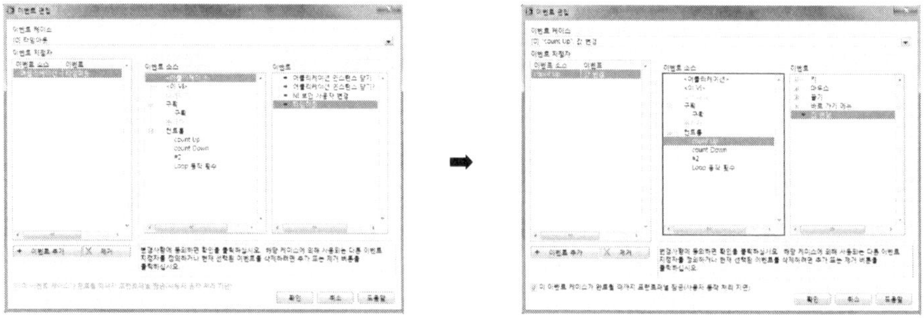

⑤ While Loop의 시프트 레지스터와 증가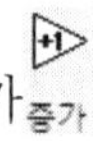 함수를 드래그 & 드롭 하여 와이어링 합니다.

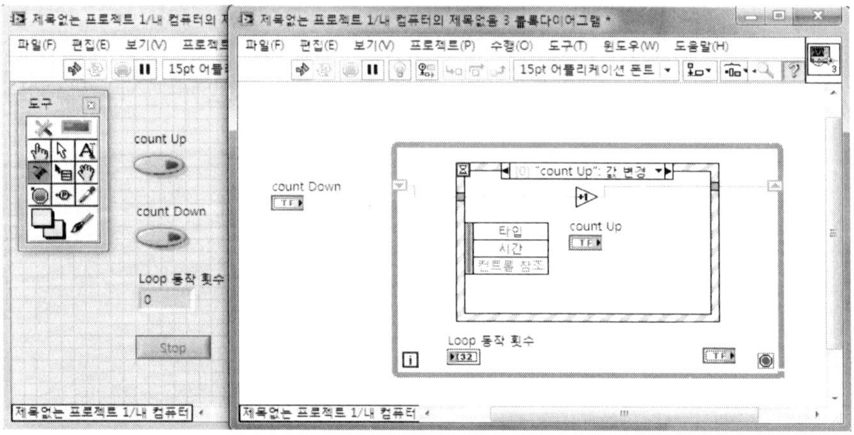

⑥ 01~05번까지 count Up에 관한 이벤트 구조이며 이제는 count Down을 추가 하도록 하겠습니다. 기본 케이스 타임아웃 이벤트에서 오른쪽 마우스 클릭 후 "이벤트 케이스 추가..."선택합니다. 이벤트 소스의 컨트롤 count Down을 선택 후 이벤트의 값 변경을 선택합니다. 그리고 확인 버튼을 클릭합니다.

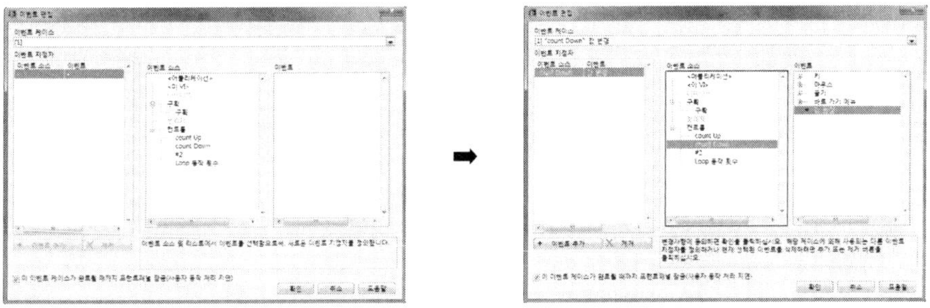

⑦ "count Down"에서는 count Down 컨트롤을 이벤트 구조에 포함시키고 감소 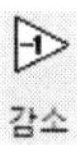 함수를 드래그 & 드롭 한 후 시프트 레지스터 와 와이어링 합니다.

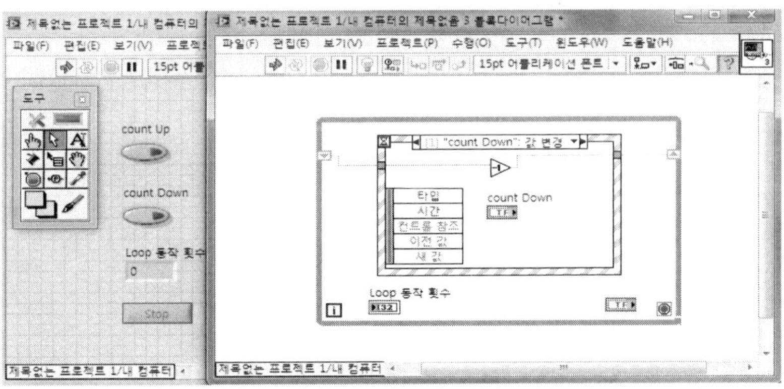

⑧ 기본 케이스 타임아웃 이벤트에서 오른쪽 마우스 클릭 후 "이벤트 케이스 추가..."선택합니다. 이제는 Stop 버튼입니다. 라벨명이 '정지'명으로 추가함으로써 정지버튼 이벤트 케이스가 추가 됨으로써 정지버튼을 해당 이벤트 문 안에 위치합니다.

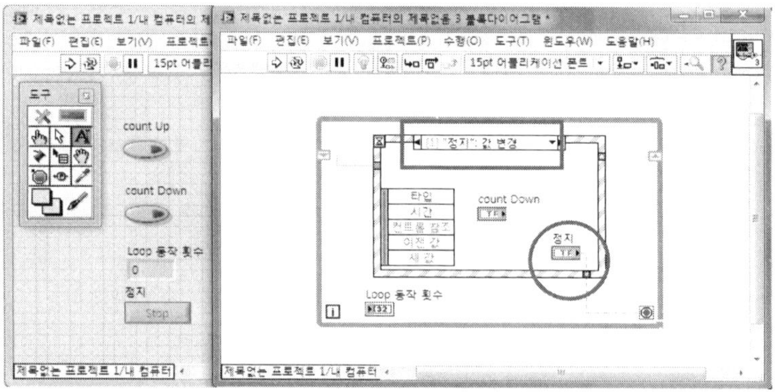

⑨ 시프트 레지스터의 상수 값을 '0'으로 설정하고 루프반복횟수를 Loop동작횟수와 와이어링 합니다.

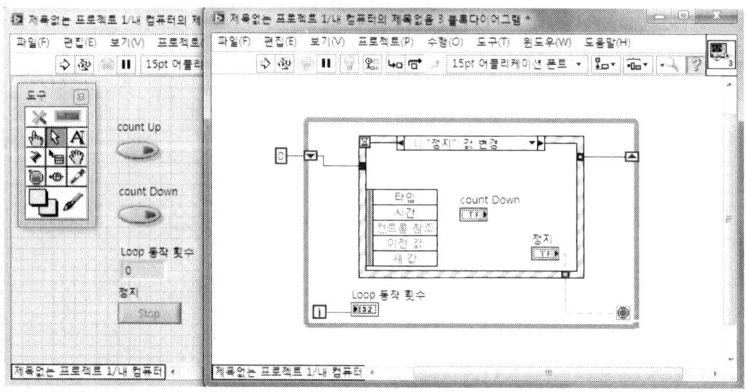

⑩ While 루프와 이벤트 간의 카운트 값을 인디케이터를 생성합니다. 인디케이터는 프런트패널에서 생성한 후 블록다이어그램에서 와이어링 합니다. 결과를 확인합니다.

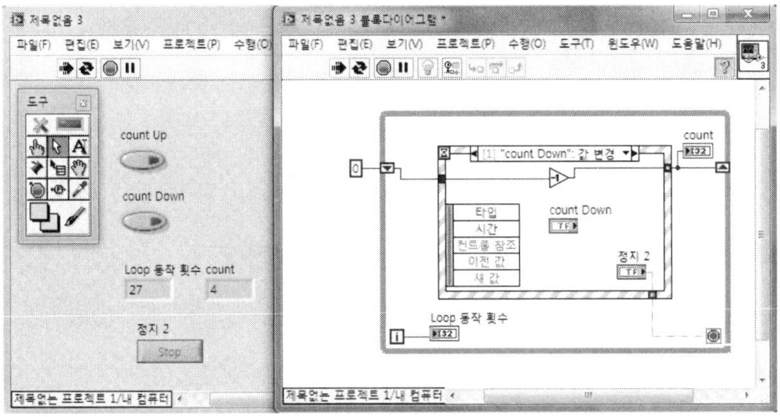

➡ Tip : 이벤트 구조에서 래치된 정지 불리언 컨트롤 핸드링

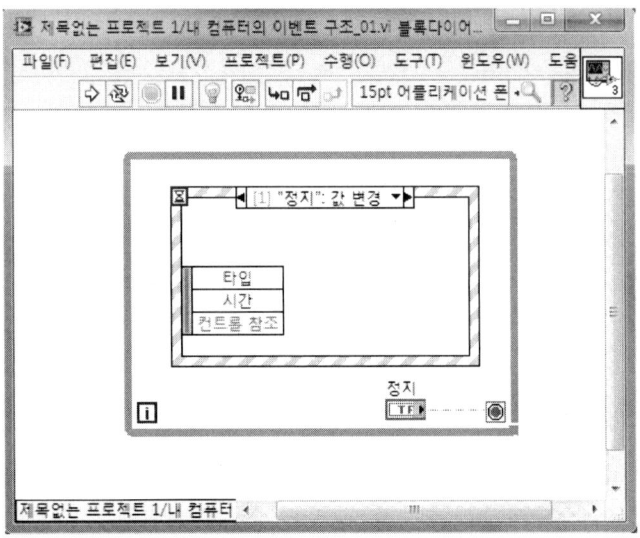

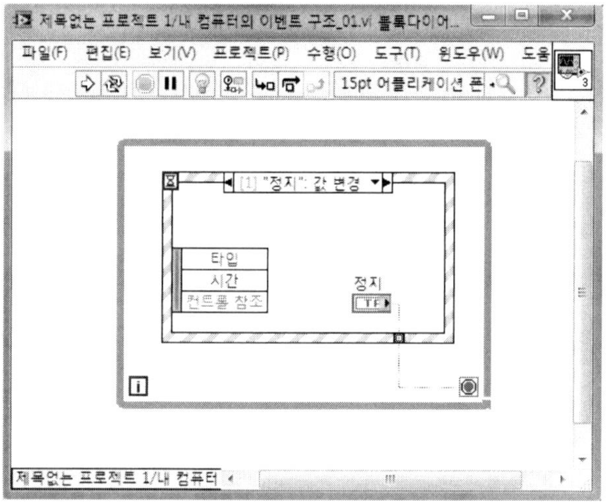

이벤트 케이스가 래치된 정지 불리언 컨트롤을 처리하도록 설정하지 않으면, 처음 While 루프를 실행할 때, While 루프가 정지 버튼 값을 읽고, 거짓이라고 루프 종료 조건을 평가합니다. 그 다음 이벤트 구조는 실행되고 이벤트를 기다립니다. 사용자는 정지 버튼을 클릭하면, 이벤트를 발생하고 이벤트 구조를 트리거합니다. 이벤트를 다루기 위해 설정된 케이스가 실행됩니다. While 루프가 반복되고 종료 조건을 평가하여(이번 경우에는 참), 루프가 현재 실행을 끝내면 더 이상 실행되지 않도록 합니다. 이벤트 구조가 실행되고 다음 이벤트를 기다립니다. 사용자는 정지 버튼을 한번 더 클릭하고 이벤트 구조를 트리거하여 원하는 케이스를 실행합니다. 루프가 실행을 끝마치면 VI는 실행을 끝냅니다.

이벤트 구조에서 래치된 정지 불리언 컨트롤을 다루는데 권장할 만한 방법을 보여줍니다. 이벤트 구조는 While 루프 안에 있고 이벤트 구조의 한 케이스는 정지 불리언 컨트롤에 대해 값 변경 이벤트로 설정됩니다. 정지 불리언 컨트롤의 값이 참으로 변경되면, 이벤트 구조는 그 이벤트 케이스를 실행하는데, 이 때 프런트패널 터미널을 읽어서 정지 버튼을 리셋합니다. 정지 불리언 컨트롤은 While 루프 조건 터미널에 연결되고, 이것은 루프를 멈추게 합니다.

실습 2 : 이벤트 구조를 가지는 라디오 버튼

① 새로운 VI를 생성한 후 블록다이어그램에서 While 루프와 이벤트 구조를 드래그 & 드롭 합니다. 그리고 프런트패널로 전환하여 Stop 버튼을 드래그 & 드롭 합니다.

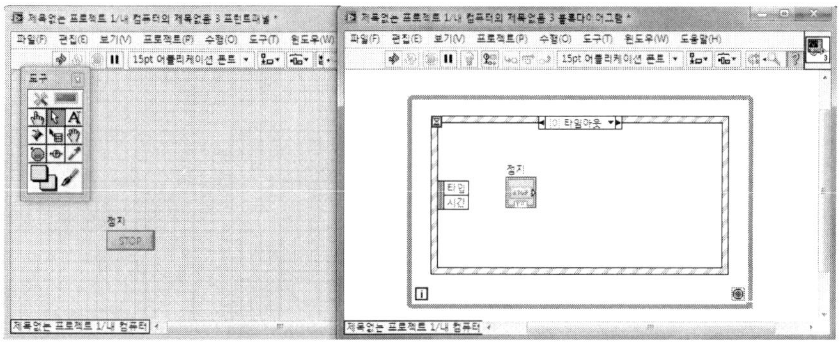

② 이벤트 구문의 라벨에 Stop명으로 변경하기 위하여 라벨에서 오른쪽 마우스 클릭 한 후 '이 케이스에 의해 핸들되는 이벤트 편집'을 선택합니다.

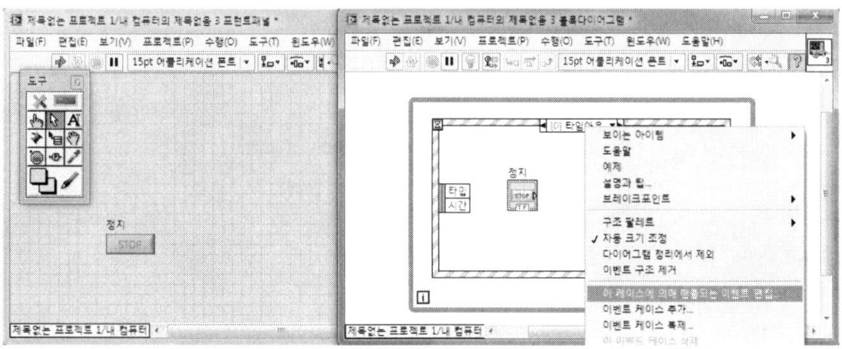

③ 이벤트 편집 창에서 이벤트 소스의 컨트롤, 정지를 선택한 후 이벤트에 값 변경을 선택한 후 확인 버튼을 클릭합니다. 라벨에 ""정지": 값 변경"으로 변경되어 있음을 확인할 수 있습니다.

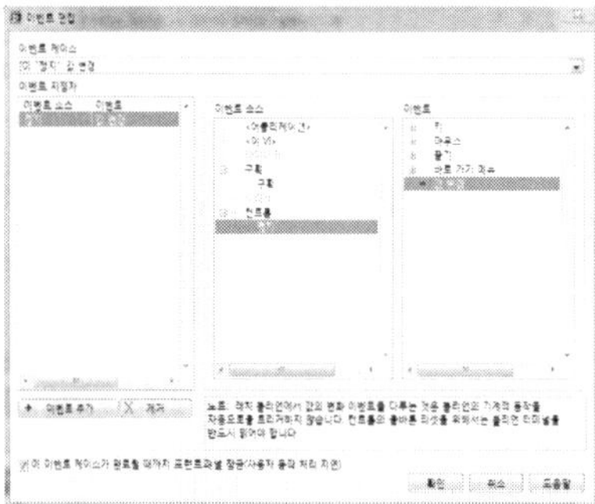

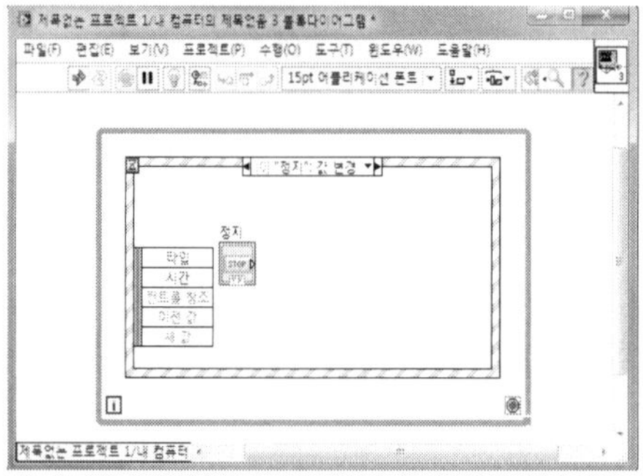

④ 정지버튼을 루프조건 "참인 경우 정지"과 와이어링 합니다.

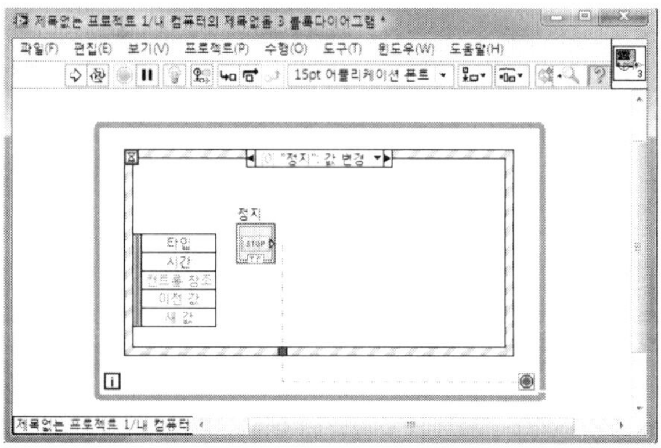

⑤ 라벨 ""라디오 버튼": 값 변경"의 이벤트 창을 추가 하겠습니다. 먼저 라벨에서 오른쪽 마우스 클릭한 후 이벤트 케이스 추가를 합니다. 이 때 이벤트 소스의 <어플리케이션>, 이벤트의 타임아웃을 선택하여 확인 버튼을 클릭합니다. 아직 라디오 버튼의 이벤트가 아닌 것을 알 수 있습니다.

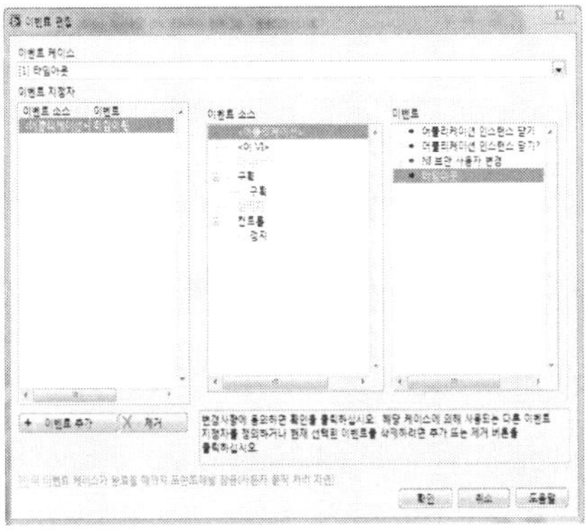

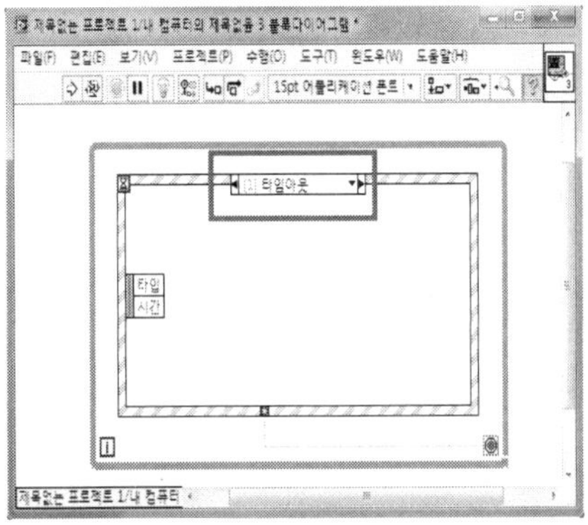

⑥ 라디오 버튼 이벤트 창을 만들기 위해서는 프런트패널에서 라디오버튼을 드래그 & 드롭 합니다. 타임아웃 이벤트에 라디오 버튼이 삽입 되었지만 라벨 명은 아직 변화가 없습니다. 따라서 라벨에서 오른쪽 마우스 클릭한 후 '이 케이스에 의해 핸들되는 이벤트 편집'를 선택합니다. 그리고 이벤트 소스의 컨트롤 라디오 버튼을 선택하고 이벤트에서는 값 변경을 선택합니다.

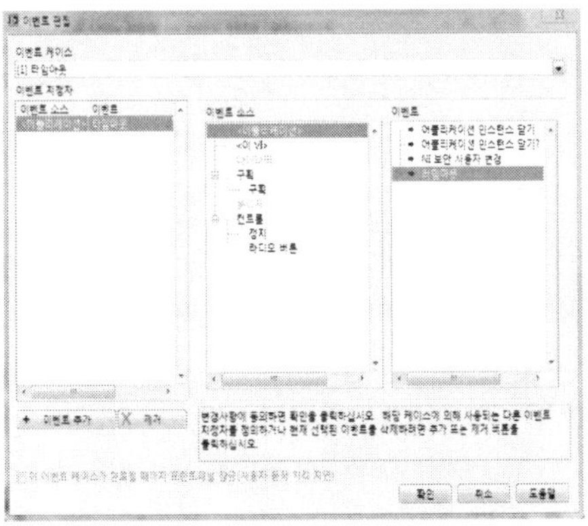

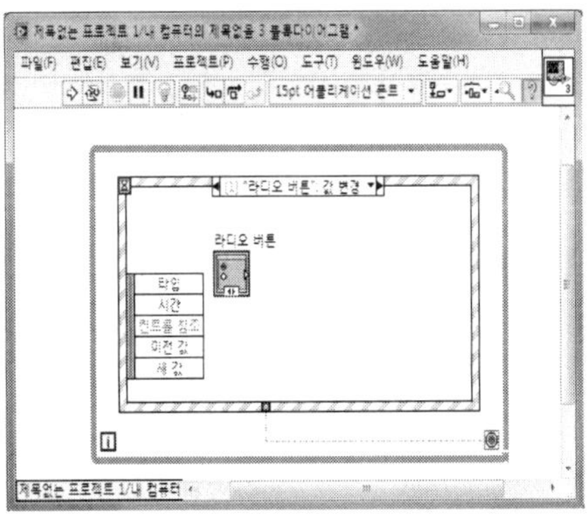

i. 프런트패널에서 라디오 버튼 수정을 수정하겠습니다. 라벨을 삭제하는 방법과 라디오 버튼 추가하는 방법

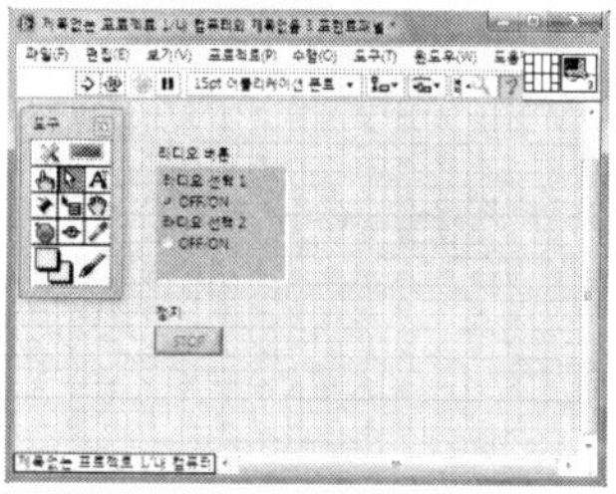	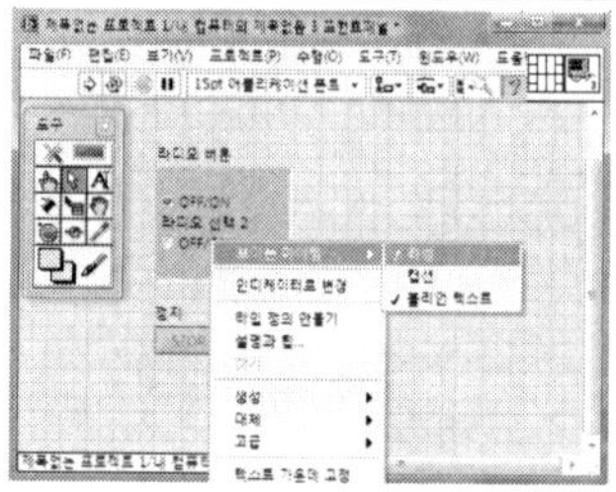	
라디오 버튼 생성 시	라벨 체크 해지 시 ○ OFF/ON에서 오른쪽 마우스 / 보이는 아이템 / 라벨	라디오 버튼 경계선에서 오른쪽 마우스 클릭 / 라디오 버튼 추가

ii. 라디오 버튼을 완성되었습니다. 이제 케이스 구조와 와이어링 하기 위해서는 새 값 메뉴에서 케이스 구조 와 와이어링 합니다.

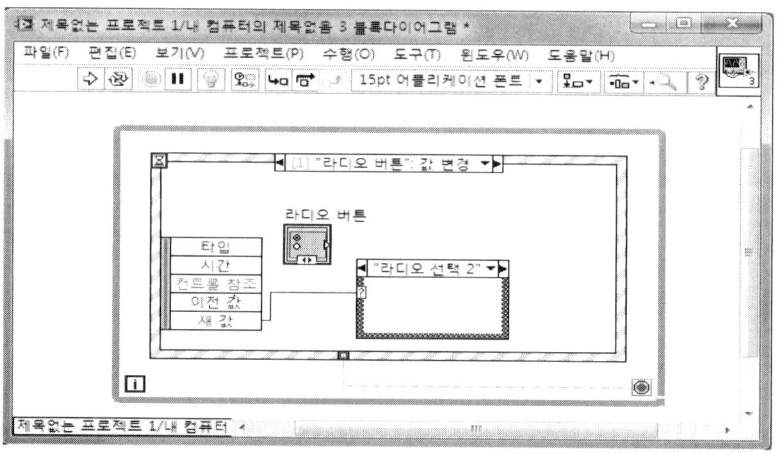

⑦ 프런트패널의 라디오 버튼과 블록다이어그램의 케이스 구조에서의 라디오 선택을 비교해 보겠습니다. 프런트패널에서의 라디오 버튼은 3개의 버튼, 케이스 구조에서의 라디오 선택은 2개 즉, 라디오 선택도 3개가 되어야 하기 때문에 케이스 구조의 라벨에서 마우스 오른쪽 클릭한 후 '다음 케이스 추가'를 선택하여 추가 합니다.

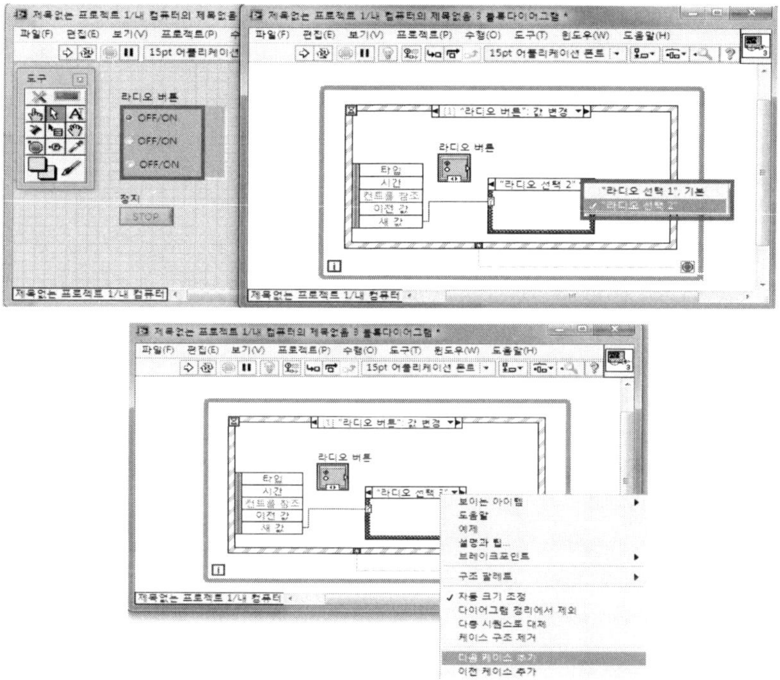

⑧ 라디오 버튼을 클릭하였을 경우 메시지 대화상자와 함께 문자 내용이 나타나게 하고자 합니다. 그리고 공동으로 나타나는 문자와 각각의 라디오 버튼에 의한 문자로 구분 하겠습니다. 즉, 이벤트 구조에서 문자열을 공동으로 사용되는 문자이며, 케이스 구조 선택1, 선택2, 선택3에서의 문자는 각각의 문자입니다.

먼저, 공용으로 사용될 문자열을 프런트패널에서 생성합니다. 그리고 라디오 버튼 첫 번째 문자열을 생성합니다.

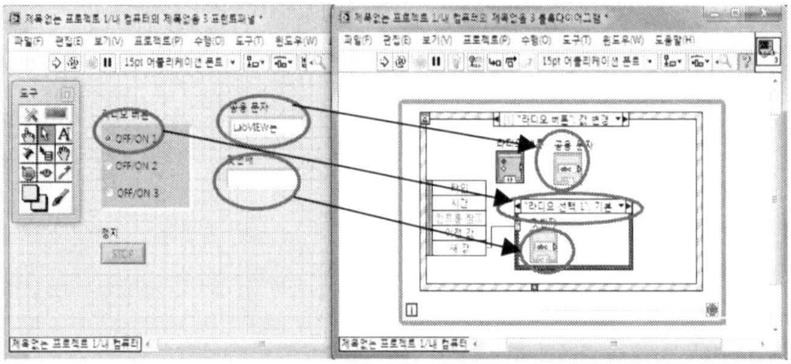

⑨ 문자열 2번째와 3번째도 케이스 구조 선택 2와 케이스 구조 선택 3에 생성합니다. 주의 사항은 라디오 선택 1에서 두 번째, 세 번째 문자열을 생성하면 안 되며 반드시 케이스 구조의 라디오 선택 2, 선택 3의 각각에서 문자열을 생성하여야 합니다.

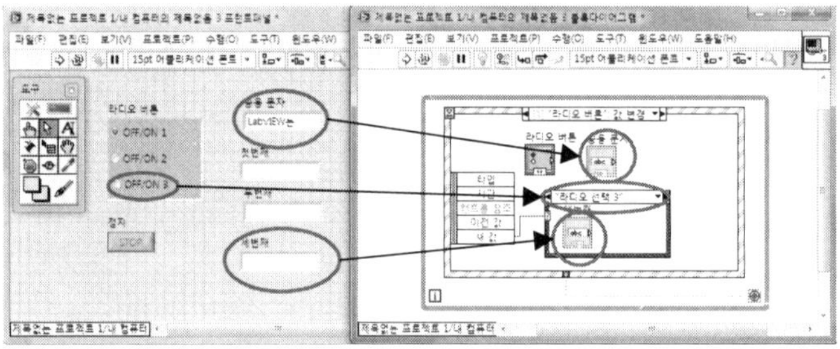

⑩ 각각의 문자열 컨트롤 내용을 입력합니다.

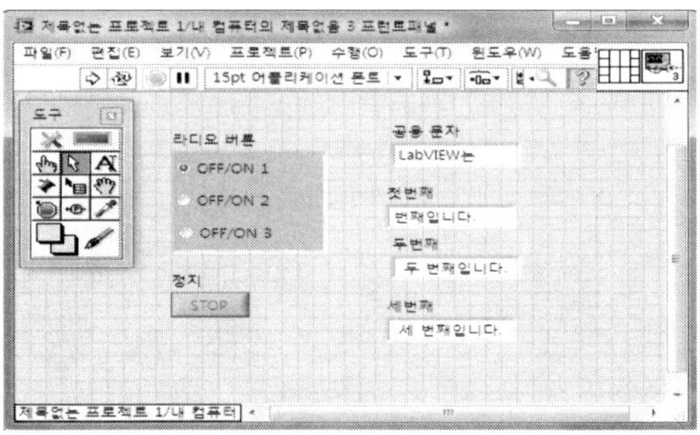

⑪ 공용문자와 케이스 구조의 문자를 문자열 연결함수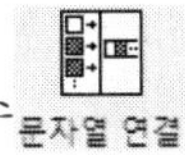를 사용하여 새로운 창에 그 내용을 나타나게 와이어링 하겠습니다. 그리고 루프조건에 거짓 상수 함수를 적용시킵니다.

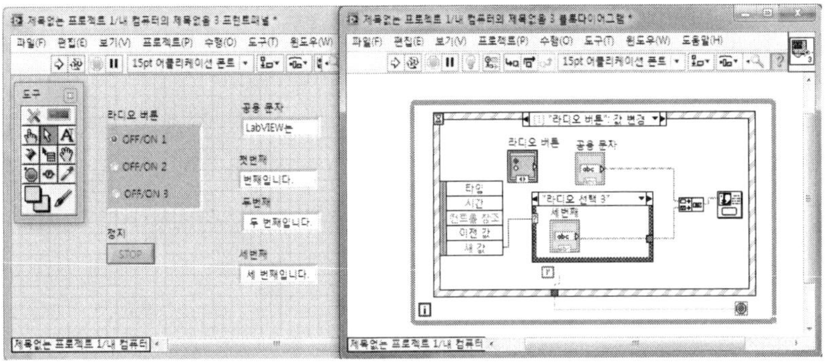

⑫ 연속 실행하여 버튼 클릭 시 결과 값을 확인합니다.

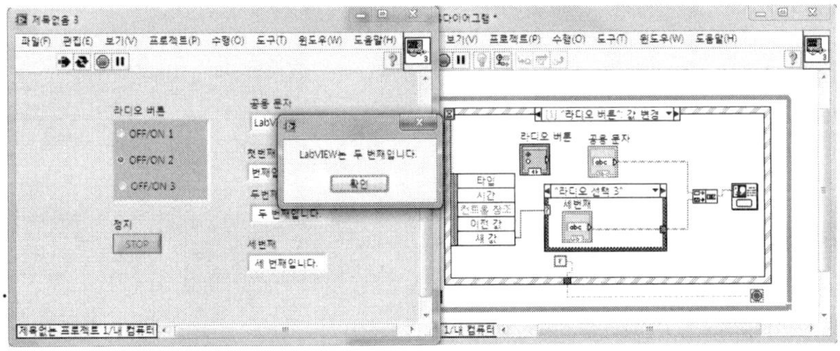

3.1.6 In Place 원소 구조

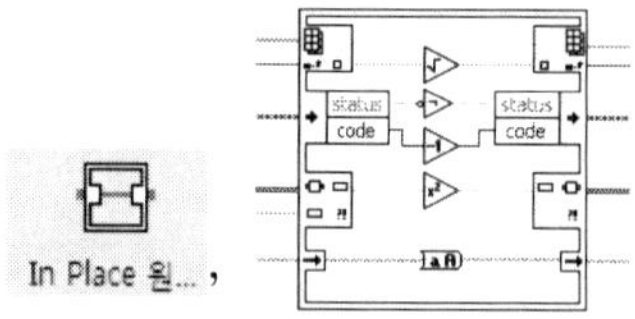

특정한 작업을 수행하는 방법을 컨트롤하며 일부 경우에 메모리와 VI 효율성을 향상시킵니다. In Place 원소 구조를 사용하여, LabVIEW 컴파일러가 데이터값을 복사하고 메모리에 저장하지 않도록 하면서, 배열, 클러스터, 배리언트, 웨이브폼의 데이터 원소에 대한 연산을 수행합니다.

또한 이 구조를 사용하여 다른 데이터 타입의 연산도 메모리에서 같은 데이터 공간을 유지하면서 수행할 수 있습니다. 구조의 경계에서 마우스 오른쪽 버튼을 클릭한 후 수행하려는 작업과 일치하는 경계 노드를 선택합니다.

In Place 원소 구조의 경계에서 마우스 오른쪽 버튼을 클릭한 후 노드 중에서 경계에 추가할 노드를 선택할 수 있습니다.

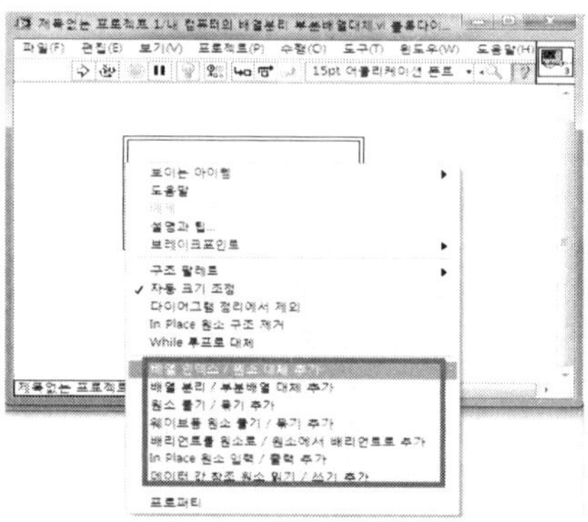

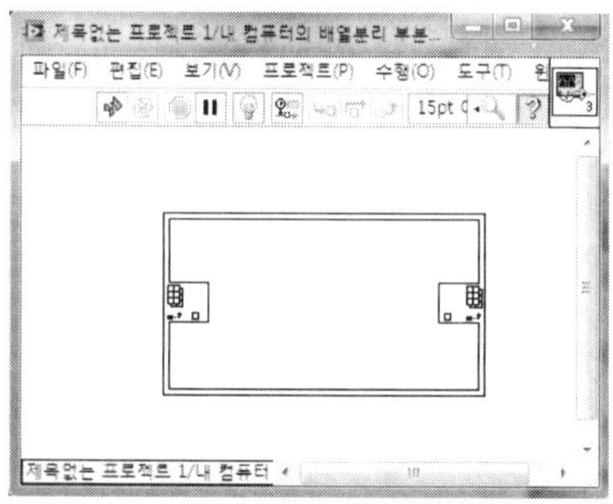

배열 인덱스 /원소 대체 추가

1) 배열 인덱스 / 원소 대체

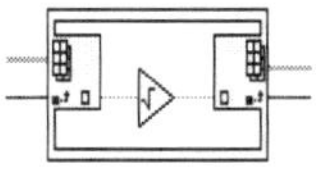

In Place 원소 구조의 경계에서 마우스 오른쪽 버튼을 클릭한 후 바로 가기 메뉴에서 배열 인덱스 / 원소 대체 추가 옵션을 선택하여 이 경계 노드를 In Place 원소 구조에 놓을 수 있습니다.

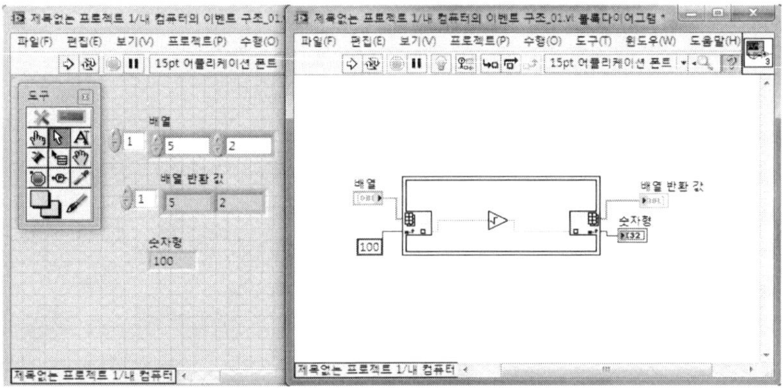

2) 배열 분리 / 부분 배열 대체

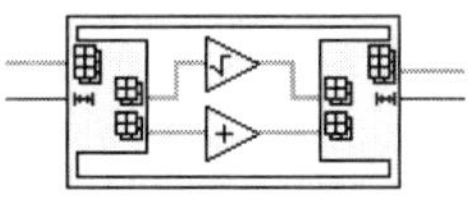

지정한 차원에 따라 배열을 부분 배열로 분리하고 구조 내에서 부분 배열을 수행합니다. In Place 원소 구조의 경계에서 마우스 오른쪽 버튼을 클릭한 후 바로 가기 메뉴에서 배열 분리 / 부분배열 대체 추가 옵션을 선택하여 이 경계 노드를 In Place 원소 구조에 놓을 수 있습니다.

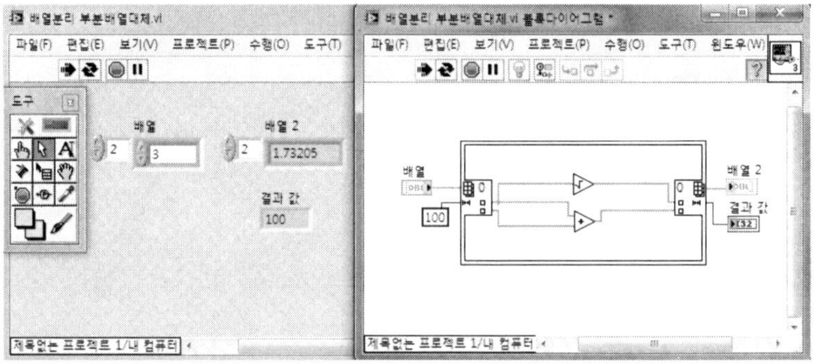

3) 원소 풀기 / 묶기

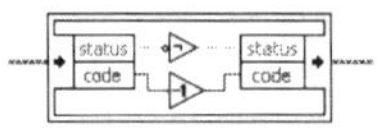

In Place 원소 구조의 경계에서 마우스 오른쪽 버튼을 클릭한 후 바로 가기 메뉴에서 원소 풀기 / 묶기 추가 옵션을 선택하여 이 경계 노드를 In Place 원소 구조에 놓을 수 있습니다.

4) 웨이브폼 원소 풀기 / 묶기

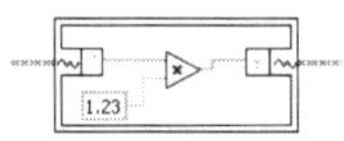

이 경계 노드를 사용하여 하나 또는 그 이상의 웨이브폼 구성요소에서 작업을 수행한 후 해당 구성요소를 웨이브폼의 같은 위치에 다시 넣을 수 있습니다. 구조의 왼쪽에 있는 경계 노드에서 가져오는 각 웨이브폼 구성요소는 구조의 오른쪽에 있는 경계 노드의 웨이브폼으로 다시 대체되어야 합니다.

이 경계 노드는 LabVIEW 컴파일러가 메모리에 웨이브폼과 전체 웨이브폼 구성요소의 복사본을 만들지 않도록 합니다.

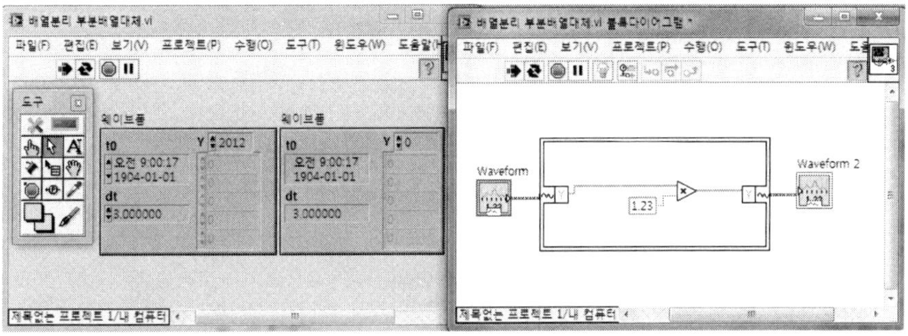

5) 배리언트를 원소로 / 원소에서 배리언트로

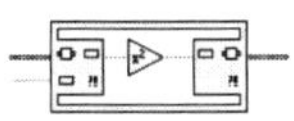

이 경계 노드를 사용하여 하나 또는 그 이상의 배리언트 데이터 원소에서 작업을 수행한 후 해당 배리언트 데이터를 메모리의 같은 자리에 있는 새 데이터타입과 대체합니다.

구조의 왼쪽에 있는 경계 노드에서 가져오는 각 배리언트 데이터 원소는 구조의 오른쪽에 있는 경계 노드의 배리언트로 다시 변환되어야 합니다.

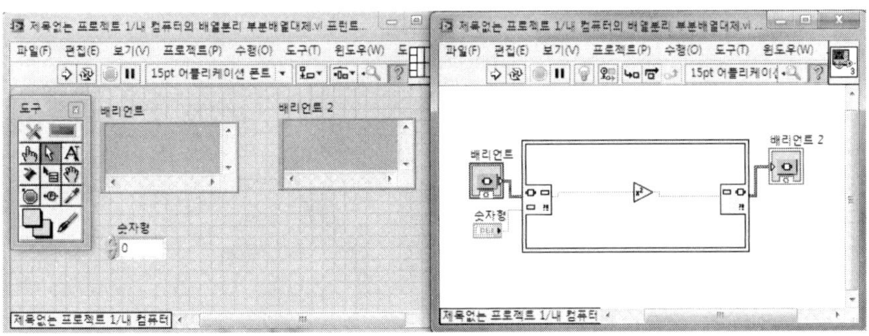

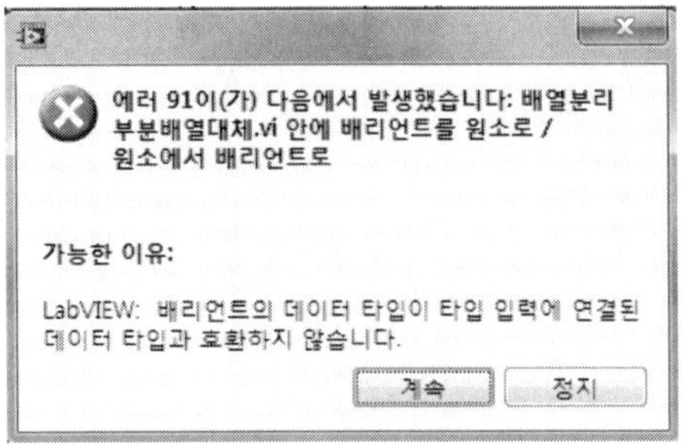

에러 출력은 에로 정보를 포함합니다. 이 출력은 표준 에러 출력 기능을 제공합니다.

6) In Place 입력 / 출력 원소

이 경계 노드를 사용하여 모든 데이터 타입에서 작업을 수행한 후 결과 데이터를 메모리의 같은 위치에 다시 넣을 수 있습니다. 문자열 상수 정보 즉, 소문자를 인디케이터에서 대문자로 전달 받습니다.

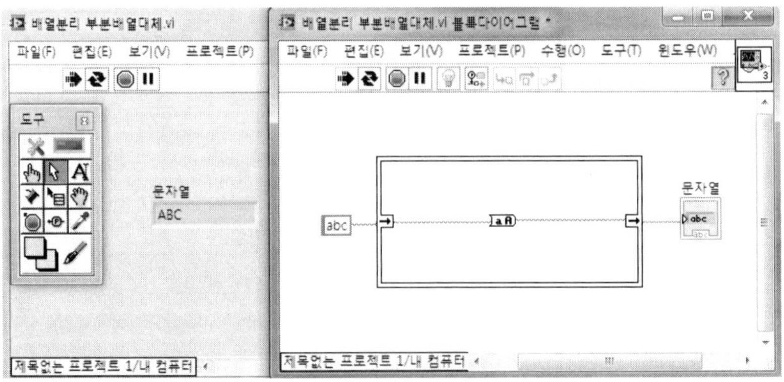

7) 데이터 값 참조 원소 읽기 / 쓰기

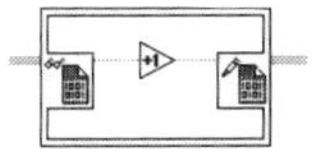

데이터 값 참조 또는 외부 데이터 값 참조를 입력으로 받고, 사용자가 In Place 원소 구조 안에 있는 데이터에서 작업할 수 있도록 하며, 원래 메모리 공간에 있는 데이터를 대체합니다. In Place 원소 구조의 경계에서 마우스 오른쪽 버튼을 클릭한 후 바로 가기 메뉴에서 데이터 값 참조 원소 읽기/쓰기 추가 옵션을 선택하여 이 경계 노드를 In Place 원소 구조에 놓을 수 있습니다. 팔레트 검색 또는 빠른 탐색 검색에서는 이 경계 노드를 찾을 수 없습니다.

3.1.7 플랫 시퀀스 구조

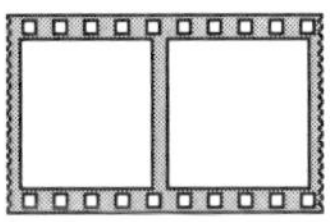

순차적으로 실행되는 하나 또는 그 이상의 서브다이어그램 또는 프레임으로 구성됩니다. 플랫 시퀀스 구조를 사용하여 한 서브다이어그램이 다른 서브다이어그램 이전 또는 이후에 실행되도록 합니다.

플랫 시퀀스 구조의 데이터 흐름은 다른 구조의 데이터 흐름과 다릅니다. 플랫 시퀀스 구조의 프레임은 프레임에 연결된 모든 데이터 값이 사용 가능할 때 왼쪽에서 오른쪽으로 실행됩니다. 프레임이 실행을 종료할 때 데이터는 각 프레임을 떠납니다. 이는 한 프레임의 입력 값이 다른 프레임의 아웃 값에 따라 달라질 수도 있다는 의미입니다.

플랫 시퀀스 구조에서는 한 프레임에서 다른 프레임으로 데이터를 전달하기 위해 시퀀스 로컬을 사용할 필요가 없습니다. 플랫 시퀀스 구조는 블록다이어그램에 각 프레임을 디스플레이하기 때문에, 시퀀스 로컬을 사용하지 않거나 코드를 숨기지 않은 상태에서도 프레임에서 프레임으로 연결할 수 있습니다.

즉, 사용자가 코드의 실행 순서를 꼭 지정해 주어야 할 경우 시퀀스 구조(Sequence Structure)를 사용합니다.

플랫 시퀀스에서 프레임을 추가하는 방법은 아래 그림처럼 오른쪽 마우스 클릭 프레임 추가를 선택합니다.

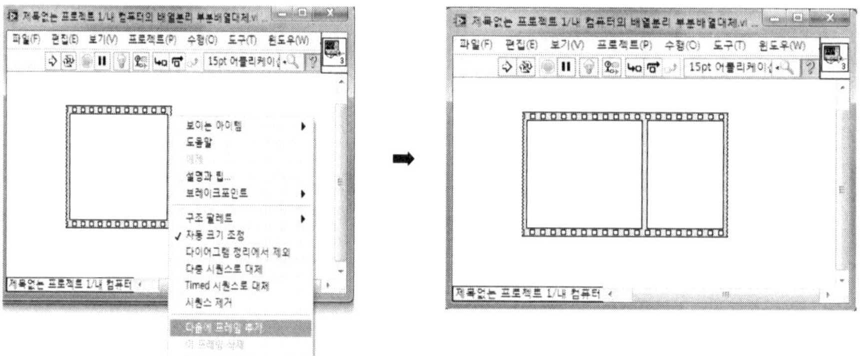

실습을 통하여 첫 번째 프레임과 두 번째 프레임의 속도 차이를 비교해 보겠습니다. 아래 그림처럼 생성한 후 와이어링 합니다. 실행결과는 결과 값을 나타내는 속도가 거의 일치하지만 기다림(ms) 함수를 적용하였을 경우 두 번째 프레임이 눈으로 느낄 수 있는 속도로 값을 보여줍니다.

이것은 코드가 실행하는 순서를 나타냅니다. 첫 번째 프레임에서 두 번째 프레임으로 코드가 실행됩니다.

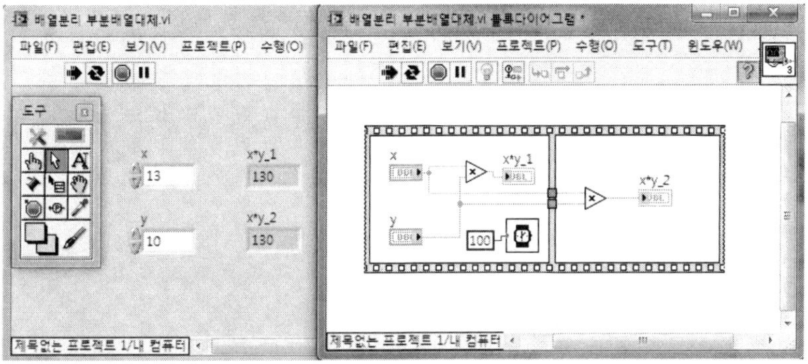

3.1.8 다층 시퀀스 구조

,
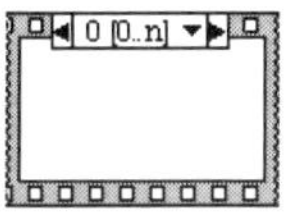

순차적으로 실행되는 하나 또는 그 이상의 서브다이어그램 또는 프레임으로 구성됩니다. 구조의 경계에서 마우스 오른쪽 버튼으로 클릭하여 프레임을 추가하고 삭제하거나 시퀀스 로컬을 생성하여 프레임 간에 데이터를 전달합니다.

다층 시퀀스 구조를 사용하여 한 서브다이어그램이 다른 서브다이어그램 이전 또는 이후에 실행되도록 합니다.

① 프런트패널에서 숫자형 컨트롤과 숫자형 인디케이터를 드래그 & 드롭 한 후 블록다이어그램에서는 다층 시퀀스 구조를 드래그 & 드롭 하여 생성합니다. 그 후 다층 시퀀스 구조 경계 부분에 오른쪽 마우스를 클릭하여 "다음에 프레임 추가"를 선택합니다.

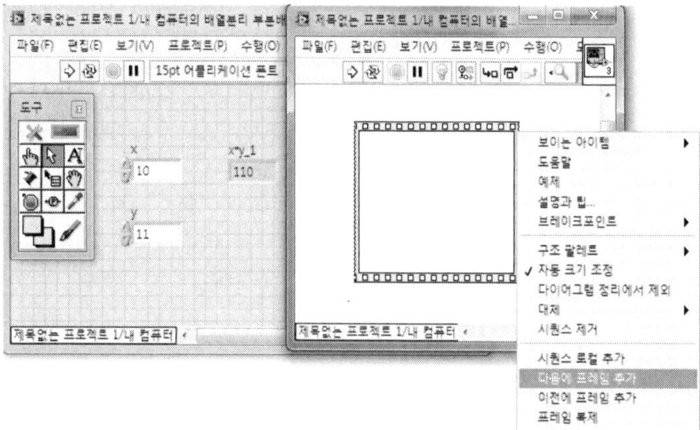

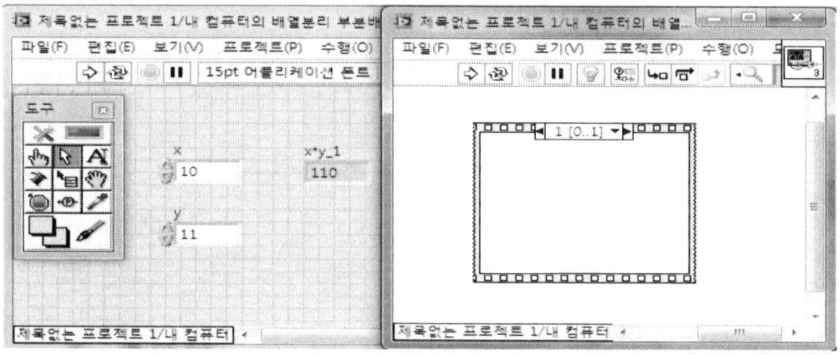

② 블록다이어그램에 곱하기곱하기 함수를 사용하여 와이어링 합니다.

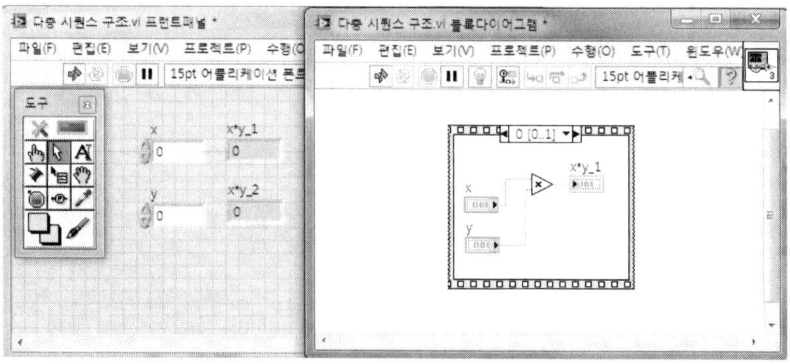

③ 다층 시퀀스 구조 경계선에서 오른쪽 마우스 클릭 후 시퀀스 로컬을 추가 합니다.

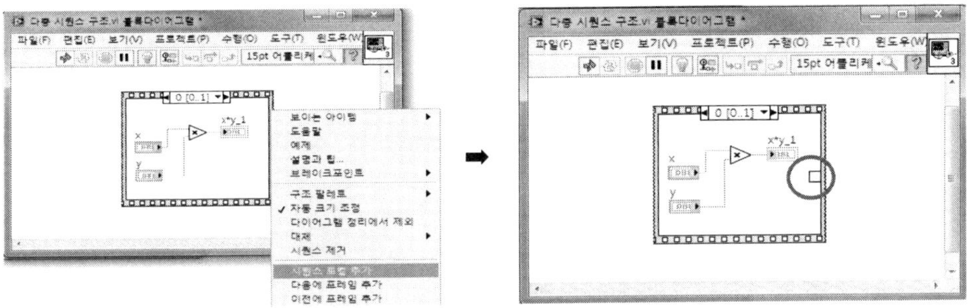

④ 한번 더 시퀀스 로컬 추가한 후 숫자형 컨트롤 X, Y와 와이어링 합니다. 빈 사각박스□가 화살표 모양으로 변합니다. 이것은 '0'에서 다음 프레임으로 넘겨주는 역할을 합니다. 그리고 '1'에서는 앞 프레임으로 반환하는 방향이 반대인 화살표 모양이 표시 됩니다.

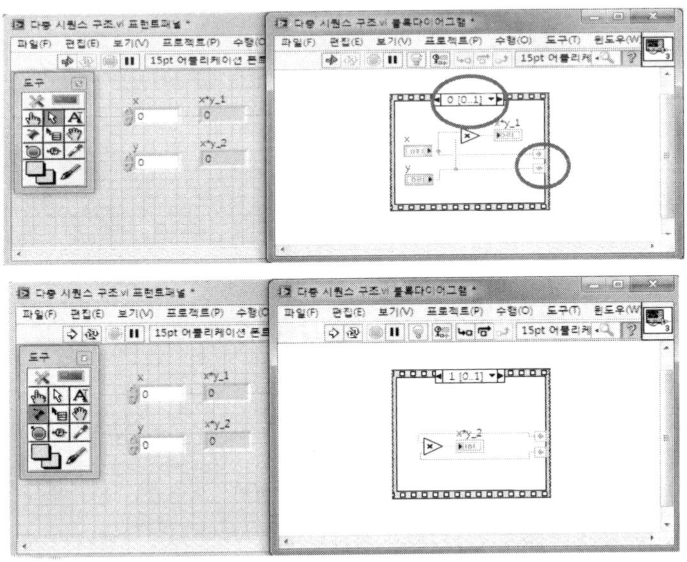

⑤ 연속실행으로 결과 값을 확인합니다.

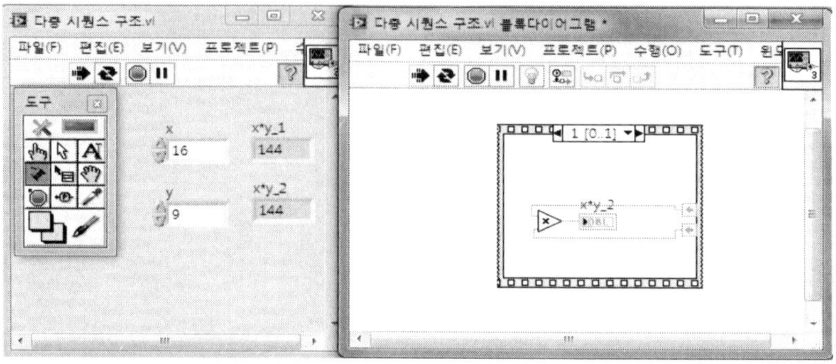

실습 1 : 일치 할 시간을 구하는 다층 시퀀스 구조

① 새로운 VI를 생성한 후 블록다이어그램에서 다층 시퀀스 구조와 While 루프를 드래그 & 드롭 하여 생성합니다. 그리고 프런트패널에서는 일치하는 번호를 숫자형 컨트롤로 생성합니다. 값을 받는 현재번호, 인디케이터 반복 수, 일치하는 시간을 드래그 & 드롭 하여 생성합니다.

'0'프레임에서는 현재번호, 일치하는 번호, 반복 수에 대하여 작업을 하며 일치하는 시간은 '1'에서 작업을 합니다.

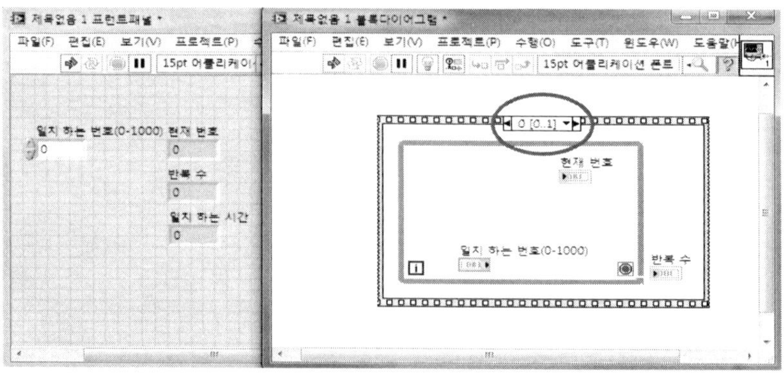

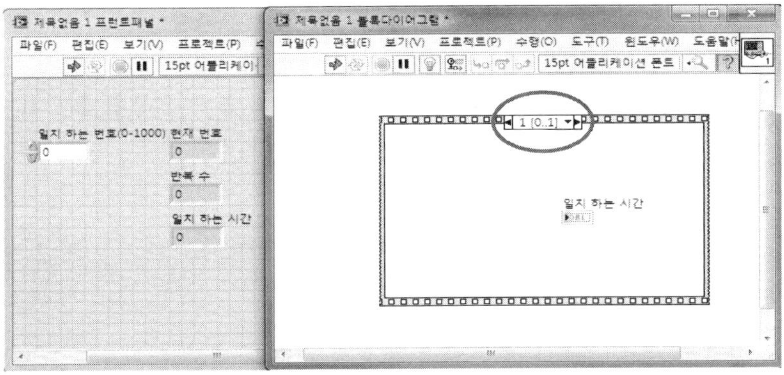

i. 순서에 따라 '0' 프레임에서는 While 루프를 포함한 코드 실행이며 '1'프레임은 While 루프가 빠진 코드 실행입니다.

② '0'프레임에서 ms 타이머 값을 초기 값으로 가져오기 위해 틱 카운트  함수를 드래그 & 드롭 합니다. 그리고 난수 값과 DBL 상수 값을 곱하여 숫자를 32비트 정수로 변화시켜 현재번호에 값을 전달합니다.

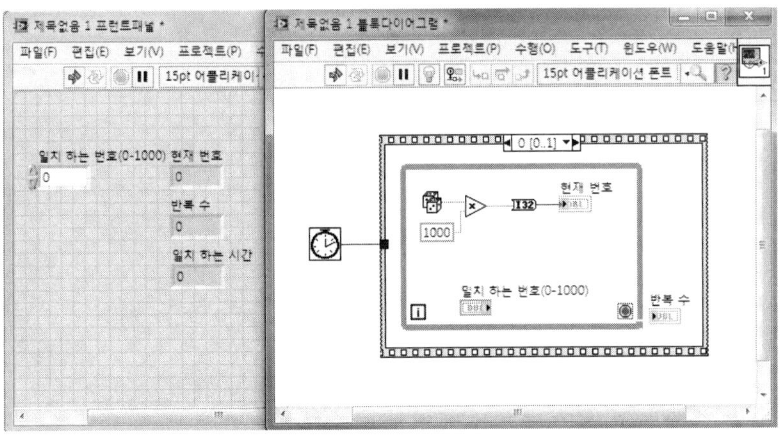

③ 계속해서 일치 하는 번호(0-1000)를 임으로 선정하였을 경우 32비트 정수 값과 같지 않을 때 참인 경우 계속 실행을 하도록 합니다. 일치하는 번호 컨트롤을 32비트 정수 값과 비교하여야 하기 때문에 형을 DBL에서 I32로 변경하여 와이어링 합니다.

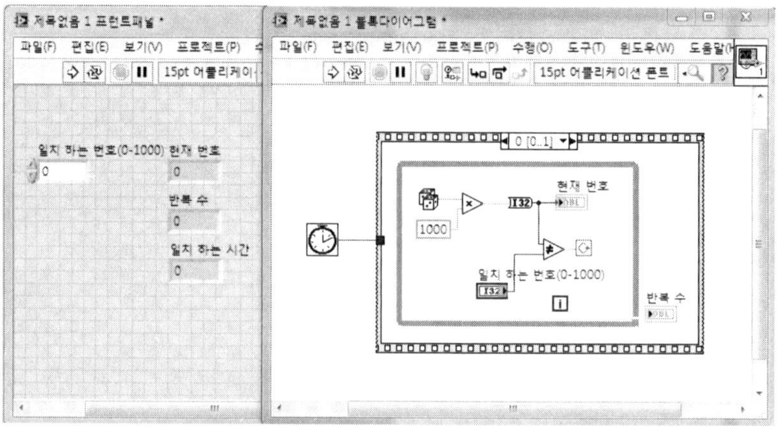

④ 반복 수를 구하기 위하여 루프반복횟수와 증가함수를 사용합니다.

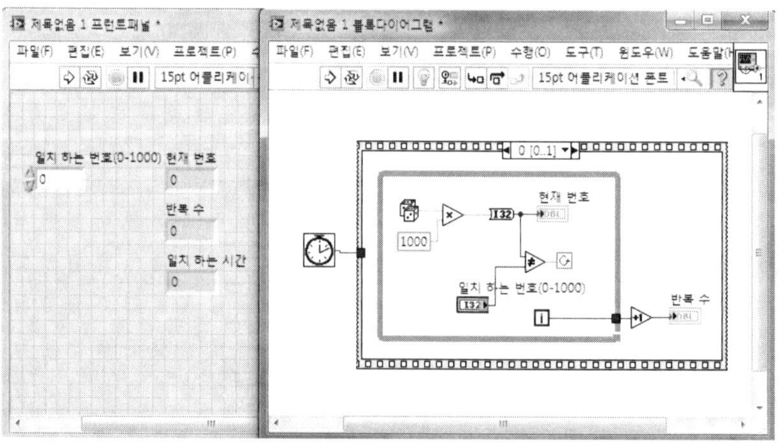

⑤ '1'프레임으로 전환하여 초기화 값과 타이머 반환 값을 빼기한 후 숫자형 상수 값 1000에서 나누어서 ms에서 초로 변환 값을 일치하는 시간 인디게이터에 전달합니다.

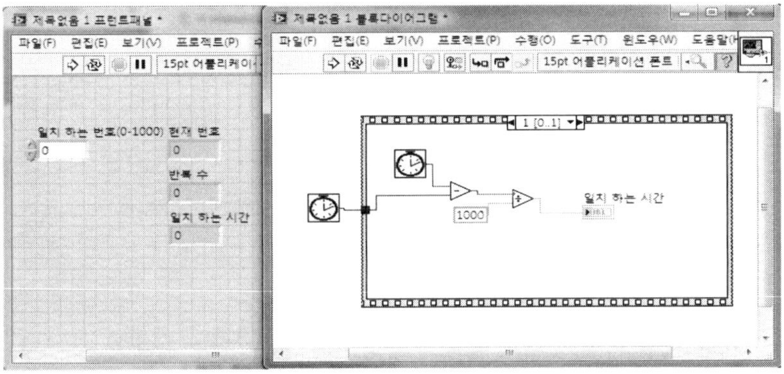

⑥ 연속 실행하여 값을 확인합니다.

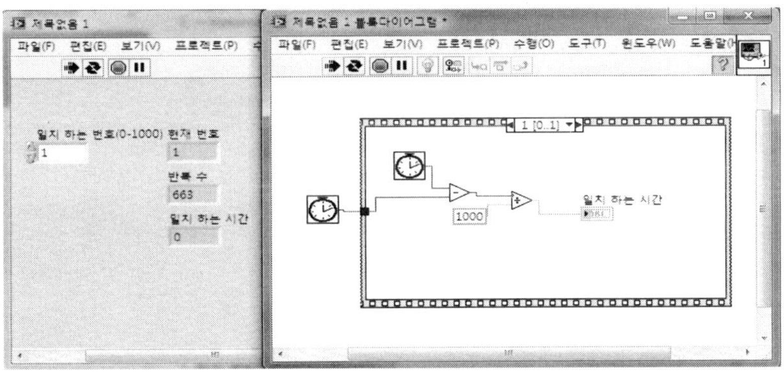

3.1.9 다이어그램 비활성화 구조

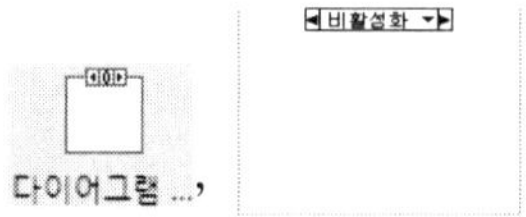

하나 또는 그 이상의 서브다이어그램, 케이스를 가지며 활성화 서브다이어그램만 실행합니다. 블록다이어그램의 한 섹션을 비활성화하려면 다이어그램 비활성화 구조를 사용합니다.

즉, 실행이 되지 않게 막아주는 역할을 합니다. 그러므로 다이어그램 비활성화 구조는 어떤 기능을 위해 사용하기 보다는 디버깅(Debugging) 용도로 사용합니다.

실습 1 : 코드 에러시 비활성화 하기

① 새로운 VI에서 프런트패널에서 x, y 컨트롤을 생성한 후 값을 받는 인디케이터를 생성합니다. 그리고 더하기 함수와 곱하기 함수를 사용하여 와이어링 합니다. 그 결과 값을 구할 수 없다는 표시가 나타납니다.

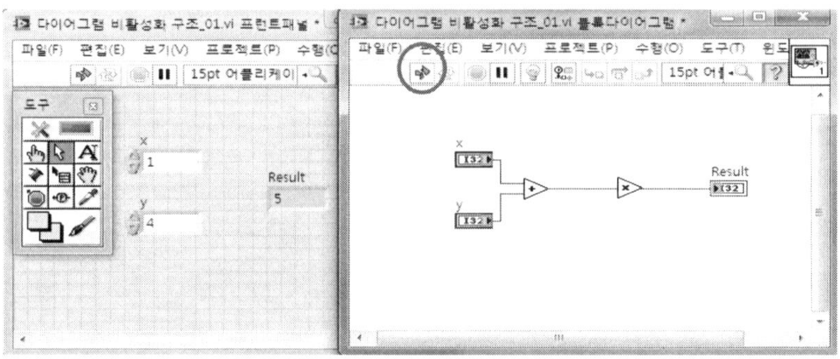

② 이 때 다이어그램 비활성화 구조 함수를 사용하여 곱하기는 비활성화 더하기는 활성화로 만들어 줍니다. 곱하기 부분에 비활성화 구조 함수를 드래그 & 드롭 합니다. 그 결과 값을 구할 수 있다는 표시가 나타납니다.

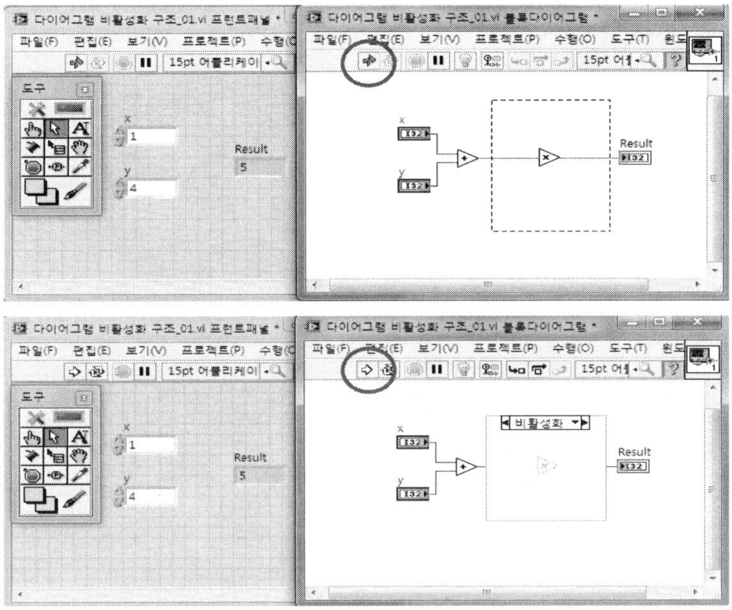

③ 활성화 및 비활성화 비교를 해 보면 아래 그림과 같습니다.

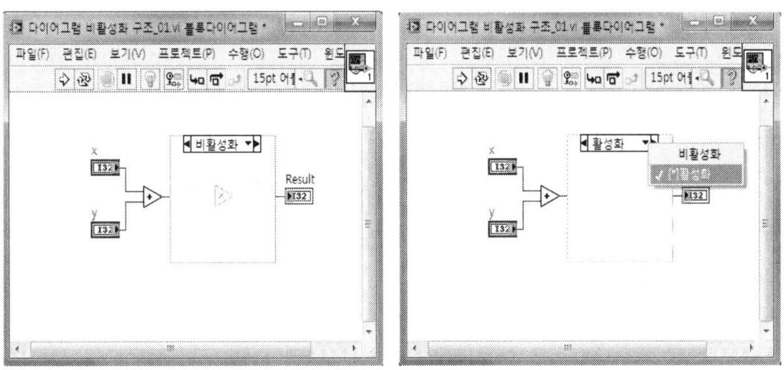

④ 실행하여 x, y값을 변경하였을 경우 값이 에러 없이 나타납니다.

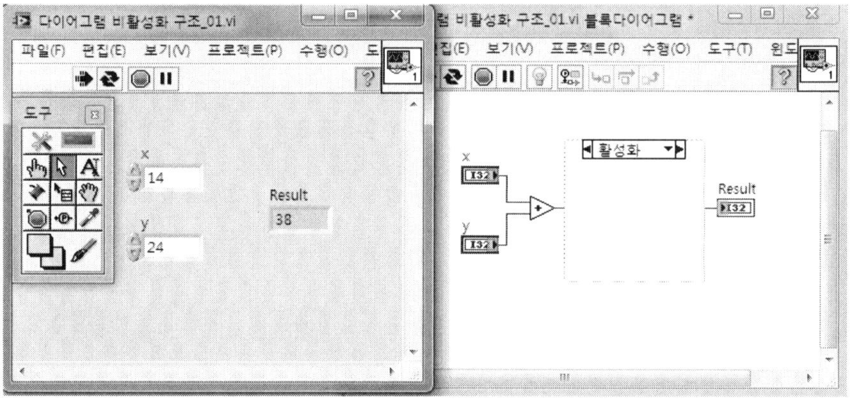

3.1.10 조건적 비활성화 구조

하나 또는 그 이상의 서브다이어그램을 가지며 서브다이어그램 조건의 설정에 따라서 LabVIEW는 실행 동안 하나를 정확하게 실행합니다.

일부 사용자 정의된 조건에 기반을 두고 블록다이어그램의 코드의 특정 섹션을 비활성화하려면 이 구조를 사용합니다.

구조의 경계에서 마우스 오른쪽 버튼을 클릭하여 서브다이어그램을 추가하거나 삭제합니다. 서브다이어그램을 추가하거나 구조의 경계에서 마우스 오른쪽 버튼을 클릭하고, 바로 가기 메뉴에서 이 서브다이어그램의 조건 편집을 선택하면, 조건 설정 대화 상자에서 조건을 설정할 수 있습니다.

3.1.11 수식 노드

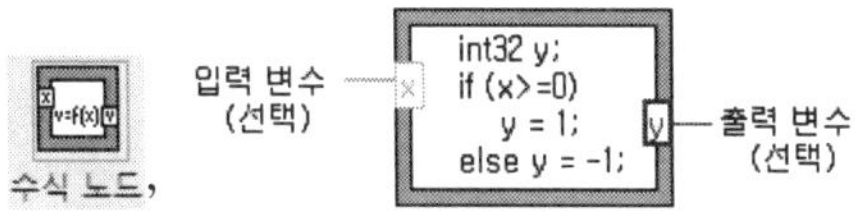

블록다이어그램에서 수학 수식 및 C와 유사한 식을 계산합니다. 다음 내장된 함수를 수식에서 사용할 수 있습니다

입력 변수와 출력 변수 추가방법은 수식노드에서 앞과 뒤 부분에서 입력 추가, 출력 추가로 삽입이 가능합니다.

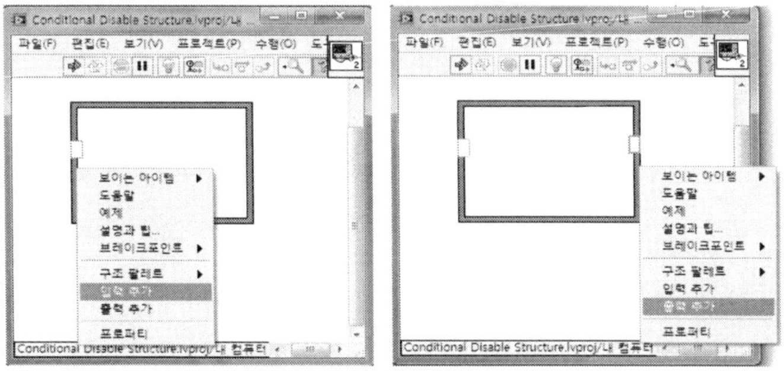

그리고 코드 및 입력 변수 및 출력 변수 명을 기입하는 방법은 텍스트 편집 툴을 이용하여 기입합니다.

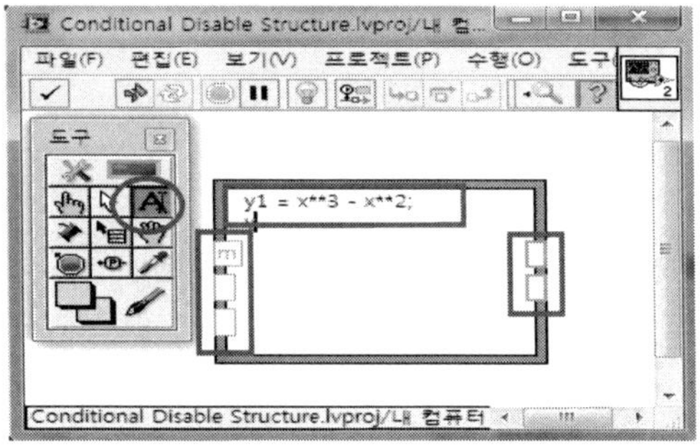

실습 1 : 수식노드를 이용한 웨이브 폼 그래프 II

① 새로운 VI를 생성한 후 블록다이어그램에서 수식노드를 드래그 & 드롭 합니다. 그리고 입력 변수 명을 'm', 'b'로 출력 변수 명을 'y1', 'y2'로 설정합니다. 변수 명이 확정이 되었으므로 텍스트 편집 툴을 이용하여 코드(Script 및 프로그램)를 입력합니다.

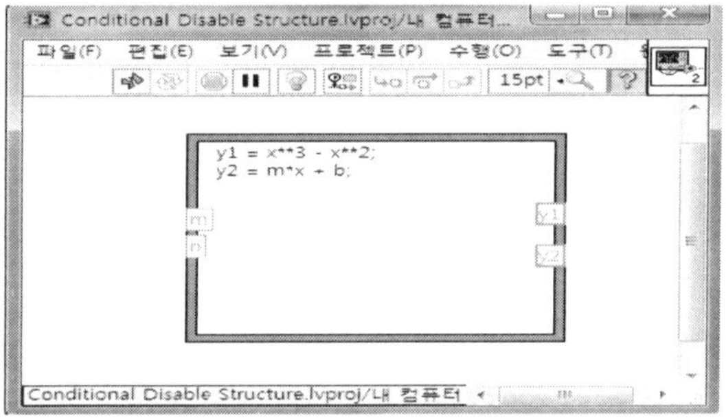

② 프론트패널로 전환하여 변수를 받을 수 있는 'm'과 'b'의 숫자형 컨트롤을 생성합니다. 그리고 출력을 받을 그래프, 웨이브폼 그래프를 드래그 & 드롭 합니다. 웨이브폼 그래프의 플롯은 2개 이므로 포인터를 아래로 이동하여 'y1', 'y2'의 플롯을 생성합니다.

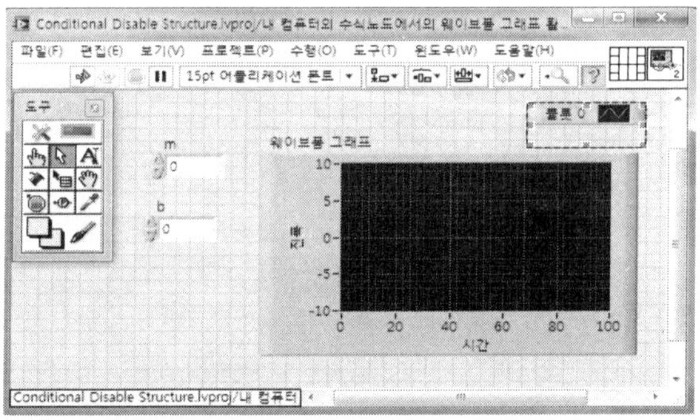

③ 'm'과 'b'를 와이어링한 후 For 루프를 추가로 생성합니다. 루프 반복횟수와의 와이어링을 위하여 'x'입력 추가를 추가합니다

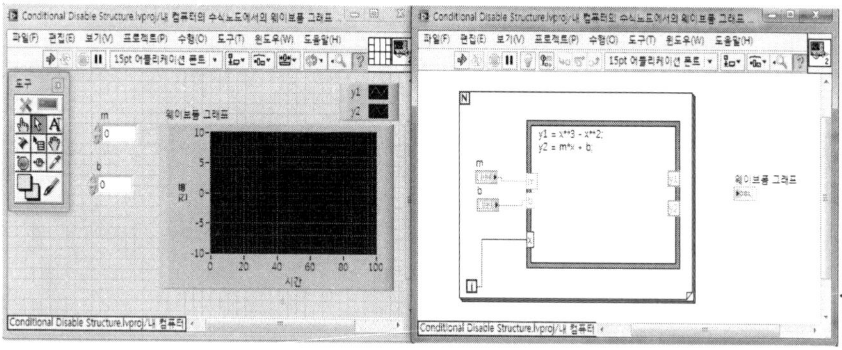

출력 값을 받아 웨이브폼 그래프로 전달하기 위하여 배열만들기 함수를 적용시켜 와이어링 합니다. 그리고 For 루프의 루프 카운트의 값을 '11'로 입력합니다.

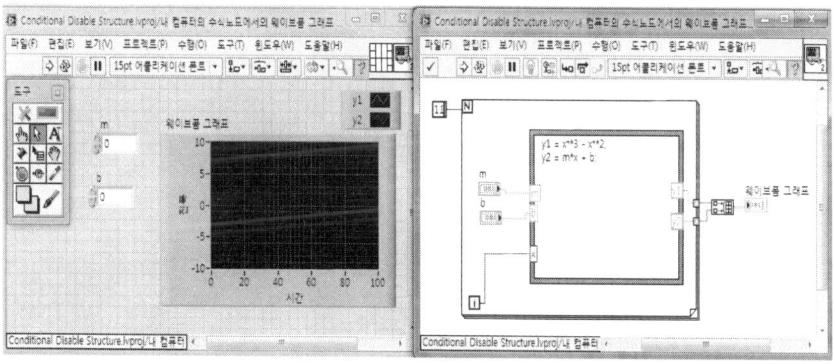

④ 연속 실행을 하여 'y1', 'y2'의 그래프를 확인합니다.

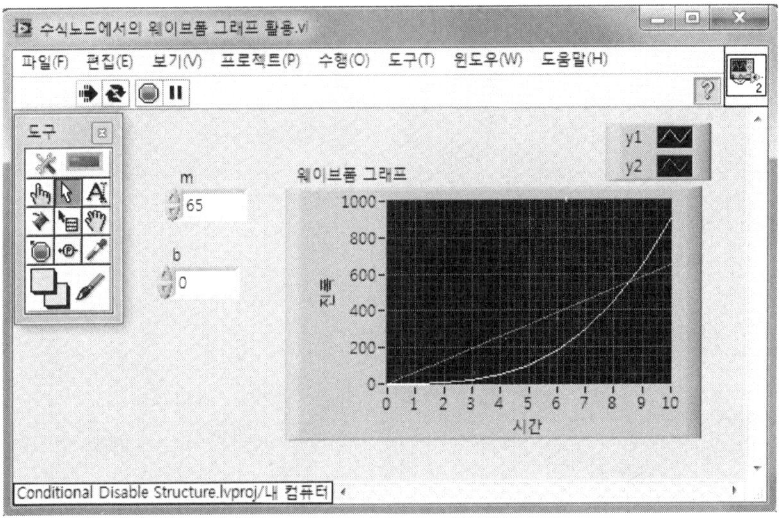

실습 2 : 수식노드를 이용한 웨이브 폼 그래프 II

① 새로운 VI를 생성한 후 블록다이어그램에서 수식노드를 드래그 & 드롭 합니다. 그리고 입력 변수 명을 'x'로 출력 변수 명을 'Y', 'A'로 설정합니다. 변수 명이 확정이 되었으므로 텍스트 편집 툴을 이용하여 코드(Script 및 프로그램)를 입력합니다.

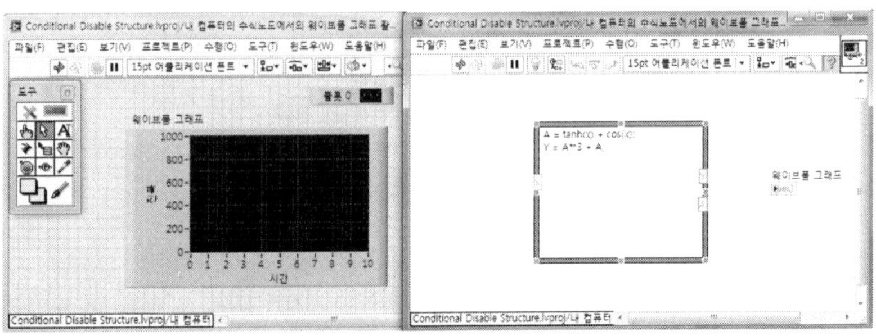

② For 루프를 수식 노드를 포함하여 생성합니다. 그리고 루프 카운트는 상수 값 '100'으로 설정하고 루프반복횟수는 반복횟수를 나눈 상수 값을 입력 변수가 전달되게 합니다. 마지막으로 출력 변수 Y 값이 웨이브폼 그래프로 전달될 수 있게 와이어링 합니다.

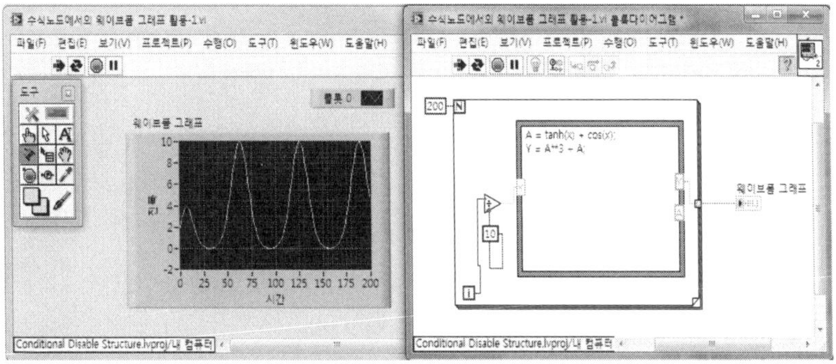

3.1.12 공유 변수

, 

블록다이어그램에 공유 변수를 나타냅니다. 공유 변수 노드를 활성 프로젝트의 공유 변수에 연결하려면, 블록다이어그램에 공유 변수 노드를 추가한 후 더블 클릭하거나, 노드에서 마우스 오른쪽 버튼을 클릭한 후 바로 가기 메뉴에서 변수 선택≫탐색...을 선택하여 변수 선택 대화 상자를 디스플레이합니다.

또한 프로젝트 탐색기 윈도우로부터 같은 프로젝트의 VI의 블록다이어그램으로 공유 변수를 끌어서 공유 변수 노드를 생성할 수 있습니다.

3.1.13 로컬 변수

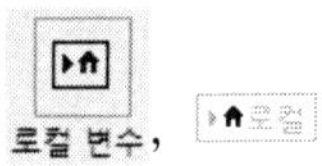

로컬 변수를 사용하여 VI의 프런트패널의 컨트롤 또는 인디케이터 중 하나를 읽거나 씁니다.

로컬 변수를 생성할 때, 블록다이어그램에 객체에 대한 로컬 변수 아이콘이 나타납니다. 로컬 변수에 값을 쓰는 것은 다른 일반적인 터미널에 데이터를 전달하는 것과 비슷합니다. 로컬 변수는 컨트롤에도 데이터를 쓸 수 있고, 인디케이터로부터도 데이터를 읽을 수 있습니다. 결국 로컬 변수를 이용하여 입력과 출력 모두로 프런트패널의 객체에 접근할 수 있습니다.

실습 1 : 로컬 변수를 이용한 웨이브 폼 차트 변화

① 새로운 VI를 생성한 후 블록다이어그램에서 While 루프를 드래그 & 드롭하여 2개 만듭니다. 그리고 프런트패널에서 웨이브폼 차트와 불리언(On/Off Switch)을 드래그 & 드롭 합니다.

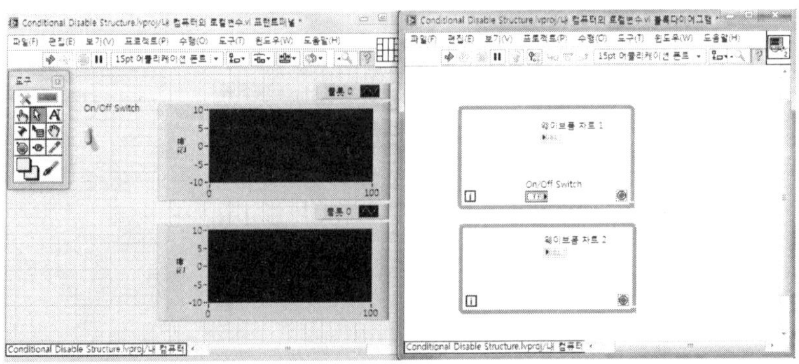

② 웨이브폼 차트에서 플롯 범례를 숨겨보도록 하겠습니다.

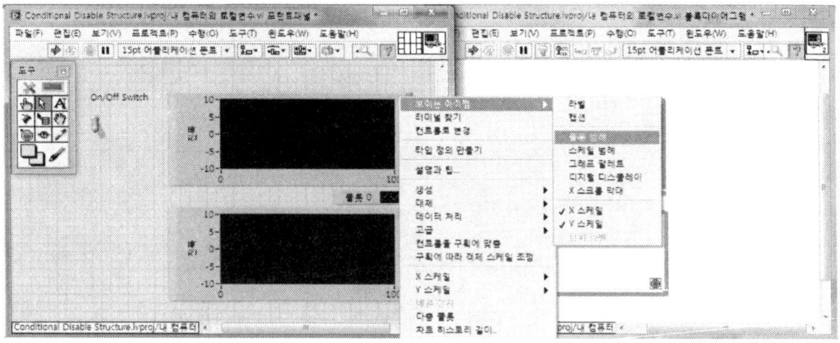

③ 난수 값을 직접 웨이브폼 차트 1과 2에 각각 연결합니다. 그리고 기다림(mx) 함수를 사용하여 '20'값을 지정하여 대기 시간을 기다리고 반환하게 합니다.

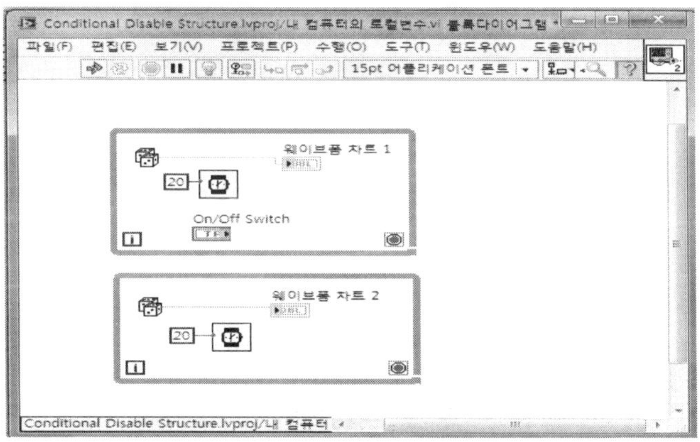

④ 웨이브폼 차트 1에서 불리언 수직 토글 스위치를 루프 조건 “참인 경우 정지”를 “참인 경우 계속”으로 변경합니다. 그리고 웨이브폼 차트 2에서는 로컬 변수 함수를 생성하고 루프 조건을 웨이브폼 차트1과 같이 변경 합니다. 그 결과 차트 2에서는 와이어링이 에러가 나타납니다.

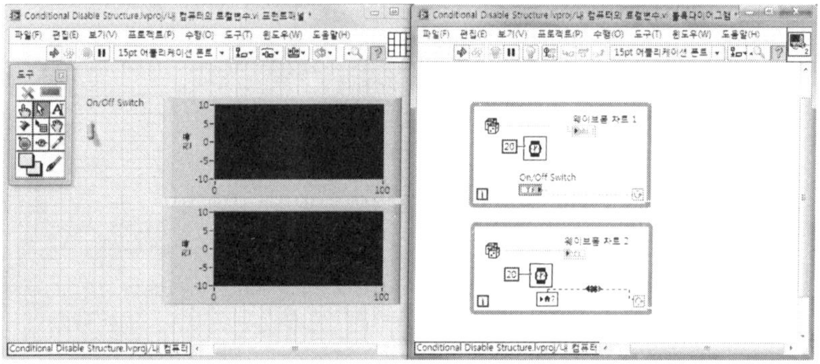

⑤ 아이템 선택이 잘못되어 있다는 점에서 에러가 발생되었습니다. 그래서 로컬 변수 함수 아이콘에서 오른쪽 마우스 클릭 / 아이템 선택 / On/Off Switch를 선택합니다. 그리고 다시 오른쪽 마우스 클릭 / 읽기로 변경 합니다. 즉, 차트 2에 로컬 변수를 읽어 오기 위하여 로컬 변수 함수를 추가합니다.

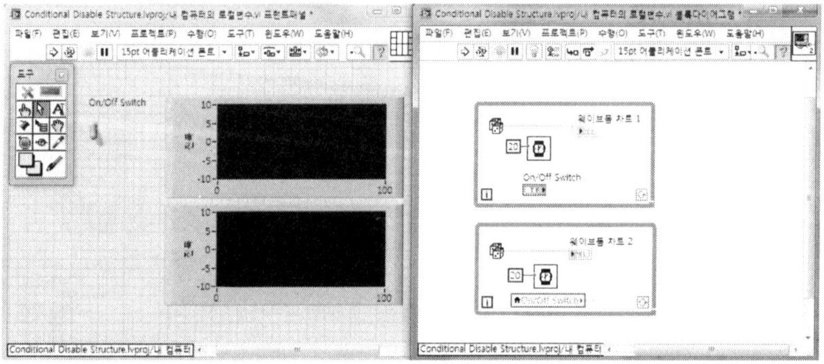

⑥ 차트 1과 차트 2를 NOR 함수를 사용합니다. 입력 값이 모두 거짓인 경우, 함수는 참을 반환하여 로컬변수 함수를 쓰기 변수로 적용시킵니다.

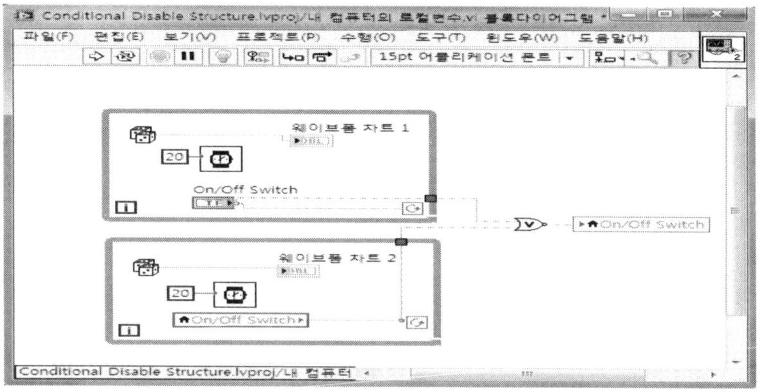

⑦ 연속실행 시켜 결과를 확인합니다.

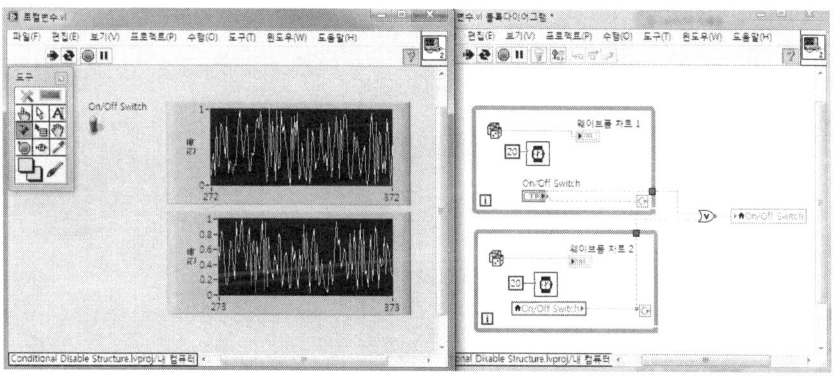

1) 차트 및 그래프 이해하기

웨이브폼 차트에는 메모리를 가지며 한 포인트 또는 배열 입력이 가능합니다. 또한 웨이브 그래프는 메모리를 가지지 않으며 배열만 입력가능하며 X축 대한 시간 데이터 표현이 용이하며 다양한 옵션을 사용할 수 있습니다.

그리고 일정한 속도로 수집되는 데이터를 디스플레이하기 위한 웨이브 폼 그래프와 차트를 가집니다. 웨이브폼 그래프는 균일하게 샘플 된 측정의 하나 또는 여러 플롯을 디스플레이합니다.

웨이브폼 그래프는 y = f(x)에서 보는 대로 시간에 따라 변하는 웨이브폼과 같이 x축을 따라 포인트가 균일하게 분포하는 단일 값 함수만을 플롯 합니다.

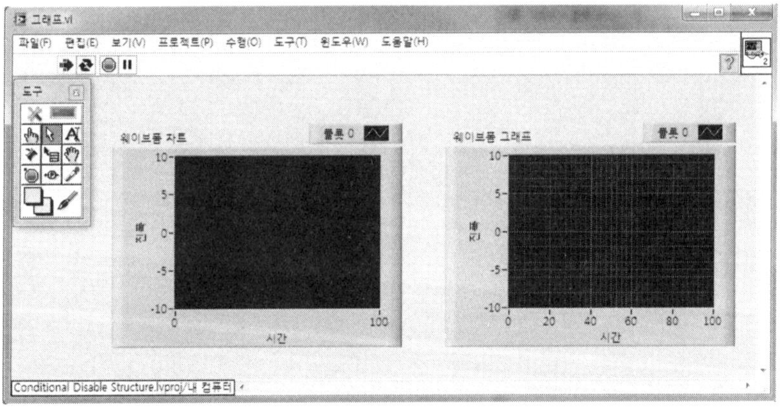

웨이브폼 차트나 그래프의 초기 구성 화면에는 플롯 범례만 나타납니다. 이 때 오른쪽 마우스 클릭을 한 후 스케일 범례, 그래프 팔레트, 디지털 디스플레이, X스크롤 막대 등을 선택하면 아래와 같이 나타납니다.

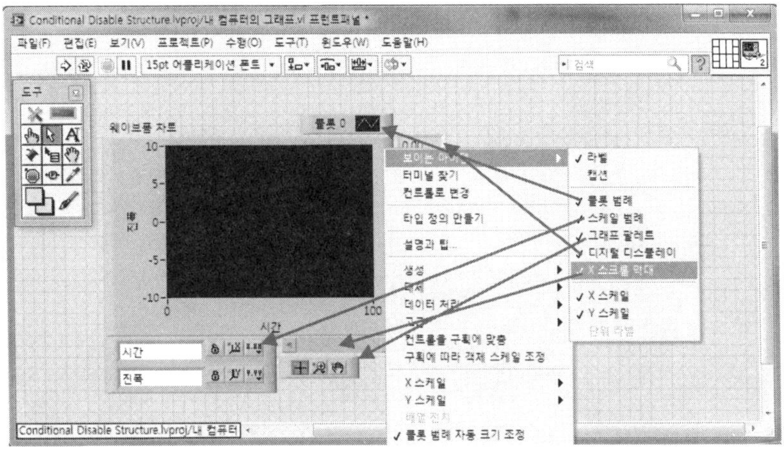

실습 1 : 시간 지연 함수를 이용한 웨이브폼 차트

① 새로운 VI를 생성한 후 프런트패널에 웨이브폼 차트를 드래그 & 드롭 합니다.

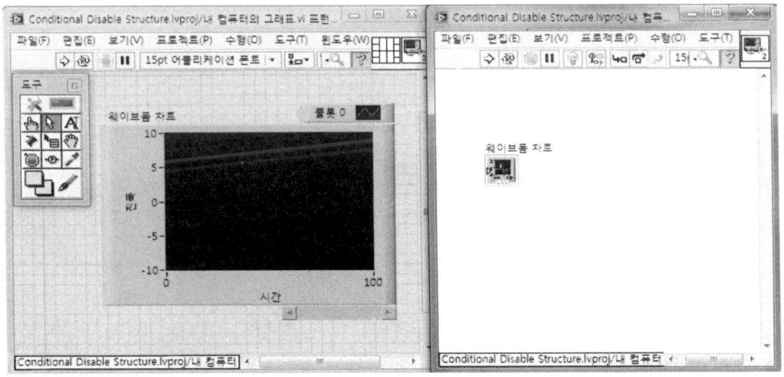

② 난수 값을 웨이브 차트에 입력 즉, 와이어링 합니다. 그리고 시간지연 함수를 이용하여 '0.5'지연 시키며 이를 정지시키는 정지버튼을 생성합니다.

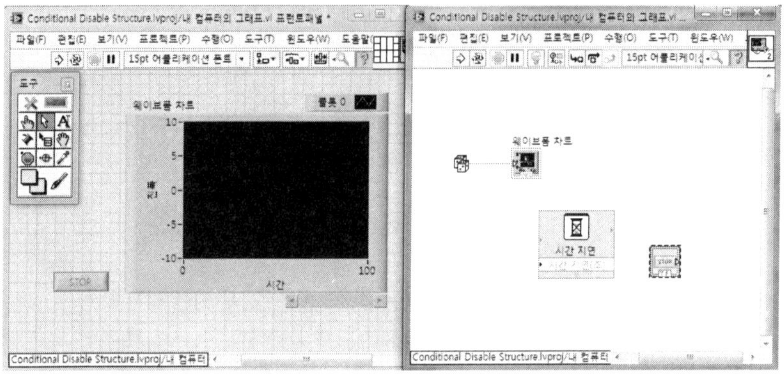

③ 마지막으로 While 루트를 생성한 후 정지버튼과 루프조건을 와이어링 합니다. 연속실행을 클릭하여 결과를 확인합니다.

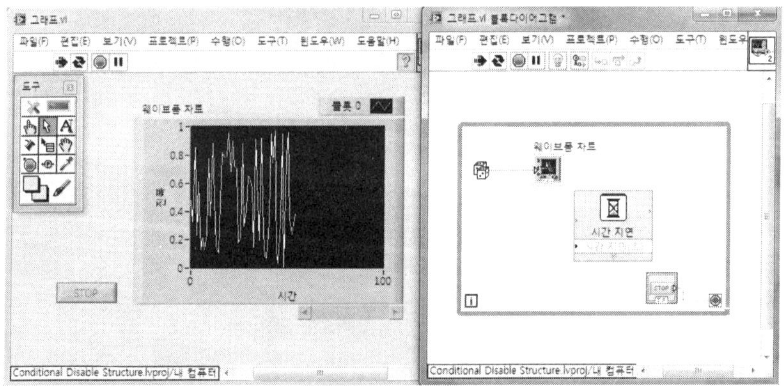

실습 2 : 차트에 여러 개의 데이터를 동시에 그리기

① 새로운 VI를 생성한 후 프런트패널에서 웨이브폼 차트를 드래그 &드롭 합니다. 플롯의 명을 난수, 사인, 코사인으로 명칭을 변경합니다. 그리고 정지버튼을 생성합니다.

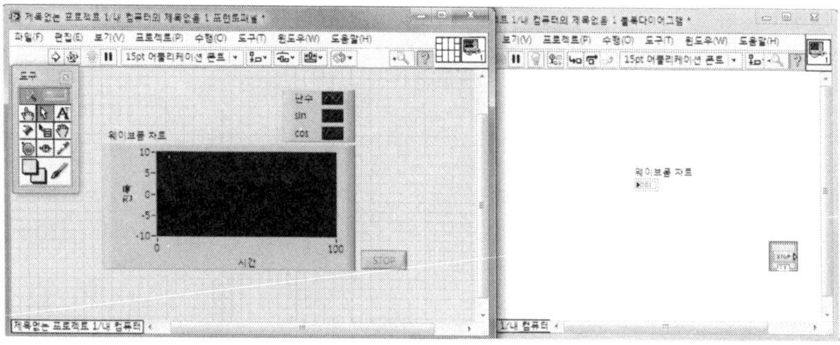

② While 루프을 적용시키고 수학함수에서 사인과 코사인을 블록다이어그램에 생성합니다. 그리고 2로 곱한 원주률을 루프반복횟수와 곱한 다음, 상수 값 '100'으로 나눈 값을 사인과 코사인으로 전달합니다. 그리고 난수(0-1) 함수를 드래그 & 드롭 합니다.

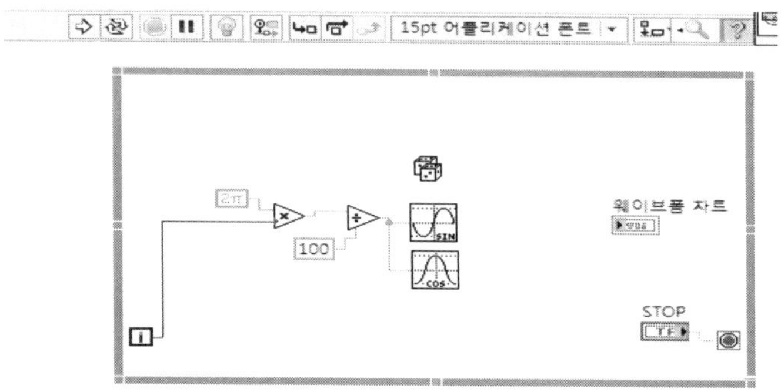

③ 개별원소를 클러스터로 묶기 위하여 묶기 함수를 사용하여 세 개의 데이터(난수, 사인, 코사인)을 웨이브폼 차트에 와이어링 합니다. 연속 실행 후 확인합니다.

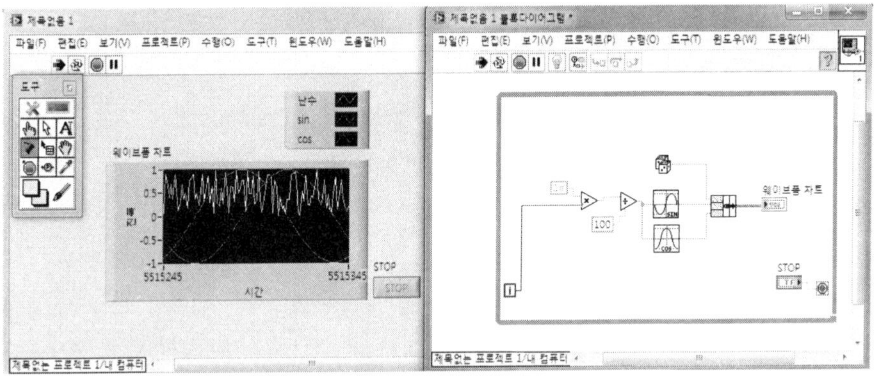

④ 웨이브폼 차트에서 차트가 너무 빠르게 이동하는 것을 알 수 있습니다. 이에 대하여 시간 지연 함수를 사용하여 속도를 조절합니다. 시간 지연 함수 값을 '0.3초'로 설정하여 재실행 후 확인합니다.

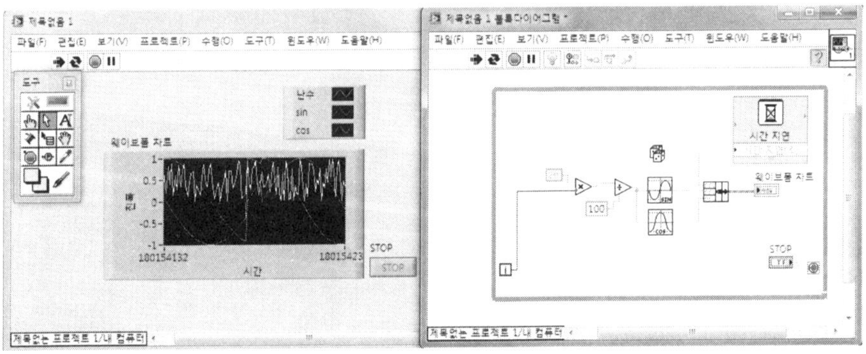

3.1.14 글로벌 변수

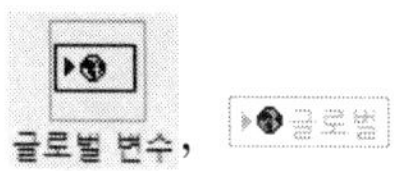

글로벌 변수를 생성할 때, LabVIEW는 자동적으로 블록다이어그램은 없고 프런트패널만 있는 특수한 글로벌 VI를 생성합니다.

실습 1 : 글로벌 변수를 이용한 웨이브폼 차트

① 새로운 VI를 생성한 후 블록다이어그램에서 While 루프를 생성합니다. 그리고 프런트패널에서 웨이브폼 차트와 수직 포인트 슬라이드를 드래그 & 드롭 합니다.

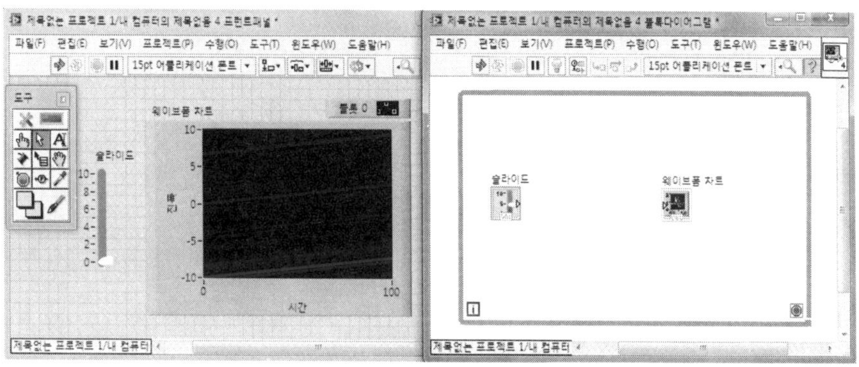

② 슬라이드는 상수 값 '500'을 곱한 후 U32 즉, 32비트 부호없는 정수로 변환합니다. 그리고 기다림(ms) 함수를 사용하여 타이머를 조절합니다.

③ 글로벌 변수와 웨이브폼 차트를 와이어링을 하기 전에 글로벌 변수의 사용법을 알아보도록 하겠습니다.

④ 글로벌 변수 함수 아이콘을 더블클릭 하면 새로운 프런트패널이 나타납니다. 프런트패널에 클래식의 수직 스위치와 클래식 숫자의 숫자형 컨트롤을 생성한 후 저장을 합니다.

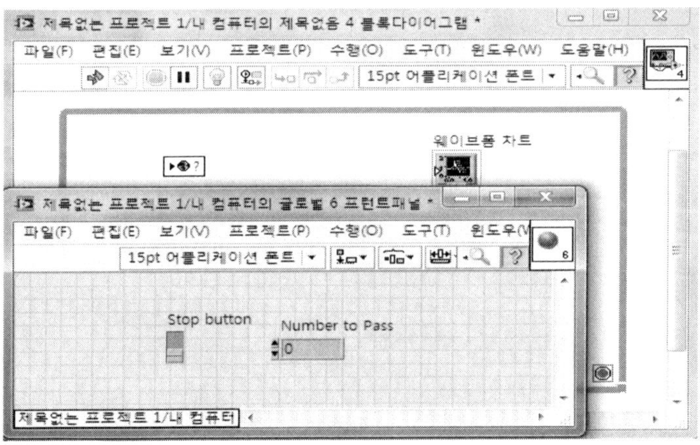

⑤ 글로벌 변수 아이콘에서 오른쪽 마우스 클릭한 후 아이템 선택에서 Number to Pass를 선택합니다.

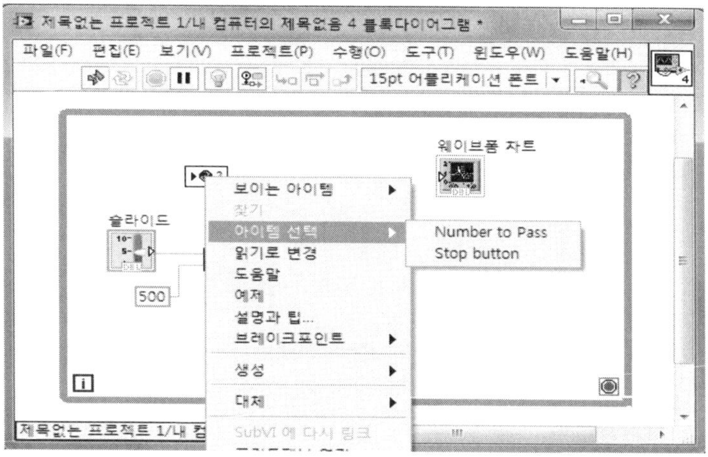

⑥ 글로벌 변수 아이콘이 변경 되었으며 현재 쓰기로 되어 있으므로 읽기로 변경을 선택한 후 웨이브폼 차트와 와이어링 합니다.

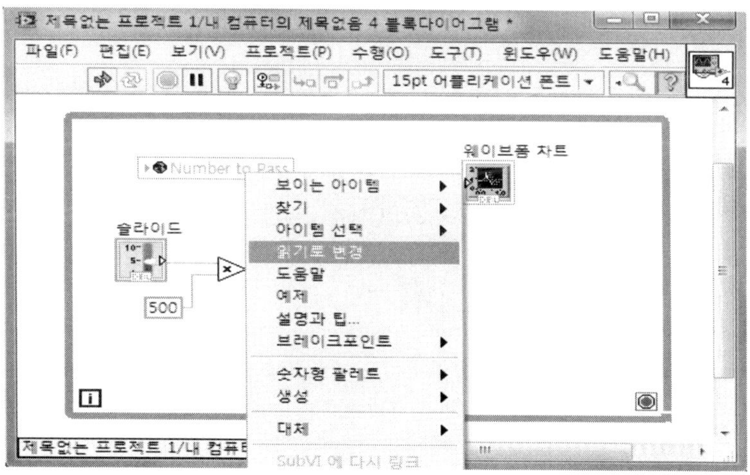

⑦ 프런트패널에서 정지버튼을 생성한 후 글로벌 함수를 하나 더 드래그 & 드롭합니다. 아이템 선택을 위해 ⅰ에서 ⅱ처럼 재작업을 한 후 아이템 선택에서 Stop butoon을 선택 합니다.

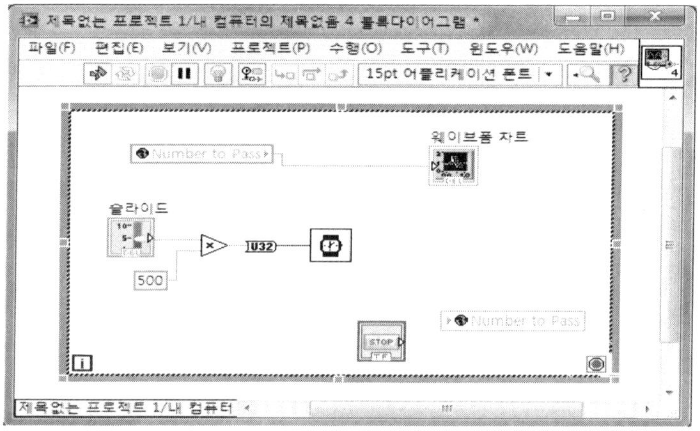

⑧ 정지버튼과 글로벌 변수 함수와 루프 조건과의 와이어링을 한 후 연속실행으로 결과를 확인합니다.

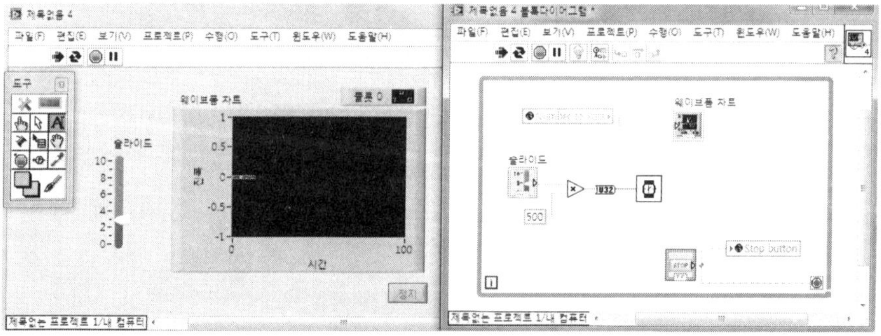

3.1.15 장식

장식 팔레트에 위치한 장식을 사용하여 박스, 라인 그리고 화살표와 함께 블록 다이어그램의 객체를 그룹으로 모으거나 분리합니다. 이러한 객체는 단지 장식을 위한 것이며 데이터를 변경하지는 않습니다.

3.1.16 피드백 노드

피드백 노드는 피드백 컨트롤 이론과 디지털 신호 처리에서 z-1 블록과 유사합니다. 피드백 노드에서 마우스 오른쪽 버튼을 클릭하고 바로 가기 메뉴에서 Z 변환 보기를 선택하여 피드백 노드의 모양을 z-1 블록의 모양처럼 변경할 수 있습니다. 다음과 같이 모양을 z 변환 보기로 변경하면 피드백 노드의 외관만 변합니다.

실습 1 : 피드백을 이용한 랜덤 데이터

① 새로운 VI를 생성한 후 블록다이어그램에서 While 루프를 생성합니다. 그리고 프런트패널에서 웨이브폼 그래프를 드래그 & 드롭 합니다.

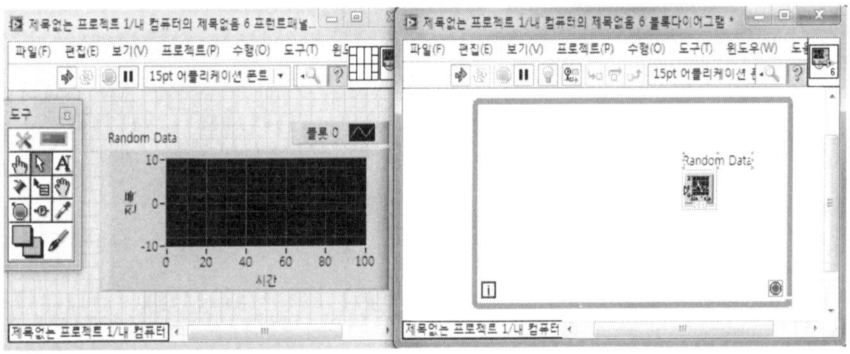

② 난수 값이 배열 만들기로 전달되어 피드백한 후 Random Data에 값을 전달합니다.

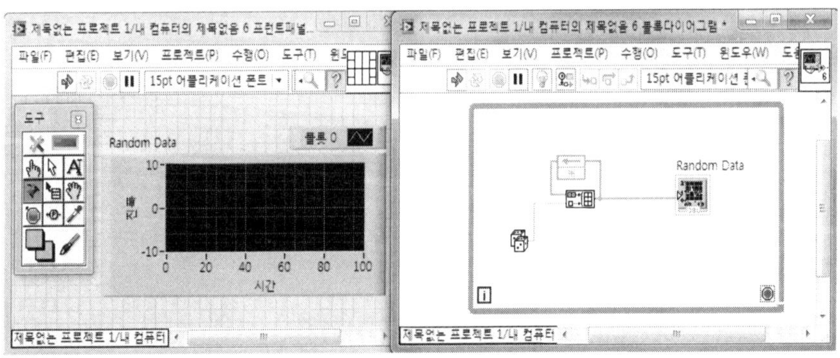

③ 루프반복횟수는 ms 배수 값과 와이어 되며 정지버튼은 루프조건과 와이어링 합니다. 연속실행 후 결과 값을 확인합니다.

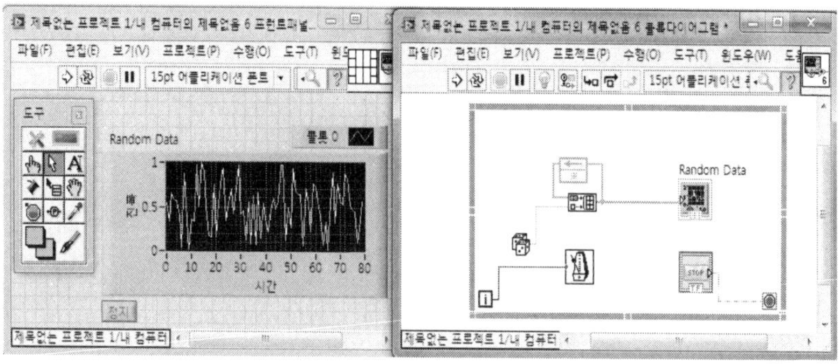

④ 그래프가 너무 빠르게 나타납니다. 이 때 다음 ms 배수까지 기다림 함수에 상수 값 '100'을 와이어링 하며 피드백 노드에서 '한 루프 초기화 출력 이동'을 선택합니다.

그 결과 피드백 노드를 초기화하기 위하여 루프의 외부에서 값을 전송하게 됩니다.

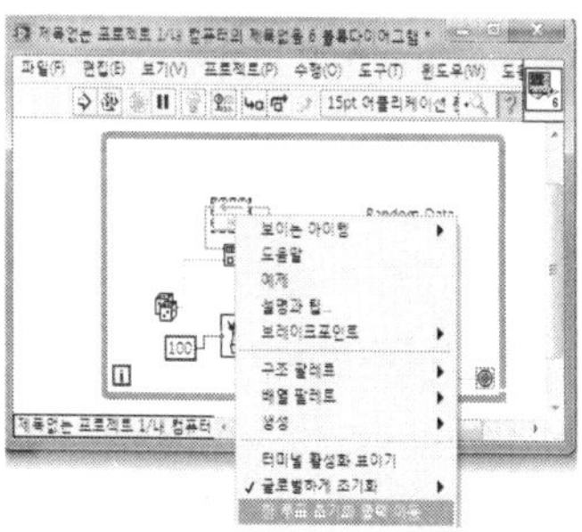

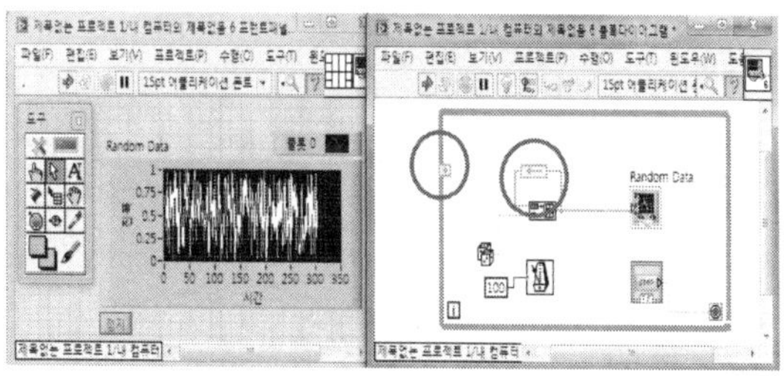

⑤ 루프 경계선의 피드백에서 오른쪽 마우스 클릭을 한 후 생성에서 상수를 선택합니다. 연속 실행하여 정지 버튼을 클릭하여 결과를 확인합니다. 결론적으로 피드백 노드에서는 이동 레지스트와 같은 기능이 있음을 알 수 있습니다.

그리고 '시프트 레지스터로 대체"를 선택하여 사용할 수 있습니다.

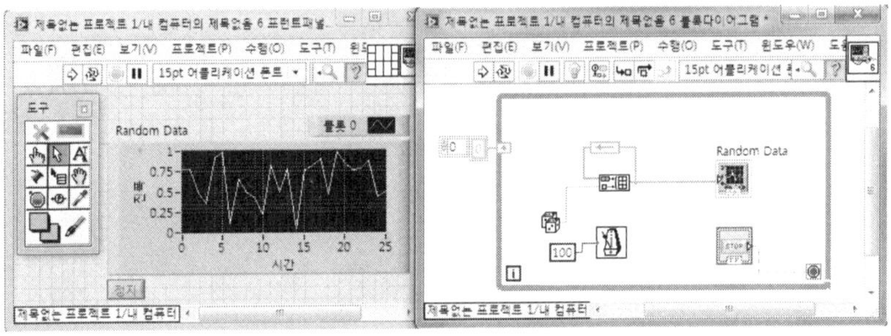

3.2 [프런트패널] 타임스탬프와 [블록다이어그램] 타이밍

3.2.1 [프런트패널] 타임스탬프

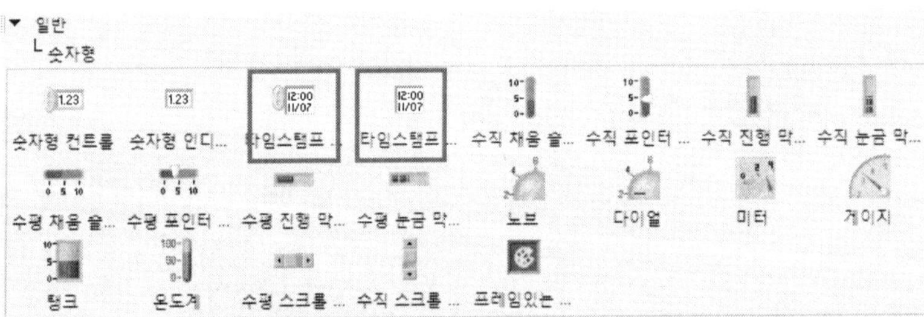

타임스탬프 컨트롤은 시간과 날짜를 설정할 수 있으며 타임스탬프 인디케이터는 시간과 날짜 값을 받습니다.

실습 1 : 시간과 날짜 입력방법

① 새로운 VI를 생성합니다. 그리고 프런트패널에서 타임스탬프 컨트롤을 드래그 & 드롭 한 후 시간/날짜 탐색 버튼 을 오른쪽 마우스 클릭합니다.

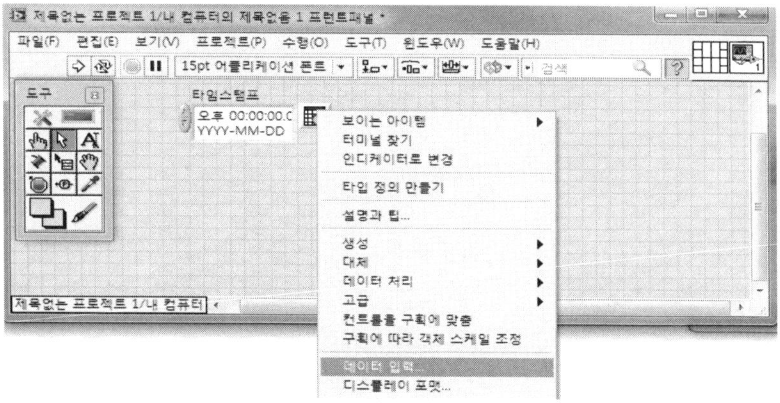

② 데이터 입력을 선택합니다. 그 결과 타임스탬프 상수: 타임스탬프 창이 나타납니다. 그리고 최소값의 시간과 날짜 아이콘을 클릭합니다.

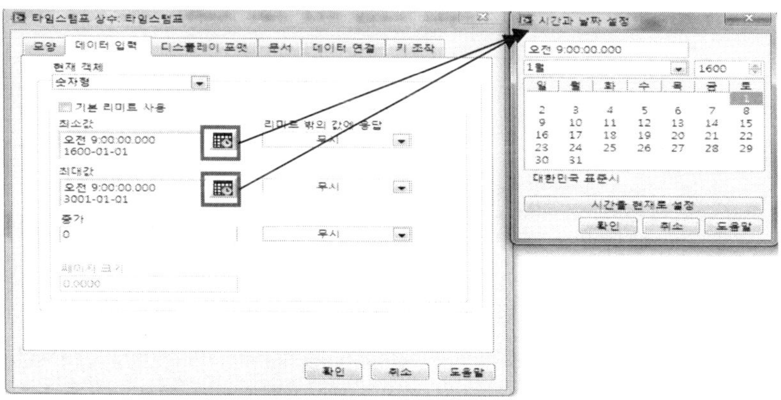

③ 시간과 날짜 설정 창에서 확인을 선택하면 시간과 날짜가 설정이 됩니다.

④ 보다 빠른 시간과 날짜 설정이 있습니다. 먼저 프런트패널에서 타임스탬프 컨트롤과 타임스탬프 인디케이터를 드래그 & 드롭 하여 블록다이어그램에서 와이어링한 후 연속실행 버튼을 클릭합니다.

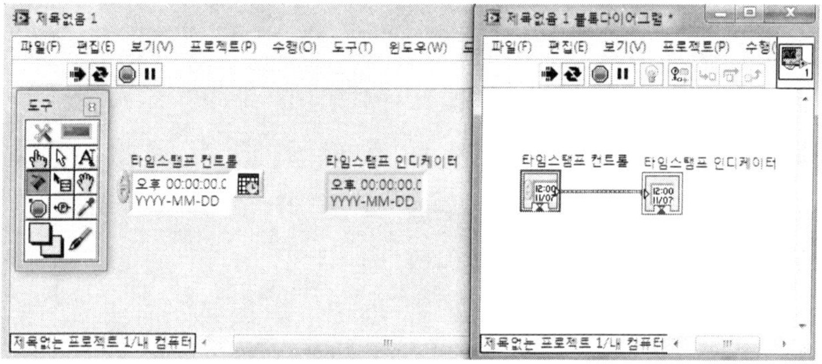

⑤ 프런트패널에서 연속실행 되고 있는 시간/날짜 탐색 버튼을 클릭합니다. 년, 월, 일을 선택한 후 확인을 누르면 그 결과를 확인할 수 있습니다.

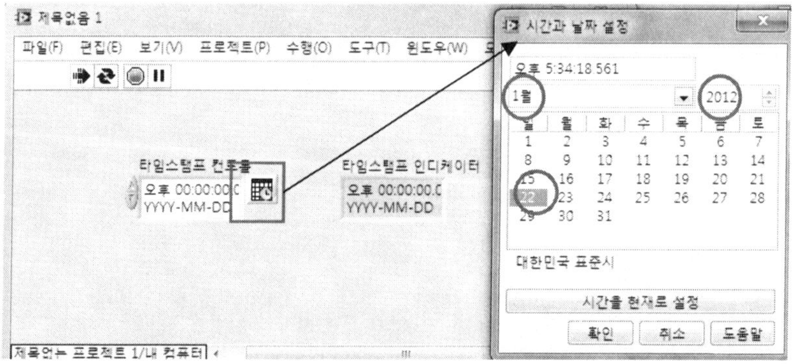

⑥ 결과 확인합니다. (2012년 1월 22일)

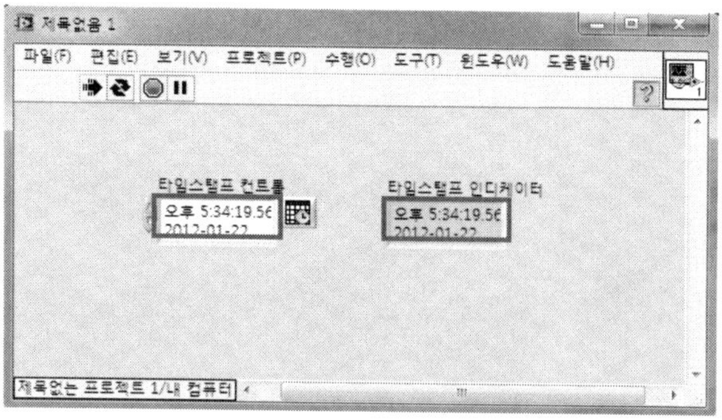

3.2.2 [블록다이어그램] 타이밍

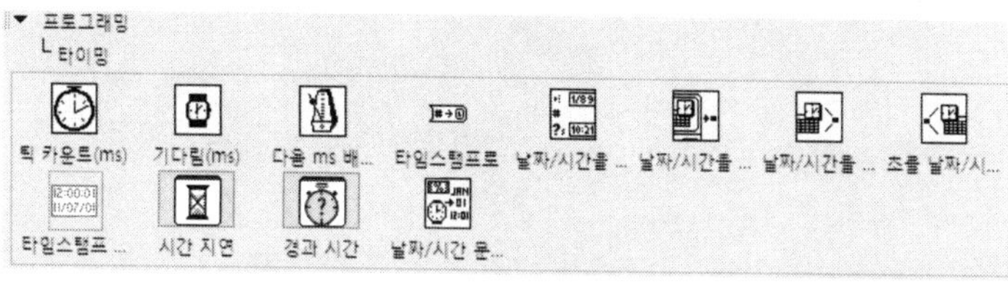

타이밍 VI와 함수를 사용하여 작업이 실행되고 컴퓨터 클럭으로부터 날짜와 시간을 가져오는 속도를 조작합니다.

1) 틱 카운트(ms)

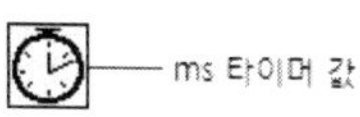

ms 타이머의 값을 반환합니다. 그리고 기본 참조 시간(ms, 0)은 정의되어 있지

않습니다. 즉, ms 타이머 값을 실제 시간 또는 날짜로 변환할 수 없습니다. ms 타이머의 값은 (2^32)-1 부터 0까지를 포함하기 때문에 이 함수를 비교로 사용할 때는 주의하여야 합니다.

타이머의 값이 (2^32)-1 부터 0까지를 포함하는 지를 실습으로 확인하겠습니다.

① 새로운 VI를 생성합니다. 프런트패널에서 타이머 값의 숫자형 컨트롤을 드래그 & 드롭 한 후 블록다이어그램으로 전환하여 For 루프 함수를 생성합니다. 그리고 루프카운트와 타이머 값을 와이어링 합니다.

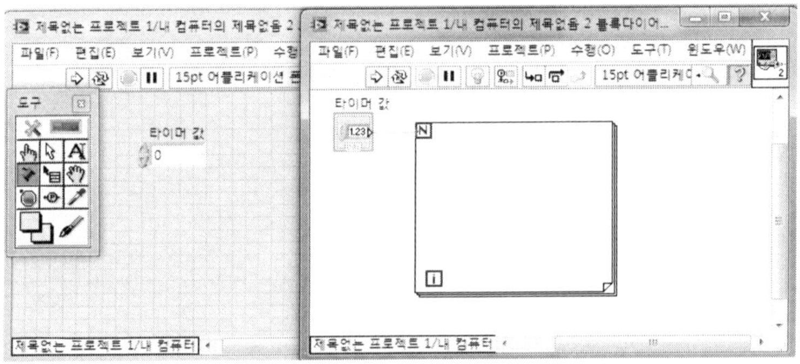

② 다층 시퀀스 구조를 생성한 후 최종 카운트를 위한 틱 카운트(ms) 함수를 드래그 & 드롭 합니다.

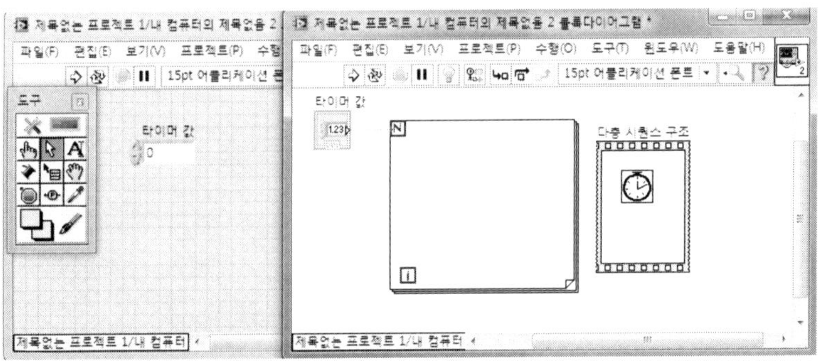

③ 틱 카운트(ms) 함수는 For 루프를 통과하여 다층 시퀀스 구조 최종 카운트 틱 카운트(ms) 함수를 뺀 후 DBL 숫자형 상수 값을 나누기 합니다. 그리고 그 값을 타이머 값과 다시 나누어 경과시간(초)를 구합니다.

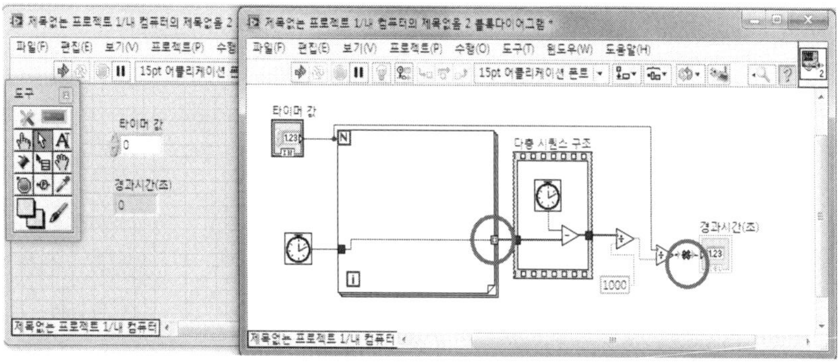

i. 위 그림과 같이 다이어그램을 완성하면 에러가 발생합니다. 그 원인은 For 루프에서 터널 모드에서 초기 값이 '0'로 되어 있습니다. 터널모드를 '마지막 값'으로 변경합니다.

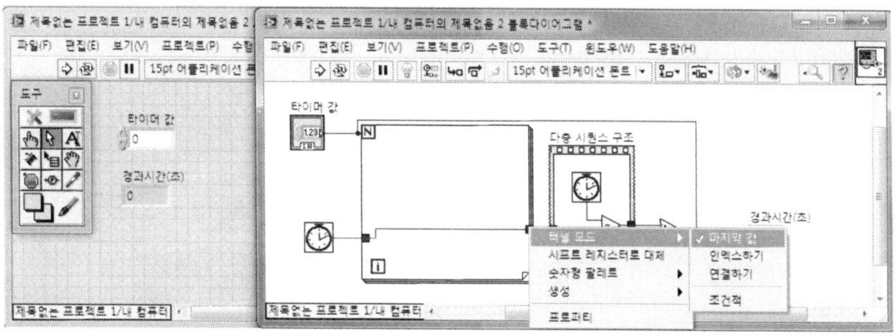

④ 변경 후 연속실행으로 결과를 확인 합니다. 그 결과 '마이너스(-)' 값과 '0'값에서는 타이머 값이 나타나지만 '1'이상의 값은 Inf 결과 값이 나타납니다. 즉, 틱 카운트(ms)는 타이머의 값이 (2^32)-1 부터 0까지를 포함합니다.

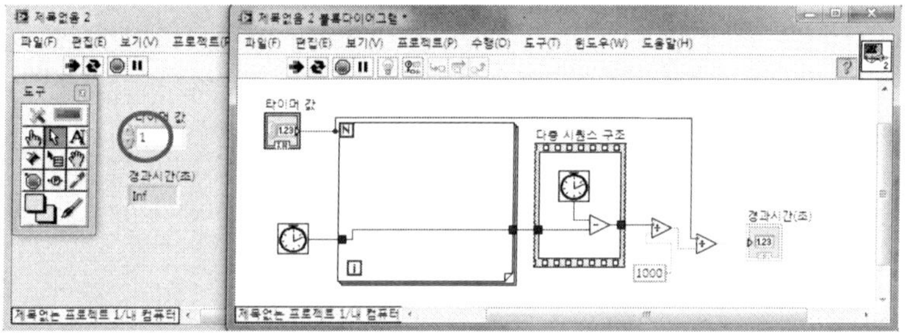

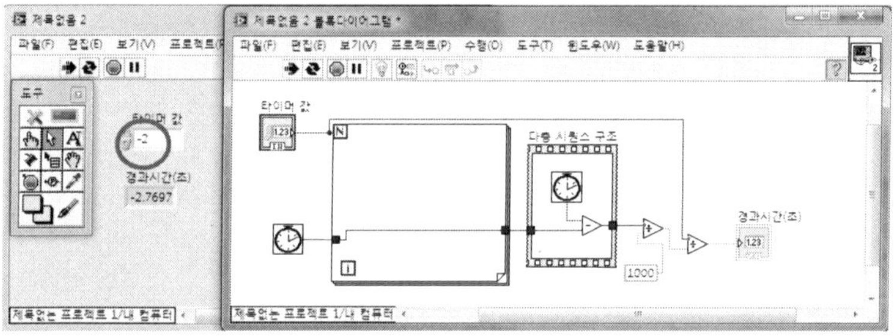

실습 1 : While 루프와 틱 카운트(ms)

① 새로운 VI를 생성합니다. While 루프를 드래그 & 드롭 한 후 기다림(ms) 함수와 대기 시간(ms) 컨트롤을 생성합니다. 그리고 루프 실행 시간(ms) 인디케이터를 생성합니다. 이점은 대기 시간(ms) 값을 조절함으로써 루프 실행 시간(ms) 값의 변화를 살펴보고자 합니다.

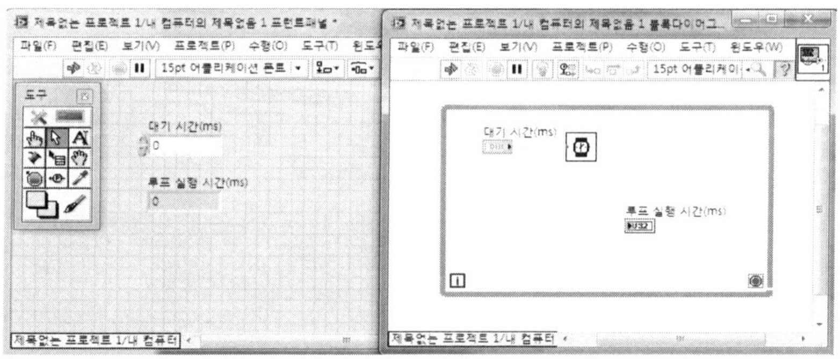

② 틱 카운트(ms) 함수를 While 루프 밖과 안쪽에 위치 시킵니다. 그리고 시프트 레지스터(shift register)를 생성합니다.

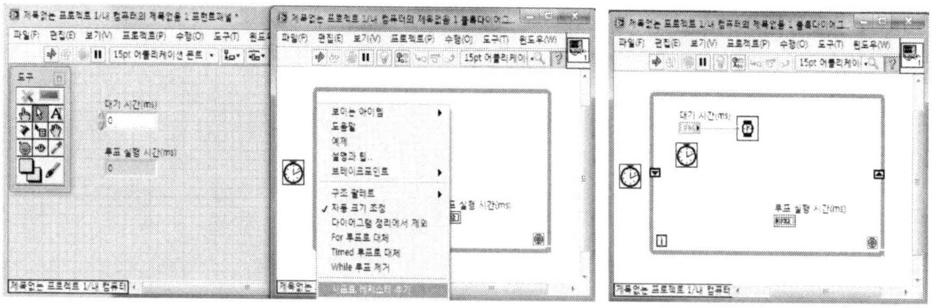

③ 틱 카운트(ms) 함수를 While 루프 밖과 안쪽에 드래그 & 드롭 합니다. 그리고 시프트 레지스터(shift register)를 생성합니다.

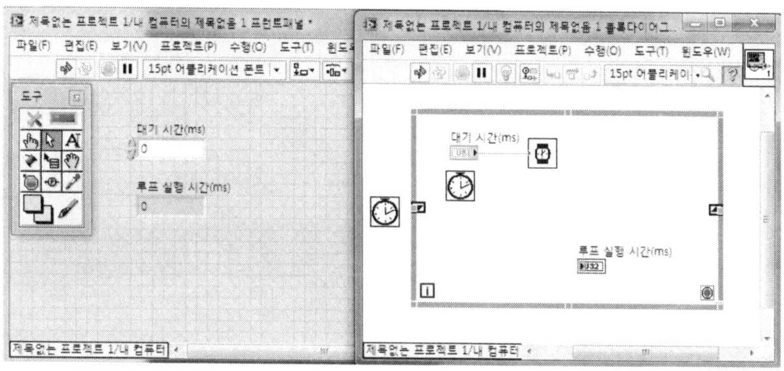

④ While 루프가 1회 실행되었을 때 걸리는 시간을 알기 위해서 두 개의 틱 카운트(ms) 함수의 출력 값이 빼기 함수와 와이어링해 주며 그 결과 값을 루프 실행시간(ms) 인디케이터에 전달됩니다. 그리고 While 루프의 카운트를 알기 위하여 루프 카운트 인디케이터를 생성하며, 정지 버튼을 루프조건에 와이어링합니다. 연속실행시켜 결과를 확인합니다.

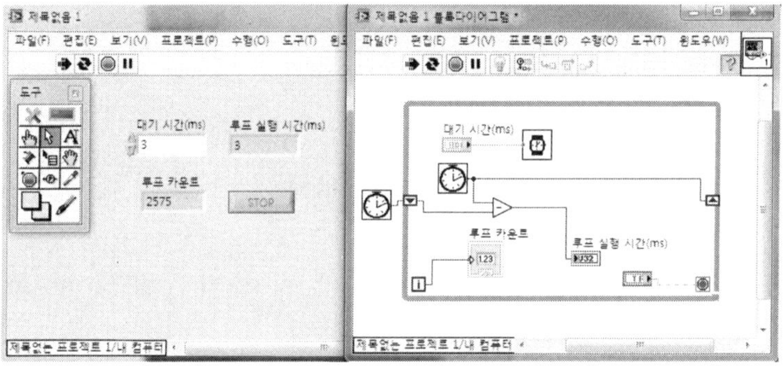

실습 2 : 틱 카운트(ms)과 에러 입력 및 출력

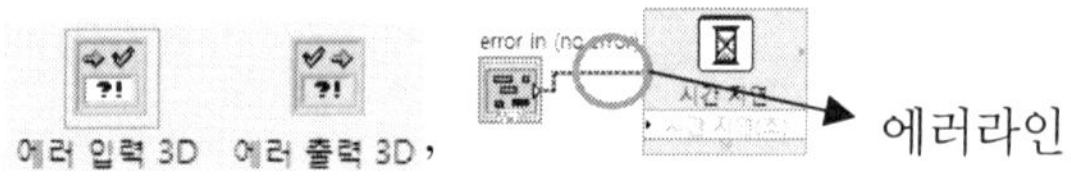

① 새로운 VI를 생성합니다. 프런트패널에서 Delay Time 컨트롤과 코드 실행시간(ms) 인디케이터를 생성한 후 에러 입력 3D와 에러 출력 3D를 드래그 & 드롭 합니다.

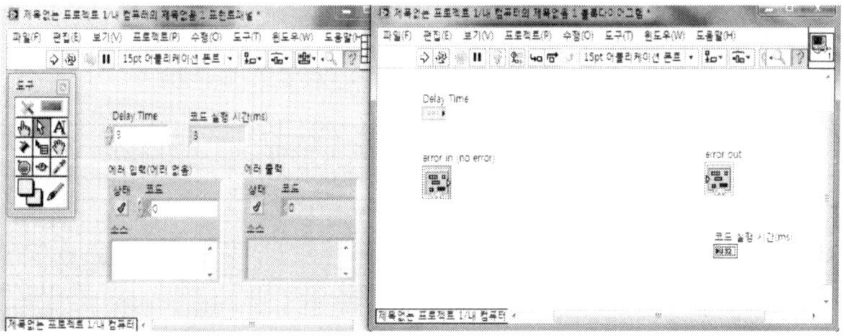

② 시간 지연 함수와 플랫 시퀀스 구조를 드래그 & 드롭 하여 시간 지연 함수를 와이어링하여 에러 출력에 전달하는 과정입니다.

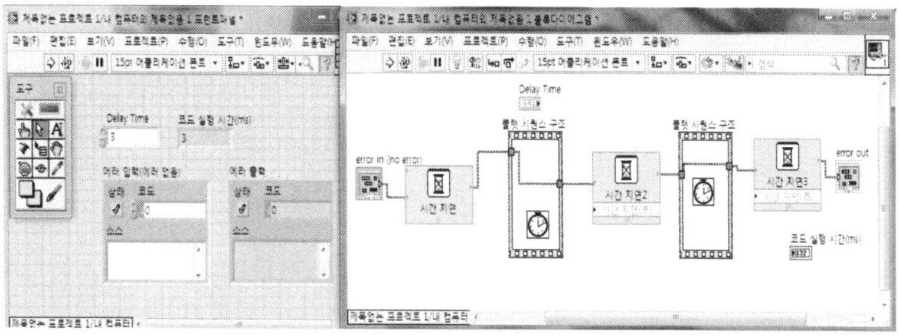

③ 틱 카운트를 이용하여 첫 번째 시간 지연 ms 타이머의 값을 반환하고 두 번째 시간 지연의 값 즉, Delay Time의 값을 받아 빼기 함수에 적용시켜 코드 실행 시간(ms)을 나타냅니다.

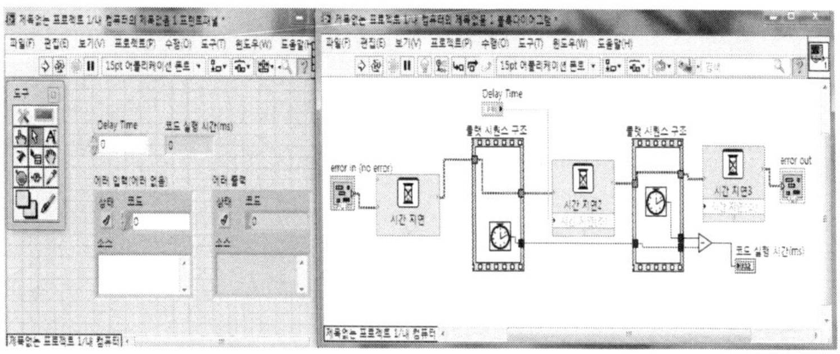

④ 연속실행과 실행 하이라이트를 켠 상태에서 결과 값을 확인합니다.

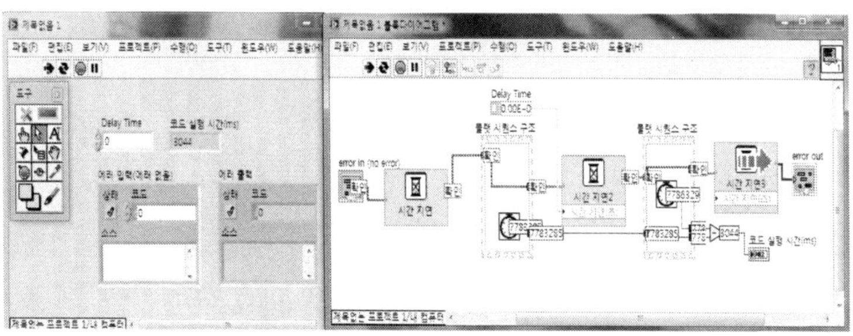

2) 기다림

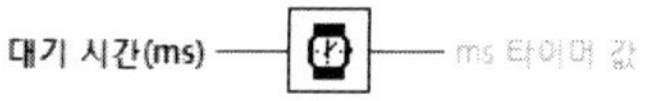

지정된 ms를 기다리고 ms 타이머의 값을 반환합니다. 0의 값을 기다릴 ms입력에 연결하여 현재 스레드가 CPU의 컨트롤을 양도하도록 강제합니다.

기다림 함수는 비동기적으로 시스템을 호출하나, 노드 자체는 동기적으로 작동합니다. 그러므로 이 함수는 지정된 시간이 지날 때까지 실행을 완료하지 않습니다.

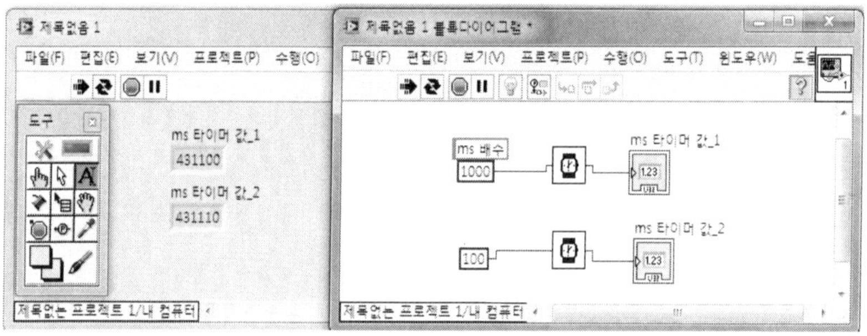

3) 다음 ms 배수까지 기다림

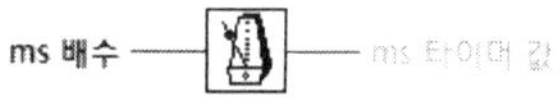

ms 타이머의 값이 지정된 ms 배수의 배수가 될 때까지 기다립니다. 이 함수를 사용하여 여러 작업을 동기화합니다. 루프 안에서 이 함수를 호출하여 루프 실행 속도를 조절할 수 있습니다.

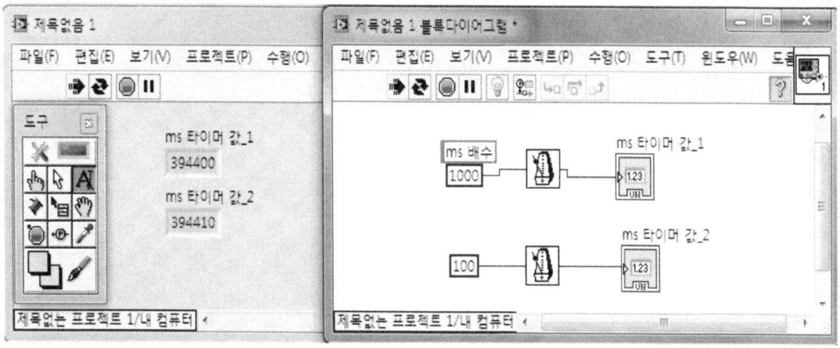

위 그림에서 ms 배수 값에 따라 값의 변화를 알 수 있습니다. ms 배수 값 '100'이 '1000'보다 빠르게 변화됩니다.

4) 타임스탬프로

숫자를 타임스탬프로 변환합니다. 즉, 숫자 값을 초로 나타냅니다.

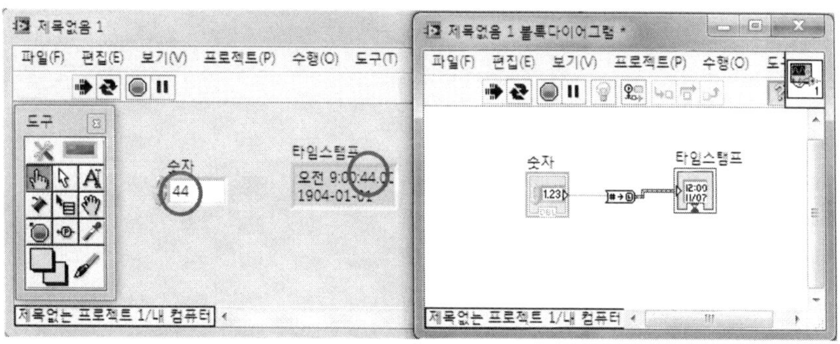

5) 날짜/시간을 문자열로 얻기

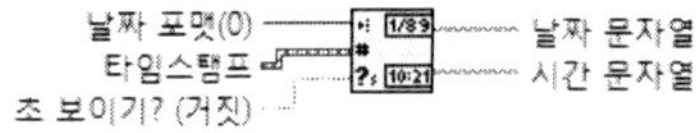

타임스탬프 값 또는 숫자 값을 컴퓨터에 설정된 표준 시간대의 날짜와 시간 문자열로 변환합니다.

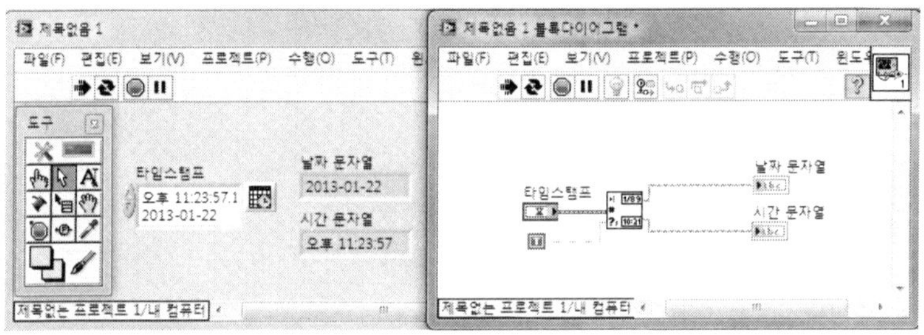

6) 날짜/시간을 초로 얻기

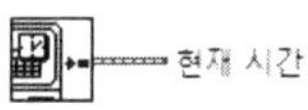

현재 시간의 타임스탬프를 반환합니다.

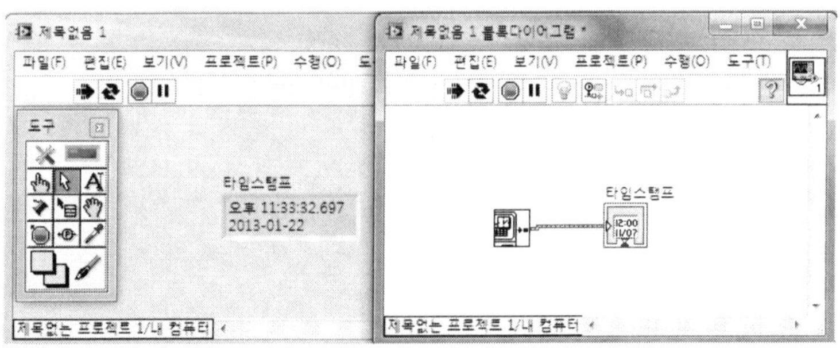

7) 날짜/시간을 초로

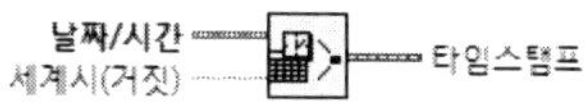

시간 값 클러스터를 세계시 1904년 1월 1일, 금요일, 오전 12시 이후부터 경과된 초의 수인 타임스탬프로 변환하며, 이 때 일광 절약 시간은 1로 설정되어 있다고 가정합니다.

8) 초를 날짜/시간으로

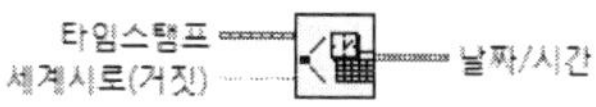

타임스탬프 값 또는 숫자값을 시간 값의 클러스터로 변환합니다.

9) 타임스탬프 상수

블록다이어그램에서 타임스탬프 상수를 사용하여 시간과 날짜 값을 전달합니다.

10) 시간 지연 익스프레스

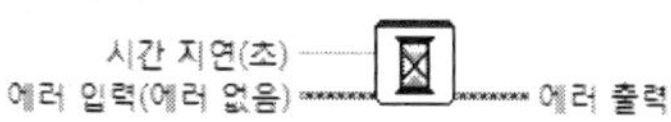

호출 VI에 시간 지연을 삽입합니다. 그리고 지연 시간(초)의 기본은 1,000입니다. 시간 지연 함수 아이콘을 더블클릭 또는 오른쪽 마우스 클릭 하면 프로퍼티(속성)을 선택하여 지연 시간(초) 값을 설정합니다.

실습 1 : 신호조작과 시간 지연

① 새로운 VI를 생성합니다. 그리고 프런트패널에서 수직 포인트 슬라이드와 웨이브폼 차트를 드래그 & 드롭 합니다. 그리고 수직 포인트 슬라이드와 웹이브폼 차트의 플롯을 변경합니다.

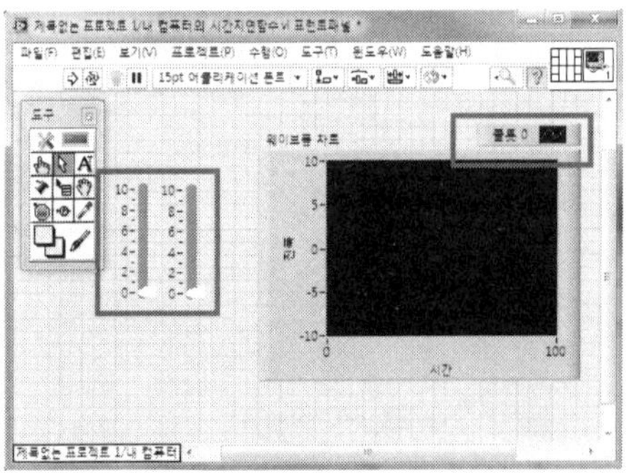

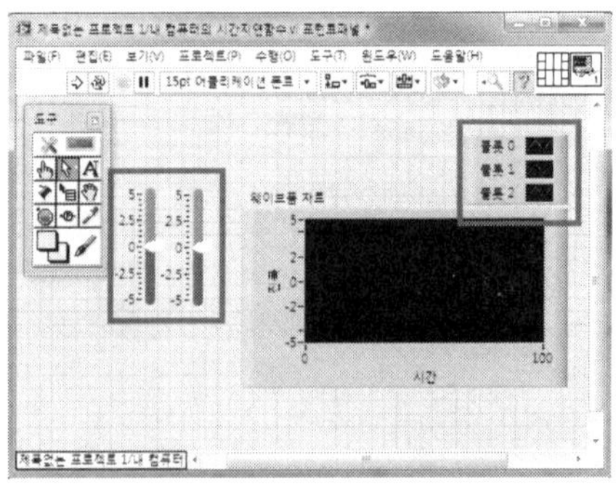

➡ Tip. 수직 포인터 슬라이드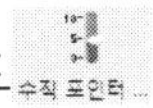 단위변경

슬라이드은 최소 값 '0', 최대 값 '10'이 설정이 되어 아래 그림과 같이 기본 셋팅이 되어 있습니다. 하지만 그래프에 단위 사용 시 '0'을 기준으로 마이너스 '-'값과 플러스 '+'값을 가집니다. 그러므로 기본 슬라이드를 변경해 주어야 합니다.

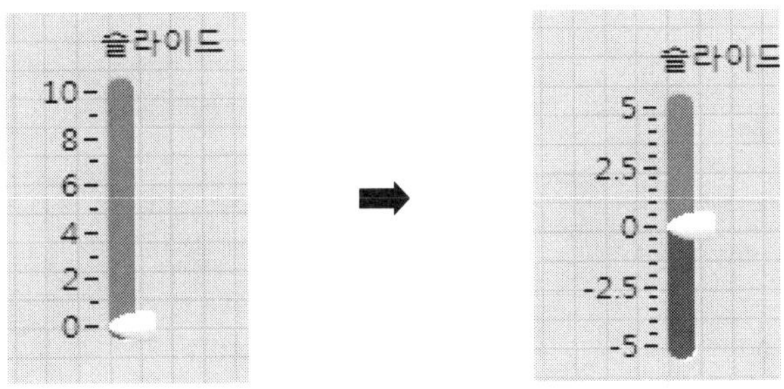

가. 슬라이드 변경 방법은 오른쪽 마우스 클릭 후 프로퍼티(속성)을 선택합니다. 그리고 스케일 메뉴에서 '스케일 범위'의 최소 값과 최대 값을 입력합니다.

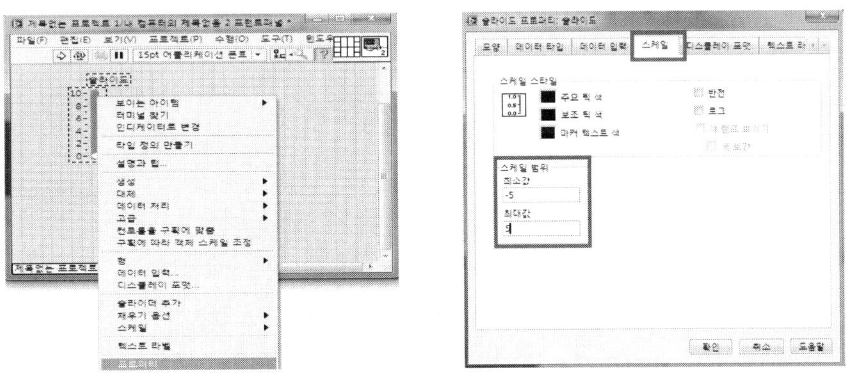

나. 슬라이드 변경 방법의 2번째 방법은 오른쪽 마우스 클릭 후 스케일 탭의 디스플레이 포맷으로 최소 값과 최대 값을 입력할 수 있습니다.

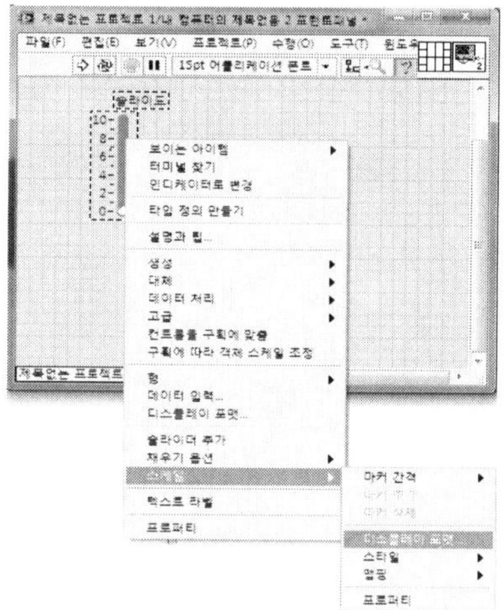

➡ Tip. 웨이브폼 차트  단위변경

웨이브폼 차트의 기본 단위 x축(진폭)은 0에서 10까지, y축(시간)은 0에서 10까지 설정되어 있습니다. 슬라이드와 마찬가지로 단위를 변경해 주어야 합니다.

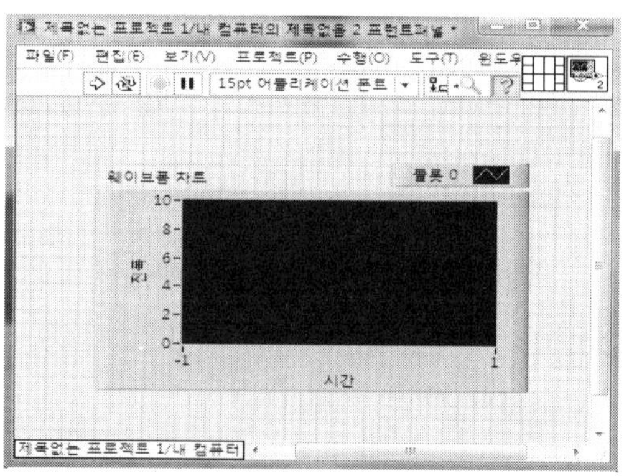

가. 웨이브폼 차트 변경 방법은 오른쪽 마우스 클릭 후 프로퍼티(속성)을 선택합니다. 그리고 스케일 탭에서 오토스케일에서 최소 값과 최대 값을 입력합니다. 이 때 주의 사항은 x축, y축의 열거형을 확인하여 설정합니다.

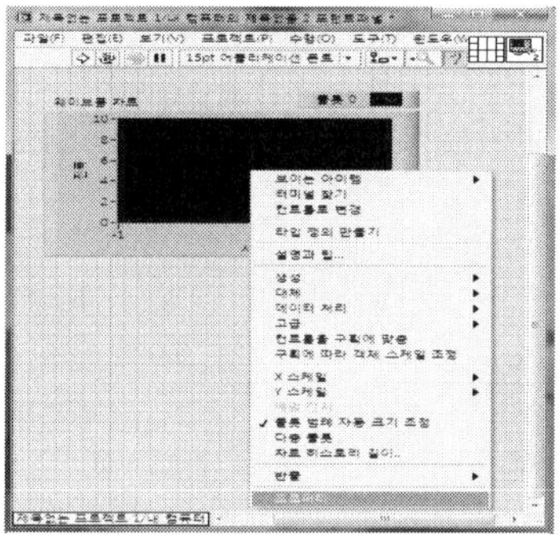
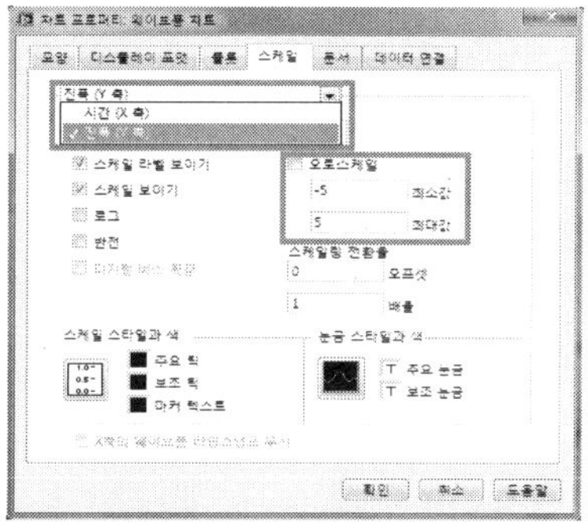

나. 웨이브폼 차트 변경 방법의 2번째 방법은 오른쪽 마우스 클릭 후 x스케일과 y스케일 / 프로퍼티(속성)을 선택 후 최소 값과 최대 값을 입력할 수 있습니다.

다. 웨이브폼 차트 프로퍼티에서 디스플레이 포맷 탭에서 타입 한가지를 알아보겠습니다. 엑셀처럼 함수를 적용하는 부분이며 고급 편집 모드에서 가능하며 x축(진폭)의 소수점(부동소수 표기법)을 활용하는 부분이며 아래 그림은 변경 전의 셋팅입니다.

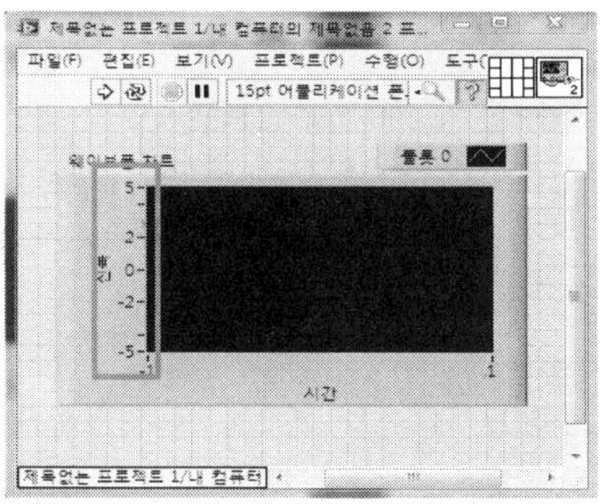

라. 단위 변경 설정(%#_g → %0.1f) 및 화면입니다.

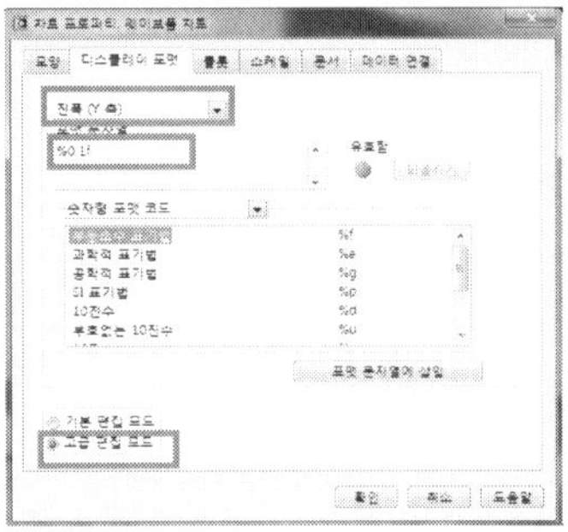

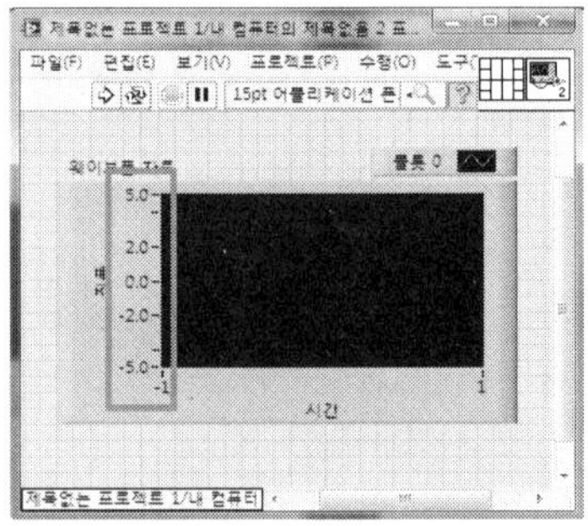

마. 웨이브폼 차트 시간에서는 0시간에서 100시간으로 되어 있습니다. 시간의 범위를 24시간 및 시간, 분, 초로 변경하겠습니다. 프로퍼티에서 디스플레이 포맷 탭에서 사용자 시간 포맷에서 선택하여 변경합니다.

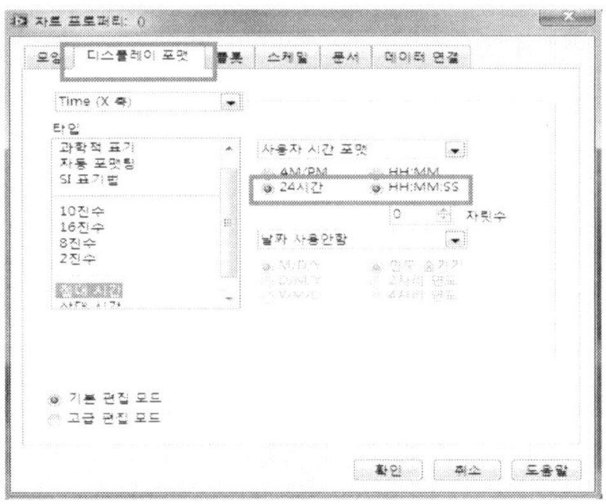

② 슬라이드와 웨이브폼 차트의 단위 및 시간을 수정한 후 비교 함수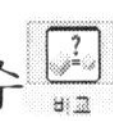에 와이어링 합니다. 비교설정 창에서 비교조건은 '〉보다 큼', 결과는 '데이터 포인트당 하나의 결과', 결과 이름은 '익스프레스 VI 이름을 함수 이름으로 변경' 그리고 비교 입력은 '두 번째 신호 입력'을 체크 합니다.

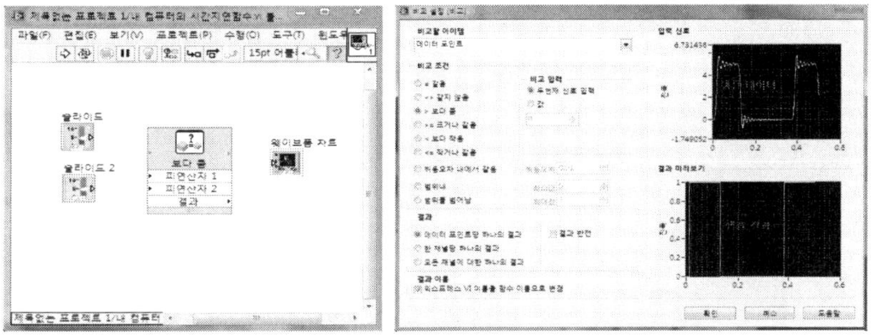

③ 신호병합 함수을 통한 웨이브폼 차트에 결과를 전송합니다. 연속실행하여 결과를 확인합니다.

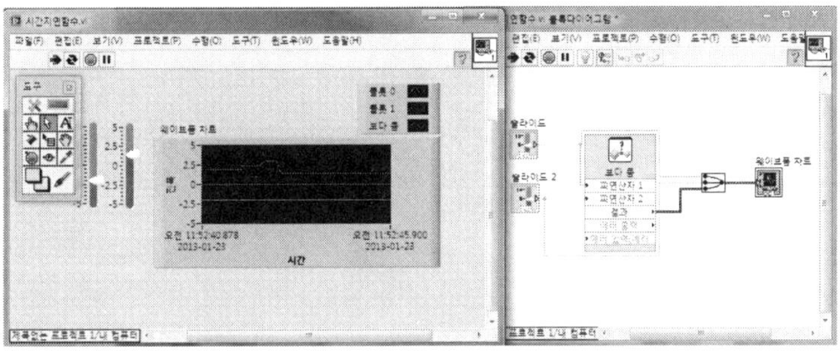

④ 마지막으로 While 루프와 시간 지연 함수를 사용하여 차트의 결과 값을 재 확인합니다.

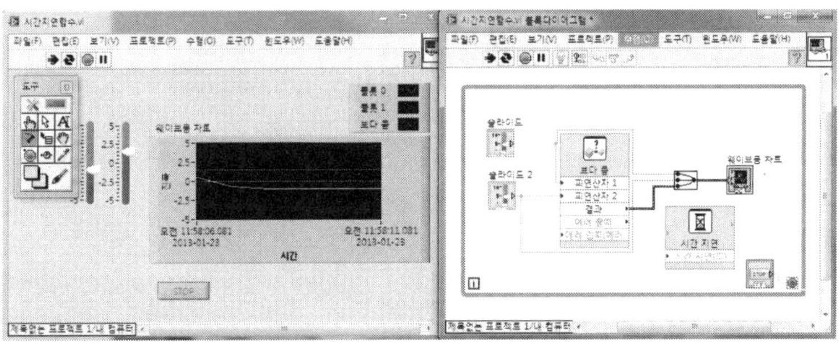

11) 경과 시간

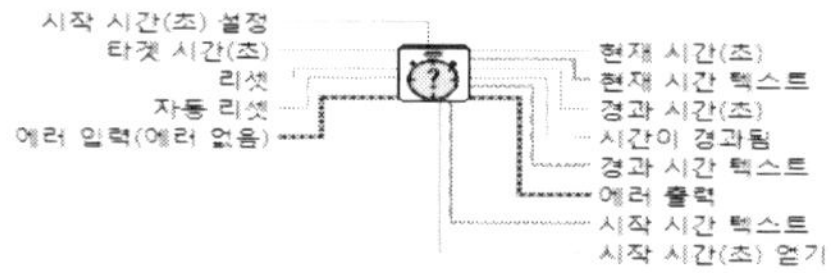

지정한 시작 시간부터 경과된 시간을 나타냅니다.

실습 1 : 경과 시간에 따른 불리언 설정

① 새로운 VI를 생성합니다. 그리고 블록다이어그램에서 경과 시간 함수를 드래그 & 드롭 한 후 프런트패널로 전환하여 숫자형 경과 시간 인디케이터를 생성합니다.

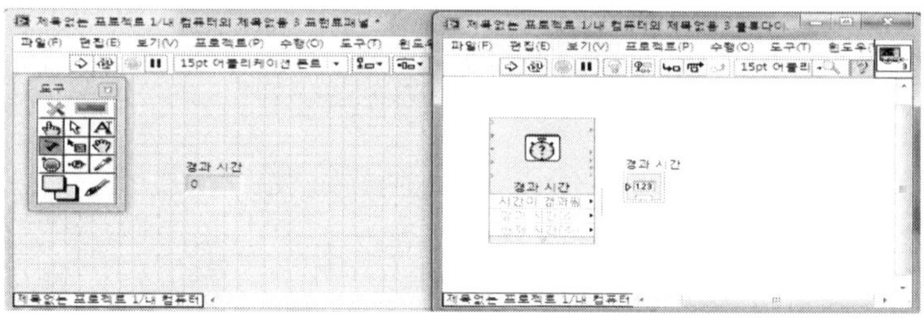

② 시간 지연 함수를 드래그 & 드롭 하며 지연시간의 상수 값을 '0.01'로 입력합니다. 그리고 While 루프를 사용하여 경과 시간을 확인합니다.

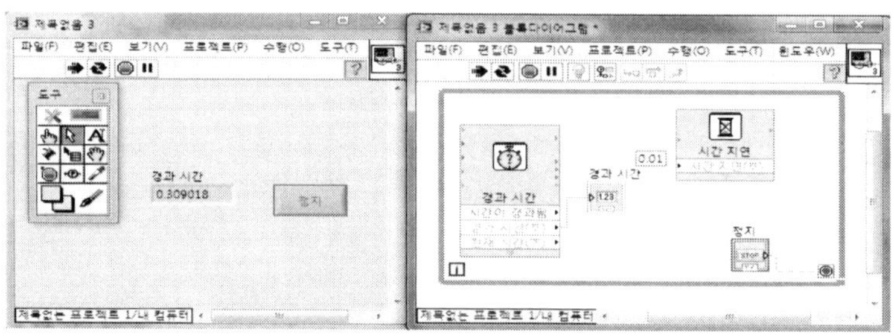

12) 날짜/시간 문자열로 포맷

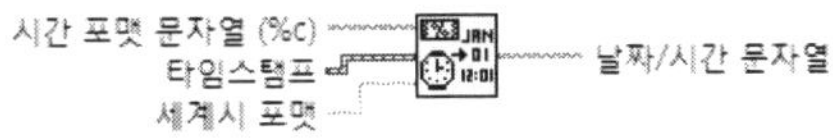

시간 포맷 코드를 사용하여 타임스탬프 값 또는 숫자 값을 지정하는 시간 포맷으로 디스플레이합니다.

3.3 대화 상자 & 사용자 인터페이스

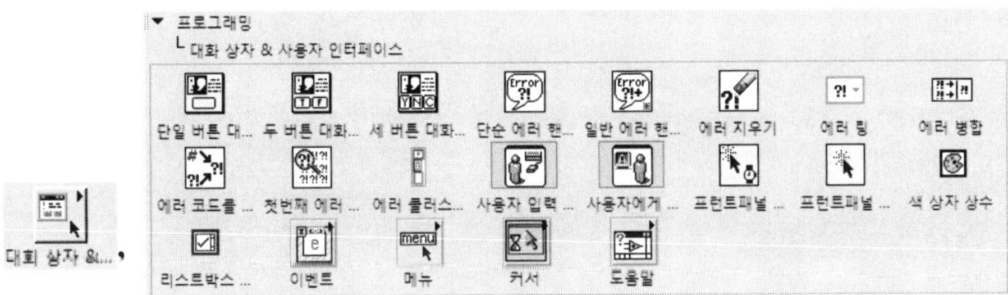

대화 상자 & 사용자 인터페이스 VI와 함수를 사용하여 설명과 함께 사용자에게 입력을 요청하는 대화 상자를 생성합니다.

3.3.1 단일 버튼 대화상자

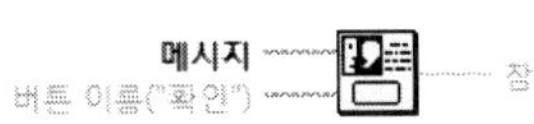

메시지와 하나의 버튼을 포함하는 대화 상자를 디스플레이하며 팝업 창으로 나타납니다.

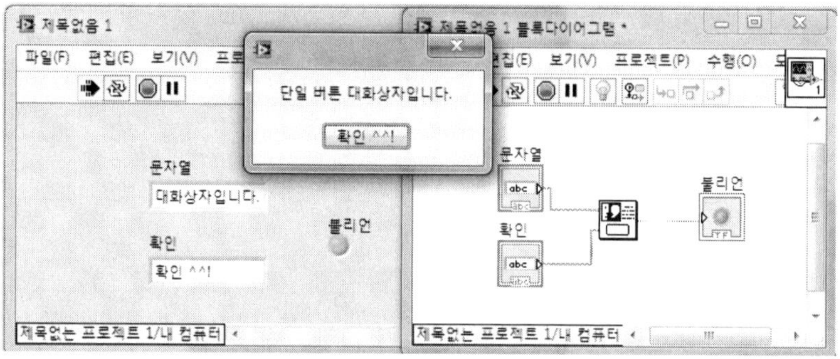

3.3.2 두 버튼 대화 상자

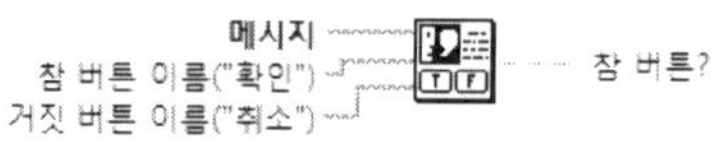

메시지와 두 개의 버튼을 포함하는 대화 상자를 디스플레이합니다.

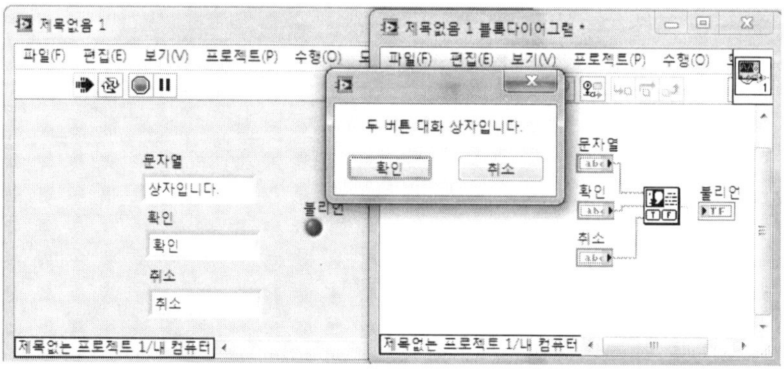

3.3.3 세 버튼 대화 상자

메시지와 세 개의 버튼을 포함하는 대화 상자를 디스플레이합니다.

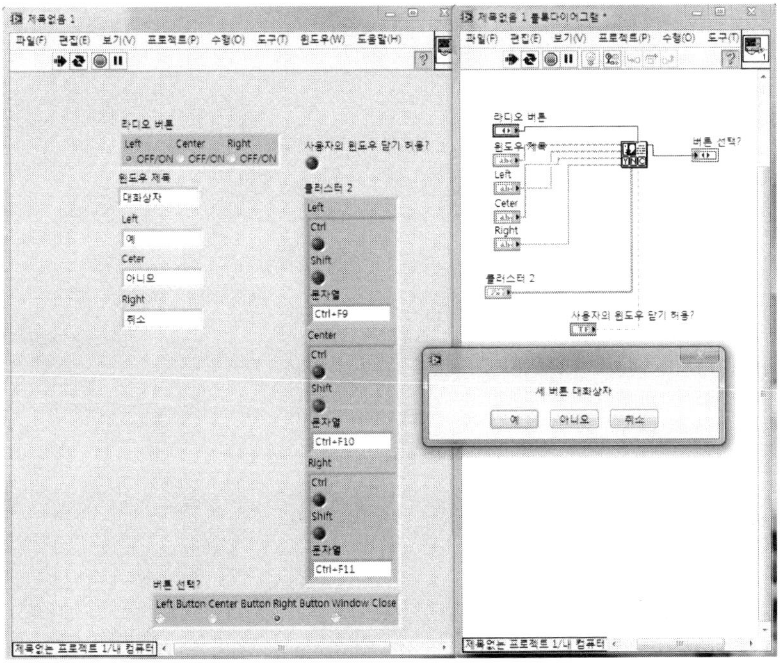

3.3.4 단순 에러 핸들러, 일반 에러 핸들러

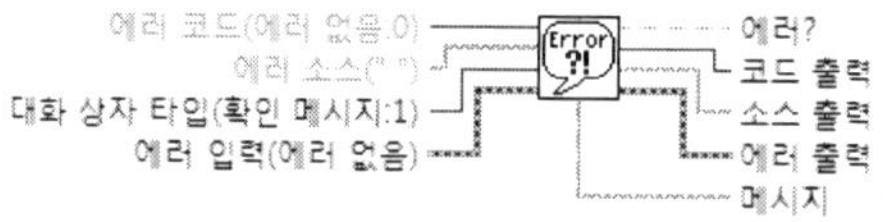

,
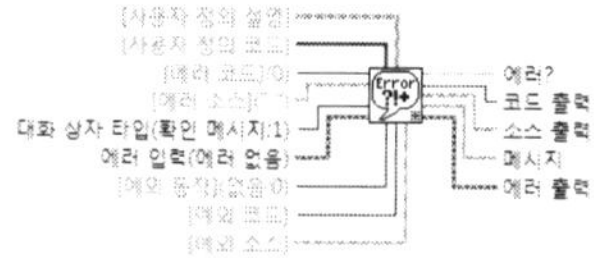

에러 발생 여부를 나타냅니다.

3.3.5 에러 지우기

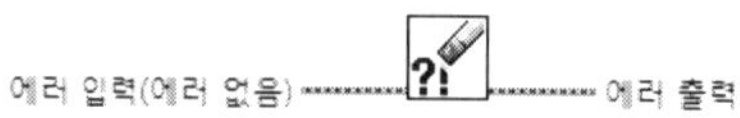

에러 상태를 에러 없음, 코드를 0, 소스를 빈 문자열로 리셋 합니다.

3.3.6 에러 링

에러 링을 사용하여 에러 코드를 신속하게 전달하며 링을 설정하여 내장된 에러 코드를 반환하거나 한 번 사용하기 위한 사용자 에러 메시지로 생성할 수 있습니다.

3.3.7 에러 병합

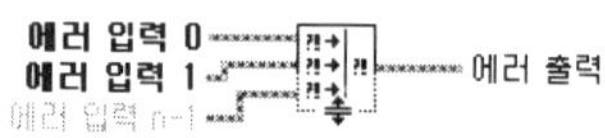

다른 함수로부터의 에러 I/O 클러스터를 병합합니다.

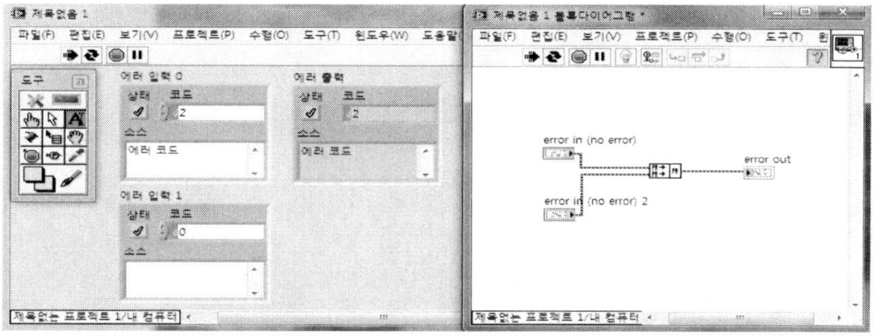

3.3.8 에러 코드를 에러 클러스터로

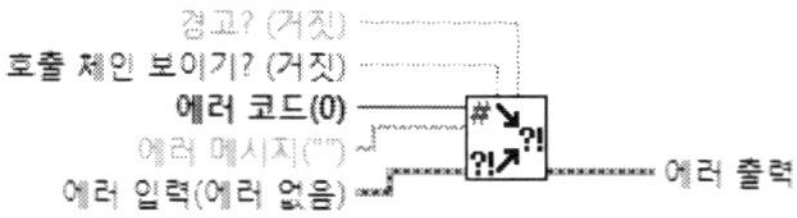

에러 또는 경고 코드를 에러 클러스터로 변환합니다. 이 VI는 공유 라이브러리 호출에서 반환 값을 받을때 또는 사용자 정의 에러 코드를 반환할 때 유용합니다.

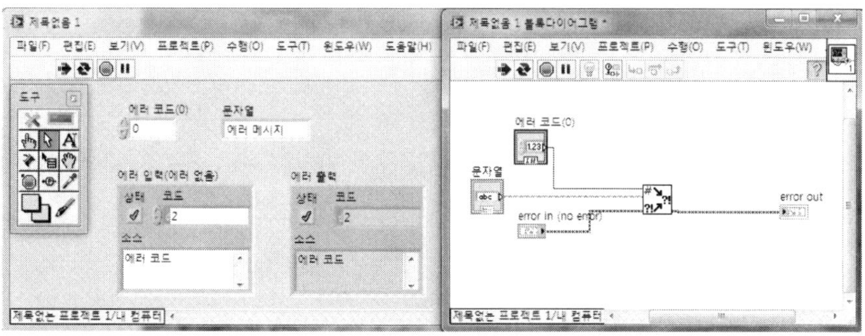

3.3.9 첫 번째 에러 찾기

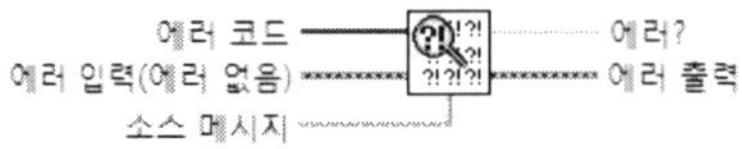

출력으로 숫자 에러 코드를 생성하는 하나 또는 그 이상의 하위 함수 또는 subVI의 에러 상태를 테스트합니다.

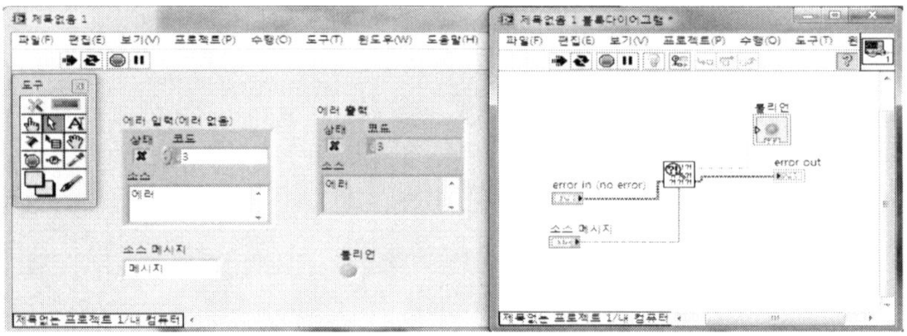

3.3.10 에러 클러스터

에러 클러스터 상수를 사용하여 에러 클러스터 값을 블록다이어그램에 전달합니다. 수행 도구로 상수의 안을 클릭하고, 상태, 코드, 소스 원소의 값을 지정하여 이 값을 설정합니다.

3.3.11 사용자 입력 요청

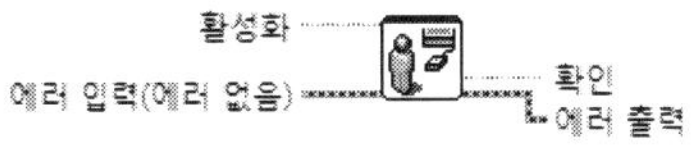

사용자에게 사용자 이름과 암호 같은 정보를 입력하도록 요청하는 표준 대화 상자를 디스플레이합니다. 실행 시 사용자 입력 요청 결과 창이 나타납니다.

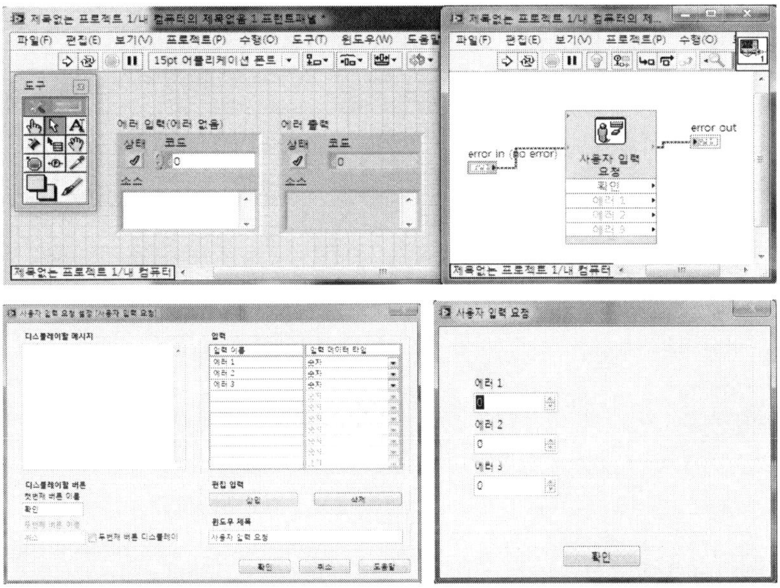

3.3.12 사용자에게 메시지 디스플레이

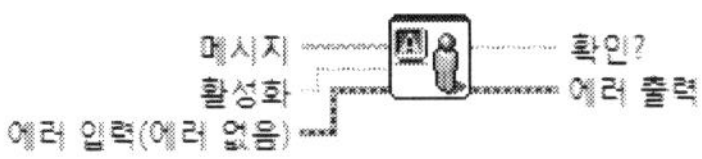

사용자 경고와 메시지를 포함하는 표준 대화 상자를 디스플레이합니다.

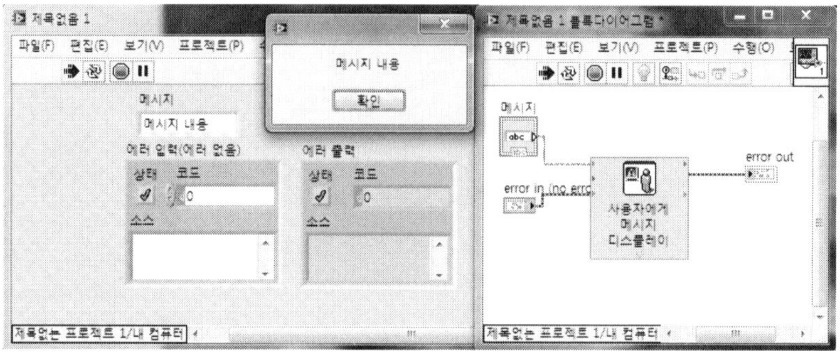

3.3.13 프런트패널 작업 기다림

함수가 감시하려는 프런트패널의 프런트패널 작업을 감지할 때까지 실행 모드에서 호출하는 VI 블록다이어그램의 실행을 잠시 멈춥니다.

3.3.14 색 상자

리스트박스 기호 링 상수를 사용하여 리스트박스 컨트롤의 아이템에 기호를 지정합니다.

3.3.15 이벤트

이벤트 함수를 사용하여 이벤트를 다이나믹하게 등록하고 사용자 이벤트를 생성합니다.

3.3.16 메뉴

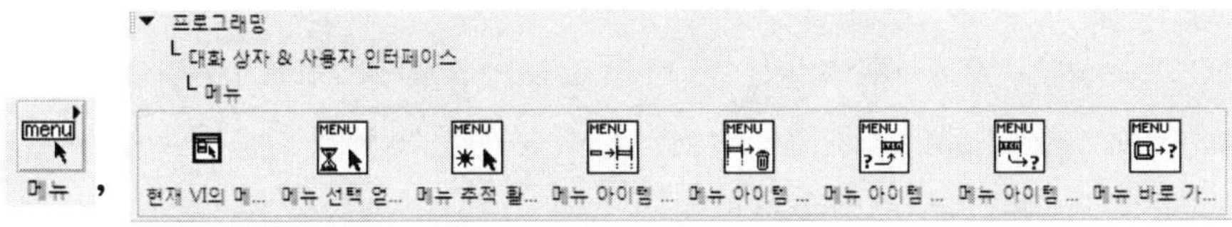

메뉴 함수를 사용하여 LabVIEW 어플리케이션의 메뉴를 수정하며, 팔레트의 첫 번째 행에 위치한 함수를 사용하여 메뉴 선택을 사용합니다.

3.3.17 커서

커서 VI를 사용하여 VI의 프런트패널에서 커서의 모양을 변경합니다. 예를 들어, VI가 데이터를 수집하거나 분석하고 사용자 입력을 받지 않을 경우, 커서의 모양을 모래시계 또는 시계로 바꿀 수 있습니다. VI가 데이터의 수집 또는 분석을 끝낸 후 사용자 입력을 받을 수 있게 되면 커서가 기본 커서로 돌아가도록 변경할 수 있습니다.

3.3.18 도움말

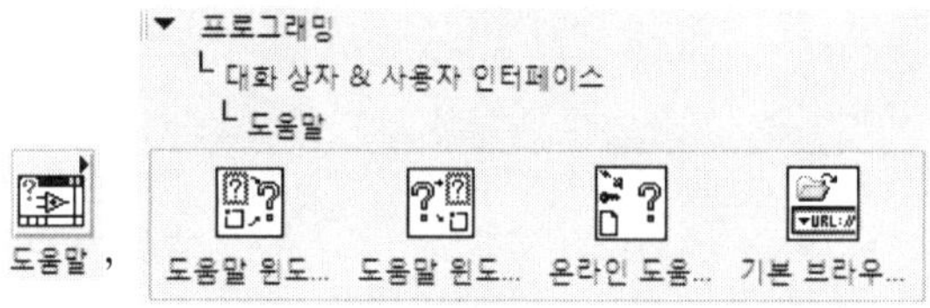

도움말에는 기본 브라우저에서 URL 열기, 도움말 윈도우 상태 얻기, 도움말 윈도우 컨트롤, 온라인 도움말 컨트롤 함수를 사용하여 VI를 HTML 파일 또는 컴파일된 도움말 파일에 링크합니다.

3.4 파일 I/O 함수

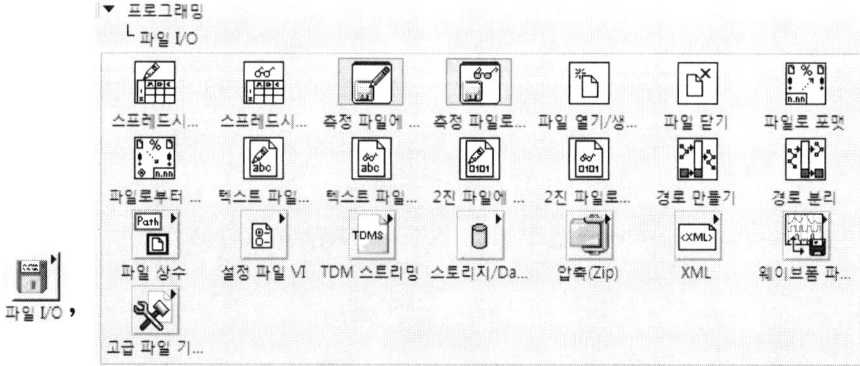

파일의 I/O에는 블록다이어그램으로 구성되어 있으며 I/O 동작 및 파일 I/O 동작의 다른 타입을 수행합니다. 또한 2진 파일 데이터와 다양한 타입의 데이터를 읽거나 쓸 수 있습니다.

파일 I/O 함수는 자주 사용되는 함수들을 이용하여 실습하면서 이해하도록 하겠습니다.

실습 1에 사용되는 기본 함수를 이해해 보도록 하겠습니다.

✓ 사용함수 1. 파일 열기/생성/대체

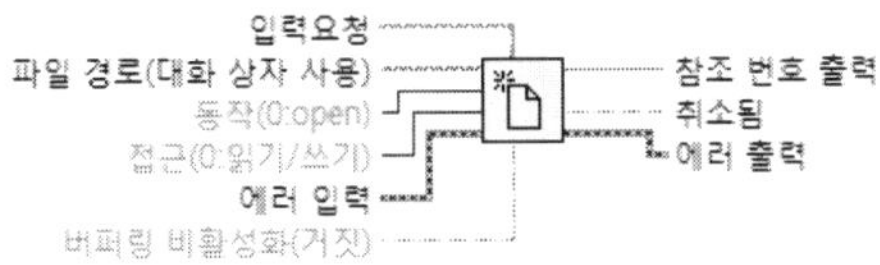

프로그램 또는 파일 대화 상자를 사용하여 대화식으로 기존 파일을 열거나, 새 파일을 생성하거나, 기존 파일을 대체합니다.

위 함수 중 동작(0 open) 즉, 상수로 변경하는 방법을 알고 넘어가겠습니다. 먼저 파일 열기/생성/대체 함수를 드래그 & 드롭 하여 와이어 연결 아이콘을 클릭한 후 함수의 동작(0 open) 포인터에서 오른쪽 마우스 클릭합니다. 그리고 생성, 컨트롤을 선택합니다.

마지막으로 동작 컨트롤에서 오른쪽 마우스 클릭한 후 상수로 변경을 선택합니다. 파일경로에서는 상수로 변경이 자주 사용됨으로 꼭 알아두시기 바랍니다.

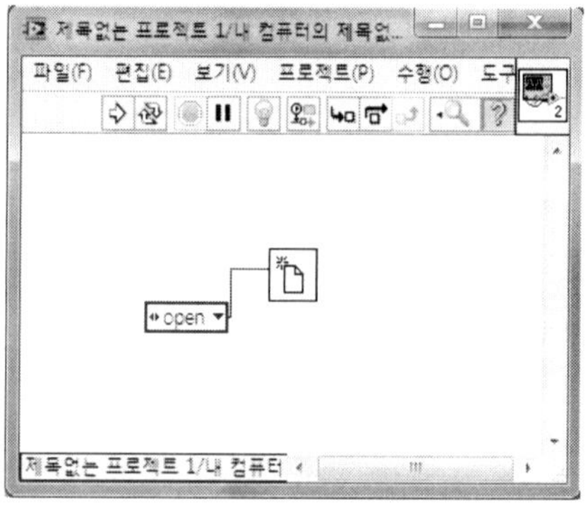

✓ **사용함수 2. 텍스트 파일에 쓰기**

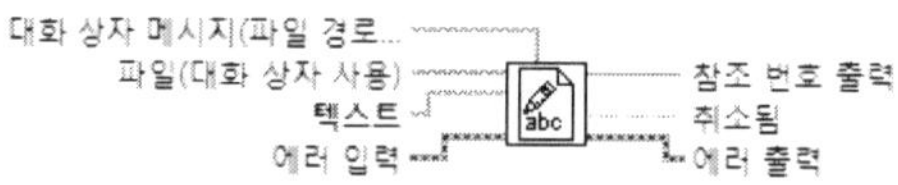

문자의 문자열 또는 문자열의 배열을 라인으로 파일을 사용합니다. 이 함수는 LLB 내의 파일에는 작동하지 않습니다.

✓ **사용함수 3. 파일 닫기**

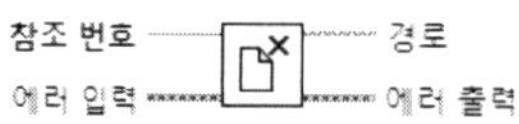

참조 번호로 지정된 열려있는 파일을 닫고 참조 번호와 관련되어 있는 파일 경로를 반환합니다.

실습 1 : 파일경로 및 파일 저장하기

① 새로운 VI를 생성합니다. 그리고 프런트패널에서 저장되는 파일경로를 지정하기 위하여 파일 경로 컨트롤을 드래그 & 드롭 합니다.

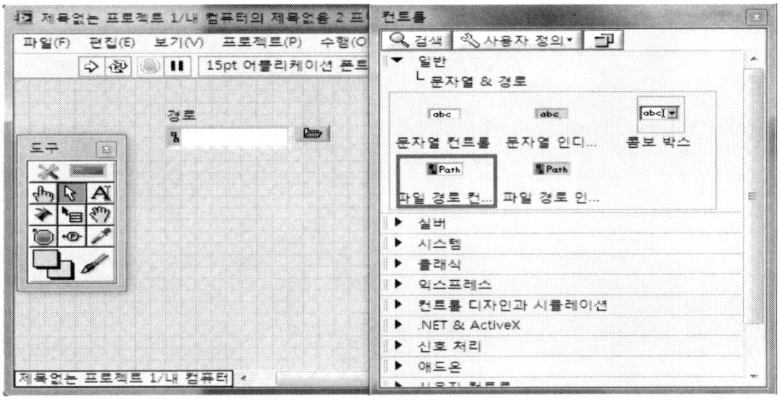

② 파일경로를 통하여 문자를 전송하기 위하여 문자열 컨트롤과 숫자형 컨트롤을 드래그 & 드롭 합니다.

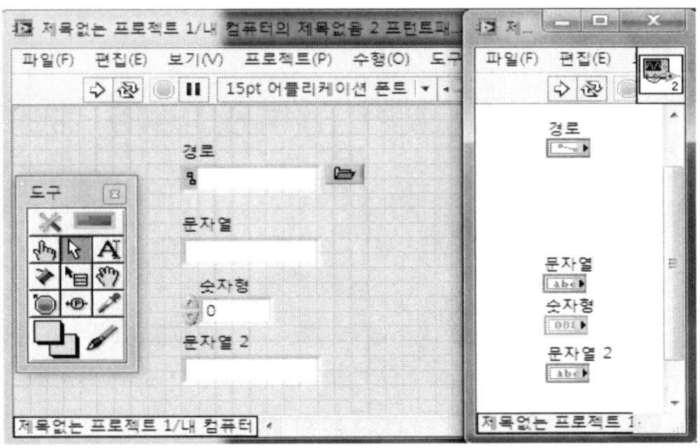

③ 블록다이어그램으로 전환하여 파일 열기/생성/대체 함수와 텍스트 파일에 쓰기, 파일 닫기를 드래그 & 드롭 합니다. 이는 경로에서 파일을 읽어 드리고 컨트롤(문자열, 숫자)의 결과를 받아 텍스트 파일에 저장을 위한 작업입니다. 컨트롤 값을 받기 위하여 문자열의 문자열로 포맷 함수를 드래그 & 드롭 하여 와이어링 합니다. 그리고 에러 시 에러를 알기 위하여 단순 에러 핸들러를 생성합니다.

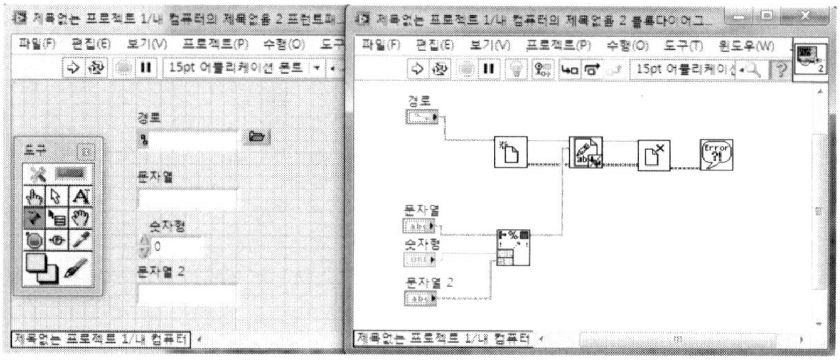

④ 숫자형 상수를 드래그 & 드롭 한 후 실행 확인합니다. 글 결과 파일 열기/생성/대체를 알 수 없음 즉, 파일 경로를 알 수 없음을 나타내는 메시지입니다.

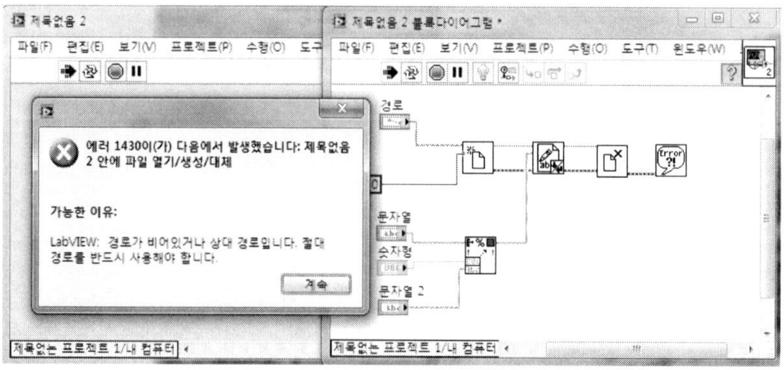

⑤ 경로를 설정하기 위하여 보조프로그램에 위치한 메모장 메모장을 실행한 후 내용 입력 후 저장합니다. 저장 파일명은 test.txt입니다.

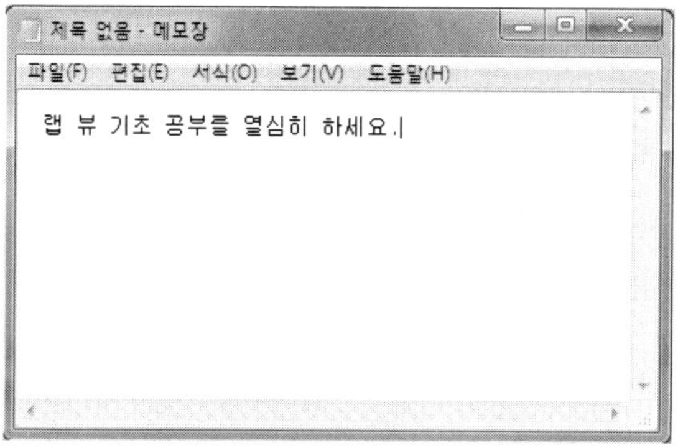

⑥ 프런트패널에서 아래와 같이 경로의 탐색 옵션을 선택하며 경로는 파일과 기존을 선택합니다.

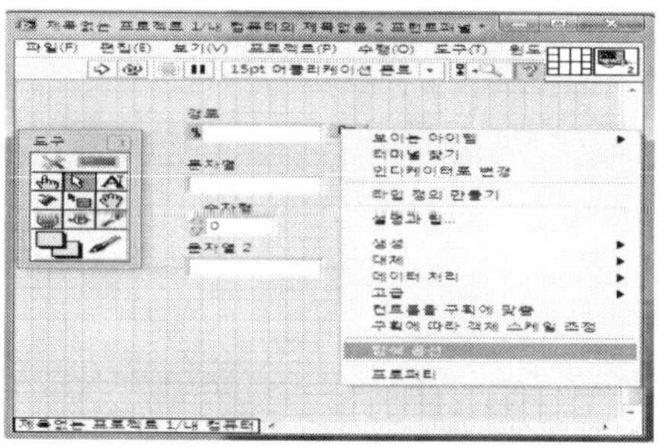

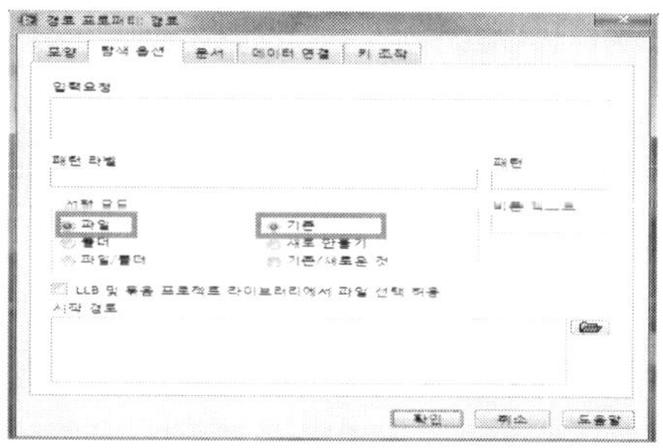

⑦ 이제 시작 경로에서 test.txt 파일과 연결하도록 하겠습니다. 먼저 경로 아래 아이콘을 클릭하면 유효한 경로인지 확인 합니다. 그리고 오픈 아이콘을 클릭하면 파일 찾기 경로를 찾을 수 있습니다.

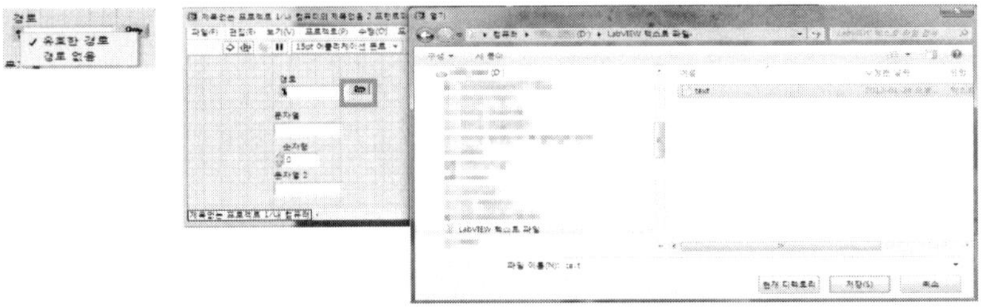

⑧ 경로에 test.txt파일 추가 되었습니다. '테스트 중입니다.','3','확인합니다.' 입력 후 실행아이콘을 클릭한 후 메모장을 확인합니다.

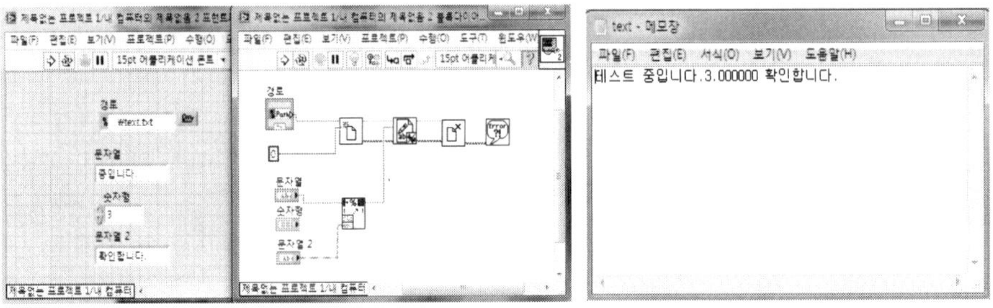

실습 2에 사용되는 기본 함수를 이해해 보도록 하겠습니다.

✓ 사용함수 1. 텍스트 파일로부터 읽기

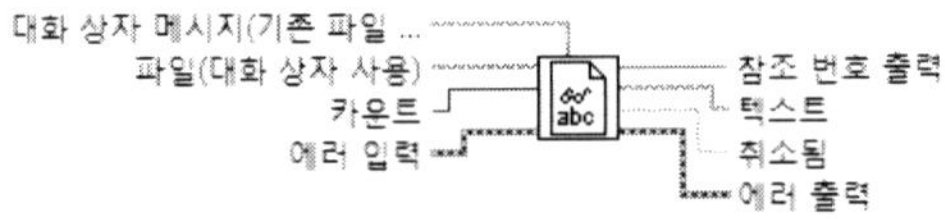

지정된 문자의 개수 또는 바이트 스트림 파일로부터 라인을 읽습니다.

✓ **사용함수 2. 파일 크기 얻기**

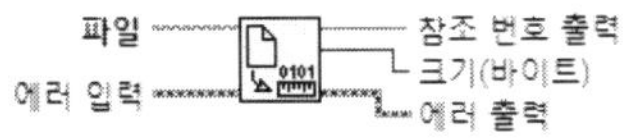

파일의 파일 크기를 얻습니다. 그리고 이 함수는 LLB 내의 파일에는 작동하지 않습니다.

실습 2 : 파일 대화상자를 이용하여 파일을 읽고 저장하기

① 새로운 VI를 생성합니다. 컨트롤(입력 1, 숫자 입력, 입력 2)을 생성한 후 인디케이터로 변경합니다.

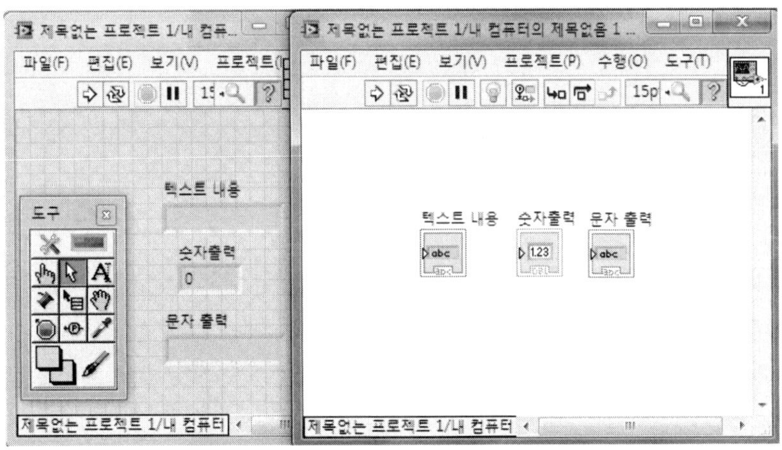

② 블록다이어그램으로 전환하여 파일 I/O 함수를 사용하여 아래와 블록다이어그램을 구성합니다.

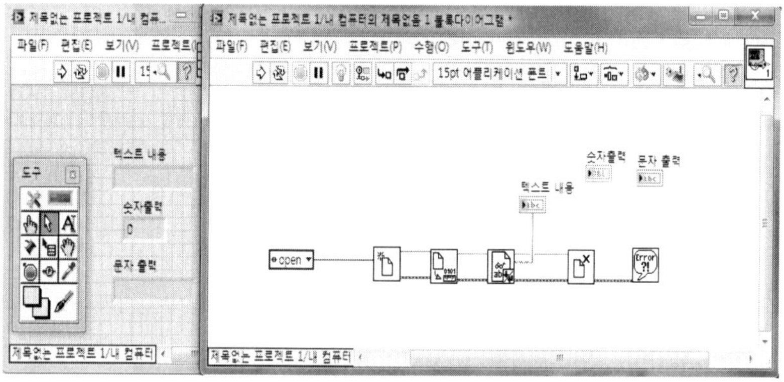

③ 파일 열기/생성/대체 함수에 파일 대화상자를 추가합니다.

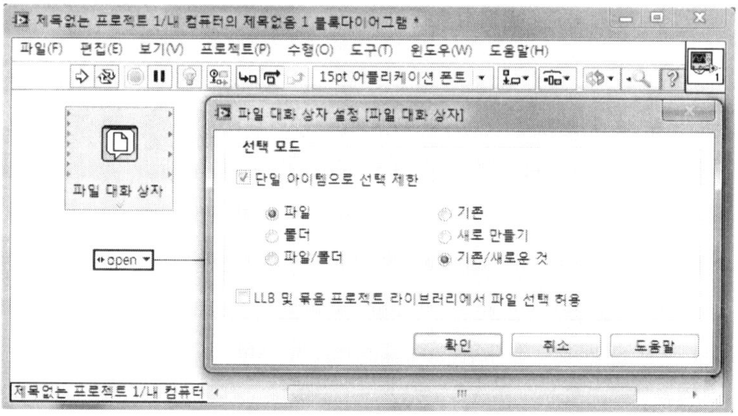

④ 실행 버튼을 클릭한 후 test.txt 파일을 선택하면 test 내용을 불러옵니다. 이때는 텍스트 내용에 파일 내용이 나타납니다.

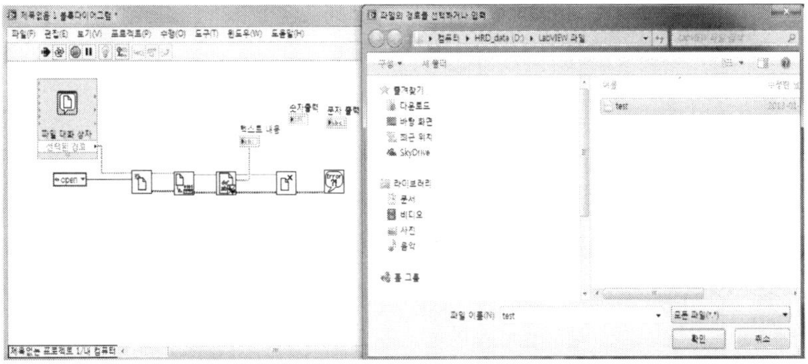

⑤ 문자열의 패턴 일치와 문자열로부터 스캔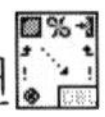 함수를 사용하여 값을 읽고 출력할 수 있게 와이어링 합니다. 그리고 결과를 확인합니다. 텍스트의 내용은 전체 문장을 나타내며, 숫자출력은 숫자만, 문자 출력은 나머지 문자을 가져옵니다.

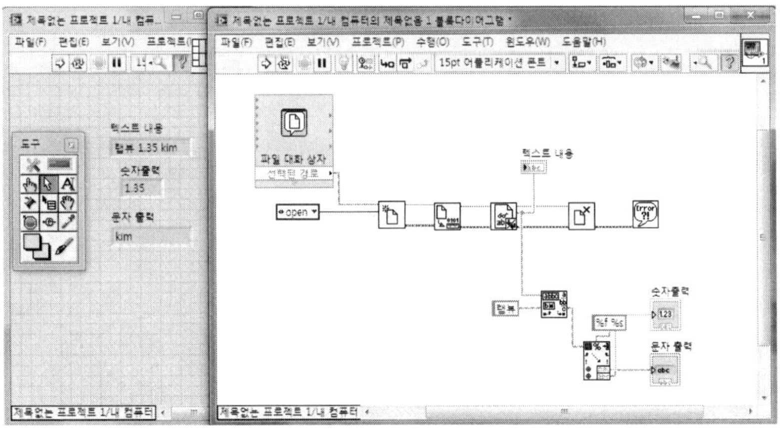

3.5 신호처리

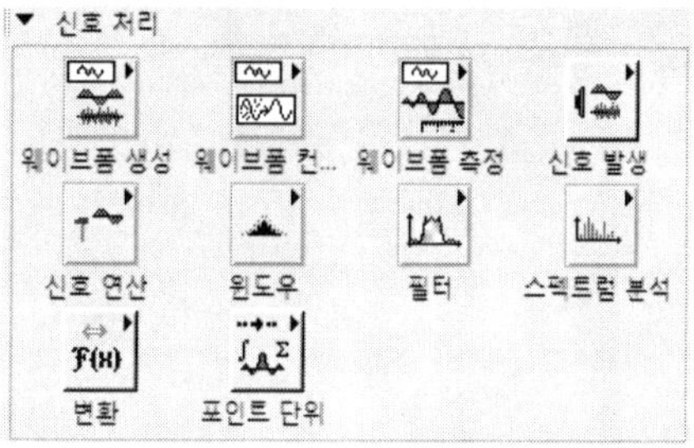

웨이브폼 생성은 VI를 사용하여 다른 타입의 단일 및 멀티톤 신호, 함수 생성기 신호, 노이즈 신호를 생성합니다. 웨이브폼 컨디셔닝은 디지털 필터링과 윈도윙을 수행합니다. 웨이브폼 측정은 DC, RMS, 톤 주파수/진폭/위상, 하모닉 왜곡, SINAD, 평균된 FFT 측정과 같은 일반적인 시간 및 주파수 영역 측정을 수행합니다. 신호발생은 특정 웨이브폼 패턴을 갖는 1차원 배열을 생성합니다. 신호연산은 신호를 조작하고 신호 출력을 반환하며 윈도우는 평활화 윈도우와 데이터 윈도윙을 수행합니다. 그리고 필터는 IIR, FIR, 비선형 필터를 수행하고 변환은 신호처리에 사용되는 일반적인 변환을 수행합니다. 마지막으로 포인트 단위는 간편하고 효율적으로 한 번에 한 포인트씩 데이터를 처리합니다.

실습 1 : 필터 만들기

① 새로운 VI를 생성한 후 프런트패널에서 숫자형 컨트롤을 블록다이어그램에서 수학의 확률 & 통계에서 평균함수와 빼기 함수를 드래그 & 드롭 하여 와이어링 합니다.

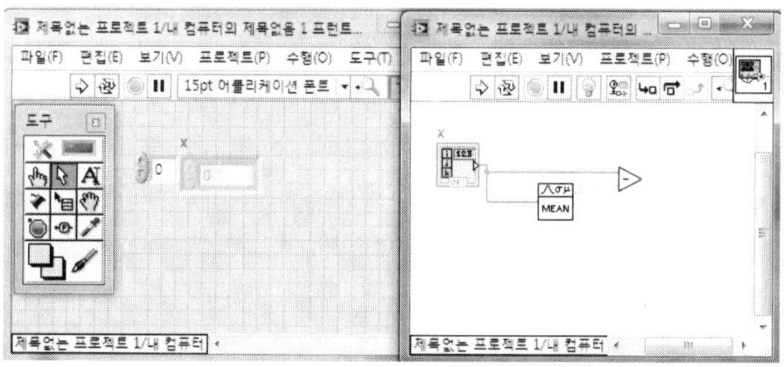

② 신호처리에서 필터, 버터워스 필터를 드래그 & 드롭 하고 각 파라미터에 대한 컨트롤을 생성합니다.

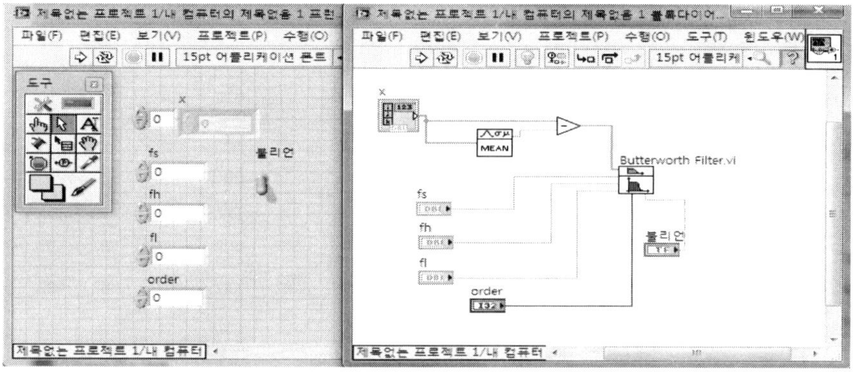

③ 1D 배열 뒤집기 함수를 드래그 & 드롭하여 블록다이어그램을 완성한 후 와이어링하여 결과 값을 확인합니다.

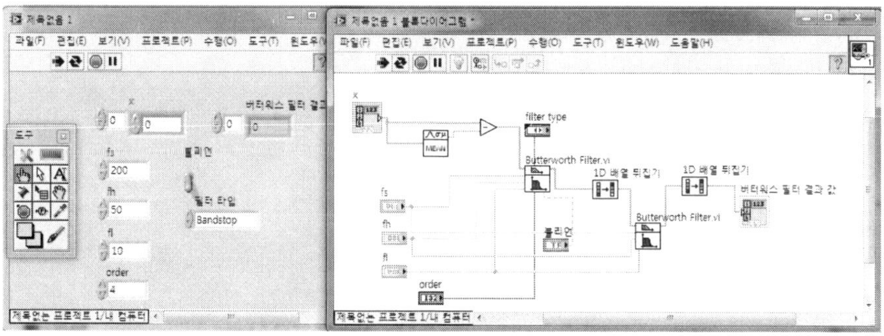

3.6 웨이브 폼

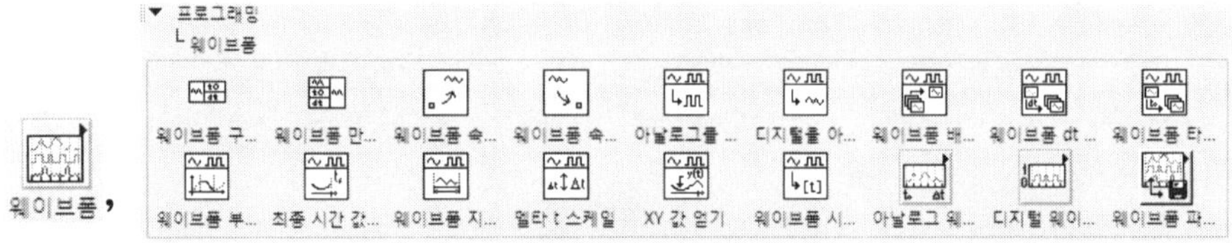

웨이브폼 값, 채널 정보, 그리고 타이밍 정보를 포함하는 웨이브폼을 만들고 웨이브폼 속성과 구성요소를 설정하거나 가져옵니다. 그리고 시간에 따른 계측 데이터를 다룰 수 있습니다.

실습 1 : 시간 활용 웨이브 폼

① 새로운 VI를 생성한 후 프런트패널에서 웨이브폼 차트를 드래그 & 드롭합니다. 그리고 날짜/시간을 초로 얻기 함수와 웨이브폼 만들기 함수에 와이어링 합니다. 여기서 알아두어야 하는 것은 웨이브폼 구성요소 변경하는 방법입니다.

변경방법은 텍스트 편집 메뉴를 선택한 후 웨이브폼에서 길게 클릭을 하면 아래 그림처럼 구성요소가 나타납니다.

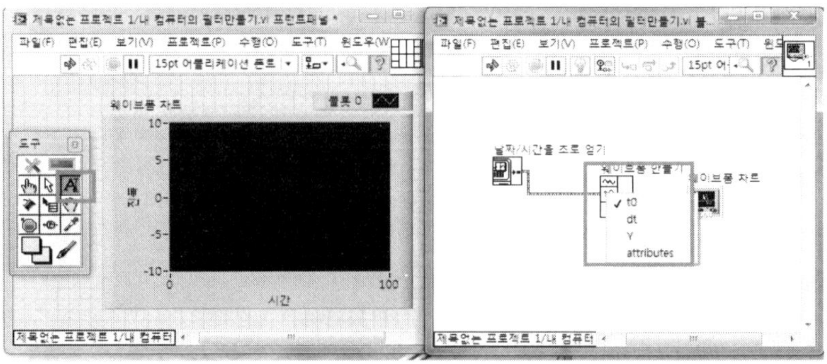

② 난수와 배열 만들기 사용하여 웨이브폼 만들기에 와이어링 한 후 타이밍 함수인 다음 ms 배수까지 기다림 함수에 상수 값 '100'으로 설정합니다. 마지막으로 정지 While 루프를 드래그 & 드롭하여 실행 후 결과 값을 확인합니다.

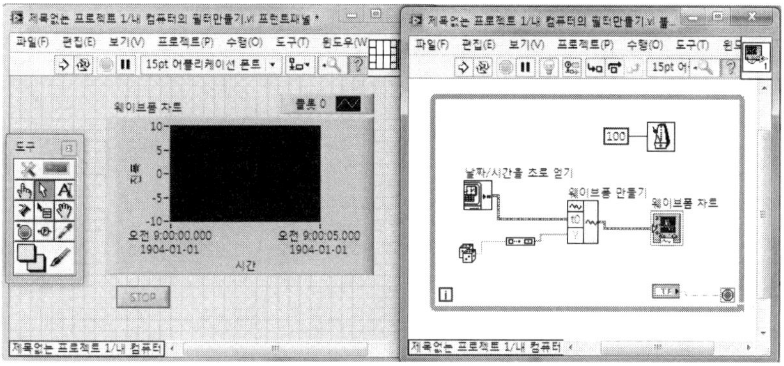

③ 연속실행 후 결과 값을 확인합니다.

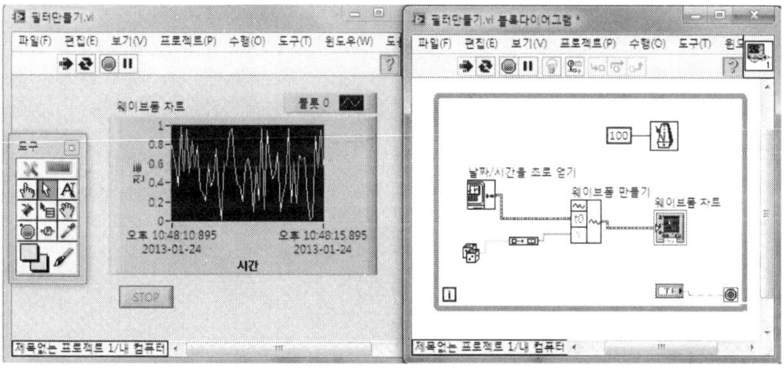

알아두면 좋은 기능과 용어들

1. 다이어그램 정리하기

다이어그램 정리 버튼 을 사용함으로써, 자동으로 아이콘과 와이어를 정리할 수 있습니다.

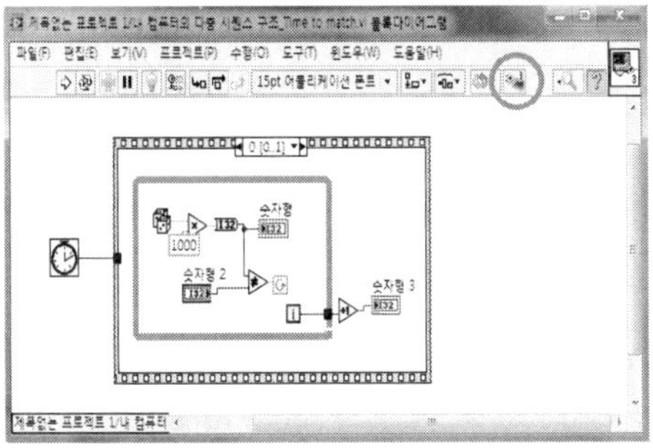

정리 버튼 사용 전

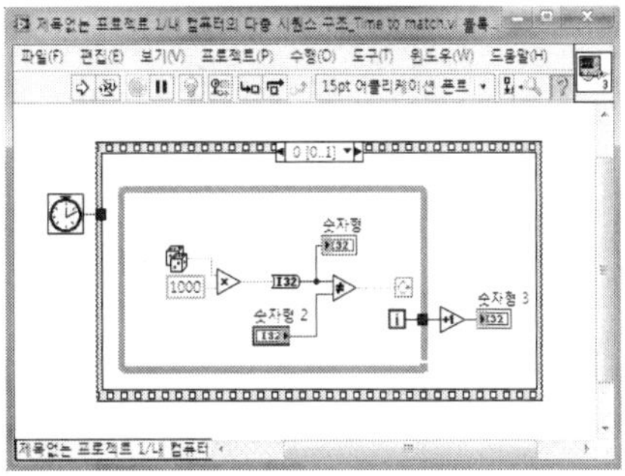

정리 버튼 사용 후

2. 빠른 탐색 도구

팔레트를 열지 않고, 직접 입력 하여 연관 함수를 검색할 수 있기 때문에, 빠르게 함수를 찾을 수 있습니다. 단축키는 Ctrl + Space 바입니다.

빠른 탐색에서 필요한 함수를 선택하여 더블클릭 후 드래그 & 드롭하여 사용합니다.

3. 예제 검색(추가)

특정 VI 를 사용하는 방법에 대해 배우려면, 해당 VI 를 사용하는 예제를 검색하여 살펴볼 수 있습니다.

다음 단계를 따라 시간 지연 익스프레스 VI 를 사용하는 예제를 찾을 수 있습니다.

① 도움말≫ LabVIEW 도움말 검색을 선택하여 LabVIEW 도움말을 디스플레이합니다.

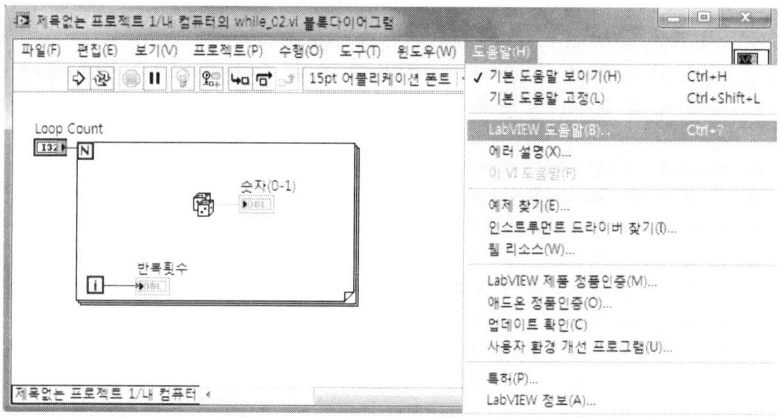

② 검색 탭을 클릭하고 검색할 단어 입력 텍스트 박스에 입력한 후 검색을 할 수 있습니다.

③ 익스프레스 VI 의 설명을 읽은 후, 항목 아래의 예제 섹션에서 예제 열기 버튼을 클릭하여 익스프레스 VI 를 사용하는 예제를 볼 수 있습니다.

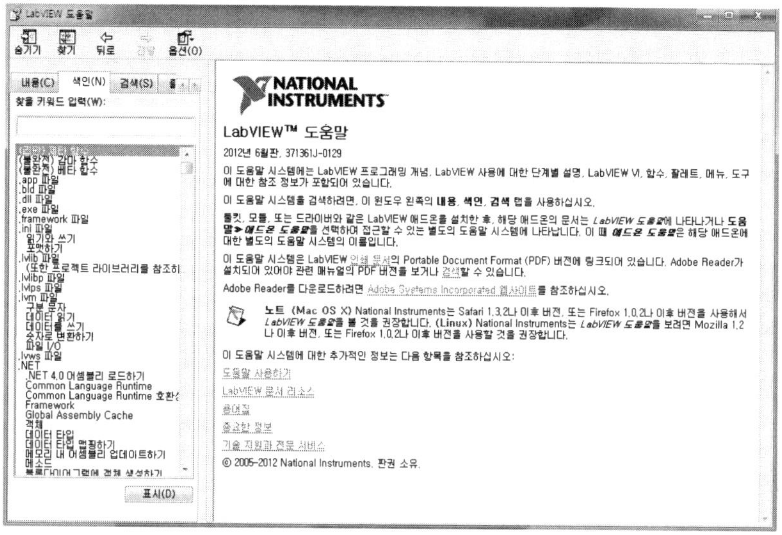

④ 관련 예제 탐색 버튼을 클릭하여 NI 예제 탐색기를 열고 이 VI 를 사용하는 예제와 비슷한 예제 리스트를 디스플레이합니다. 그리고 어플리케이션에 맞도록 예제를 수정하거나, 하나 또는 여러 예제를 복사하여 생성한 VI 에 붙여 넣을 수 있습니다. 또한, 블록다이어그램 또는 고정된 팔레트의 VI 나 함수에서 마우스 오른쪽 버튼을 클릭한 후 바로 가기 메뉴에서 예제를 선택하여 도움말 항목과 해당 VI 나 함수 예제의 링크를 디스플레이할 수 있습니다. NI 예제 탐색기를 시작하고 예제를 탐색하거나 검색하려면 도움말≫예제 찾기를 선택하거나 시작하기 윈도우의 예제 섹션에서 예제 찾기 링크를 클릭 합니다.

4. 에러리스트 윈도우(추가)

VI 가 사용하지 않는 인디케이터를 포함하고 있는 경우, 해당 인디케이터를 제거할 수 있습니다. 다음 단계를 따라 프런트패널에서 평균값 인디케이터를 제거합니다.

① 프런트패널에서 위치 도구가 나타날 때까지 평균값 인디케이터 위로 커서를 이동 시킵니다.

② 왼쪽과 같이 평균값 인디케이터를 클릭하여 선택하고 〈Delete〉 키를 누릅니다.

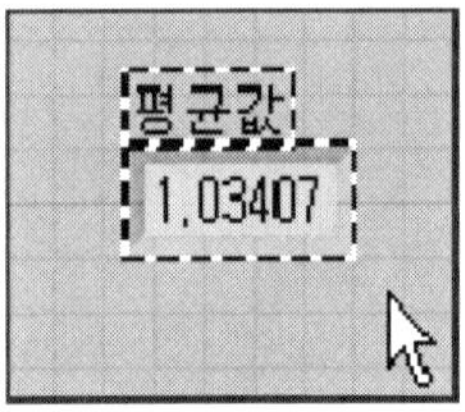

③ 블록다이어그램을 디스플레이합니다. 와이어는 왼쪽과 이 가운데 빨간색 X 가 있는 검정색 점선으로 나타납니다. 검정색 점선은 깨진 와이어입니다. 왼쪽과 같이 실행 버튼이 깨져 이 VI 를 실행할 수 없음을 나타냅니다.

④ 깨진 실행 버튼을 클릭하여 에러 리스트 윈도우를 디스플레이합니다. 에러 리스트 윈도우는 VI 에 발생한 모든 에러를 나열하고 각 에러에 대한 상세한 내용을 제공합니다. 에러 리스트 윈도우를 사용하여 에러를 찾을 수 있습니다.

⑤ 에러와 경고 리스트에서 와이어 : 연결되지 않은 끝을 가지고 있습니다. 에러를 선택하고 도움말 버튼을 클릭하여 에러에 대한 추가적인정보를 디스플레이합니다.

➡ Tip. 와이어링 도구를 깨진 와이어 위로 이동하여 와이어가 깨진 이유를 설명하는 팁 상자를 디스플레이할 수도 있습니다. 이 정보는 또한 와이어링 도구를 깨진 와이어 위로 이동할 때 기본 도움말 윈도우에도 나타납니다.

⑥ 에러와 경고 리스트에서 와이어 : 연결되지 않은 끝을 가지고 있습니다. 에러를 더블 클릭하여 깨진 와이어를 하이라이트 합니다.

⑦ 〈Ctrl-B〉 키를 눌러 깨진 와이어를 삭제 합니다. 〈Delete〉 키를 눌러 선택된 와이어만을 삭제할 수 있습니다 .

⑧ 보기/에러 리스트를 선택하여 에러 리스트 윈도우를 디스플레이합니다. 에러와 경고 영역에 에러가 나타나지 않습니다.

⑨ 닫기 버튼을 클릭하여 에러 리스트 윈도우를 닫습니다. 실행 버튼은 더 이상 깨져있지 않습니다.

5. 편리한 기능

가. NI 예제 탐색기 사용하기

NI 예제 탐색기를 사용하여 컴퓨터에 설치된 예제나 NI Developer Zoneni.com /zone 의 예제를 탐색 또는 검색 합니다. 이러한 예제는 LabVIEW를 사용하여 다양한 테스트, 측정, 컨트롤, 디자인 태스크를 수행하는 방법을 설명합니다. 도움말≫예제 찾기를 선택하거나 시작하기 윈도우의 예제 섹션에서 예제 찾기 링크를 클릭하여 NI 예제 탐색기를 시작할 수 있습니다.

예제들은 특정한 VI 또는 함수를 사용하는 방법을 보여줍니다. 블록다이어그램 또는 고정된 팔레트의 VI 나 함수에서 마우스 오른쪽 버튼을 클릭한 후 바로 가기 메뉴에서 예제를 선택하여 도움말 토픽과 해당 VI 나 함수 예제의 링크를 디스플레이할 수 있습니다. 예제를 어플리케이션에 맞도록 수정하거나 기존 VI 에 하나 또는 여러 개의 예제를 복사해서 붙일 수 있습니다.

가. 바로가기 키

키보드 바로 가기 키 중 〈Ctrl〉 키는 Mac OS의 〈Option〉키나 〈Command〉 키, 또는 Linux의 〈Alt〉 키에 상응 합니다.

- 바로 가기 함수

바로가기	함 수
〈Ctrl-N〉	새 VI 를 엽니다.
〈Ctrl-H〉	기본 도움말 윈도우를 보이거나 숨깁니다. (Mac OS) 〈Command-Shift-H〉 키를 누릅니다.
〈Ctrl-B〉	VI 의 모든 깨진 와이어를 삭제합니다.
〈Ctrl-L〉	에러 리스트 윈도우를 디스플레이합니다.

6. 접두사

기호	y	z	a	f	p	n	μ	m	c	d	da	h	k	M	G	T	P	E	Z	Y
접두사	yocto	zepto	atto	femto	pico	nano	micro	milli	centi	deci	deka	hecto	kilo	mega	giga	tera	peta	exa	zetta	yotta
값	10^{-24}	10^{-21}	10^{-18}	10^{-15}	10^{-12}	10^{-9}	10^{-6}	10^{-3}	10^{-2}	10^{-1}	101	102	103	106	109	1012	1015	1018	1021	1024

7. 통신 기본 용어

1) TCP/IP 통신

패킷 통신 방식의 인터넷 프로토콜인 IP(Internet Protocol)와 전송 조절 프로토콜인 TCP(Transmission Control Protocol) 방식이며 일반적인 랜 선을 통한 패킷 단위의 데이터 전송 이더넷 프로토롤 패킷이 도착했는지 확인을 하므로 데이터 로스는 없습니다.

2) UDP 통신

User Datagram Protocol의 약어이며, 인터넷과 같이 실제의 물리적 접속이 없는 통신 환경에서 데이터를 전송하는 데 사용되는 프로토콜입니다.

3) 시리얼 통신

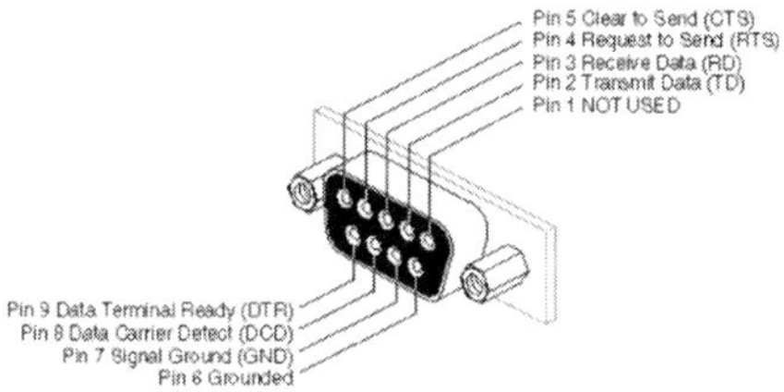

PC에서 표준으로 사용되는 디바이스 통신 프로토콜이며 컴퓨터에는 2개의 RS232 기반 시리얼 포트입니다. 시리얼은 여러 가지 디바이스에서 계측을 위한 일반 통신 프로토콜이며, 여러 GPIB 호환 디바이스에는 RS232 포트가 장착되어 있으며 원격 샘플링 디바이스로 데이터 수집을 하는 경우에도 시리얼 통신을 사용합니다.

4) GPIB 통신

General Purpose Interface Bus)는 24개 Line으로 구성(8 Data Lines)으로 되어 있으며 GPIB Cable의 최대 길이는 4m, 총 연장 길이는 20m입니다. 또한 연결 가능한 최대 디바이스 수는 15(2/3 powred on)입니다.

5) CAN 통신

CAN(Control Area Network)의 약자이며 CAN은 Serial Protocol입니다. Real Time Control 즉, 빠른 속도를 가질 수 있으며 충분한 Data의 크기를 주고 받을 수 있는 Protocol이 있습니다. 현재 Europe을 대부분 자동차 회사에서 이미 CAN을 Control Network으로 사용되고 있습니다.그리고 Serial protocol로 distributed real-time control 구현 목적이며 125 kbps의 Low Speed CAN ~ 1 mbps High Speed CAN 부분이 ISO규정으로 되어 있습니다.

CAN 데이터는 프레임 구조를 가지고 있으며 Maximum 1 Mbaud/sec, 전송 거리 대비 속도 40m 까지는 1 Mbaud/sec, 6 km 까지 10 kbaud/sec입니다. 이론적으론 버스 당 최고 2,032개 node를 지원하지만 현실적으로 트렌시버 당 100개 이상 난해하며 일반적으로 3-10 node를 사용합니다. 프레임 구조를 갖지만 프레임 앞 단의 Arbitration ID에 의해 데이터 우선순위가 지정됩니다.

특수기능에는 Sleep And Wake Up Mode, Self-Reception, Listen only Mode, Receive & Transmit Error Counter 등이 있습니다.

6) Real-Time

빠르게 실시간으로 동작되는 의미가 아닌, 안정적으로 실패 없이 이벤트에 반응하거나 지정된 시간 내에 연산을 수행하는 기능을 말한다.

7) 아날로그 및 디지털 트리거

아날로그 한 부분인 디지털 트리거를 이용하여 웨이브 폼을 측정할 수 있습니다.

※ 디지털 트리거 : Logic Low = 0 V ~ 0.8 V, Logic High = 2 V ~ 5 V

8. 응력(Stress)

응력(stress)은 단위 면적당 내력으로 나타내며 내력은 외력의 크기, 즉 하중과 같습니다.

$$응력 = \frac{내력}{단면적} = \frac{외력}{단면적} = \frac{하중}{단면적}(N/㎟)$$

응력의 종류에는 인장 하중(재료를 축 방향으로 잡아당기도록 작용하는 하중), 압축 하중(재료를 축 방향으로 누르도록 작용하는 하중), 전단 하중(재료를 자르도록 작용하는 하중), 굽힘 하중(재료를 구부려서 휘어지도록 작용하는 하중), 비틀림 하중(재료가 비틀어지도록 작용하는 하중)이 있습니다.

9. 변형(Strain)

탄성체가 응력을 받을 때 일어나는 크기나 모양의 변화, 단위 길이에 대한 길이의 변화율 또는 단위 부피에 대한 부피 변화율과 같이 단위 없이 사용합니다. 또한 인장(+)이나 압축(-) 등에 의해 변형이 일어나는 양의 정도를 나타냅니다.

$$V = \frac{가로변형률}{세로변형률},\ V = \frac{\epsilon'}{\epsilon}$$

10. 스트레인게이지(Strain gauge)

변형 측정과 변형 양에 비례하여 전기 저항이 변화하며 금속 결합된 스트레인게이지를 일반적으로 사용합니다.

11. 토크(Torque)

모터의 선택 시에 필요하게 되는 파라미터 중 중요한 요소입니다. 회전력이라고도 표현할 수 있으며, 물체를 동작시키려 할 때에 필요로 하는 힘을 표현한 것입니다. 그리고 토크의 크기는 N-cm, N-m, in-lbf, kgf.cm/m(힘과 거리의 곱)입니다.

$$T = 974\,P/N(\mathrm{kg}-m),\ P: \text{정격출력}(\mathrm{kW}),\ N: \text{회전수}\ (rpm)$$

12. 압력

임의의 물체의 표면에 대하여 단위 면적에 가해지는 수직으로 받는 힘의 크기를 말합니다.

$$P = \frac{F}{A},\quad A: \text{면적},\ F: \text{힘},\ P: \text{압력}(\text{단위} : N/\mathrm{m}^2)$$

13. 초음파

진동수가 매초 2만회 이상인 소리로서 귀에 들리지 않는 음파를 말하며 산업적으로 응용하는 음파를 총칭하며, 음속에서 공기 중 음파의 전달 속도는 온도에 따라 변합니다. (압력, 진동수, 습도의 영향도 있습니다.)

$$V_t = 331.5 + 0.60714t \cong 331.5 + 0.6t[m/s]$$

참조 Site

01. 한국내쇼날인스트루먼트

- http://www.ni.com
- http://korea.ni.com

02. LabVIEW 도움말(B)_Ctrl+7

03. http://cafe.naver.com/nilv

04. http://niblog.co.kr

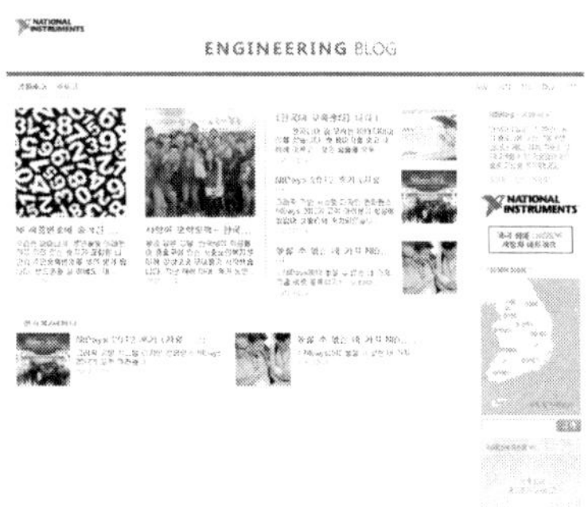

LabVIEW 실무의 기초

2013년 2월 25일 초판 인쇄

2013년 2월 28일 초판 발행

저　　자　가영성, 박영석

발 행 인　송기수

발 행 처　도서출판 GS인터비전

편 집 처　도서출판 GS인터비전

인 쇄 처　대일문예사

등록번호　제 313-2011-120호

I S B N　978-89-97231-83-6(93560)

주　소　서울 마포구 신수동 448-6 출판협동조합 B동 207호

전　화　02-976-7898, 0707-720-7898

팩　스　02-6468-7898

E-Mail　gsinter7@gmail.com

정 가　22,000